WEIGUAN ZHENGZHIXUE

微观政治学

◎严 强 李永刚 著

南京大学出版社

图书在版编目(CIP)数据

微观政治学 / 严强,李永刚著. —南京:南京大学出版社,2015.9
 ISBN 978 - 7 - 305 - 13006 - 9

Ⅰ.①微… Ⅱ.①严…②李… Ⅲ.①政治学-研究 Ⅳ.①D0

中国版本图书馆 CIP 数据核字(2014)第 058698 号

出 版 者	南京大学出版社
社　　址	南京市汉口路 22 号　　邮　编　210093
出 版 人	金鑫荣
书　　名	微观政治学
著　　者	严　强　李永刚
责任编辑	王其平　　　　　　编辑热线　025 - 83596923
照　　排	南京紫藤制版印务中心
印　　刷	常州市武进第三印刷有限公司
开　　本	787×960　1/16　印张 25.25　字数 492 千
版　　次	2015 年 9 月第 1 版　2015 年 9 月第 1 次印刷
ISBN	978 - 7 - 305 - 13006 - 9
定　　价	50.00 元

网址:http://www.njupco.com
官方微博:http://weibo.com/njupco
官方微信号:njupress
销售咨询热线:(025)83594756

* 版权所有,侵权必究
* 凡购买南大版图书,如有印装质量问题,请与所购图书销售部门联系调换

目 录

第一章 绪论 …………………………………………………………… 1
　可以对政治不感兴趣但是不能不思考和研究政治 ……………… 1
　研究政治不要从远处找寻而要从身边的生活开始 ……………… 3
　微观政治学所叙说的正是最为贴近你的政治生活 ……………… 5

第二章 微观政治学的构建 …………………………………………… 11
　第一节 微观政治学受轻视的原因与构建的意义 ………………… 12
　　一、轻视微观政治学研究的原因 ………………………………… 12
　　二、重视微观政治学研究的意义 ………………………………… 17
　第二节 构建微观政治学的知识前提和现实条件 ………………… 21
　　一、构建微观政治学的知识前提 ………………………………… 21
　　二、构建微观政治学的现实条件 ………………………………… 28
　第三节 微观政治学研究的对象、层次与基本原则 ……………… 33
　　一、微观政治学研究的对象 ……………………………………… 33
　　二、微观政治学研究的层次 ……………………………………… 36
　　三、微观政治学研究的原则 ……………………………………… 39
　本章小结 ……………………………………………………………… 42
　关键概念 ……………………………………………………………… 43
　研究与思考 …………………………………………………………… 43
　相关知识 ……………………………………………………………… 43
　建议进一步阅读的文献 ……………………………………………… 56

第三章 政治行为主体的生成 ………………………………………… 57
　第一节 政治社会化的实质特点 …………………………………… 58
　　一、政治社会化的实质 …………………………………………… 58
　　二、政治社会化的特点 …………………………………………… 61
　　三、政治社会化的功能 …………………………………………… 66

· 1 ·

第二节 政治社会化的结构要素 ················ 67
一、政治生活情境 ······························ 67
二、政治传承机制 ······························ 73
三、政治主体自我 ······························ 80

第三节 政治社会化的基本类型 ················ 85
一、政治社会化的主体类型 ·················· 85
二、政治社会化的程度类型 ·················· 91

第四节 政治行为主体的结构类型 ·············· 97
一、影响政治行为主体结构的因素 ·········· 97
二、政治行为主体的一元控制结构 ·········· 99
三、政治行为主体的多元自治结构 ·········· 101

本章小结 ·· 104
关键概念 ·· 104
研究与思考 ·· 105
相关知识 ·· 105
建议进一步阅读的文献 ···························· 114

第四章 政治个体及其行为 ························ 115
第一节 政治个体政治行为的结构 ·············· 117
一、现实的政治个体的存在及其条件 ········ 117
二、政治个体行为的动力与层次结构 ········ 121
三、政治个体行为的类型与差异结构 ········ 125

第二节 精英政治个体的政治行为 ·············· 130
一、精英政治个体的素质与成长 ············· 130
二、精英政治个体的流动与更替 ············· 136
三、精英政治个体的作用与条件 ············· 141

第三节 政治个体的政治参与行为 ·············· 143
一、政治个体政治参与的实质与形式 ········ 143
二、政治个体政治参与程度及其扩大 ········ 148

第四节 政治个体的政治投票行为 ·············· 153
一、政治个体政治投票的实质与类型 ········ 153
二、政治个体的代表权假设与投票行为模式 ··· 156

第五节 政治个体政治行为与民意 ·············· 162
一、政治民意的实质与特点 ···················· 162

二、影响民意构成的主要因素 …………………………………… 166
　　三、民意调查历史和民意模式 …………………………………… 167
　本章小结 ……………………………………………………………… 170
　关键概念 ……………………………………………………………… 171
　研究与思考 …………………………………………………………… 171
　相关知识 ……………………………………………………………… 172
　建议进一步阅读的文献 ……………………………………………… 183

第五章　政治群体及其行为 …………………………………………… 184
第一节　政治群体的要素结构与类别 ………………………………… 186
　　一、政治群体的基本要素 ………………………………………… 186
　　二、政治群体的内在结构 ………………………………………… 189
　　三、政治群体的基本类别 ………………………………………… 192
第二节　公众运动的类别与特征 ……………………………………… 196
　　一、自发性集群行动 ……………………………………………… 196
　　二、民间社会运动 ………………………………………………… 201
　　三、动员式群众运动 ……………………………………………… 204
　　四、新社会运动 …………………………………………………… 206
第三节　阶级阶层的结构及其行为 …………………………………… 209
　　一、阶级阶层群体的建构 ………………………………………… 210
　　二、转型时期阶级阶层结构 ……………………………………… 214
　　三、转型时期阶级阶层结构特点 ………………………………… 221
第四节　民族族群及其政治行为 ……………………………………… 223
　　一、民族政治群体演变和行为特征 ……………………………… 224
　　二、民族问题的类别和当代特性 ………………………………… 231
　　三、解决民族问题的途径与前景 ………………………………… 239
　本章小结 ……………………………………………………………… 241
　关键概念 ……………………………………………………………… 242
　研究与思考 …………………………………………………………… 242
　相关知识 ……………………………………………………………… 243
　建议进一步阅读的文献 ……………………………………………… 250

第六章　政治团体及其行为 …………………………………………… 251
第一节　政治团体的产生和基本类别 ………………………………… 252

一、政治团体及其存在的条件 ………………………………………… 252
　　二、政治团体的产生途径 …………………………………………… 255
　　三、政治团体的类别特征 …………………………………………… 260
　第二节　制度性团体及其行动 ………………………………………… 269
　　一、机构型团体及其行为 …………………………………………… 269
　　二、职业型团体及其行为 …………………………………………… 272
　第三节　社团性政治团体及其行为 …………………………………… 274
　　一、社团的发展和管理 ……………………………………………… 274
　　二、准机构型社团及其作用 ………………………………………… 283
　　三、专业型社团及其作用 …………………………………………… 291
　　四、民间型社团的成长与特点 ……………………………………… 295
　第四节　利益性政治团体的政治行为 ………………………………… 300
　　一、利益集团的性质与产生的条件 ………………………………… 300
　　二、利益集团的功能及其影响因素 ………………………………… 307
　　三、利益集团的行动策略 …………………………………………… 310
　　四、利益集团的行为模式 …………………………………………… 313
　本章小结 ………………………………………………………………… 315
　关键概念 ………………………………………………………………… 315
　研究与思考 ……………………………………………………………… 316
　相关知识 ………………………………………………………………… 316
　建议进一步阅读的文献 ………………………………………………… 334

第七章　政治党派及其行为 ……………………………………………… 335
　第一节　政治党派的变量与性质 ……………………………………… 336
　　一、政治党派的变量及其分析 ……………………………………… 336
　　二、政治党派的性质 ………………………………………………… 340
　第二节　政治党派的产生与类别 ……………………………………… 345
　　一、政治党派的产生 ………………………………………………… 345
　　二、政治党派的类别 ………………………………………………… 351
　第三节　政党行为的特点与功能 ……………………………………… 357
　　一、政治党派行为的特点 …………………………………………… 357
　　二、政治党派行为的功能 …………………………………………… 363
　第四节　政党政治与政党的建设 ……………………………………… 367
　　一、政党政治及其发展 ……………………………………………… 367

二、政党内部组织建设⋯⋯⋯⋯⋯⋯⋯⋯⋯⋯⋯⋯⋯⋯⋯⋯⋯ 370
　第五节　中国共产党的自身建设⋯⋯⋯⋯⋯⋯⋯⋯⋯⋯⋯⋯⋯ 376
　　一、认识执政党自身建设的重要性⋯⋯⋯⋯⋯⋯⋯⋯⋯⋯⋯ 376
　　二、总结执政的基本经验⋯⋯⋯⋯⋯⋯⋯⋯⋯⋯⋯⋯⋯⋯⋯ 377
　　三、建设学习型政党⋯⋯⋯⋯⋯⋯⋯⋯⋯⋯⋯⋯⋯⋯⋯⋯⋯ 379
　　四、积极发展党内民主⋯⋯⋯⋯⋯⋯⋯⋯⋯⋯⋯⋯⋯⋯⋯⋯ 380
　　五、惩治和预防党内腐败⋯⋯⋯⋯⋯⋯⋯⋯⋯⋯⋯⋯⋯⋯⋯ 382
　本章小结⋯⋯⋯⋯⋯⋯⋯⋯⋯⋯⋯⋯⋯⋯⋯⋯⋯⋯⋯⋯⋯⋯ 384
　关键概念⋯⋯⋯⋯⋯⋯⋯⋯⋯⋯⋯⋯⋯⋯⋯⋯⋯⋯⋯⋯⋯⋯ 385
　研究与思考⋯⋯⋯⋯⋯⋯⋯⋯⋯⋯⋯⋯⋯⋯⋯⋯⋯⋯⋯⋯⋯ 385
　相关知识⋯⋯⋯⋯⋯⋯⋯⋯⋯⋯⋯⋯⋯⋯⋯⋯⋯⋯⋯⋯⋯⋯ 386
　建议进一步阅读的文献⋯⋯⋯⋯⋯⋯⋯⋯⋯⋯⋯⋯⋯⋯⋯⋯⋯ 394

第一章 绪 论

可以对政治不感兴趣但是不能不思考和研究政治

在今天的世界上,有一种现象似乎很普遍,即人们对政治不太关心,不感兴趣,甚至有些冷漠。这种对政治的冷淡、冷漠,并不是现代人特有的行为,早在古希腊的城邦政治中就已经存在过。据美国政治学家罗伯特·达尔的考察,即使是在被史学家们称之为是平民民主政治参与典范的公元前五世纪的古希腊雅典城邦里,有权参与普尼克斯山公民大会的 3—4 万人中,就有相当多的平民是无政治热情的个体。正因为考虑到这种情况,公民大会只设了 1.8 万个席位,而且有些论题的法定参加人数也只限定在 6000 人左右。事实上在很多场合,雅典的平民不愿意,也无心去参与政治活动。有时,为了强制这些无政治热情的个体去参加沉闷的全体公民会议,警察还不得不用浸过油漆的长绳子将公民赶向普尼克斯山。

在现代政治生活中,情况也好不到哪里。在自称是民主政治设计得最为精巧,并且其政治精英们还总想把这套政治制度推广到其他政治生活系统中去的美国,纵观近几十年来的总统选举,虽然场面搞得轰轰烈烈,有时也十分火爆,但最终去投票的人数比例却越来越小。在美国 2004 年的大选中,据统计参加投票选举的公民已经是近几届总统选举中较多的,但其比例也不足 50%。在那片土地上,人们喜欢谈论的是橄榄球、NBA 和华尔街股市行情,而不愿意花工夫去参与政治、议论政治。在欧洲,虽然不少政治生活系统中政党林立,党派之争令人眼花缭乱,但仔细观察一下,对政治真感兴趣的也只是那些党派的领袖和骨干们。在亚洲,许多国家的民众则更为实在,他们把经济、宗教看得比政治重要得多。

人们之所以对政治不感兴趣,甚至冷漠,原因是多方面的。在一些重视意识形态宣传的政治系统中,虽然政治当局为支持这类宣传花费了民众大量的税款,但能够拿出来还是那些重复了几十年的老一套抽象的教条和空洞的说教,很难再能吊起人们的精神胃口。在一些实行周期性选举的政治系统中,政治精英们为了获取权力和职位,会装出一副真诚的模样,向选民们做出很多承诺和许愿。但等到竞选结束,尘埃落定,登台掌权时,先前信誓旦旦的承诺与许愿早已经抛到九霄云外。在没有严格选举的政治系统中,人们经常感受到的是当权者们似乎在玩弄一套把戏:说的坚决不做,做的却坚决不说。这种政治活动中的言和行的恶意背离,到头来只能让人们鄙视,鄙视的一种结果就是对政治的冷淡和冷漠。

人们之所以对政治不感兴趣,还有一个原因就是惧怕政治行动中夹杂太多的权术、暴力和贪腐。在普通民众心目中,政治一直没有好名声。因为重大的政治决策多半是在黑箱中做出的,在其中,有权有势的个人和集团都是以人民代言人的身份和口吻,玩弄着用他们的行话来说是"治理艺术"的各种权术。有时政治还与强制和暴力联系在一起,普通百姓总要想方设法去避让。善良的人们更憎恨政治体制本身的无能与腐败。无论当权者如何标榜清廉、有效,现代社会中几乎所有的政治体制和政党中都存在着程度不等的腐败和无效。有些政治体制还能谴责这种无能和腐败,而有些政治体制已经将这类腐败和无能合法化了,甚至在政治系统中形成腐败和无能的政治文化。对上述种种现象和过程的回避,导致的结果就是人们对政治的冷淡和冷漠。

鉴于上述种种原因,人们回避政治,远离政治。但是对政治采取回避和远离的态度并不是一个好的选择。因为并不是所有的人都会这样做,而你这样做的结果只能是失去本来该属于你的政治权利。比如在政治活动中最常见的活动就是决策。大部分的决策又都是关系到资源和利益的分配和再分配的,而这些恰恰与你的权益紧密相关。

当一些人在参与和关心决策,表达自身的需求,保护自己的利益时,你却因为对政治生活采取冷淡和冷漠的态度而没有去表达自己的利益和需求,结果会怎样呢?决策若是有关税收的,思考政治并参与决策的人当然想少缴税,那么又该谁来多缴呢?那只能是你。因为你没有参与这些事,当然也就没有发表对自己有利的意见。决策若是有关公共支出的,思考政治并参与决策的人当然不想多付费,又该谁来多付呢?当然又是你,还是因为你没有去捍卫你的权益。决策若是有关福利保障的,思考政治并参与决策的人当然想争取更多的保障,谁会失去福利?最终还是你。因为你不参与政治,不思考政治,也不去表达利益诉求,其他人也不知道你的需求和利益何在,自然不会也不知道怎么去维护你的政治权益。

当然,思考政治,参与政治,并不是一定要你去喜欢政治。有些人迷恋政治,有些人喜欢政治,有些人选择将政治当作职业。但是思考、研究政治与喜欢、关心政治并不是一回事。对于这方面的关系可以用医学家思考、研究细菌来做比喻。有些医学家的工作就是研究某些种类的细菌。他们对诱发高导致性传染病的细菌,如 SARAS 一点儿也不喜欢,对它们当然没有任何兴趣。但是,他们对研究这些细菌却有兴趣。因为医学家知道必须了解细菌的繁衍、生命周期及其危害,只有这样才能研制出特殊的疫苗来预防和对付它们,并发明药物来控制它们,最终让人远离因这类细菌作用所产生的疾病。

正如医学家在研究细菌时,只是把它们作为研究对象,在知道了细菌的活动规律后,引导和建议临床医生和防疫医生,采取措施,开出处方,以便改变条件,限制细菌的繁衍。政治学研究者也是仅仅将政治行为、现象、过程作为思考和研究的对象,了解政治活动中的因果联系,不断设计出规则和体制,以便让政治家采取有效的治理措施,使政治行动者行为规范,促使政治生活变得民主、自由、公正、公平。

任何一个医学家都知道,有害的细菌不可能一下子就能被研究得非常清楚、透彻,从而也不可能在短时间将其消灭干净,因为细菌也有生命力和活动惯性。所以医学家一方面坚持不懈地探索健康的人体存在和发展的条件,另一方面则永不懈怠地研究损害人体健康的细菌的活动。研究政治的人也应当知道不好的政治行为不可能一下子就会消失,好的政治体制也不是一下子就能形成,因此,他们必须像医学家研究人体健康和细菌的活动规律那样,坚持不懈地研究政治生活中有利于和不利于人类生存和发展的种种方面。

医学家又不同于临床医生。诊治和预防传染病的临床医生与研究细菌和人身体健康机理的医学家们的区别就在于:临床医生注重行动,以高超的技术治愈了许多病人,解除了人们的痛苦;医学家则注重理论,以理性总结人的身体产生疾病的原因,为临床医生的医疗行动提供依据。诺贝尔医学奖从来只授予医学家,而不奖励给医生。但是临床医生会开刀,能救人;治病不能指望医学家,他们多数开不好刀,也救不了病人。同样的道理,政治生活中的事情要靠政治家们去做,而政治生活中的道理和规律则需要政治学家们去研究、发现、阐述。

研究政治不要从远处找寻而要从身边的生活开始

如果知道了必须思考和研究政治的道理,那么普通的人、一个老百姓又应从哪里开始思考和研究政治生活呢?最好是从身边的政治现象、事件、人物和过程开始。对于一个并不是以政治研究为自己的专业方向和兴趣爱好的人来说,总感觉到在整个人类生活中,政治生活似乎是一种在范围上漫无边际,在形式上纷繁多样,在内容上深奥无比、捉摸不定的现象、事件和关系的世界。的确,在人类所有的社会生活中,政治生活是最为复杂、极为多变的一个领域。

一个人要想对政治生活有所了解,就必须对现实政治生活做合理的简化,除了将它从整体的人类生活中分离出来以外,还要从纷繁复杂的因素中过滤出最为基本的、最为核心的元素。这些作为基核的因素就是政治主体、政治行为、政治机构、政治规则、政治形态、政治发展。

如果我们依次将每两个元素加以组合,就会形成政治生活的三个不同的层面:第一个层面是由各类政治行动主体和他们的政治行为所构成的。以主体和行为为主要概念,可以编织出帮助我们观察、理解微观政治生活的知识图景。第二个层面则是由各类政治行动主体和他们的行为所形成的各种政治机构与政治规则构成的。以机构和规则为主要概念,可以形成一幅帮助我们观察、理解中观的、制度化的政治生活的知识图景。第三个层面则是由各类政治行动主体在一定的政治机构和规则导引和约束下展开活动所形成的政治形态和政治发展构成的。以形态和发展为主要概念,可以形成另一幅帮助我们观察和理解宏观政治生活的知识图景。

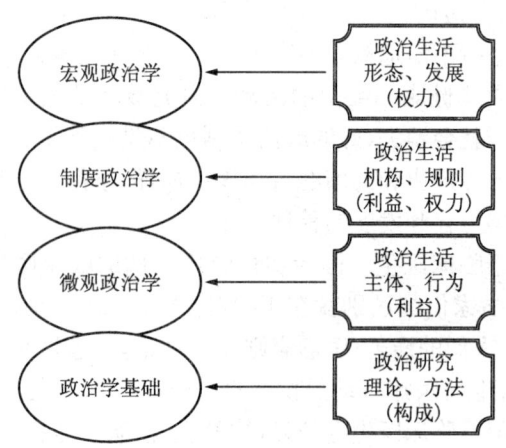

图 1-1 政治科学知识体系

了解了政治生活的这种层次结构后,还有一个选择从哪个层面开始接触政治生活的问题。通行的政治学理论教科书,多半是从权力、国家、政府、党、制度开始介绍政治生活。写书的学者认为,政治生活中重要的事情就是政治权力、政治国家、政治党派,再就是政治制度、政治体制。学习、思考政治就得从最要紧的地方开始。这一点儿都不错。但问题是写书的人不同于那些对政治还不了解、刚刚踏入这一领域的人。对于后者一上来就思考政治权力和政治国家似乎是难了一点。

其实对政治生活的理解有两种认识模型。一种是"向上渗透"的认识模型。在这种模型中,研究者将精力集中在社会基础层面上,思考人们的政治态度怎样分布,利益集团如何形成,哪些政党获得支持,选民们如何投票。第二层才是政治生活系统中的国家制度、政府体制。另一种是"向下溢出"的认识模型。在这一模型中,研究者将精力集中在国家、政府的制度、政策的决定上,看它们对社会的影响。第二层才是社会基础。①

---

① 参见 Michael G. Roskin, Robert L. Cord, James A. Medeiros, Wailer S. Jones《政治学的世界》,利后安、洪圣斐译,台湾时英出版社 2002 年版,第 22 页。

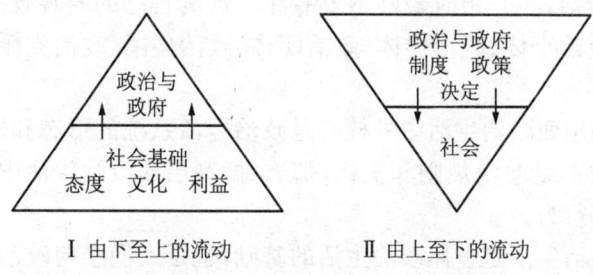

图 1-2 理解政治生活的两种模型

这两种认识模型都有其合理性,因为政治生活与人类生活的其他领域是相互渗透、贯通和作用的。对于想思考和研究政治的人来说,前一种对政治的认识模型还是较为适合的。因为所有的政治现象、事件和过程,都是从人类生活的社会领域中产生和分化出来的,有许多政治现象、事件和过程,只有将其摆入到社会生活之中,才能得到解释。研究政治行动主体及其行为类别和特征是现代政治分析的重要任务。正如经济学家把对厂商及其交易行为的研究叫做微观经济学一样,政治学家也把这方面的研究称为微观政治分析。

微观政治学所叙说的正是最为贴近你的政治生活

微观政治学是以政治行为主体及其行为作为研究对象的知识体系。政治行为主体及其行为是所有政治生活中最为基本的、最为外显的、最为细微的部分。一个人如果想理解他生活于其中的复杂多变的政治生活,就必须从理解与自己最为贴近的微观层面的政治生活开始。本书将带你进入其实是你最为熟悉的但却可能从未特别和认真加以留意的微观政治生活世界。

在这一世界中,你将会从川流不息的人群中区分出不同的政治行动主体,你也能从无数变动的政治现象、政治事件中辨认出不同政治行动主体的活动方式。以此为基础你就能从交织在一起的政治过程中寻找出约束和保障各种政治行动主体行为的机构和制度框架,最终你就会沿着这一逻辑线索发现原先你难以把握的宏观政治生活的形态、过程和演变、发展的轨迹。当我们把注意力集中到微观政治生活上时,有一些问题必然会引起我们的关注:微观政治研究为什么长期被人们忽略,我们分析这一层面的政治生活其作用何在?要建构微观政治学已经有哪些知识准备,还需要具备何种现实条件?微观政治学与西方曾经流行并占据过主流地位的行为主义政治学有什么区别?微观政治学的知识结构框架是什么?究竟有哪些政治行为主体在活动,他们的行为、行动和活动的特点是什么?

微观政治生活是最贴近人们日常活动的政治行动和政治关系的总和。有许多人记住了国家理论、制度理论、主权理论,但却不一定懂得现实政治。要真正了解真实的政治生活,在开始时最好不要专注于远离自己的宏观政治,而是要从靠近自己身边的政治个体、政治群体、政治团体、政治集团、政治党派的活动总和即微观政治入手。

如果说宏观层面政治生活中的核心是政治生活系统的形态和发展,制度层面政治生活中重要的是政治规则和机构,那么,微观层面政治生活中最为重要的则是政治主体及其行为。

虽然微观政治生活是整体政治生活的基础,也是人们参与政治生活的基本领域和场所,但是,至少在中国现代政治学的研究中,这一方面的知识是非常缺乏的。对微观政治分析的轻视乃至忽略并不是政治学家们的偶然疏忽,导致这种现象的,既有来自意识形态方面的故意防范,也有来自政治实践方面的人为阻隔。

由改革、开放推动的现代社会转型带来了人们思想上的解放和意识形态上的宽容,市场经济的发展和法治建设的推进带来了更多的民主、自由、公正、公平,所有这些不仅让微观政治生活领域的实践变得活跃起来,而且许多相关知识的建立和完善也为建构微观政治分析准备了必要的知识前提。

但微观政治学的构建绝不是照搬西方曾经流行一时的行为主义政治学。以马克思主义为指导,立足于转型社会政治发展的现实基础上的微观政治学,无论在研究对象、研究原则、研究方法和研究价值上,都和曾经垄断西方政治学知识领域相当长时间的行为主义政治学有着显著的、根本的区别。

本书为你安排了如下的内容:首先在第二章介绍微观政治学的知识建构。由于种种历史的、现实的和意识形态上的原因,有关微观政治生活的知识在中国传统的政治学知识构成中,一直是一个薄弱的乃至空白的地带。但是,其他相关学科的发展和境外政治学科的进步,已经为本土微观政治生活分析准备了初步的知识成分和研究手段。

构建微观政治学理论具有许多重要的作用。首先,对微观政治生活作分析是为了了解人们的政治行为;其次,构建微观政治学理论是为了有效地改变人们的政治行为;另外,建构微观政治学理论也是为了协调人们的政治行为。

在微观政治生活中,可以划分出:个体的政治行为层次,群体的政治行为层次,团体、集团、政治党派的政治行为层次。分析和理解微观政治生活,就是要将个体、群体、团体、集团、党派等政治行动主体的政治心理、政治行为、政治行动的构成和特征、相互间的关系作为观察、分析的对象。

要构建科学的微观政治学,就必须认真吸取西方行为主义政治学研究的教训,克服西方行为主义政治学存在的缺陷,形成合理的、科学的研究原则。在研究微观政治生活时,必须做到两个结合:将对个体政治行为、行动、活动的研究与对社群行为、行动、活动的研究结合起来;把对政治主体行为的个性研究与对其共性的研究结合起来。

接着在第三章为你阐述政治行为主体的生成。政治社会化是政治行为主体形成的主要途径。政治行为主体是通过个体在整个社会中生命的新陈代谢,在政治群体、政治团体、政治集团和政治党派中成员的吐故纳新得以延续的。无论是有生有死的普通社会公众,还是能延续若干年乃至几个世纪的结构松散的或紧密的政治群体、政治团体、政治集团,就是政治党派也都需要在存在和发展中培育和补充新的成员。并不是新生命一经出现,就会立即自然而然地成为新的政治行动主体的,也不是任何一个能够行动的政治个体都一定是政治群体、政治团体、政治集团和政治党派的成员的。让一个新的社会行为主体成为各种政治行动主体中的新成员的必经途径是具体的、持续的、多种类型的政治社会化过程。

政治社会化不是一般社会化之外的过程,但它又是具有特殊性的社会化过程。政治社会化是一般社会化的重要组成部分,它与经济社会化、文化社会化渗透、交融在一起。但是政治社会化又有其特殊性,它通过具体的政治情境、政治传承机制与个体政治自我之间的相互作用,使新的政治行为主体得以孕育、成长。

以政治社会化的深度为标准,可以将政治社会化分为:初步的政治社会化,深度的政治社会化,再度的政治社会化。与深度和再度政治社会化相对应,个体的政治自我也是变化的。政治行动个体在成年后参与政治的热情会逐步增强,到40至50岁时达到高峰,其后则渐渐减退。一旦有新的政治事件发生、新的政治关系出现,政治行动个体即使是在年轻时就形成的深刻的政治认知框架和意义图景也会发生改变。有时甚至连基本的政治价值观也会被怀疑,甚至抛弃。地理空间上的人口流动也会影响政治行动主体内在的政治自我的状况。

在分析了政治行动主体的生成途径之后,就可以来讨论政治个体及其行为,这是第四章重点阐述的内容。通过对普通政治行动个体及其行为的逻辑结构的分析,我们可以看到个体的行为中既包含着内在的利益追求、心理倾向和思维的成分,也有外在的激励与评价的成分。在观察和分析普通政治行动个体的行为时,要全面地考虑个体具备的物理、生理、理智、心理、伦理等因素及其作用,也要考虑其他的政治行为个体、群体、团体、集团、党派的作用,还要考虑现实的政治行为中存在的冲突与合作的因素。

当人们观察现代政治生活时,并不难发现在普通公众中存在着政治精英。从游牧、农耕社会到工业化社会,再到后工业化和知识经济社会,传统的精英逐步退出历史舞台,新型的、现代的精英逐渐成为政治舞台的主角。

现代的政治精英是掌握现代知识、现代科技并运用它们来达到政治目标和实现政治抱负的特殊政治行动个体。政治精英具有某些特别的个人素质。普通政治行为个体要想成为政治精英,就需要具备下列手段和技能:使用象征的手段和技能;运用文字、语言和特殊形象,以获取权力的手段和技能;使用暴力的手段和技能;运用强制力包括军队来实现政治目标的手段和技能。

对于政治个体来说,重要的政治行为是政治参与、投票和选举。政治参与行为具有多种形式:直接参加各类选举和投票;发动、动员其他个体参加选举与投票;通过电话与政府官员沟通;通过上网向政府部门或官员提出批评和政策建议;参加有关政治议题的讨论和论辩,等等。

在本书的第五章,我们将讨论政治群体及其行为。政治群体是基于某种或某几种共同性而聚集起来从事政治行动的人群。政治群体是多个个体的聚合。相对于政治个体而言,政治群体具有聚合性;而相对于政治团体来说,政治群体则又具有明显的松散性。

依据聚合程度的高低,可以将常见的政治群体分为三类:聚合性较强且稳定的政治群体,如阶级、民族、族群;聚合性较强但不稳定的政治群体,如上访群体;聚合性较弱且不稳定的政治群体,如突发事件中的行动群体。

社会运动是一种相对自觉的、由群众自行发动的运动,由于涉及面较广,会引起民众的关注,产生一定的社会影响,因此,人们又习惯地称之为民间社会运动(social movement)。这是一种特别的具有高度信仰和行动倾向的集体行为模式。其行动动机源于成员的态度和渴望。参与社会运动的人具有某种程度的信仰和行动要求。社会运动不以正式组织为基础,从而区别于正式集团的行动;但又有一定的计划,并且常常和利益集团相结合,因此它又和集群行动相区别。在某些特定条件下持续的社会运动还可能形成政治党派。

自20世纪60年代以来,出现了一些新社会运动,主要包括妇女运动、环境保护运动、绿色运动与和平运动。新社会运动的特殊之处在于它能广泛吸引年轻人、受过良好教育的人和富裕者参加,行动者大多具有后物质主义倾向,他们信仰新形态的政治行动主义,热衷于某种"新政治"(new politics)。

在接下来的第六章,我们将分析政治团体及其行为。可首先将政治团体分成两大类型:制度性团体和社团性团体。存在两类制度性政治团体:一类是机构型的制度性政治团体,一类是职业型的制度性政治团体。社团团体主要有准机构性社团、专业性社团和众多的民间性社团。利益性团体就是人们通常所讲的利益集团、压力集团。如果某个利益集团活动的目的是为了推行或坚持某种共享的价值、立场、观念,这类利益集团就是倡导性集团。如果某个利益集团享有特殊权利,可以定期地参加政府的政策辩论、咨询,能够经常地接近政府制度化的渠道,对政府政策的影响较大,这类利益集团就是核心集团。如果某个利益集团并不是定期地、经常性地参与政策咨询,也不能经常接近政府的制度化渠道,因而其影响力也较小,这类集团就是核心外集团。

利益集团或压力集团都是通过游说、提供资料和建议来影响政府的决策,并以此来间接地维护和倡导团体本身所坚持的某些特定利益。利益集团的活动只是一种间接的压力政治活动。这与某些运用直接行动来反对国家政权、政府机构和宪政制度的政治组织不同。有些政治学家对利益集团作用持肯定的观点,但也有政治学家认为利益集团的作用主要是负面的。

最后是第七章,我们将分析也许是很多人最为关心的内容即政治党派及其行为。政党并不是从来就存在的,也不会永远存在下去。现代政党只是社会政治结构的一部分。它是一种内部结构较为紧密的特殊政治团体。从其组成成员来看,政党是和一定的阶级、阶层联系着的,是阶级、阶层中的先进分子的集合。在现代政治中,政党是对政治系统的运行和发展起着引导或领导作用的政治力量。政党的目标是独自或参与掌握国家政权。

现代政党的存在和运行不仅有其特殊的生态环境,而且有其特殊的内部组织结构。在一些政党组织中形成了多种派别,它们是政党内部的团体或群体。如果派别是紧密的但是非正式的,则成为党内的"小圈圈"(tendencies)。如果派别有正式的组织和成员,能稳定而持续地存在,并且其目标是与其他群体共存,则成为党内的公开派别即派系。如果派别的目标是分裂其母体,其发展的结果则可能成为党内之党(party within a party)。在日本执政时间最为长久的自民党内部,长期呈现派系林立的状态。

在群众性政党类型中会产生出囊括型即全民型政党(catch-all parties)。与一般性政党不同的是,全民型政党强调领导权与团结的重要性,降低意识形态的重要性,降低个别党员的重要性,其存在和运行主要不是依靠特定的社会阶级和团体,而是争取形成更为广泛的支持者联盟。

与世界上其他的政党不同,作为工人阶级和全民族的先锋队,作为从事革命和执政时间都比较长的政党,中国共产党在维护民族独立和反对反动统治的岁月中,认真学习、研究中国革命的规律,虽历经曲折,一直保持着先进性。建立新中国以后,中国共产党从革命党转变为执政党,在社会主义建设中,虽也经历过曲折,但坚持学习,探索执政规律,持续地保持着先进性。

现代微观政治生活研究突破了传统的政治分析线路。传统的政治分析是单线条的,复杂的微观政治生活被简化为一条过于简单的直线:群众是划分为阶级的,阶级中必然会产生出作为其先锋队的政党,政党都是由其领袖人物领导的。这种单线条的分析,将许多重要的政治行为主体及其行为排除出、遗漏在人们的视野之外,微观政治被简单化为精英政治、英雄政治、权威政治、集权政治。这和现实的微观政治生活是不相符合的。从根本上看,也背离了以人为本、以民为先的科学、合理的政治观。

现代的微观政治分析则是多线条的。它致力于从原先的被过分简单化了的单线条中还原出微观政治生活中多元的政治行为主体，并考察他们复杂的行为、行动和活动，以及产生的结果。从政治生活系统的公众中产生出来的不仅有阶级、阶层，还有更多的进行着自觉的或自发行动的政治群体，在这些政治群体中，重要的还有民族和族群。作为个体组合的更为紧密的形式是政治团体和政治集团，内部结构更为紧密化的就是政治党派。当人们真的沉下心来，对如此众多的政治行为主体及其行为进行观察、探究、理解时，就会发现客观存在的和不停运转着的是一个纷繁复杂、动态多变的、让人们着迷的微观政治生活世界。

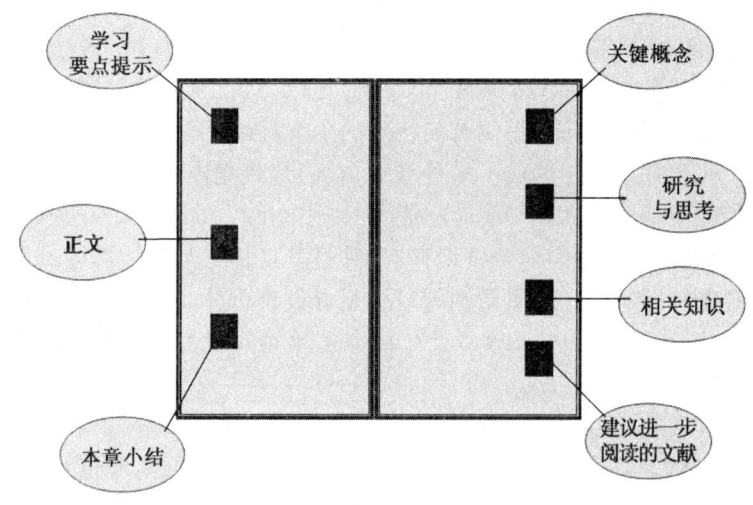

图1-3　本书编写栏目

为了能够帮助读者更好地掌握微观政治学知识，本书在编写时在体例上作了一些特别的考虑。首先在每章的正文之前，增加了"学习要点提示"，其目的是引导阅读者将注意力聚焦在一些重要问题上。在正文后面，增加了"本章小结"，其目的是为读者提供这一章内容的简单线索。同时还列出了另外四个栏目："关键概念"、"研究与思考"、"相关知识"、"建议进一步阅读的文献"。"关键概念"和"研究与思考"两个栏目，主要是供读者在学完一章后做自我检测之用。"相关知识"这一栏目主要是介绍在这一研究范围内国外学者的典型理论和观点，或介绍在这一研究范围内国内学者有代表性的思想和见解。有些是供批评和分析用的，有些是启发读者思考的。"建议进一步阅读的文献"这一栏目是针对一些读者在某些课题上有深入研究的兴趣，给他们提供能够获取更多知识的途径。

第二章　微观政治学的构建

【学习要点提示】

微观政治学受轻视的原因与构建的意义
　　轻视微观政治学研究的原因
　　重视微观政治学研究的意义
构建微观政治学知识的前提和现实条件
　　构建微观政治学的知识前提
　　构建微观政治学的现实条件
微观政治学研究的对象、层次及基本原则
　　微观政治学的研究对象
　　微观政治学的研究层次
　　微观政治学的研究原则

　　虽然按照人们思维的习惯，理解政治生活先要从个体能够感受到的、与自己最为贴近的、具体的、微观的政治生活开始，即从观察、思考大量的政治行为、行动和活动开始，但是，除了从 20 世纪 20 年代至 60 年代这段时间中，在美国流行过行为主义政治学以外，多数政治学家们似乎很少有将不同类别的政治行为主体及其行为、行动集聚起来专门加以研究的兴趣。即使是在经济学家们在经济生活的分析中，已经成功地构建起微观经济学的情况下，政治学家们仍然很少去思考和筹划构建微观政治学的知识体系。这当然不能一味地将此种不良状况归咎于政治学家们思维上的懒惰和专业上的无能，导致这种局面的原因是多方面的。

　　构建微观政治学并不是一件容易的事。其困难固然在于人们已经习惯了对政治生活作宏大叙事式的把握，从而使致力于微观政治学研究的初创者在建构新的知识体系时缺乏现成的框架可以参照。但这决不是唯一的原因。虽然行为主义政治学曾雄踞欧美政治学学术殿堂几十年，但是他们之中的多数人包括某些名声极响的政治学家们却醉心于探究诸如"底特律的蓝领天主教徒中投票给民主党的百分比有多高"这类无关宏旨的"琐碎的议题"。[①] 这种状况使许多持严肃研究态度的政治学

---

① 参见 Michael G. Roskin, Robert L. Cord, James A. Medeiros, Wailer S Jones《政治学的世界》，台湾时英出版社 2002 年版，第 31 页。

家们对研究政治行为感到失望。加上行为主义的政治学者大多对政治理论体系的构建抱有成见,仅仅靠他们是不可能形成微观政治学理论的研究框架的。这些因素的作用,只能给政治学理论知识体系留下缺少微观政治分析的缺憾。

至于属于后行为主义流派的那些政治学家们,他们虽然也看到了行为主义政治学研究轻视理论体系构建的缺陷,并尝试去构建政治学理论知识体系,但最终也没有能在微观政治分析领域中收获丰硕的果实。一般行为主义政治学家对传统政治学的理论研究都程度不等地抱有成见。他们除了将传统政治学理论研究草率地看做是一种靠吸吮死人的骨髓过日子的方式并加以谴责外,还极力反对任何构建政治学理论体系的努力。这种状况是和行为主义政治学家们只对可以量化的诸如投票心理、投票比例这类琐碎议题感兴趣的狭窄的研究状态联系在一起的。但是,作为从行为主义到后行为主义的过渡性人物的戴维·伊斯顿却是一个例外。他虽然也反对传统政治理论的研究方式,但他却重视政治生活的质化研究,并坚持认为,政治学理论知识只有做到体系化才是科学的。他创立了用政治输入、政治转换、政治输出、政治反馈等主要范畴构成的政治系统理论。① 但这种政治理论的知识体系并不是以阐释微观政治生活为主的,它仍然主要是有关宏观政治生活分析的理论框架。

政治学是在众多学科知识的支撑下成长和发展起来的知识门类。微观政治学的构建尤其需要近几十年来先后建立和完善起来的一系列研究人的行为的学科知识的支持。同时,构建这一主要是研究人们政治行为的知识体系,也特别需要有诸如人权观念的普遍流行,个人利益受到充分保护,利益团体能够表达自己的诉求,各类民间组织的功能得到有效发挥等等现实条件的支持。

微观政治学的构建是一项艰辛的工作。在微观政治学的知识体系中,政治行为主体的形成、结构,以及政治行为主体的心理、行动将是主要的研究对象。由于现代政治生活中的行为主体是以个体的、群体的、团体的、集团的和党派组织的方式存在并展开行动的,因此,多元的政治行为主体及其行为特征,政治行为主体各种主要的行为、行动和活动方式将成为微观政治学关注的重点。

第一节 微观政治学受轻视的原因与构建的意义

一、轻视微观政治学研究的原因

微观政治分析的缺失

在认识自然界物体运动的过程中,人类逐渐认识到对于处在不同层次和范围

---

① 参见戴维·伊斯顿《政治生活的系统分析》,华夏出版社1989年版,第35页。

中的物体来说,其运动、活动的性质和规律是不一样的。物理学家、天体物理学家经过漫长时间的争论,终于同意将物质运动的空间区分为三个世界:由基本粒子以超过光速的速度运动所构成的微观世界;由凭人的肉眼就可见到的物体以低于光速运动所构成的宏观世界;在更大的尺度上,由物体以超过光速运动所构成的宇观世界。在宏观世界中,物质运动符合由牛顿力学所描述的规律。而在宇观世界中,物质运动需要运用爱因斯坦创立的相对论理论来解释。至于在微观世界中,基本粒子运动的规律究竟怎样,直至今日仍旧没有清晰的、定于一尊的理论,关于微观世界中基本粒子的运动规律,正是人类在努力探索的问题。在这一领域中,虽然人们迄今知道得很少,但却是最有可能得到重大收获的领域。

在经济学研究中,人们也发现了相同的层次问题。一个国家整体国民经济运行中的供求关系与一个企业在市场交易中遇到的产供销关系是不一样的。为了更好地研究国民经济中存在和变化着的整体供求关系,经济学家发挥出聪明才智,构建出宏观经济学。它主要研究与资源配置联系在一起的产业结构、布局和发展的政策。比如一个国家的钢材生产已经过剩了,就需要制定政策,通过控制土地使用、提高贷款利率等方式来限制新的钢铁企业的投产,或者通过实施支持钢材出口的政策,从而使这一国家国内市场上钢材的供求关系保持相对平衡。当然,现代经济学还只是把对外贸易作为宏观经济学的一个部分来加以研究。经济学家们还没有能够依据全球经济关系的既有结构及其现实变动,从中概括、提炼出超出一国国民经济供求关系的、表现全球经济的联结与发展的、反映全球范围所有商品和服务的供求关系的超宏观的经济学理论。

经济学家们在对宏观的、超宏观的经济学理论进行研究的同时,也对宏观的国民经济运行的基础,即厂商在市场中的行为、消费者的行为以及两者的相互关系加以关注。以此为研究对象而建立起来的经济学理论则是微观经济学。

这种依据研究对象的不同层次来构建不同分析理论和知识体系的做法对政治学研究有很大的启发作用。政治学固然是研究政治生活的,但是现实的政治生活也是分层次的。对于不同的研究者来说,因为他们所关注的政治生活的层面不同,从而研究活动所围绕的中心问题、所涉及的范围,以及研究中所要审视和处理的因果联系,都是不一样的。

在政治生活的最表层,也是最贴近人们日常政治活动的层面上,显露出来的是记载着不同政治含义的政治象征、政治符号、政治程序仪式、政治典范故事,聚集着的是政治个体、政治群体、政治团体、政治集团以及政治党派,时刻发生着的是由这些不同的政治行为主体的行为、行动、活动所构成的政治关系、政治现象、政治事件和政治过程,这就是微观的政治生活层面。在其上或更为深刻的方面则是由政治机构和政治规则所构成的中观政治生活即制度政治的层面。由此再向上则是更为整体化的政治生活,它是由政治形态和政治发展作为主要内容的宏观政治层面。

宏观的和中观的政治生活是以微观层面上的政治行为主体及其行为、行动、活动为基础的。只有通过对个体的、群体的、团体的、集团的和政党的行为、行动和活动的探索,只有从他们的行为、行动和所产生出来的各种各样的政治现象、政治事件,以及由此形成的多种多样的政治关系中,我们才能理解政治机构的产生和变化,政治规则的形成和运用,也才能更进一步地去思考政治形态的更替和政治生活的发展。如果不首先对微观政治生活做出科学、合理的分析,而是径直去对其他更高层次的政治生活做探究,那么这种研究必然会陷入无本之木、无源之水的困境。

在世界政治学知识的结构包括现代中国政治学知识的结构中,有关微观政治生活考察和分析的知识存量显得非常稀薄。即使是在促进社会转型的改革、开放持续了30多年,在中国政治学研究有了丰富的内容和更为宽松的舞台的情况下,人们仍旧忽略或轻视对各种政治行为主体及其行为的分析、探究。对于这种状况,决不能简单地用政治学家们的无能、懒惰和疏忽来解释,其中必有更为深刻的原因。

主流研究方式的影响

造成这种状况的原因之一是主流政治学研究方式的影响。新中国建立以后,政治学家们担负着构建适合社会主义建设需要的马克思主义主流政治学的重任。最初的新政治学脱胎于作为历史哲学的唯物史观。政治学家们将唯物史观中的社会形态和国家的内容从历史哲学中分离出来并加以扩充,再增加无产阶级革命和无产阶级专政方面的理论、批判资产阶级政治的成分,形成了以政治国家、政治制度、政治革命、民主专政、政治发展为主要内容的主流政治学知识体系。

唯物史观作为对社会历史发展的哲学探索,对人类社会的结构、运动和变化发展的阐述有大尺度和跨时空的特点,容易形成宏大叙事的论述方式。当历史哲学被当作政治学理论的基本框架和内容时,人们就习惯于在政治学中构造出宏观叙事式的逻辑结构,喜欢讨论诸如国家结构、国家制度、革命变革、未来社会发展等大问题,不喜欢甚至轻视对最为繁杂、最为常见、最为细微的政治生活,诸如个体、群体、团体、集团和党派的政治行为,做出细致的描述、阐释和分析。

这种宏大叙事式的政治学理论在一定时期有其合理性和积极作用,比如在刚刚取得革命胜利的时期,夺得政权的阶级、政党需要论证革命的合理性、国家建立的合法性；正在建设中的国家需要人们知道国家的性质、国家的结构和政治制度方面的知识。但是，当政治革命已经成为历史，当国家建立的合法性已经无须再作反复证明，当国家事实上已经运转起来的时候，关于国家性质和结构的知识已经不那么重要了。不少人觉得这些大的结构还得反复讲，以免年轻一代不知晓，更何况，日复一日地从老祖宗那里寻找语录，将其汇集起来，这对于处在以阶级斗争为纲、研究政治学还具有极大风险时代的知识分子们来说，无疑是一种既省事又万无一失的准学术的选择。

重要的是，经过持续的改革、开放，计划经济体制已经被打破，市场经济体制的框架已经建立起来。在社会主义社会已经发生了实质性转型的时期，人们已经不再需要救世主和大救星了，他们已经学会了通过独立思考来创造自己的政治生活。在这种情况下，政治行为主体已经分化，多元行为主体正在创造出多样、多变的政治活动方式。不仅如此，人们对政治学知识的需求也已经发生改变。他们需要知道具体的政治生活是怎样形成和被组织起来的，需要知道不同的政治行为主体的行为、行动和活动的特点，需要知道怎样的政治行为、行动才是正确的。如果不变换政治学研究的方法、政治知识的叙事内容和方式，仍旧用宏大叙事式的抽象而又空洞的理论教条来充当政治学研究的精神食粮，其结果只能是阻碍微观政治学的健康发展。

意识形态防范的影响

导致这种状况的另一个原因是非科学的意识形态防范心理的影响。在计划经济体制下形成的传统教条主义政治学，除了用宏大叙事的方式反复从革命导师们的著作中断章取义地摘取某些语录外，还有一个重要的特征，就是本着"敌人反对的我就拥护，敌人拥护的我就反对"的戒律，对于所有外来的特别是西方的政治学说一概采取彻底批判和坚决排斥的立场，其理由是非如此则不能保证纯正的意识形态不受侵蚀。这种在意识形态上构筑防火墙的做法，使得微观政治研究被禁止在正统的政治学研究之外。

二战前后，西方的政治学特别是美国的政治学理论经历了从传统的规范主义向具体实用的行为主义的演变。从19世纪末到20世纪初，摆脱了英国殖民统治的美国，带有本土色彩的政治学开始形成。出于建立新国家的需要，许多年轻人越洋跨海到欧洲大陆特别是德国学习政治学。因为当时美国正在建立一个新国家，留学德国的美国学生的主要兴趣是研究国家理论。二战前后，美国人早已完成了国家建立的任务，这时需要研究的是政治的过程和具体政治生活的变革问题，政治学家们将目光从国家性质、结构、权力划分转移到政府的运行过程和公共政策的制定与实施上来。这种以重视微观的政治行为、政治心理、政治决策为内容的经验性的、实证性的研究被称为行为主义政治学。在美国甚至包括整个欧美的政治学知识领域中,有相当长的时间是处在行为主义政治学的统治之下。当然,行为主义政治学只是西方政治学理论演变过程中的一个阶段而已。从20世纪70年代开始,特别是当罗尔斯的《正义论》问世以后,欧美政治学理论又向后行为主义即规范主义转向了。但这种转向不是再去重复传统的国家主义的教条,也不是再去抱住规范主义不放,而是将国家主义和其他的理论结合起来,将规范研究与实证研究结合起来。

为了抵制西方政治学的影响,为了批判西方资产阶级政治学,意识形态的专家们就想出了一个招数,即对着干。美国政治学搞什么,我们就反什么,他们提倡行为主义,研究微观政治行为,我们就坚决不研究政治行为,而把政治行为研究贴上资产阶级政治学的标签。这样做的结果,就如同列宁在评论费尔巴哈这类机械唯物主义不正确地对待黑格尔唯心主义辩证法时所说的那样:愚蠢的妇人在帮助小孩洗澡时,将脏水和小孩一块儿倒掉了。

当然,我们完全有必要审慎地对待西方行为主义政治学。美国的行为主义政治学并不是完美无缺的理论,就其价值倾向来说,它是为资产阶级政治服务的;从学术的角度来审视,其中也存在着很多的错误和缺陷。对于这些我们必须要加以防范和批判。但是,我们也不能因为行为主义政治学是西方学者创建的,就一概加以排斥,更不能为了批判行为主义政治学而盲目地拒绝对政治行为做出科学的分析,从而把对政治行为研究的权利和阵地拱手送给西方的资产阶级和他们的学者。

计划集权模式的影响

之所以形成这种状况,还有一个原因是受长期实行的计划集权模式的严重影响。前面讲的两个忽视政治行为研究的原因,其共同点是研究者们在思维观念上出了问题。对于一个学科的研究来说,光是思维观念上出了问题,还不至于导致那么严重的后果,更为严重的问题是出在政治实践中。新中国建立后直至20世纪70年代末,中国实行的都是以人治和权力高度集中为特征的政治体制。整个政治生活系统处在巨型政府的严密控制之下。权力的高度集中导致公民社会或民间社会发育不良。除了年复一年的群众运动以外,个人、群体和团体并没有太多自主性的政治参与,也没有像样的投票、选举。执政党的党内政治生活也不正常。在公民社会被压制、公众政治参与被限制的情况下,政治活动、政治关系确实只存在于政治生活的上层。政治系统底层的政治生活趋于萎缩,个体的、群体的、团体的政治行为不可能充分发展。这就决定了政治学者即使想要研究微观政治生活,也缺乏现实的实践基础和丰富的经验材料。

建立市场经济体制以后,伴随着依法治国和依法行政战略的提出,民主政治建设被提上政治体制改革的议事日程。乡村和城市的基层民主选举逐渐制度化,公众政治参与的范围也逐步扩大,听证和论辩这类促进公共决策走向民主的形式也逐渐被发明出来。加上社会阶层分化的加速,各种基于现实利益的民间组织、非政府组织也纷纷建立起来。政治行为主体及其行为、行动开始呈现出多样化的趋势。

在个人、群体、团体的自主政治参与基本上不存在的情况下,想要研究政治行为,不仅缺乏对象,也没有太大的意义。现在不同了,虽然执政党、国家和政府之外的民间社会依旧弱小,还有待于逐步发育,群体性政治参与还不健全,利益集团的政治自觉性仍然不高,但是有一点是可以肯定的,即各种政治行为主体已经分化出来,他们正以多种多样的、还不够成熟的方式履行着和维护着自身的政治权益。在这种情况下,政治行为的研究就有了明确的对象,也有了初步的实践经验。

我们也要防止另一种倾向的出现。由于多年来没有形成适合本土政治发展需要的政治行为理论,而实践又要求人们能拿出这样的理论,在这种形势下,不少人只能在未加批判的情况下,将那些政治理论上的舶来品简单地搬出来充数。要让正在出现和发展的政治行为研究变得健康、有序、和谐,当务之急就是抓紧进行有中国风格的、适合中国文化特点的政治行为研究,并逐步构建出既具有科学性又具有实践性的微观政治学理论体系。

二、重视微观政治学研究的意义

进入社会主义社会转型以后,不少学者从对有限的政治参与研究入手,对政治生活微观层面上的政治行为作了分析,并提出了构建微观政治学的设想。构建微观政治学是构建整体的政治学理论知识体系的重要环节。研究微观政治生活、构建其理论知识体系的意义至少可以从下列方面来理解。

首先,构建微观政治学理论是为了更好地了解各种政治行动主体的政治行为。从表面上看,政治似乎只和国家、政府、军队、警察部门以及政党领袖、政府官员有关。其实政治生活是每一个普通人的政治生活,它不是由上帝事先制造的、安排的,也不是由少数人或少数组织创造的、安排的,当然也不能为少数人所独享和垄断。历史上和现实中的政治生活都是由许多具体的活动主体之间的政治行为、政治关系、政治过程的总和构成的。

正是人们的内在政治心理行为倾向,产生出外显的政治行动,形成政治活动,并由此产生出政治关系、政治事件和政治过程。这才是理解全部政治生活的起点。虽然政治生活并不是所有个体、群体、团体、集团、党派的心理、行动和活动的简单累加,但是离开了个体、群体、团体、集团和党派的心理倾向、行动、活动,也不可能存在整体的政治生活。

以往的政治学,试图从国家、政府、权力中推论出人们的政治心理倾向和政治行动,这种想法是不对的。个体、群体、团体、集团和党派的政治心理倾向、行动并不可能总是和国家、政府的要求相一致的。实际情况是,人们的政治心理倾向、行动创造了国家、政府的结构及其运行方式,而不是相反。在实行高度集权和专制统治的政治系统中,少数人想通过国家、政府的命令来严格控制和规定人们的心理倾向和行动,甚至少数政治精英总希望看到一种景象:只要政治领袖人物大手一挥,亿万人就能步调一致地向着既定目标前进。这对于没有任何利益要求、没有任何思想的人来说,也许是可以办到的。但是,一旦治理的对象是有着自身利益、有着自己思想的个体、群体、团体、集团、政治党派时,这种希望就只能落空。许多历史事实已经证明,那套愚民政治学是根本行不通的。科学的政治思维正好相反,它不是从一个预先设计的、规定好的国家和权力的结构和功能出发,来规定和塑造不同人们的政治心理倾向、行动和活动,而是从现实的政治行为主体的心理倾向、行动和活动出发,来总结、概括出国家、政府的政治过程。

能够对政治系统中的形形色色的个体、群体、团体、集团乃至党派的心理倾向、行动和活动进行观察、描述、阐释,并从中找出特征、规律的,只能是微观政治学。它以个体的、群体的、团体的、集团的、党派的政治心理,政治行为、行动,相互间的关系作为观察、分析的对象,分门别类地了解和把握政治生活中具体行为主体的政治行动。以此为前提,在实证的基础上建立起关于人们政治行为和行动的影响因素、政治行动的结构、政治行动的过程、政治行动的控制与激励机制等等方面的规范知识和理论模型。借助于微观政治研究,我们才能看清政治生活中最基本的、最深刻的关系,看清总体政治生活的源流和规律。

其次,构建微观政治学理论是为了有效地改变人们的政治行为。人们的政治心理倾向、行动和活动是各种各样,千差万别的。在现实的政治生活中,并不是所有的政治行为主体的行为、行动和活动都能够保证多数人的政治生活变得和谐、有序。有些政治行为主体的政治心理倾向是不正常的,带有偏差性的。有时由此产生出来的外显的政治行动和活动就会使政治生活局部的某些运行方向和大多数民众所希望的政治生活运行方向不相一致,其结果就必然会导致政治生活中矛盾激化、冲突迭起。严重者则会毁灭群体、团体,乃至民族和国家。历史上出现过的德国、日本、意大利的法西斯主义暴行,就是因为少数人的政治行为、行动和活动中出现了违反人性、违背民主的偏差和错失,最终让人类遭受灾难。

要杜绝这些破坏性的政治行为、行动、活动,最为重要的不是对罪恶的政治行为加以诅咒,更不是向苍天祷告,而是要冷静地进行研究,弄清楚那些错误的、罪恶的政治行为是如何产生的,人们应当如何去防范这类行为的发生,如何让那些心存邪念、试图做出罪恶行为的政治主体改变其行为。经过无数曲折和磨难的人类,已经从大量的经验和教训中领悟到,只有依据政治生活的规律,规范各自的行为,从而保持良好、有效的个体行为、群体行为和集体行动,才能保证政治系统的民主、和谐和发展。因此了解和把握不同类型的政治行为主体的行为特点、方式,还不是最终目的,它只是为我们有意识地引导人们改正不良的乃至错误的行为,做出正确的政治行动提供了前提。

人们的政治行为、行动和活动,是受心理、生理、伦理、制度、体制等等因素影响的,由不同的政治行为主体经过理性选择而产生的能动过程。如果一种政治制度、政治体制能够创造出可以改变这些影响因素的状况、改变政治行为主体的作用方式,并且规范政治行为主体的理性选择方向的机制,人们的政治行为、行动和活动就能得到改变。当然改变人们政治心理倾向、行动和活动方式的手段和途径是不一样的。历史上存在过的一些暴政,曾经也强制个体、群体、团体、集团改变自身的行为、行动和活动方式,但那种做法是以人权受到践踏、民主遭到破坏,从而使社会政治生活出现倒退为代价的。

在现代社会中,对政治主体的政治行为的引导和改变,只能在充分尊重人权、人性和体现民主、和谐的条件下进行。要使这种对人们政治行为的引导、规范和改变,既适应全球政治生活发展的趋势,又符合具体的政治系统中绝大多数民众的愿望,需要的并不仅仅是勇气和胆量,也不光光是资源和技术,更为需要的是关于政治行为主体的行为行动发生、演变及其效果的正确知识。这种知识只有微观政治学才能够提供。因为微观政治学通过研究政治系统中的政治文化和政治社会化,展示出政治行为主体的生成途径和层次结构;通过对心理、行为的分析,阐明政治行为主体从心理倾向的出现,到政治行动的发生,直至政治活动产生效果的完整过程。另外,微观政治学还通过对对话、论辩和协商方式的研究,归纳出一套让人们的政治行为、行动和活动自觉地朝着民主、科学方向发展的机制。

因此,只有依据微观政治学的理论,人们才能在现实政治实践中,既遵循规律,又能使用各种有效的方式和途径,以科学和民主的方法,引导政治行为主体放弃一些心理上的不正确的倾向,尽量使经过心理引导的、外显出来的政治行动和活动朝着更加符合政治系统所要求的、符合多数政治行为主体需要的、具有宽容和共识的整体价值目标前进。

第三,建构微观政治学理论是为了更有效地协调人们的政治行为。在以阶级斗争为纲和通行计划经济模式的时代,教条主义政治学把人们之间的冲突、斗争看做是政治发展的唯一推动力量,竭力排斥政治行动主体间的宽容、合作、协商、共识。甚至有人把这种人们在政治生活中形成的合作与协商、宽容与共识斥之为中庸之道和"阶级斗争熄灭论"。在这种情况下,当然谈不上去研究政治行为主体间的行为、行动和活动的合作与协调的问题。

在结束了以阶级斗争为纲的政治路线,并把整个社会生活的中心转移到经济建设上来以后,传统的政治学也希望在政治生活中协调人们的行动,以保持政治生活的有序与稳定。但这种政治学所强调的和所教导的方法仍旧是在大搞阶级斗争的时代所形成的老套路:或者是采取意识形态的事先控制,不让人们独立自主地思考;或者是不允许人们按照不同的利益追求形成不同的群体、团体、集团,处处实行强制措施,将政治行为主体约束在僵化的体制之中。这种单向的、由上而下的政治沟通、协调和由此得到的政治秩序和政治稳定,仍旧是以政治行为主体失去独立思考和行动自由,民众的平等政治参与被限制乃至压制,人民当家做主的基本权利遭到损害为代价的。

在现代政治生活中,这种不和人民商量的、缺乏法律依据的、不让人们表达不同政治利益要求的、限制人民自主行动的政治统筹、沟通、协调方式是行不通的。经过30多年持续的改革、开放,中国已经形成了一大批接受了市场经济体制中所蕴含的平等、自由的观念,以法治为特征的政治习惯的各类政治行为主体,他们不会再盲目地听从某种说教,他们已经学会了如何维护个体的、群体的、团体的、集团的、党派的利益,他们已经有能力独立、自主、缜密地进行政治行为和行动选择,他们需要的是通过平等的、相互的政治沟通和协商,形成真正以人为本、以民为先的具有共识和宽容特征的政治协调和政治合作。

在客观上存在多元政治行为主体和产生出来的现实政治行为又具有多样性和差异性的条件下,下决心走向平等、正义和民主的政治制度和政治体制,就必须谨慎地研究政治行为主体行为、行动上的普遍性和特殊性,形成各种有效的、具有包容性的制度安排,探索各种平等的、灵活的、具有较大适应性的途径和方法,让不同的政治行为主体的心理倾向、行动和活动在不同的方面、不同的层面、不同的时期,都能够得到平等的对待、相互的沟通和有效的协调,从而产生出政治行动的合力,推动政治生活在多样化、多元化的基础上实现和而不同、谐而有序的新局面。要达到这一目标,需要的既不是传统的政治学理论,也不是研究宏观政治发展和研究中观制度建设的政治学理论,而是研究关于政治行为主体的行动及其控制、协调的微观政治学理论。

另外,建构微观政治学理论还是为了最终构建多层次整体政治学。构建微观政治学固然是为了了解多元政治行为主体的政治心理倾向、行动和活动特征,以便能够有效地对政治行为主体的行动加以沟通、引导、规范和改变,能够更民主、科学地加以协商、合作。但是,政治行为主体的行为也不全是依据其内在的要求发生、改变的。一定的政治组织结构和相应的行为规则会引导和制约政治行为主体的行为方向和行动方式。而且人们之所以改变和协调政治行为主体的行为,其目的也不在行为本身,而是要让整体的政治生活的运行保持在一定的政治形态上,并让这种政治形态在变革中变得更为完善,以便创造条件向更高级的政治形态转化。

了解各类政治行为主体的形成,其行为行动的特征,以及如何去引导、改变和协调政治行动则是微观政治学研究的内容。但是仅仅有微观政治学的知识也是不够的,因为政治行为主体的形成和行为的变化,还受到包含政治机构和政治规则的更高层次的政治生活的支配。同时,了解、改变和协调各种政治行为主体的行为指向和行动方式,其最终的目的是要服从政治形态的演变和发展的需要。因此,微观政治学所研究的内容,只有纳入中观的制度政治学和宏观政治学的理论之中,才能得到更好的理解。

要构建反映整体政治生活的完整政治学理论大厦,其底层无疑是非常重要的。没有底层,中层和上层也就失去了依托。因此,从这一意义上来说,微观政治学的构建是在做一项最为细微和最为前提性的工作,为整个政治科学理论大厦的建构准备砖块和材料。只有将微观政治学知识体系构建起来了,制度政治学和宏观政治学才有了现实的材料和合格的砖块。当然,构建微观政治学的知识体系,必须遵循政治理论体系建构的规则,必须运用具有信度和效度的研究方法,而这些又要依靠政治学基础理论的支撑。

第二节 构建微观政治学的知识前提和现实条件

一、构建微观政治学的知识前提

人类知识的获取既是积累性的、互补性的,又是建构性的。任何新的知识都是在先前知识积累的基础上进行加工、创新才形成和发展起来的。每一种知识的积累又是多学科知识相互补充而成的,一种新的知识体系只有经过人们自觉的建构才会出现。构建微观政治学也应当遵循这些特点。微观政治生活分析的工作不可能完全在一张空白纸上展开,必须从已经形成的知识领域中吸取、移植和借鉴相关的信息、观念、理论和方法,并且要通过细致、缜密的能动性建构,新的知识体系才能最终形成。

在现代知识生产的条件下,利用其他学科知识的难度也增加了。在知识门类还较少时,人们可以在两个或多个知识领域的交界处形成边缘性的和交叉性的新学科。比如可在统计学和政治学交界处形成计量政治学,在地理学和政治学交叉的地方建立地缘政治学,在社会学和政治学边缘地带形成政治社会学,等等。随着社会知识整体化程度的提高,现在再要想找到这种还没有让人们涉猎和耕耘过的边缘性和交叉性的学科地带已经十分困难了。今天要进行的多种知识的交叉,只能采取借鉴、移植的方式,先形成某些杂交性的知识碎片,然后将这些碎片与新知识整合。只有当这些不同领域的知识在杂交中所形成的知识碎片群落,真正融入到新的知识体系之中时,那些借鉴和移植来的相关知识才会发挥出应有的作用。否则这种做法就是将一堆死的知识碎片强行地塞到另一堆知识之中的胡乱作为。

微观政治学的重点是研究多元政治行为主体的形成和结构、行为的特征及其变化的规律。因此,能够和值得借鉴和移植的首先是那些有关人类行为的知识。在政治学知识之外,在现代知识的王国中,研究人的行为的知识学科是众多的。比如有研究厂商生产、定价和营销行为的微观经济学知识;有研究管理活动中个体的、群体的、组织的行为特点的组织行为学知识;有研究个体实现社会化的社会学知识。

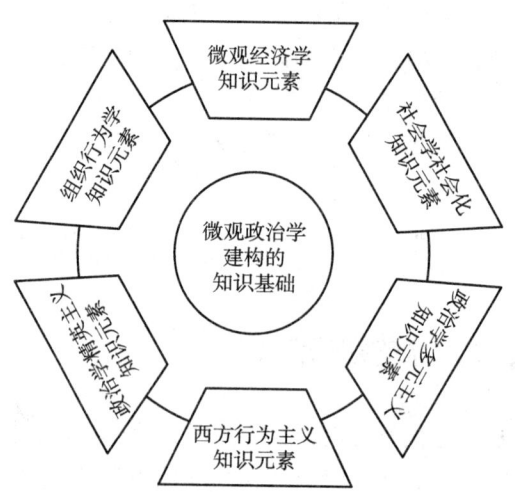

图 2-1 建构微观政治学可借鉴的知识元素

政治学知识的储备中,也有许多在构建微观政治学知识体系时可以借鉴、运用的知识元素。如传统的政治学知识中就蕴含着研究政治精英行为的精英理论知识元素,研究各类压力集团活动的利益集团理论知识元素,以及研究政党活动的政党理论知识元素。

在应用这些现成的研究行为主体活动的知识碎片或知识元素时,需要做好两件事:一是需要对它们加以辨别;二是需要对它们加以改造。之所以要对知识碎片或知识元素加以辨别,是因为这些知识碎片原先是属于其他学科的,它具有由那些学科的知识体系所赋予的特定的含义和功能,要将它们从原先的学科母体中分离出来,运用到微观政治生活分析中来,就需要对其含义和功能的变化加以认真的分析、辨别。即使是属于传统政治学理论的知识元素,也不能径直拿过来就用,因为这些知识元素原先是和传统的政治学理论相匹配的,是为传统政治学理论服务的,现在要用来成为微观政治学理论的一部分,也需要加以认真的辨别。之所以要对知识碎片和知识元素加以改造,是因为借鉴和移植来的知识原本是别的学科的,不能原封不动地就把它联接到微观政治生活分析的其他知识之中,因此,首先要做一番内容上的处理,即对其进行政治学的学科改造,改换其中包含的内容,使其变成政治学的知识碎片和知识元素。

首先,在微观政治学构建中可以充分借鉴的是社会学中有关个体社会化的相关知识,对其加以辨别和改造,可以形成政治社会化的知识碎片。社会化是社会学研究的重要内容。社会学中的社会化是指社会运用各种渠道和机构来引导儿童认识并接受他们所生活的社会中的各种主流价值和态度的过程。社会化的研究范围后来也渐渐延伸到成年人不断接受新的社会价值的过程,即个体的再社会化方面。

社会学在研究社会化时,将注意力更多地放在年轻一代对既定的社会规则的学习和接受上,对于社会化过程中的内容,如文化传统的传承、经济生产力的继承等等方面的讨论则比较少。对于政治社会化的专题,社会学家则很少有专门性的论述。因此,要形成政治社会化的概念和理论,显然并不是将社会学中的社会化概念随意借用或简单移植到政治学研究之中就了事,而要做大量的辨析和改造工作。

从实践的角度来审视,政治社会化的实践要远远早于政治社会化这一概念,因为只要有了政治生活,必定就有了政治社会化的客观进程。和其他许多学科的知识发展一样,已经实践着的东西,往往要经历很长的时间,才会成为研究的对象。从全球范围来考察,正式的政治社会化的理论研究直至20世纪50年代末才由西方学者着手进行。1958年美国政治学家戴维·伊斯顿发表了政治社会化的论文。1959年美国政治学家海曼出版了著作《政治社会化:政治行为心理研究》。其后比较政治学家阿尔蒙德和鲍威尔则在1978年出版的《比较政治学:体系、过程和政策》一书中辟出了专门的章节,从比较的角度较为详细地研究了政治社会化过程及其影响。

阿尔蒙德将政治社会化定义为"政治文化形成、维持和改变的过程"。政治社会化建构着并且传承着一个国家的政治文化。这种政治上的传承,其指向既可以是从老人传送给年轻人,可以是同龄人中一部分人引导另外一部分人以不同方式看待和体验政治,也可以是年轻人反过来将新的政治文化反哺给老年人。就公民个人来说,政治社会化则是"政治人"的培养和训练过程。从政治系统和政治结构来说,政治社会化则是政治系统的自我再生产的有机环节。

微观政治学研究政治社会化不仅要从逻辑起点上探讨一个非政治行为个体是如何逐渐成为政治行为个体的,而且还要研究政治群体、政治团体、政治集团、政治党派形成中的其成员的政治社会化过程。可以将前一种政治社会化称为行为主体外部的政治社会化,将后一种政治社会化称为行为主体内部的政治社会化。另外,政治社会化不仅有初步形态的即初步政治社会化,而且有深度的和再度形态的即深度的政治社会化和再度的政治社会化。无论是哪种类型或形态的政治社会化,其过程都包含着多种传承渠道和传承机制,它们都对政治行为主体的政治自我的形成和完善产生着作用。

其次,在微观政治学的构建中可以充分辨析和改造利用组织行为学中的相关知识,以形成对政治行为进行层次分析的知识碎片。组织行为学是在管理学知识得到重视和普及以后建立起来的、在当代十分流行的一个分支学科。作为管理科学中非常重要的分支知识,组织行为学主要研究企业组织中个体的行为特点,群体、组织的形成、变化规律,以及不同行为主体的行为与管理之间的关系。同时,组织行为学也注意研究对人的行为加以控制、激励和培训的各种理论与操作实践。近几年来,组织行为学比较注重论述组织中的领导、战略、创新和变革等方面的问题。研究组织行为的目的是依据人的心理活动规律,充分调动人的积极行为,改变人的消极行为,从而保证组织目标的实现。

虽然组织行为学以研究人的行为为主要内容,并且是人本主义管理范式中非常重要的组成部分,但是,由于它的着眼点是企业组织或非公共组织中的管理者如何对其所属的个体、群体的行为加以控制、规范,因此它和政治民主化并不是完全统一的,不能简单地将主要适用于企业管理的组织行为学的内容移入微观政治学的知识体系之中。

组织行为学中值得政治学者进行辨别、加工、改造的知识原料主要有以下几个方面。一是关于行为主体层次划分方面的知识。组织行为学将行为主体划分为三个层次:个体的、群体的和组织的。这一点对微观政治学关于政治行为主体的层次结构设计是有启发作用的。当然,组织行为学强调的是在组织之中活动的个体和群体,还不是相对独立的个体、群体、团体、集团和组织。另外,组织行为学也只谈到个体和群体,对于团体、集团和党派并没有过多的涉及。

二是关于个体行为影响因素方面的知识。几乎所有的研究组织行为学的著作都在有关个体行为的研究分析上下了不小的工夫,重点分析个体的气质、性格、世界观、态度倾向、价值取向以及感觉、知觉、注意力等方面的差异,研究个体的这些差异对管理活动的影响。另外,许多组织行为学的教科书还在介绍各种激励理论方面用了很大的篇幅。这些知识在被运用到对微观政治行为的分析时,也都需要加以改造。

三是关于对个体行为的激励及其效果的知识。这些知识对于管理者来说,带有一定的普遍性,并且对经济、文化、社会等领域中的各种行为个体都能适用。正因为如此,关于个体行为激励的理论是在构建微观政治学时需要借鉴和对照的内容。但是,仔细分析一下就会发现,微观政治学研究的是人们的政治心理倾向、政治行动和政治活动,对政治行为、行动的激励和对经济生产的行为、行动的激励是有较大差别的。在政治生活中,个体行为的发生与变化,不仅有利益上的驱动,还有权力、价值、制度、体制等因素的作用。因此,对政治行为激励的研究要比对企业中人们行为的激励的研究复杂得多。有许多对企业管理有重要指导意义的激励理论在微观政治生活中所起的作用并不大。

第三,在微观政治学的构建中,可以充分吸纳微观经济学的相关知识,形成有关微观政治分析的方法和假设方面的知识碎片。微观经济学是在对经济活动的层次进行细致划分的基础上产生出来的经济学分支理论。微观经济学理论通常都是在较早建立市场经济体制的政治生活系统中得到较为充分的研究和应用的。

在社会主义政治生活系统中,在经济领域中长期存在和发挥作用的是政治经济学、国民经济学、财政学。这些都是以宏观层面的经济活动为研究对象的经济学知识体系。在市场经济体制建立起来以后,虽然原有的政治经济学、国民经济学还存在,但更多的经济学专业还是引进了西方的宏观经济学和微观经济学的课程。

宏观经济学是研究一国经济的布局、运行、发展的知识。有些高等学校还开设世界经济课程,那是研究超越具体国别的全球经济的分布、贸易交流和发展的知识。相对于宏观经济学,微观经济学就是研究关于厂商生产经营的知识和理论。微观经济学对微观政治学的构建有直接的启发作用。因为在人类生活中,有两个因素的关系是最为密切的,一个是经济,一个是政治。既然经济活动要划分为宏观的与微观的,那么和它联系在一起的政治活动,自然而然地也可以区分为宏观的与微观的两大层次。但就是在这一点上,在构建微观政治学知识体系时,也无法照搬微观经济学的概念和理论。

在我国的经济学知识体系中,长期以来只有政治经济学、国民经济学、产业经济学,有时为了批判资本主义的需要,还增加了世界经济研究。政治经济学是理论经济学。真正对人类经济活动做出研究的是国民经济学、产业经济学。产业经济学与国民经济学已经在研究范围上出现了明显的差异,但并没有人对此做出说明。将经济学明确区分为宏观和微观两个层面的,则是西方经济学知识体系。对此也可以从另外一个方面来思考。从20世纪50年代开始,社会主义国家就明确宣布要消灭商品生产,消灭市场经济。这种状况一直延续到20世纪70年代末、80年代初。在这一时间段内,能够对厂商和市场专门做出研究的经济学家少得可怜,微观经济学知识被人为地消灭了。

在市场经济条件下,人们发现,虽然是同一个经济生活,但在管理上却是有区别的。在经济生活中,有些管理活动是从总体上控制一个社会的供求关系总量的平衡,有些经济活动则是协调厂商与消费者之间的关系。研究前者的经济学基本上是宏观经济学,研究后者的经济学则是微观经济学。在具体的生产、消费中,厂商生产产品,消费者购买产品。但是,两者如果不协调,失去平衡,就会导致微观经济活动无法正常进行。

微观经济学知识领域的确立给微观政治学理论知识的构建提供了一个分析层次上的启迪。微观的政治生活与宏观的政治生活虽然相互作用、相互制约、相互联系、密不可分,但两者之间仍有很大的差别,必须分开来加以研究。对于研究层次上的区分,政治学可能比经济学更为细微。它不是简单地将政治生活分为两个层面,而是在宏观政治生活与微观政治生活之间还划分出制度政治学这一中观层面,即它是从三个层面上理解政治生活的。在经济学中,似乎制度这一层面并没有成为专门的分析对象。虽然也出现过以中观经济学为书名的著作,但这种中观经济学主要是以研究区域经济发展为内容的,并不是与制度政治学相当的那种属于结构层次的经济学知识体系。

重要的是,微观政治学的构建和微观经济学的构建还存在着其他方面的根本性区别。对于微观经济学来说,其建构的依据是方法论上的个人主义和理论上的经济人假设。这两者又是相互依存的。经济学家通常都假设最为简化的经济关系就是两个人之间的交换,而这两个人都是毫无差别的单个的人,他们都会理性地计算,都想从交换中以最小的投入来获取最大的收益。正是凭借这种抽象的、不证自明的假设,经济学家构建出有关厂商在市场经济条件下生产、交换、销售的一套理论。

微观政治学在构建自己的理论体系时并不赞同上面提到的经济人假设与方法论上的个人主义。即使是在讨论政治精英主义理论时,政治学者也不会赞成方法论上的个人主义。政治首先表现为人们之间的关系,离开了关系,就无法去理解个体的、群体的、团体的、集团的和党派的政治行为、行动和活动,也不存在如同经济人那样的政治人。在政治生活系统中活动的行为主体都是现实的人,他们是各种现实关系包括经济关系、伦理关系、宗教关系、文化关系和政治关系的总和。

因此,在对微观经济学的理论和方法进行借鉴时,从事微观政治生活分析的学者必须对微观经济学的一些重要方面实施政治学的改造,赋予政治行为主体以新的规定性,确立行为主体之间新的关系,并在方法论上坚持运用互动关系的分析途径。只有这样,微观经济学的一些知识才能成为带有政治学特征的知识碎片,并最终较好地融入到政治学的学科知识之中。

在政治学已有的研究成果中,最值得微观政治学研究者留意的是政治精英理论元素、政党理论元素和西方行为主义政治学理论元素。19世纪早期意大利政治学家马基雅维利提出了有关政治权力的学说,大半个世纪以后,在意大利半岛上终于结出政治精英理论这一丰硕的理论果实。一批或者就出生在意大利半岛,或者是从外面来到这里定居的思想家们,在经历了"19世纪最后25年和20世纪最初25年间"欧洲的纷扰与变迁,并在对民主政体深感失望或表示怀疑以后,把治理政治的希望寄托在只属于社会上的少数但却掌握着重要权力的政治精英身上。

政治精英只是政治行为个体中的一个类型。政治个体在政治生活中是真实存在的。他们或者是普通的民众,或者是临时形成的政治群体的成员,也可能是政治团体、政治集团和政治党派中的成员。研究政治行为个体不能仅仅将目光盯在少数的政治精英身上。因此,在吸取政治精英理论中所包含的知识元素时,应当对历史上和现实中的政治精英做出科学的、辩证的评价。

政党是传统政治学研究的一个重要内容。传统的政党理论多半将政党看做是争取或保持掌控国家政权、组织政府、治理社会的工具,关注的重心则是政党间的关系即政党制度,很少将政党看做是一种政治行为主体,也很少去研究政党的行为。至于政党的行为对政治生活的影响则似乎是不言而喻的,好像无需做出阐释。在中国,由于中国共产党是新中国的缔造者,又是唯一的连续掌控国家政权的执政党,对于这样一个政党,人们觉得只能是尊敬、敬仰,而不能去研究。微观政治学在吸纳传统政治学中有关政党研究的理论成果的同时,更多地将政党看做是一种政治行动主体,对构成现代政党的各种变量进行分析,并确定其实质;对现代政党的产生及其各种类别进行考察;对政党作为一种非国家、非政府的政治组织的行为特点及其功能加以概括;对现代政治生活中的政党政治现象和过程加以科学、合理的分析。

在构建微观政治学时,西方的行为主义政治学不仅是许多重要观念和知识的来源,而且,它也是需要认真加以辨析、过滤和改造的对象。西方行为主义政治学是在西方特定的经济、政治、文化和社会背景下产生的政治学研究中的一股思潮。它能在美国政治学界活跃近半个世纪,占据主流地位近30年,这足以说明行为主义政治学至少在一个时期、一定程度上适应了西方政治生活系统运行和发展的需要。但是,行为主义政治学最终没有能站住脚跟,也没有能形成一套严密的理论体系,这也充分说明这一学术思潮和理论流派包含着它固有的缺陷。

在构建微观政治学时,如何对待西方行为主义政治学是一个回避不了的问题。就这一思潮一反西方传统的政治学只死背法律文本制度、只讲政治结构、只采用规范方法,而不去从经验和实证的角度研究政治行为、政治过程这一点来说,它无疑是代表着政治学研究中的一种进步。但是,这种进步又是以某些退步为代价的。行为主义政治学在研究中竭力排除价值判断,一味追求实证与量化,专注于繁琐的枝节问题,从而将政治学研究引向了歧途。

微观政治学要获得健康发展,必须认真吸取西方行为主义政治学所开启的重视政治过程研究、实证量化研究的正确方向,同时又要坚持研究中的价值取向,坚持将规范研究和实证研究有机结合起来,坚持将量化研究与质化研究统一起来,从而让政治行为的研究对政治生活系统的实际运行和发展产生积极作用,并形成相对严密的微观政治学知识体系。

二、构建微观政治学的现实条件

理论是实践的反映,更是实践的产物。一个政治系统要培育和促进微观政治学研究的发展,就必须创造出一些让微观政治生活的实践得以发展的必不可少的条件。

首先,要建构微观政治学就需要政治系统创造出让政治行为主体充分分化的条件。微观政治学是以政治系统中多元行为主体及其行为的特征和变化为研究对象的,只有当现实的政治生活具备了某些条件,让多种多样的政治行为主体能够分化出来,并平等、自由地发挥出各自的作用和功能时,微观政治学的研究才有了源泉。

二战结束后,西方的政治系统在民众的民主化要求下,先后程度不等地实行了治道变革,提出了多元中心治理的命题。虽然在资本主义政治家标榜的所谓多元中心治理活动中,能左右局势的仍然是由经济上占据统治地位的大资本家、大股东、政党领袖所组成的狭小的集团,但是,由于市场的发育、利益集团的成长、第三部门的出现,大量的非营利性组织、非政府组织的产生、壮大和发展,也有力地冲击了过往仅由大资本家、大股东、政党领袖把持政治生活的状态,在一定程度上出现了政治行为主体多元化的局面。这种多元政治行为主体并存的状态,未必是资产阶级所希望、喜欢的,但却成了不可阻挡的潮流。

社会主义政治系统在依靠自身力量进行改革、开放,努力促进社会转型的艰难探索中,其行为主体也出现了变化。伴随着市场经济体制的建立和完善,执政党和政府原先所控制的公共领域日益收缩,具有自治性质的公民社会领域日渐扩大。虽然国家与社会的二元结构依然存在,但同时,一批以"中介组织"、"第三部门"、"非营利性组织"、"自愿者组织"等不同名称出现的民间团体、非政府组织,则从小到大,从弱到强,开始发挥作用。在利益分化的推动下,政治系统中的阶级、阶层也开始分化,各种阶层、族群、利益群体也纷纷活动起来,参与政治,监督公共权力运行,努力争取自身的权益。

当现实政治系统中的政治行为主体经过自然的分化(即不是采取政治动员的方式、由上而下、以人为的力量推行的分化,而是基于利益分化产生出来的政治行为主体的分化),政治系统中逐步形成了政治行为主体的多样化格局。而且,不同政治行为主体之间逐步形成了一定的网络结构。只有当每一种政治行为主体都能确立自己在政治行动和关系网络结构中的位置并发挥出自身特殊的政治作用时,微观政治学研究才会因具有丰富的实践土壤而健康地发展起来。

其次,要建构微观政治学,就需要政治系统创造出让民主政治文化高度发展的条件。仅仅形成多元政治行为主体并存的局面还是不够的,关键是要创造出一种氛围和机制,让这些多元政治行为主体能够真正行动起来。计划经济体制的破除和市场经济体制的确立,使得人们原先被平均化了的利益开始分化。这是促使政治行为主体分化的必要条件。但是,仅仅只有经济体制的转轨,还不一定能让因利益分化而产生出来的多样的行为主体展开自主的、平等的、依据法律逐步扩大的政治行动。

要让多元行为主体真正发挥出自己的政治功能,开辟平等、有序地扩大政治参与的通道是十分重要的,只有这样,形成之中的多元政治行为主体才能逐渐成长、壮大。在传统政治体制下,为了创造出更多的政治民主的形式和途径,政党和政府也会在政治系统中有意识地建立各种各样的群团组织,并和国家、政府一起形成齿轮和螺丝钉的组织装置。但是,由于这些群团组织并没有独立、自主地发挥自身功能的条件,这种人为的政治行为主体的多样性充其量只有形式意义,毫无实际价值。因此,真正推进政治行为主体的多元化,关键在于创造更多的现实条件,让这些行为主体必须能够自主地依据法律规定,负责任地表达自己的意见,平等地参与政治活动,并对政治系统中的政党、国家和政府的活动实施有效的监督。

通过谨慎而又坚定的政治体制改革,社会主义政治系统已经积累了渐进性的、增量性的民主建设的经验。在这一过程中,也创造出了某些与渐进性的、增量性的民主建设相对应的渠道和形式,比如在宪法范围内进行广泛对话、平等论辩、相互协商等等。要让正在形成中的多元政治行为主体发挥作用,就要坚持不懈地扩充和运用这些已经被证明是行之有效的促进政治民主的渠道和形式。

要让多样化的政治行为主体真正参与到政治生活中来,除了要充分尊重各种政治行为主体的政治参与权、政治监督权,让个体、群体、团体、集团享受充分的政治知情权也是十分重要的。在现代政治生活中,从基层的民众到国家、政府的公职人员,形成了层层委托-代理关系。从普通的民众到实施政策的公职人员,从政府部门中的担任操作事务的公职人员到各级政府的行政首长,从政府的行政首长到国家、中央政府的首脑,在这些多层次的委托-代理关系的链条上,位置越是靠近基层这一端的政治行为主体,所掌握的政治信息就越少。而处在这一链条靠近国家和中央政府首脑这一端位置上的政治行为主体,他们掌握的政治信息就越多。这就形成了委托-代理关系中的信息不对称的局面。只有实行信息的公开化,并将其制度化,让各级委托者享有宪法所赋予的政治知情权,多元政治行为主体才能真正发挥作用。

第三,要建构微观政治学,就需要政治系统创造出正确评价各种政治学理论的条件。在当代中国的政治学研究中,长期存在着两种思潮的冲突。一种是教条主义的极左思潮。由于新中国成立后有差不多30年的时间处于近乎闭关自守的状态,政治学的理论研究常常呈现出自说自话的局面。加上极左思潮长期盛行,不少政治学研究者的思维与眼界事实上已经相当狭窄,相当多研究政治学的人只能在摘编一些革命导师的语录中讨生活。另一种是过度崇拜西方的思潮。在改革、开放中,一些人到欧美留学、进修,西方五花八门的新奇理论让他们眼花缭乱。不少出国后留在西方的,或者是再回到国内的政治学者,都想将他们学到的西方政治学理论移植回来。一时间,书店里摆满了翻译出来的西方政治理论著作,课堂上响彻着介绍西方政治理论的声音,报刊上登载着在西方流行的政治理论术语。其实,这种状况也可以看成是中国自近代以来就一直存在着的"中学"与"西学"碰撞和交锋的某种延续。

上述两种思潮都会妨碍中国社会转型时期政治学理论的研究。固守某些教条,舍不得脱掉极左的眼镜,就无法对过往的政治学理论做出实事求是的评价,无法对西方的政治学理论做出中肯的分析,也无法对30多年改革、开放中国政治生活的变革和人们在政治实践和政治理论上的创造做出科学、合理的概括与总结。死抱住西方的某些政治理论不放,认为那些总比土生土长的、仅用汉字表达的理论要强,那就无法客观评价西方的政治学理论,也无法用科学的眼光去评价中国本土的政治学理论研究。

事实上,在社会主义的改革、开放与由此发生的社会转型和日益明显的全球化这两大潮流的互动中,西方的政治学理论与中国的政治学研究两者之间正在出现一种新的关联和互动。中国传统的政治学更多的是在一种与西方隔离的环境中长成的学科。全球化打破了这种隔离式的学科成长环境。当中国的科技、经济、文化、体育等等方面快速融入世界的时候,一条在全球视野下发展中国政治学理论研究的道路也慢慢地被开辟出来。当大量的西方政治学理论(其中包括行为主义政治学理论)已经成为普通的中国人的读物时,政治学家就可以依据对西方历史进程和政治生活演变的了解,来客观地研究和评判这些理论是否真实地反映了西方的政治实践,究竟对西方政治系统产生了何种影响。同时也可以将这些翻译和传递回来的理论摆入中国现实的政治生活之中,冷静地加以比较、分析,并从中汲取对中国政治体制改革和发展有用的理论元素。

在全球知识并存、竞争、交汇和融合的过程中,我们有机会与更多的境外政治学知识打交道。这既为我们认识和批判西方行为主义政治学弊端提供了条件,也为我们正确认识并充分评价它在人类政治科学发展中的合理地位,借鉴、利用其中合理的有关政治行为研究的成果提供了机会。在这一过程中,政治系统要开创并形成一种真正的百家争鸣、百花齐放的氛围,让不同的微观政治学理论能够公正竞争、平等论辩、相互补充。在这种宽容和严肃的学术氛围中,我们就能练就出从高卢雄鸡的粪便中拣出珍宝的智慧和本领,而避免去做将洗过澡的小孩与脏水一块儿倒掉的蠢事。

第四,要建构微观政治学,就需要政治系统形成倡导使用正确研究方法的条件。在计划经济模式的作用下,中国本土的政治学理论研究不仅观念陈旧,到处打上教条主义和极左思潮的印记,而且在研究方法上也十分简陋、保守。一般地说,方法的简陋、保守与理论的刻板、陈旧是相辅相成的,甚至是相互庇护的,从而对理论研究产生的负面影响也就特别大。

从研究方法的角度来审视,微观政治学研究之所以长期得不到重视的一个重要原因是在旧的政治体制下,政治学研究长期沿袭和固守的是一套对领袖著述或讲话作解释,运用抽象的逻辑作推演,脱离现实作宏大叙事的方法。所谓宏大叙事,是指一种思维和表述方法,它不给人们详细的历史和现实的说明,而只是以一种空洞的、跳跃式的、大跨度的逻辑概括来断言某种理想和进程。使用这种方法不需要去作实地的焦点团体访谈,无需去选择案例进行分析,也用不着进行问卷调查,只要坐在办公室里捧几本经典著作和一堆官方文件,加上几条原理,然后就可以得出放到哪里都正确的研究结论。坚守这种研究途径和方法,不是靠近和反映客观的政治实践,而是离开政治实践越来越远。一旦远离了、脱离了丰富的政治实践,政治生活中多元政治行为主体的行为、行动和活动就从研究者的眼前统统消失了,在政治学研究者的头脑中,替代政治行为主体的行为、行动以及政治现象、政治事件和政治过程的只能是枯燥的原理和不时出现的政治精英的言论。要对微观政治生活做出分析和研究,就需要下决心抛弃这套陈旧、简陋、保守的思维方法和研究方法。

一些学者在对上述陈旧、简陋的研究方法表示失望之余,又盲目地搬用西方学者的方法和手段,特别是对量化研究的技术和手段表现出近乎是五体投地的崇拜。量化研究方法是对某一类研究途径和技术的概称。这类方法立足于经验主义和实证主义,主张社会科学研究应以自然科学研究为典范,推崇以严格的数量关系和实验方式来描述和预测社会关系、现象和过程。一些研究者一看中国学者写的论文和做的课题报告中,没有大数量的抽样调查数据,没有设置种种变量,缺少由数字公式或方框线条构成的模型,则把头摇得像小孩子玩的拨浪鼓一样表示怀疑。应当说,西方国家特别是美国的政治学者,在研究方法尤其是量化的研究技术与手段方面确实下过工夫,积累了大量的成果和经验,但是,也不能因此就迷信西方学者所使用的那一套手段和技术。比如那些偏重量化的问卷调查的技术,就连一些西方学者自己也很怀疑这套方法和技术的可行性与有效性。

也有人觉得中国的政治学研究似乎从来就没有过方法。这种见解是值得商榷的。现在西方的一些对量化研究不太看好的政治学家,又发展出焦点团体访谈、参与性观察、案例研究、扎根理论等新的质化研究的方法和途径。这是一种与量化研究方法相对的,探究社会关系、现象和过程的途径和方法。使用这类方法的学者强调社会科学研究与自然科学研究的差异性,主张以主观理解客观的方式探索人类政治生活中的真实关系和因果联系。其实,所有这些方法和途径都不是新的,都是与深入现实做调查研究的途径和方法联系在一起的。实际上,深入到政治生活的现实之中,到政治生活的底层去,和政治行为主体打成一片,和具有不同利益要求的个体、群体、团体、集团交谈、沟通,了解他们对政治生活的期望、要求,观察他们的政治行为,追踪政治事件的变化轨迹,从中得出符合政治生活实际的结论,这些都是从老一辈的政治家和政治学家那里就开始坚持的政治学的科学研究方法。中国的政治学特别是马克思主义政治学是有自己的科学研究方法的,只是这些方法现在被人们忘记了,甚至被丢弃掉了,或者是这些方法显得有点粗陋、不精细,还没有下工夫加以精致的包装。

我们需要做的是继承马克思主义的从现实的人的活动开始研究的传统,扩展和充实政治学理论研究的各个层面。就中国政治学界来说,要从事微观政治生活的分析,当前特别需要加强实证的、量化的科学研究训练,同时要将量化研究与质化研究有机结合起来。只有这样才能形成完整的有中国特色和气派的微观政治学研究的方法论体系。

第三节 微观政治学研究的对象、层次及基本原则

一、微观政治学研究的对象

确定的研究对象是一个相对独立的知识体系能够成立的首要条件。因为不同的研究对象,会包含不同事物、现象和过程中不同的矛盾、特性、结构功能、运行方式,要认识它就需要有完全不同的知识。如果研究的对象是模糊的,人们则无法确定所要认识的事物、现象和过程,有时会把不属于研究对象的矛盾、属性、结构功能,硬是拉扯到研究对象上来,从而人为地扩大了研究范围。有时又可能把本属于研究对象的某些矛盾、特性、结构功能舍弃掉,人为地缩小了研究范围。因此,在动手构建微观政治学知识体系之前,需要慎重地思考其研究对象,确定研究的合理范围。

也许有人认为,对微观政治学来说,其研究对象是清楚的:就是研究人们的政治行为。乍一听,这一说法似乎很有道理。但是当深入一点去思考时,许多问题就会涌现出来:要研究的是抽象的人的政治行为,还是指具体的政治行为主体的政治行为?是把政治行为主体看成是既有的,还是在政治生活中生成的?人们的政治行为究竟是怎么发生的?政治行为、政治行动和政治活动是什么关系?政治行为主体的行为、行动是随意的,还是有规律的?这说明,只把微观政治学的研究对象简单地确定为人们的政治行为就过于简单了。要真正弄清楚微观政治学知识体系的研究对象,就需要对上述问题作一番冷静而理性的思考。

首先,微观政治学的研究对象是具体政治系统中的政治行为主体及其行为。正如科学的人学和一般人学的区别就在于后者是以抽象的人为研究对象,而前者则坚持以现实的人为研究对象一样,微观政治学要能成为反映客观、现实的微观政治生活的知识体系,就必须把在具体的、现实的政治系统中活动着的活生生的政治行为主体作为观察、描述和分析的对象。西方的行为主义政治学之所以后来被许多人批评,其中一个原因就是他们想撇开政治生活的其他构成因素,把政治行为主体从具体的政治系统中剥离出来,变成没有任何特性的抽象的个体,然后再去规定他的行为、行动和活动。西方行为主义政治学者觉得,唯有这样,研究出来的结论才能适用于所有的政治生活。

将政治行为主体抽象化,政治行为的研究难免日益变得干枯、僵化、琐碎、无聊。虽然大批的行为主义者运用量化的手段,从不同角度刻画出一般人的政治心理和行为的特点,但总是无法和具体的政治系统联系起来,也不能解释现实政治

生活中发生的各种变化。在20世纪60年代，美国政治生活系统发生了许多事件，比如遭遇了越南战争的失败、国内持续不断的宗教冲突、校园中的学生运动，但是霸占着政治学理论主流位置的行为主义对这些美国政治生活中的重大事件却无法做出有力的回应。这种抽象的行为主义政治学只能和抽象的人学一样，在遇到实践的挑战时，最终归于失败。

我们现在要超越西方行为主义政治学，构建出能对政治实践有解释能力、预测作用的微观政治学，就需要将研究对象确定为具体政治系统中的政治行为主体的行为、行动和活动。我们要做的工作就是要将西方行为主义政治学所研究的抽象的政治行为主体，重新放回到具体的政治生活系统之中，使政治行为主体成为政治系统中各种现实的社会关系特别是政治关系的总和。

其次，微观政治学的研究对象是具有内在结构的政治行为主体的活动。政治行为主体的行为是整个政治生活的分析细胞，作为政治行为主体的行为本身是有内在结构的。我们所讲的政治行为是一个统称，它包含着行为、行动和活动等要素。政治行为中的行为要素，是政治行为主体的一种内在的心理倾向，是外在的行动的潜在状态。行为作为主体内在的方面，是由主体在面对客观的政治生活时，在认知的基础上，经过自身的世界观、价值取向的作用，产生出来的政治态度和心理倾向，它直接指向即将采取的政治行动。

政治主体的内在行为在一定的动机作用下，会转变为主体对政治生活产生影响的政治行动。西方行为主义政治学之所以没有能结出持久和丰硕的理论果实，其中一个原因是，它们未能将行为与行动区分开来。一个政治行为者仅仅有内在的心理倾向，并不能对客观的政治生活产生影响。只有当内在的心理倾向转化为由物理的、生理的、伦理的因素综合而成的外显的政治行动时，政治行为主体才能真正参与到政治生活之中。西方行为主义政治学过分地将政治行为心理化，虽然也解释了某些政治行动、活动、过程中的心理因素，但是却忽略了对个体外显的政治行动、活动的研究。

当政治行为主体展开政治行动时，他不仅受到内在心理倾向的驱使，更为重要的是，他受到既定的、由各种明文规定的或约定俗成的规则所构成的政治体制、政治制度的保障与约束。政治行为主体正是在将心理倾向与制度规定的行动规则进行比照并做出理性选择的情况下，才展开其政治行动的。

虽然不同的政治行为主体的政治行动是分散的、个别的，从而是偶然的，但是，这些个别的、零散的、偶然的行动，会在相互的碰撞、竞争、合作中合成为政治活动。人们日常能见到的政治活动，都是已经综合过的、具有合成性质的政治行动。因此，微观政治学是将政治行为、行动、活动一起作为自己的研究对象的。

最后，微观政治学的研究对象是政治行为主体行为、行动的规律。科学研究

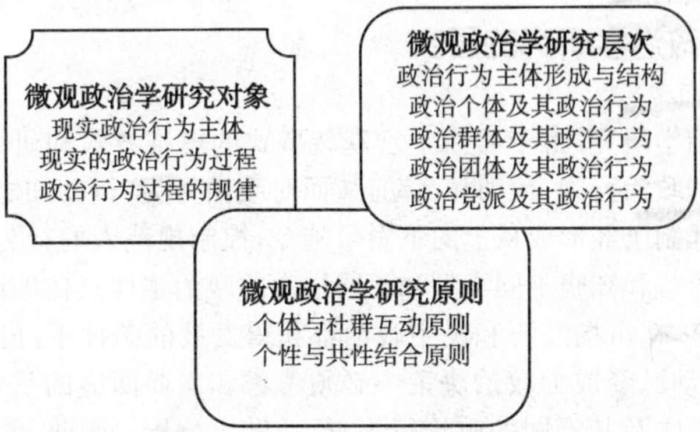

微观政治学研究对象
现实政治行为主体
现实的政治行为过程
政治行为过程的规律

微观政治学研究层次
政治行为主体形成与结构
政治个体及其政治行为
政治群体及其政治行为
政治团体及其政治行为
政治党派及其政治行为

微观政治学研究原则
个体与社群互动原则
个性与共性结合原则

图 2-2　微观政治学知识的逻辑体系

固然是为了描述客观事物的运动,但是,科学研究更看重在掌握了客观事物运动的特性、方式之后,去寻找内在的必然的重复出现的联系即规律。微观政治学研究的目的也是探寻政治行为、行动和活动中的规律。它是微观政治生活中发生在政治行为主体行为、行动和活动中的内在的、反复出现的因果联系。

人们日常见到的政治行为主体的行动,最为大量的是发生在分散的公众个体身上,有些是发生在不定型的群体身上,这些行为、行动都充满了随意性、偶然性。即使是政治团体的、政治集团的政治行动,甚至是政治党派的行动,也包含有许多偶发性的因素。再加上微观政治生活是和行为者切身利益的得失、权力的分享联系在一起的,这就更增加了行为、行动中的主观性与复杂性。西方的行为主义政治学,之所以只偏重于个体行为的研究,并且只注重行为的量的考察,其中一个原因就是,他们回避了政治行为主体行为、行动的主观性与复杂性的一面。

其实,在具体的政治系统中活动的政治行为主体,其行为、行动和活动虽然从表面上看,充满了分散性、偶然性,但只要细心观察和分析这些行为、行动和活动之间的相互关系,就会发现在纷繁复杂、变动不居的政治行为、行动、活动的背后既受到既有的政治系统所形成的形态、制度、体制的约束和规范,同时又被纳入到综合的法则之中。这种综合法则是一种类似于力的平行四边形的法则。许许多多的分散的政治行为、行动都只是一个个小的分力,它们每两个就形成一个小的合力,这些小合力又成为与另一个分力合成的力。经过无数次这样的合成之后,最终的合力就是反映政治行为、行动、活动中的内在的、必然的、稳定的因果联系的规律。只有概括出政治行为、行动和活动的规律,人们才有可能去观察、描述、解释和预测人们的政治行为、行动;一个政治系统只有依据规律,才能有效地去改变人们的政治行为、行动。

二、微观政治学研究的层次

以往的政治学研究,由于习惯于宏观叙事式的思维方式和研究方法,目光不会聚焦于微观的政治行为、行动和活动,从而对政治行为、行动知之甚少。加上高度集权的政治体制已经形成从上向下发号施令,控制规范人们行为、行动的习惯,因而也无需去分析和知晓不同类型和不同层次的政治主体具体的政治行为、行动究竟怎样。但是,在市场经济和民主政治都获得发展的条件下,民众的具体政治行为、行动和活动已经成为政治决策中必须考虑和需要回应的重要因素。这时,就需要对政治主体及其不同的政治行为、行动做出分析。因此,要能对微观政治生活中不同政治行为主体的行为、行动和活动有真切的、细致的把握,就必须把政治主体的行为、行动、活动区分为不同的层次来加以细致的分析和研究。

微观政治学倾向于将政治生活系统中最为基层的政治生活作两种类型的层次划分。微观政治学研究中的第一种类型的层次划分是区分出政治行为主体的内在心理倾向与外在行动两个层次。政治行为主体的内在心理倾向即"行为"①,既包括政治个体的心理,也包括政治群体、团体、集团的心理,还包括政治党派的心理。只是政治个体的政治心理带有较大的个体与个性的成分,而政治群体、政治团体、政治集团、政治党派的心理带有综合的共性的性质。微观政治分析中非常重要的方面就是深入探讨和尽可能揭示出政治行为主体的心理特征、状态和指向。

从政治行为主体的心理行为到政治行为主体的外在的行动,必须具有一定的环境约束和动机激励。也正是在这一点上,微观政治分析对人们政治活动的描述、解释和预测细致化了。政治行为个体的行动是和现存的政治生活发生关联的环节。政治行动不仅让内在的心理行为实现出来,而且让政治行为个体能够检验心理行为指向的正当性和有效性。它为政治行为主体下一个心理行为的出现创造了条件。

政治活动中的心理行为和外在行动这两个层次既不能混淆,也不能机械地分割。两者的关系有点类似动机与效应的关系。相对于某个具体的政治行为主体来说,他或他们的内在心理是潜藏于内的,在他们之外的政治行为主体是不能一眼就看出来的。只有当具体的政治行为主体发生了外在的行动,别的政治行为主

---

① 本书中的政治行为概念有广义和狭义两种含义。广义的政治行为包括内隐的政治心理倾向、外显的政治行动和作为政治行动总和的政治活动。狭义的政治行为仅指内隐的政治心理倾向。除在具体分析政治主体行为层次,强调内隐的行为与外显的行动有区别,这时强调狭义的政治行为外,在论述到政治个体及其行为、政治群体及其行为、政治团体及其行为、政治学派及其行为时,一般指广义的政治行为。

体才能由此而追溯出行动者在此之前的内在心理行为倾向。但是,也不能因此就认为,任何政治行为主体的内在心理行为就完全是主观的、内隐的、不可知的。其实任何一个政治行为主体的内在政治心理都不完全是先天赋予的,相当多的成分则是后天生成的。正是现实的政治系统中的政治文化、政治规则、政治知识,以及其他政治行为主体的行动,成为进入具体的政治行为主体内部的、主观的心理结构之中的元素。而既有的政治文化、政治规则、政治知识,都是以往的人们政治行动所造成的结果。从这一意义上说,任何政治行为主体的内在心理行为中又都渗透着政治行动的因素。

政治行为主体内在的心理倾向是其政治行动的指向和动机,而政治行为主体外在的行动则是其内在心理行为的效应。人们既可以从行为主体外在的行动来观照其内在的心理倾向,也可以从其内在的心理倾向预测可能发生的外在行动。运用这种关联,就可以在政治活动中观察、解释乃至改变政治行为主体的行为、行动。

在微观政治学的研究中,对政治行为要做的第二种类型的层次区分是将在微观政治生活中活跃着的主体及其行为、行动、活动分成四个层次,即个体的层次、群体的层次、团体集团的层次和党派的层次。这些个体、群体、团体集团、党派都在一定的政治生活中形成、演变,都活动在一定的行为、行动流的节点上,并被组合到政治行为主体及其行动的网络之中。

在现实的政治生活中,政治行为个体,无论是以普通民众的身份出现,还是以突出的政治精英的身份存在,都是任何政治生活系统中第一个,也是最为重要的客观事实。同样,所有的政治个体,无论是作为政治群体的成员、政治团体的成员、政治集团的成员,还是政治党派的成员,他们的个体利益和权利都是客观存在的,人们也正是为了维护和实现这些利益才参与到政治生活中来的。正是这些实体性的个体及其不可剥夺的权益,构成了整个政治生活的基础,构成了人们一直需要了解和尊重的民意的来源。

但是,政治行为个体的存在又恰恰是个体的政治利益和政治权利实现的障碍,因为社会是群居的,任何一个政治行为个体又总是和其他的个体处在既相互依存又相互作用的关系之中。现实利益和权力的矛盾、冲突,会让任何一个个体都无法维护和实现自己的利益和权利。因此,政治生活的必由之路只能是通过协商达成对超越个体的公共事务治理的共识,从而使政治行为个体的利益和权利在共同的行动中得以实现。因此,集体行动才是政治生活赖以存在和发展的经常性的形式。正因为如此,在个体与集体、个人主义与社群主义之间,人们创造出政治群体这一行动模式。在政治生活中,政治群体虽然不是稳定的,但它却是整个政治生活网络的组成要素。群体处在不断的聚合、不断的解体、又不断地形成新的聚合的变动之中。有些政治群体在变化中逐步稳定下来，产生出较为严密的内部结构，这时群体就转化为团体、集团。在政治团体、集团和政治党派内部，除了有一个个个体成员外，也可能产生出一些正式的和非正式的群体。

无论是在政治团体、政治集团、政治党派外部活动的政治群体，还是在其内部活动的政治群体，其结构总是松散的。使政治个体聚合起来形成政治群体的只是某些偶然性的、局部性的相同利益。这些相同的利益也都是暂时的、不确定的。即使是在政治团体、政治集团、政治党派内部活动着的政治群体，其成员联系可能稍微要紧密一些，但与政治团体、政治集团、政治党派相比，成员间的关系仍旧是松散的。

政治群体只能在较低的层面上表达和聚合个体利益，要让个体的利益真正到达公共政治权力的载体即国家和政府那里，成为政策决策中产生巨大影响力的因素，就需要有更多的政治论辩和协商的资源、能力。人们终于在政治实践中创造出了政治团体、政治集团这类政治行为主体形式。政治个体、政治群体是弱小的，但一旦结合成为政治团体、政治集团，形成了有更深厚基础的政治共识，就具有了更大的能力和更为充足的资源，在决定人们政治利益的论辩、对话、协商中就能取得话语权、决策权。

无论是政治团体，还是政治利益集团，在表达和综合个体政治利益方面，它们都远远胜过政治群体。但是，政治团体、政治集团又都具有地域的、专业的、行业的局限性。必须找到使个体的、群体的乃至整个社会的利益在更大范围内、更高层次上得以表达和综合的组织形式，政治党派终于被发明出来。政党虽然成为政治团体、政治集团的联盟，但是，并不存在一个政党就能将政治系统中所有行为主体的利益完全综合的现象。虽然有些政党也常常标榜自己代表着所有人的利益，但在实际的政治生活中，这种愿望和自信常常是不可能实现的。因此，凡是存在政党政治的政治系统中，都有许多政党同时存在，它们分别表述和综合着政治系统内不同政治个体、群体、团体和集团的利益。

政党这一政治行为主体的出现和活动，使得整个人类政治生活变得更为丰富多彩，也具有了更大的不确定性。政治党派的产生和发展，强化和加快了政治系统内从个体向群体、向团体、向集团、再向党派上升的过程，从而增加了政治系统整合化的能力，同时也加快了从政治党派向集团、向团体、向群体、向个体下降的过程，从而也增加了政治系统分裂化的可能性。

政治系统中的各政治党派为了竞争执政地位、组成和掌控政府，需要与利益集团、民间社团、制度性团体发生作用，也需要和阶级、阶层、民族、族群发生联系，还需要有公众个体的支持。政府一旦形成，会在自己内部组织起众多的制度性的团体，也会加强对政治团体、政治集团的支配。执政党和由它掌控的政府会通过专门机构来制造、引导和控制民意调查。

在一个政治系统中,当党派、集团、团体、群体和精英、民众这些类别的政治行为主体已经在互动中形成一定的网络结构时,政治系统的运行主要就表现为在政治主体网络的各个节点上,发生着不同类型和层次的政治社会化过程,使得政治行为主体的网络不断地被生产和再生产出来。同时,通过这种生产和再生产,政治行为主体网络的节点的作用和功能也会发生变化。

在有些政治系统中,由于政党强大,政治权力配置很严密,政治精英控制着个体的行动,不时发起动员式的群众运动,阶级、民族群体的作用受到重视,制度内的团体、准机构性团体获得发展,其他的、非制度性的、民间的政治团体、政治集团基本上是被严格控制的。虽然在这种政治系统中,掌控着公共政治权力的政党和政府会以代表大多数人民的利益为口号和旗帜,推行各项公共政策,但是,总有少数人的利益被排除在外,制定和实施的公共政策也很难吸纳这些被排除掉的少数人的利益。由于缺乏充分的宽容,没有形成充分的共识,在不同时期、不同领域和不同问题上出现的被边缘化了的少数人,就会运用制度外的渠道和方式,来争取和维护自己的权益,自发性的群体性运动就会时时发生。

在另外的政治系统中,政党虽然是竞争性的,其组织结构也较为松散,政府权力配置也不是十分严密,也流行着一种限制政府的政治文化,表面上政治生活似乎更为民主一些,在竞争中取胜的政党所组成的政府也会标榜代表多数人的利益,但是少数人仍然被排除在政治权力之外,从而也就难以避免这些人倾向于通过制度外的甚至暴力的方式来实现自己的政治目的。同时,单一选区制产生的议会代表,必然受到狭隘的地方主义的诱惑和压力,只能回应各自选区的要求,从而会滋生派系政治。在这种条件下,在政治行为主体的网络结构中,政治精英的活动、自发性的群众运动、利益集团的行动,都会比较突出。

事实上,在不同的政治系统中,微观政治生活的层面是千差万别的。不同政治系统中的政治行为主体网络的结构不同,在其上活跃着的节点也是很不一样的,这就为比较政治学的研究提供了现实基础。政治学家们不能仅仅追问究竟包含哪些类别的政治行为主体的网络是最好的,更需要去细心观察和解释为什么在这种政治生活系统中,政治行为主体的网络结构是这样的,而其他的政治生活系统则又是那样的,还需要预测如果政治系统中的某些要素发生变化,政治行为主体的网络结构又会发生什么样的变动。

三、微观政治学研究的原则

微观政治学在构建自己的知识体系时,需要遵循一些基本原则。这些原则并不是凭空想出来的,而是在对西方行为主义政治学发展中出现的问题和政治行为研究中容易产生的错误的反思中确立起来的。西方行为主义政治学经常遭到批评的地方,也是人们在分析政治行为时容易产生差错的地方有两个:一个是故意抹杀政治行为主体行为、行动中的个性与共性的区别,将天底下所有的政治行为主体的行为、行动都视为同一的;另一个差错是抹煞政治行为主体中的个体行为与群体、团体、党派行为的区别,以为所有的群体、团体、党派的政治行为只是单个人政治行为的叠加,甚至将整体的政治生活的性质、属性看做是个体的政治行为的性质、属性的简单累加。

要克服西方行为主义政治学研究和人们对政治行为分析中出现的上述缺陷,微观政治学在构建自己的知识体系时,就需要坚持两个基本原则:一是坚持在研究中将政治行为主体行为的个性与其共性有机地结合起来;二是坚持在研究中将政治行为个体与政治行为群体、团体、党派在互动中结合起来。

个性与共性结合的研究原则

这一原则要求人们在微观政治学的研究中将政治行为主体的个性与共性自觉地有机统一起来。古代有一位哲人在回答一群宫女关于同一棵树上的树叶的异同的问题时,指出世界上不存在两片完全一样的树叶,每一个事物皆有其特殊性。同样,在政治系统中活动着的政治行为主体,无论是个体,还是群体、团体、集团、政党,都不可能是完全相同的。每一种行为主体都具有其个性,其构成、特性、功能、运行方式都存在程度不同的差异。

微观政治学的研究,其最为重要的任务就是分辨出政治行为主体间的差别,寻找造成这种差异的影响因素,并分析由于行动主体构成上、特性上的差异所导致的政治行为、政治行动的方式和功能上的不同。任何一个现实的政治生活系统都有其运行和发展目标,为了保证政治生活系统正常运行,从而达到期盼的战略目标,就需要规范政治生活系统内的各种政治行为主体的行为、行动以及发挥出来的功能。因此,运用微观政治学研究的成果,在充分掌握政治行为主体个性的基础上,因势利导地改变政治行为主体的行为、行动,是政治生活系统治理实践的目标所在。

但是,政治行为主体的个性又是与其共性有机结合在一起的。如果任何政治行为主体都只有个性,而没有任何共性,微观政治学的研究就不可能产生出对政治治理实践加以指导的理论。在同一个政治系统中活动着的政治行为主体,无论是个体,还是群体、团体、集团、政党,因为长期共居于一个系统之中,有共同的政治文化,也有一些明确规定的或约定俗成的规则的引导,都会具有某些共同的行为、行动特征。虽然地球上存在着大大小小数百个政治生活系统,但共同的自然环境、气候条件,相互间的往来,再加上日益明显的全球化浪潮,使得生活在不同政治系统中的政治行为主体的行为、行动也具有了某些共性。也正是这种共性,促使生活在不同政治文化、不同政治制度下的政治行为主体,能够相互交流,相互协商,为应对全球性的共同问题而相互合作。

要坚持在微观政治学研究中将政治行为主体的个性与共性有机结合,就要求研究者在具体的科学研究中,让思维在两个方向上不断地移动:一个方向是在政治行为主体行为、行动个性的探究上,另一个方向是在政治行为主体行为、行动共性的分析上。对政治行为主体行为、行动个性与共性的充分认识,不是通过承认一方面有个性又承认另一方面有共性就了事的。它是通过研究者思维的更加细致的、反复的积极活动实现的。当我们探究某一种政治行为主体构成上的特性,又考察了其功能上的特性以后,就应当与其他的政治行为主体的特性、功能加以比较,找出相对的共性,并再回到它们各自的个性上去。只有这样从个性到共性再到个性的反复思考,才能真正地将政治行为主体行为、行动上的个性与共性有机结合起来。

个体与社群互动的研究原则

这一原则要求在微观政治学研究中要坚持将政治行为个体与政治行为群体、团体、党派看成是互动的。前面已经论及西方行为主义政治学的另一个致命的缺陷是抹煞了政治个体与政治社群的区别,以对个体的认识简单地取代对社群的认识。在20世纪20、30年代西方行为主义刚刚流行时,在美国现实的政治系统中,政党组织、利益集团、政治群体在政治生活中已经发挥出较大作用。但是当时活跃在政治学理论领域的政治学家们却未能将注意力聚焦在这些政治行为主体身上。西方行为主义政治学之所以会遗留下这样一个缺陷,不少人认为这与行为主义政治学家对量化研究方法的过分崇拜有关。就政治行为个体来说,其心理行为、外显的行动中所包含的变量较少,容易确定,而且个体的行为、行动的变化也容易观察和量度。但对于政治群体、政治团体、政治集团、政治党派来说,其行动确实要复杂得多,要确定并衡量其行动的变量,相对就要难一点。而且这类政治行为主体的行为、行动、活动也不容易量度。

导致西方行为主义政治学家轻视或忽略对政治群体、政治团体、政治集团和政治党派做出深入研究的更为深刻的原因,则是以个人为中心的自由主义观念在美国政治学理论中长期占据着主流地位。自由主义在方法论上坚持"个人原子主义",这种方法论的出发点是自我和个人。在自由主义那里,个人成为分析和观察一切社会政治问题的基本视角。一切在复杂的历史事件、社会制度和政治运动中发生的政治群体、政治团体、政治集团和政治党派的行为、行动和活动,最终都被简约为个人的行为和行动。

到了 20 世纪 80 年代，另一股政治理论思潮开始在西方流行起来，这就是社群主义。如果说 20 世纪 70 年代政治学理论的主要话题是新自由主义者的社会正义，那么到了 20 世纪 80 年代，西方政治理论的主要话题则是社群主义者的社群。社群主义研究和论述的出发点不是单纯的行为个体而是各种各样的群体，群体、团体、集团成为分析和解释社会现象、事件和过程的核心范畴。社群主义的方法论从根本上来说是集体主义的，因为它把社会历史事件和政治经济制度的原始动因最终归结为诸如家庭、社区、阶级、国家、民族、团体等社群，其缺陷则是把个体的行为、行动和作用轻视或简单地否定了。

无论是崇拜个人原子主义的政治学自由主义，还是作为其对立面的政治学上的社群主义，都是只抓住现实政治生活中现实的政治行为主体行为、行动和活动的一个方面，而将另外一个方面抛弃了。要真正科学地分析现实的政治生活，个体的方面与社群的方面哪一个都不能忽略。因此，在微观政治学研究中，我们需要的是将自由主义与社群主义结合起来，即将对政治行为个体的研究与对政治群体、政治团体、政治集团和政治党派的研究，在强调它们之间互动的前提下辩证地统一起来。

本章小结

在政治生活系统中和人们日常生活最为贴近的是由人们的政治行为、行动和活动所构成的微观政治生活。但是，由于喜欢宏大叙事式的政治思维，加上集权政治的运行体制机制和对西方行为主义政治学的意识形态防范，在中国政治学理论的研究中，长期存在回避和轻视对微观政治生活做出分析的不良状况。

分析和研究微观政治生活，既可以为建构中观的即制度政治学和宏观政治学打下微观基础，又可以描述、解释、预测人们的政治行为、行动，还可以因势利导地改变人们的政治行为、行动。

微观政治学的知识构建并不是一件轻而易举的事。它既需要政治学家们坚持不懈地做出理论探索，也需要整个知识界为其创造必要的条件。同时，更为重要的是政治体制需要实行切实、有效的变革，为微观政治分析提供实践的源泉。只有当政治行为主体得到充分的分化，诸多研究人们行为的其他知识不断地累积和发展，政治学研究的自由宽松的环境形成，更多的体现社会理性的政治学研究方法兴起，才能最终形成微观政治学知识构建的现实基础。

必须将现实的政治行为主体的行为、行动、活动及其规律作为微观政治生活分析和研究的对象。同时，要在批判地吸收西方行为主义政治学研究成果的前提下,找到微观政治分析所依据的层次。要充分吸纳现代社群主义的正确观念,将对政治个体行为的研究与对其他政治行为主体特别是政治群体、政治团体、政治集团和政治党派的行为、行动的研究有机结合起来。

关键概念

微观经济学 组织行为学 行为主义政治学 量化研究 质化研究 个人原子主义 社群主义 政治行为 政治行动 政治活动 政治行为规律 政治宽容 共识民主

研究与思考

微观政治生活研究长期受到轻视的原因有哪些?
构建微观政治学理论需要有哪些条件?
西方行为主义政治学是如何产生和发展的?
西方行为主义政治学的核心观念是什么?
西方行为主义政治学有哪些主要缺陷?
什么是微观政治学的研究对象?
在微观政治学的研究中要区分出哪些不同层次?
研究微观政治学的意义何在?
研究微观政治学需要坚持哪些原则?

相关知识

1. 微观经济学的学科及发展

微观经济学学科的特点

"微观"是希腊文"μικρο"的意译,原意是"小"。因此,微观经济学(Microeconomics)又称个体经济学、小经济学,是与宏观经济学相对应的经济学知识体系。这种个体经济学是在马歇尔的均衡价格理论基础上,吸收美国经济学家张伯伦和英国经济学家罗宾逊的垄断竞争理论以及其他理论后逐步建立起来的。凯恩斯主义的宏观经济学盛行之后,这种着重研究个体经济行为的传统理论就被称为微观经济学。

微观经济学是研究社会中单个经济单位的经济行为,以及相应的经济变量的单项数值是如何决定的经济学说,也称为市场经济学或价格理论。微观经济学的核心理论是价格理论。微观经济学的一个中心思想是,自由交换往往使资源得到最充分的利用,在这种情况下,资源配置被认为是帕累托(Pareto)有效的。

微观经济学在研究单个家庭、单个厂商和单个市场的经济行为以及相应的经济变量数值是如何决定时,从资源稀缺这个基本假定出发,认为所有个体的行为准则都是设法利用有限的资源取得最大的收益,并由此来考察个体取得最大收益的条件。在商品与劳务市场上,作为消费者的家庭根据各种商品的不同价格进行选择,设法用有限的收入从所购买的各种商品中获得最大的效用或满足。家庭选择商品的行动必然会影响商品的价格,市场价格的变动又是厂商确定生产何种商品的信号。厂商是各种商品及劳务的供给者,厂商的目的则在于如何用最小的生产成本,生产出最大的产品量,获取最大限度的利润。厂商的抉择又将影响到生产要素市场上的各项价格,从而影响到家庭的收入。家庭和厂商的抉择均通过市场上的供求关系表现出来,通过价格变动进行协调。因此,微观经济学的任务就是研究市场机制及其作用,均衡价格的决定,考察市场机制如何通过调节个体行为取得资源最优配置的条件与途径。当市场机制失灵时,政府就必须采取干预行为与措施。

微观经济学主要以单个经济单位(单个的生产者、单个的消费者、单个市场的经济活动,或称厂商)作为研究对象,分析单个生产者如何将有限的资源分配在各种商品的生产上以取得最大的利润,单个消费者如何将有限的收入分配在各种商品的消费上以获得最大的满足。同时,微观经济学还分析单个生产者的产量、成本以及使用的生产要素数量和利润如何确定,生产要素供应者的收入如何决定,单个商品的效用、供给量、需求量和价格如何确定等等,在此基础上,研究经济社会的市场运行机制及其在经济资源配置中的作用,并提出微观经济政策以纠正市场的失灵。微观经济学包括许多理论和政策,其中主要的有:均衡价格理论、消费者行为理论、生产者行为理论(包括生产理论、成本理论和市场均衡理论)、分配理论、一般均衡理论、福利经济学理论、市场失灵理论、微观经济政策。

微观经济学与宏观经济学有如下的区别。一是研究对象不同。微观经济学的研究对象是单个经济单位,如家庭、厂商等。正如美国经济学家J.亨德逊(J. Henderson)所说的:"居民户和厂商这种单个单位的最优化行为奠定了微观经济学的基础。"而宏观经济学的研究对象则是整个经济,研究整个经济的运行方式与规律,从总量上分析经济问题。正如萨缪尔逊所说,宏观经济学是"根据产量、收入、价格水平和失业来分析整个经济行为"。美国经济学家E.夏皮罗(E. Shapiro)则强调:"宏观经济学考察国民经济作为一个整体的功能。"

二是解决的问题不同。微观经济学要解决的是资源配置问题,即生产什么、如何生产和为谁生产的问题,其目标是实现个体效益的最大化。宏观经济学则把资源配置作为既定的前提,研究社会范围内的资源利用问题,其目标是实现社会福利的最大化。

三是研究方法不同。微观经济学的研究方法是个量分析,即研究经济变量的单项数值如何决定。而宏观经济学的研究方法则是总量分析,即对能够反映整个经济运行情况的经济变量的决定、变动及其相互关系进行分析。这些总量包括两类,一类是个量的总和,另一类是平均量。因此,宏观经济学又称为"总量经济学"。

四是基本假设不同。微观经济学的基本假设是市场出清、完全理性、充分信息,认为"看不见的手"能自由调节实现资源配置的最优化。宏观经济学则假定市场机制是不完善的,政府有能力调节经济,通过"看得见的手"纠正市场机制的缺陷。

微观经济学与宏观经济学只是研究对象有所分工,两者的立场、观点和方法并无根本分歧。两者均使用均衡分析与边际分析,在理论体系上,它们相互补充和相互依存,共同构成现代西方经济学的理论体系。

微观经济学发展的问题与前景

微观经济学的历史渊源可追溯到亚当·斯密的《国富论》、阿尔弗雷德·马歇尔的《经济学原理》。20世纪30年代以后,英国的罗宾逊和美国的张伯伦在马歇尔的均衡价格理论的基础上,提出了厂商均衡理论,标志着微观经济学体系的最终确立。它的体系主要包括:均衡价格理论,消费经济学,生产力经济学,厂商均衡理论和福利经济学等。

微观经济学的发展,迄今为止大体上经历了四个阶段:第一阶段是从17世纪中期到19世纪中期,这是早期微观经济学阶段,或者说是微观经济学的萌芽阶段。第二阶段是从19世纪晚期到20世纪初叶,这是新古典经济学阶段,也是微观经济学的奠定阶段。第三阶段是从20世纪30年代到60年代,这是微观经济学的完成阶段。第四阶段是从20世纪60年代至今,这是微观经济学的进一步发展、扩充和演变阶段。

自从亚当·斯密在其《国民财富性质与原因的研究》一书中论证了"看不见的手"的原理之后,主流经济学家们崇尚演绎推理的形式主义表达方式,构筑出"水晶球"般精致巧妙的理论结构。这些理论模型虽然拥有很严密的形式逻辑基础,但往往由于对历史和现实的关注不够,在历史和逻辑的统一性方面出现脱节。"为经济学而经济学"的形式主义对一些问题的纠缠使微观经济学思想出现徘徊,这种徘徊除了由于形式主义倾向泛滥发展的原因外,还有一定的社会历史原因。

主要是市场发达国家在二战以后相当一段时期内,慑于30年代世界经济大萧条的余威和记忆,纷纷强调国家对经济的干预,一味强调市场调节的传统微观经济学的思想难以唤起人们的兴趣与重视,致使一些经济学家致力于将理性人最优化行为的理论加以扩充,扩散其分析的领域。

微观经济学的徘徊集中表现在以下两个方面:一是对一般均衡进行证明。微观经济学有一个核心命题,即个人追求自身利益最大化的行为会受到一只无形之手的引导而自动产生最有利于社会利益的结果。瓦尔拉斯第一个试图以数学形式表述这一经典命题,由此而形成一般均衡理论。瓦尔拉斯的学生帕累托还引入了一个检验这种均衡是否最优的标准。在他们那里,一般均衡还只是个人最大化行为的一种逻辑结果。后经过希克斯、萨缪尔森的发展,到20世纪50年代,阿罗、德布鲁等人旧话重提,试图复兴瓦尔德的"事业"。在被誉为"阿罗-德布鲁一般均衡模型"的框架中,这两位学者用集合论公理方法重新阐述最大化假设,并利用数学领域发展出的新的工具证明均衡的"存在性"、"惟一性"、"稳定性"以及这种均衡与帕累托最优的一致性等问题。1959年,德布鲁出版《价值理论》,全面总结了这一成果。至此,阿罗-德布鲁一般均衡模型总算为"看不见的手"思想提供了"让人放心"的严格的数学证明。然而很多经济学家都指出这一模型的基本假设缺乏现实性。因而,仍有一些经济学家致力于改进、阐述和提供更为复杂的瓦尔拉斯一般均衡模型。

二是消费者选择。从检验消费者行为是否符合效用最大化原则开始,相继出现了显示偏好理论、时间偏好理论与跨时期选择理论。在显示偏好理论上,萨缪尔森等人无疑作出了最重要的贡献。在现实生活中,消费者面临的并非都是确定条件下的静态选择,更主要的则是不确定环境下的跨时期选择。人们在当前消费要比未来消费强些的时间偏好观念的支配下,有着消费和储蓄之间的选择的问题。

当微观经济学在一些问题上出现徘徊的时候,它在另一些问题上也获得了发展。主要是两个方面。一是对不确定的研究。传统微观经济学研究的是一个确定的世界,但不确定性是与市场经济相伴而生和发展的。随着现代市场经济的发展,人们会越来越深切地感受到自己生活在一个不确定的世界中,于是,对不确定的研究就为微观经济学的发展提供了契机。

早在1921年,奈特就在其著作中阐述了不确定的思想,为不确定性经济学的发展奠定了理论基础。奈特认为不确定性并非风险,它是指经济行为人面临着直接或间接影响经济活动而又无法准确观察、分析和预见的外生和内生因素。正是不确定性的存在,一部分行为人才会努力获取信息以寻求获利机会。凯恩斯吸收了奈特的思想,认为大多数经济决策都是在不确定的条件下作出的。

他批评新古典主义赋予不确定性一个确定的和可计算的简化形式,把不确定性转化成了风险。在凯恩斯的理论框架中,不确定性具有核心地位,其理论是以不确定性思想加以构建的。继凯恩斯之后,不确定性分析逐渐向微观经济学各部分渗透。

二是对博弈论的研究。摩根斯坦与数学家诺伊曼合著的《博弈论与经济行为》一书对经济学产生了深远的影响。他们的目的是为理性人之间的策略互动提供一种形式化的一般理论。他们虽然未能实现这一过于宏大的愿望,但其方式却成为后人依归的原则:把一个经济问题描述为一个博弈,找出博弈解,然后对这一解的经济学意义作出说明。在此成果的基础上,纳什引入了合作博弈和非合作博弈的区分,并为非合作博弈定义了被后人命名为"纳什均衡"的一般性解的概念,为现代博弈论奠定了基础。哈萨尼把博弈分析拓展到不完全信息博弈,从而为理性行为的分析和信息经济学的发展开辟了新的局面。这一切标志着微观经济学一个新时代的开始。

传统微观经济学研究个人行为总是假定价格给定,人们的相互作用是通过价格变动来间接完成的。引入博弈论方法以后,微观经济学已经可以对人与人之间的互动关系进行直接的研究,从而使理论更贴近现实。博弈论认为,如果人们要达到某种目的,最重要的是要设计出一种"激励相容的机制",从而能重建阿罗和斯蒂格勒在20世纪60年代就已引入微观经济学的不完全信息和不对称信息的分析基础,由此引发了一场"新信息经济学"的革命。借助于博弈论这一强有力的分析工具,经济学已深入到新兴企业、消费者和市场中,并得到了长久的发展与应用。

2. 西方行为主义政治学

西方行为主义政治学的演变

由于受传统的法律和制度研究取向的影响,在欧美国家中,至少在20世纪20年代以前,对政治活动主体心理和行为的研究还非常少见。虽然英国学者格雷艾姆·沃拉斯(Graham Wallas)早在1908年就出版了个人著作《政治中的人性》,对个体的政治心理和行为作了深入研究,但可惜一直被埋没在故纸堆里,未被人们发现,直至20世纪20年代后期才被美国芝加哥学派重新发掘出来。

对政治活动主体,特别是对个体心理、行为的重视是由许多因素促成的。在20世纪40年代,正在发展中的美国政治学倾向于通过移植自然科学的研究方法来提升自身的科学性。同时政治学作为社会科学的分支学科,也接受了来自法国的哲学家、社会学家孔德(Auguste Comte)的实证主义思潮。另外,经济学研究中的理性经济人的假设和方法论上的个人主义,也使那批下决心要超越老套政治学研究的年轻学者们兴奋不已。加上当时心理学知识已经有了迅速增长,所有这些因素集合在一起,就为政治学的心理行为研究取向的登台做好了准备。

至于为这种取向确定一个"行为主义"名称则完全是一个偶然的巧合。这一名称是美国芝加哥大学的一些教授们灵机一动创造出来的。1949年,芝加哥大学的一些政治学教授向"国家科学基金会"申请课题研究经费资助。他们所要申请的是关于社会科学方面的研究课题。由于当时美国的政治上层具有强烈的反共、反社会主义倾向,这批学者害怕基金会的官员们有可能把"社会科学"同"社会主义"混淆起来而不予批准项目资助和研究拨款,因此,他们便用"行为科学"来代替"社会科学",将申请的课题变成"行为科学课题"。行为主义从此就流行起来,而且在20世纪50、60年代在美国以至欧洲国家的政治学研究中占据着主流地位。这种心理行为研究取向一统天下的局面,直至罗尔斯(John Rawls)的《正义论》出版,才渐渐消退。

20世纪30、40年代是心理行为研究取向的产生时期。在这一时期,政治学家将大量的精力倾注在研究与个体的心理、习性有关联的个体选民、政治精英、利益集团的领导人的政治社会化等课题上。在对选民的投票或其他表决行为的分析中,研究者们关注处于无意识或半意识状态下的心理习性,包括意见、态度、意识形态、价值和信念等等因素的影响作用,并以此来解释选举活动中出现的种种现象、事件和过程。研究者们考察了存在于任何社会组织中的、人数虽少但内聚力极强的精英人物,他们在态度、人格上具有的超越常人的特殊性,考察存在于政治、经济、文化、技术等多个领域中的精英们是如何运用象征的、物质的、暴力的措施,从而追求并积累起包含权力、财富、健康、技能、启蒙、感情、正直、尊敬等内在价值的。

在对利益集团中的领袖与非领袖成员作研究时,研究者们则从大量经验事实中概括出一项结论,即两者在态度、价值和信念上是不一样的,从而产生出行为上的差异。利益集团的非领袖成员对于为何要进入集团所持的价值则较为模糊,而集团领袖则有较高较强的价值取向和信念。心理习性的研究还被用来分析个体的政治社会化阶段和类型。研究者们认为,一个儿童要成为真正的政治行为主体,必须经过将社会既定的政治规则、观念、信念、价值、意识形态内化为内心接受的并成为习惯作用于具体行为的社会化过程。许多学者以这些心理习性被有效内化的程度为标准,分析政治社会化的不同阶段以及所凭借的途径和渠道。

20世纪50年代末60年代初直至70年代中期,是政治行为研究取向发展深化的旧时期。与早期相比,研究中主观心理的成分减少了,即使有些研究者仍旧运用习性作分析工具,也注意减少其中的非意向性的成分。研究者在对选民投票行为的影响因素作分析时,通过面上的大量问卷调查和社区的试验,除了考虑选民个体层次上的具有意向性的习性如态度和信念对选举行为的影响外,还考察个体公民与群体之间在态度和信念方面的相关性,研究选举中党派认同的心理学特征。到70年代中期,对选举中人们行为的研究扩展到将选民、竞争的候选人和选举活动的管理人结合起来考察,影响选举中人们行为的各种心理的和非心理的因素都得到考虑。这种将多种因素都置于选举行为研究之中的模型被称之为"因果漏斗模型"。

20世纪70年代中期以后,行为主义研究取向进入变革的新时期。在这一时期,心理行为研究取向的演变出现了三个主要变化。一是方法革新。鉴于以往心理行为研究中数据收集时对复杂的变量只用简单的二变量或三变量的组合来分析的缺陷,开始采用多条件、多变量方程模拟的方法,以便能保持在"方法城邦"中的前沿位置。二是在研究中大量使用计算机技术。在采取更为前沿的数据收集方法后,对收集来的数据进行人工处理就成为十分麻烦的事情。计算机的发展和软件的不断更新换代解决了这一难题。更多的计算机软件支持多变量分析,现在一张光盘就能容纳包含10多个变量的数千个案例数据集。三是建立了调查数据存贮的社会组织。研究机构开始协商在建立共享心理行为研究数据的文化标准的基础上,逐步建立各种研究联盟,以便在更大范围内形成数据共享、合作研究的网络。

西方行为主义政治学的核心观念

心理行为研究取向经过早期产生、旧时期的发展和新时期的变革,已经有了较大的变化。但是,变化中的心理行为的政治学研究取向却保留着启发人们研究思路的核心对策。它是由一组核心假设和研究要求构成的。

心理行为的政治学研究取向有三个核心假设。一是坚持将政治生活看做是人的行为的产物。许多政治学家认为,人是自己历史的创造者,人也是政治生活的创造者。一切政治现象、事件和过程的基点就在于,它们是由活动着的人的行为构成的,是人的行为的结果。在研究政治学时,无论你将兴趣落在哪个层次上,是体系统的层次,制度机构的层次,还是微观的个体、群体和团体的层次,都难以否认人是政治生活中最基本的元素。政治系统是人的行为和行为产生的关系构成的集合。制度和机构离开了人的行为就没有意义。而且政治生活中最基本的单元是个体的心理和行为,因为群体、团体说到底是由个体构成的。

二是坚持认为在对政治环境作出反应时心理习性起着决定性的作用。传统的政治学研究取向虽然也注意到人在政治生活中的能动作用,但是在论及人在政治行动中如何作出抉择时,多数政治学家倾向于认为周边既存的政治、经济、文化、技术甚至地理环境条件是起着决定作用的影响因素。其中最为常见的是经济对政治的决定论。然而看重心理行为作用的政治学家则认为，这些环境决定论恰恰是冲淡了甚至否定了政治行为和活动中非常重要的影响环节，那就是行为者个人的心理因素，人们总是以自己认为是妥当的、习惯的方式应对周围世界的政治变化的。

三是坚持认为个人的政治心理和行为有意向性和非意向性之分。政治心理是在潜意识层次上个人的心理要素与其他政治现象发生的联系。这些要素主要包括意见、态度、意识形态、价值、信念、人格特质等。心理因素对人的政治行为的影响可分为非意向性的和意向性的。在很多情况下，人的心理因素是非意向性的。沃拉斯就讲过，如果将一个人一天的活动用摄像机拍摄下来并制成电影给他看，他一定非常惊讶，自己的活动都受习惯影响，那些原本是由意识支配的活动，现在却成了半意识状态的重复动作。这些多数是非意向性的行为就是人的习性，它是个人在既定境况下以某种方式做出反应的倾向。这些倾向是在无意识或半意识状况下发生作用的，但人的心理因素也可能是意向性的。这样，个体和群体在政治活动中就会有意识地计算，对此加以关注产生的就是理性选择、决策和博弈行为研究。

在这些核心假设下，心理行为研究取向提出了一些研究的方法要求。首先，政治学研究无论是从一般原理推演出的或从经验中归纳出的假设命题，必须由相关经验证据来验证。为此采取心理行为研究取向的学者喜欢使用统计技术。但是，不能因此就把心理行为研究取向与定量化对应起来。这种研究取向既不等于定量研究，也不意味着就贬低定性研究。对于赞成心理行为研究取向的学者来说，问题不在于经验证据是通过定量还是定性的方式获取的，问题在于运用方法获得的经验证据是用来验证假设的，并且这些经验证据不能是"轶事式"的，而必须是完整的，至少是有代表性的。

其次，政治学研究预先设定的假设命题必须是能够被证伪的。传统的经验研究对假设命题只要求证实，但接受了实证主义哲学基础、赞同心理行为研究取向的研究者将科学理论与一般的理论区别开来，他们坚持认为科学理论与非科学理论的重要分界线就在于前者是能够被证伪的。能够被证伪的假设命题必须是可检验的经验性的陈述，规范的、应然的、道德的、美学的假设命题都是不能被证伪的，因此，心理行为研究排斥规范的、道德的、美学的知识。

西方行为主义政治学的缺陷

心理行为研究取向从产生的早期开始就一直受到批评，即使是在其占据统治地位的20世纪50、60年代即这一研究取向发展的旧时期，批评意见也没有间断过。对这一政治学研究取向的批评主要集中在它的三个基本缺陷上。

首先,这一研究取向无法做到用完整的经验证据来验证经验性假设。按照心理行为研究取向最为严格的方法设计,对经验假设命题作验证的经验证据必须是所有的、完整的经验证据,而不能仅仅是符合研究者需要的、对其验证假设提供支持的证据。但是这种要求事实上是不能达到的。一些持心理行为研究取向的学者则将这一对经验证据的苛刻要求作了两种并不可取的降低处理:一种处理办法是集中关注呈现在表面的现象;另一种处理办法是挑选一些容易度量的变量。前一种处理办法之所以不可取,是因为它引导研究者只关心诸如选举中的投票行为,而对影响政治生活的其他行为,如利益集团行为、政府行为、国家行为,则很少去关心。后一种处理办法之所以不可取,是因为即使是研究投票行为,其影响因素中更为重要的是选民的社会属性、政治合法性认同、思想立场、政策偏好等,而这些恰恰是难以度量的。对于经验证据收集方面的缺陷,行为研究取向可以弥补的做法是,正确对待不完全归纳。依据正统的心理行为研究取向,即便是收集了所有的经验证据,即使运用了计算机技术和建立共享数据的社会组织,也不可能从个别的累加中获得一般性的通则。如果承认不完全归纳在科学研究中的价值,可选择有代表性的行为、行为中有代表性的变量和有代表性的案例进行研究,通过运用有代表性的资料、证据和个案,人们就能获得对政治生活通则的把握。

其次,这一研究取向提出的必须对经验性假设命题加以证伪的要求是不合理的。以实证主义为其哲学基础的心理行为研究取向必然带有实证主义自身就具有的缺陷。实证主义者在对描述社会生活的命题陈述的要求上存在褊狭性。他们认为,只有一种经验性的、实然的陈述即可以被证伪的陈述才是可能的。至于表明应有的、规范的陈述,包括道德的、美学的、解释性的陈述,因为不可证伪,从而都是不可能的。实证主义者称这类陈述是错误的陈述。政治学研究中的心理行为取向也坚持上述立场。事实上,在人类的政治生活中,美学的、道德的、包含应有的理性的规范陈述并不比经验性的实然的陈述少。如果将这些非实然性的陈述都排除在政治学的研究之外,政治知识的范围就小得可怜。一些坚持行为研究取向的学者对此也感觉到存在着不合理性,他们的做法是承认对这些陈述的研究也许会带来其他形式的政治学知识,但是他们仍然坚持他们的理论必须接受经验的证伪。对于行为研究取向来说,应当从实证主义的基地上走出来,接受包括诠释的、批判的和建构的多种政治学的研究模式。

第三,这一研究取向因过分强调活动主体的行为及行为中心理因素的决定作用而妨碍了对政治生活中其他因素的研究。政治活动主体的行为对理解政治的运行和发展具有重要作用。变革传统政治学研究中只重视政治的实体结构、由法律文本规定的制度框架的取向,着重研究个体的、群体的、团体的、组织的政治行为,并将政府视为活动过程,这就为政治学研究提供了新策略、新视角、新观念。但是,只把政治生活归结为个人行为,并且只重点关注个人的心理因素对政治行为的影响,就妨碍了人们对政治生活的其他重要因素的研究。作为心理行为的研究取向要继续对政治学研究发挥启示作用,就应当有更大的包容性,将行为研究纳入整体政治学研究的总体因素体系中来考虑,并在行为研究中接纳更多的影响变量。

虽然心理行为的研究取向有上述的种种缺陷,但是,作为在政治学研究历史上发挥过重大作用的、具有启迪性的研究策略,它还远远没有结束自己的历史使命。在未来的政治学研究中,研究者一方面会更为细心地运用这一研究取向来获得新的经验资料,另一方面,研究者们也会从这一研究取向长期积累下来的知识库存中获取更有价值的东西。

3. 社群主义的产生和主要观点

"社群主义"和"自由主义"是当代西方政治学理论领域流行的两大主流思潮。从词源学上来考察,"社群主义"(Communitarianism)的词根是 community,来源于希腊语 koinonia,意思是"社区"、"共同体"。因此,"社群主义"在汉语语境中就有多种名称:"社区主义"、"共同体主义"、"社团主义"、"合作主义"等等。

社群主义的产生与发展

社群主义是20世纪80年代在西方政治学理论领域兴起的一种政治哲学观念和理论。在它之前,在西方政治学理论领域占据主流地位的是以著名政治哲学家、美国哈佛大学哲学系教授罗尔斯为代表的新自由主义。约翰·罗尔斯(John Rawls)1971年发表了给他带来巨大荣誉和地位的著作《正义论》。通过这一著作,他将自由主义政治哲学推进到了一个新的发展阶段,从而被公认为新自由主义政治哲学的代表性人物。由于以罗尔斯为代表的新自由主义(New Liberalism)实际上继承了康德的个人主义传统,所以又有人称罗尔斯的新自由主义为新康德主义或新个人主义(New Individualism)。

社群主义最初是在批判罗尔斯的新自由主义的过程中孕育的,同时它还和美国社会哲学家普特南在意大利对政治制度的建构和政府绩效考评有关。普特南对意大利20世纪70年代各地区政府的工作效果进行了广泛的社会调查和比较研究,发现一些政府办事没有效率、贪污腐败,而另一些政府的工作却富有创造性,既推动了投资和经济发展,又在改善医疗、人员培训、社区建设以及环境保护等方面做了大量卓有成效的工作。但是这两类政府的组织形式、所遵循的意识形态以及当地的经济基础和社会稳定都没有什么差别。那么,是什么因素造成了不同地区政府治理效果的巨大差异呢?普特南的研究结论表明,与"好政府"相关性最密切的因素是:强大的公民参与传统,发达的公民社群组织。以他的调查报告为契机,现代社群主义的理论研究开始日趋繁荣。

与自由主义坚持以自我和个人为分析政治生活的出发点不同,社群主义研究政治生活的出发点是社群。自由主义和新自由主义都把自我和个人作为分析和观察一切社会政治问题的基本视角。他们在研究中把一切复杂的历史事件、社会制度和政治运动等等,最终都简化为个人行为。因此,自由主义在方法论上是个人主义或"原子主义"(Atomism)。

社群主义的方法论从根本上说是集体主义。它把社会历史事件和政治经济制度的原始动因最终归结为诸如家庭、社区、阶级、国家、民族、团体等社群。在1991年冬季号的《负责的社群》杂志上,发表了一份长达14页的正式名称是《负责的社群主义政纲:权利和责任》的政治宣言。签发这份宣言的50名学者和政治家认为,美国的男人、女人和孩子是许多个社群的成员——家庭,邻里,无数的社会性、宗教性、种族性、职业性社团的成员,美国这个政治共同体本身也是一个社群。离开相互依赖和交叠的各种社群,无论是人类的存在还是个人的自由都不可能维持很久。除非其成员为了共同的目标而贡献其才能、兴趣和资源,否则所有社群都不能持久。排他性地追求个人利益必然损害我们所赖以存在的社会环境,破坏我们共同的民主自治实验。因为这些原因,他们认为没有一种社群主义的世界观,个人的权利就不能长久得以保存。社群主义既承认个人的尊严,又承认人类存在的社会性。这份政纲最后的结论是:"必须用社群主义的观点处理我们这一时代所有重大的社会的、道德的和法律的问题。"

社群主义强调社群对于自我与个人的优先性,倡导从"权利政治"转向"公益政治"。社群主义者强调普遍的善和公共的利益,认为个人的自由选择能力以及建立在这一基础上的各种个人权利都离不开个人所在的社群。个人权利既不能离开群体自发地实现,也不会自动导致公共利益的实现。只有公共利益的实现才能使个人利益得到最充分的实现,只有公共利益才是人类最高的价值。因此,有不少人认为,20世纪70年代政治哲学的主要话题是新自由主义者的社会正义,而到了20世纪80、90年代政治哲学的主要话题则是社群主义者的社群。

其实社群主义并不是一种非常严格和系统的政治学理论。许多今天被称为社群主义者的中坚人物,最初只是作为新自由主义批评者的身份出现的。他们自己在从事这种批评时并没有意识到自己正在构造一种新的社群主义政治哲学。事实上,他们当中的不少主要代表人物至今也未声明自己是社群主义者。社群主义者内部的观点也不完全是一致的,在一些重要问题上仍争论不休,他们之间的分歧有时甚至大于他们与新自由主义者的分歧。

各种各样的社群主义在它们关注个人权利的程度上并不完全一致。早期的社群主义者,如费迪南德·滕尼斯和罗伯特·尼斯比特,关注的是权威和社会结构等概念。亚洲的社群主义者则特别留意社会和谐和秩序这类问题。

到了20世纪80年代,社群主义关注的是公共服务领域的衰退。罗伯特·贝拉、查尔斯·泰勒、迈克尔·桑德尔和迈克尔·瓦尔泽等人反对古典自由主义理论的过分个人主义化倾向,并对实行私营化的里根总统领导下的美国政府以及撒切尔夫人领导下的英国政府的许多政策进行批判。

到了20世纪90年代,社群主义者则担心社群对个人的压制。如阿米太·爱特热尼、菲力蒲·塞尔尼克和威廉·加尔森等人,在自己的研究中,不仅强调在个人权利问题上,责任与社会利益相平衡的重要性,而且还强调要确保强大的社群不会去压迫个人的需要。他们成立了一个社群主义者讲坛,每个季度都开展活动,经常得到银行贷款,并在西方许多国家都有影响力很大的领导人。负责的社群主义者一起致力于制定特殊的概念和政策。他们倾向于赞成婚姻应该平等(即父亲和母亲享有同等的权利,承担同样的义务);学校应该是培养心智而不仅仅是教学的地方;还主张由违法行为人、受害者以及该社群的成员共同组成社群法院,一起工作,以寻求适当的惩罚措施并达成和解。

社群主义主要的政治观点

社群主义的主要思想体现在权利观、公益观、国家观三个层面上。首先是社群主义者对权利的见解。麦金太尔指出,"权利"这一概念在中世纪之前的古代语言中未曾有过,直到1400年以后才出现,可见个人享有的权利都是以某种具体的社会条件、社会规则为前提的,也就是说,权利的存在离不开特定的历史时期和特定的社会环境,不可能存在什么普天之下人人共享的平等权利。自由主义建立在抽象正义理念上的道德权利仅仅是一种虚构。权利(right)一词兼有"正当"和"权利"两种意义,但这两者在实际生活中却往往是分离的。有些正当的道德要求并没有成为个人的普遍权利,比如"人人有权参政"尽管完全正当,但在历史上却从来没有实现过。相反,个人普遍享受的某些权利在道德上却未必正当,比如在多数西方国家自杀和赌博都是个人的权利,但这些行为在道德上又是不正当的。鉴于此,社群主义反对自由主义的道德权利说(抽象的无限权利),主张法律权利说(现实的具体权利),认为权利是由法律规定的人与人之间的社会关系,离开了一定的法律规范,任何个人的正当利益和正当行为都不可能成为现实的权利。也就是说,权利只有得到法律的保护才有现实意义。

在个人与政府的关系上,社群主义用积极的权利与自由主义消极的权利相对立。所谓消极的权利,是由于政府的不作为而使个人获得的权利,比如个人的居住、迁徙、言论、信仰、通讯、出版、集会、结社等自由权利。自由主义强调个人的自主性和独立性,认为只要国家采取不干预、不制约的消极态度,个人权利就有保证,此即所谓免除制约的自由(freedom)。积极的权利是指公民的受教育权、工作权、保健权、休假权、接受社会救济权等等,国家对于这些权利的实现负有不可推卸的责任,应该采取积极态度并有所作为,这就是所谓主动促成的自由(free to)。社群主义强调个人对于社会的依赖性,认为社会的政治、经济、文化条件是实现个人权利的前提。与通过个人的单独行动获得的权利相比,个人在社群的环境中以及在与政府的合作中所能够实现的权利要大得多。

其次是社群主义者对公益观的见解。社群主义极力主张将个人的善与社群的善统一起来,并用这种共同的善作为评价社群生活方式的标准,因此共有价值高于个人自由选择的价值。这种以共同的善为主导倾向的公益观对于自由主义的个人选择是一种限制。关于公共利益的内涵,除了以产品形式实现的各种社会福利,还有非产品的存在形式,比如街道卫生、洁净空气等环境条件,以及诚实、奉献等人际关系。按照沃尔泽的观点,公共利益最终都可以归为两大类,即"安全"和"福利"。社群提供公共利益的不同方式体现了社会制度的不同,但是分配的原则不外乎三条,一是根据需要以及从集体的角度对需要的理解,二是按照比例分配,三是以成员的平等资格作为分配的基础。米勒认为,这同马克思著名的"各尽所能,按需分配"原则是基本一致的,可以表述为:"根据每个人的能力或资源进行提取;按照其社会认可的需要进行分配。"公共利益的非排他性意味着,增加新的受益者不会减少原有受益者的利益,但同时,公共利益受损时的受害者也不仅是个人,而是与同一社群的全体成员都有关。公共利益的这种相容性和相关性在带来积极社会效益的同时,也会带来消极的社会后果,由于其效益是以整体形式体现的,这就为个人坐享其成的"搭便车"心理(个人不奉献也能获益)或是拒不认罪的"囚徒困境"(两个囚犯都坦白反而使总的处罚最重)提供了机会。尽管社群主义为公益观作了许多辩护,但都无法从根本上解决上述两难问题,这使社群主义更深刻地意识到公共权威的重要,并推进了关于国家理论的研究。

再次是社群主义对国家观的见解。社群主义认为,国家有干预和引导个人选择的责任,个人也有积极参与国家政治生活的义务,这是一个问题的两个方面。社群主义与新自由主义的争论焦点最后集中在对于国家职能的看法上,在世界进步的潮流中,国家的职能是应该强化还是应该弱化?新自由主义要求的是"弱国家",即尽可能地限制国家的作用和公共政治生活的范围,同时扩大个人的私生活范围;认为政府越大集权政治的可能越大。相反,社群主义要求的是"强国家",认为一个缺少公共利益的社会即使再公正,也不是一个好社会;而只有国家所代表的公共政治生活才能促进公共利益的实现,所以为了国家和社群的利益甚至可以牺牲个人的利益。双方的观点都从某一个侧面反映了当代社会的问题,但又都具有片面性。新自由主义的危险在于,在当今的世界上,过分强调民族国家政府的无为而治,会延误许多严重社会问题的解决,比如贫富的两极分化,生态环境的恶化,国家防卫能力的减弱,社会保障体系的缺失,社会治安和公共秩序的混乱;更为严重的是,面对国际上的强权政治,"弱国家"将被剥夺说话以至生存的权利。社群主义的危险在于,如果国家以公共利益的名义侵犯个人的自由,甚至实施专制和独裁,公民又何以与这样的"强国家"相抗衡呢?可见,"强国家"和"弱国家"都有可能增进公民的利益,也都有可能损害公民的利益,关键在于哪些事是国家该做而没有做的,哪些事是国家不该做却做了的,也就是应该如何来界定现代国家的功能问题。

建议进一步阅读的文献

要对微观政治学与其他社会科学知识的关系作进一步批判性研究,可阅读罗伯特·古丁、汉斯-迪特尔·克林格曼主编的《政治科学新手册》(上册,三联书店2006年版)中"第三章政治科学与其他社会科学"中"杂化的领域"以及"第八章政治行为:综述"中"来自经济学的挑战"、"政治社会学的应对"、"政治心理学的反应"部分的内容。

要对微观政治学中公民个体与社会关系作进一步批判性研究,可阅读托马斯·雅诺斯基的《公民与文明社会》(辽宁教育出版社2000年版)中"第二章公民权利框架"、"第四章有限交换和总体交换中的公民自我"、"第五章从权利与义务的置位、文明社会和社会闭合度看权利和义务的平衡"部分的内容。

第三章 政治行为主体的生成

【学习要点提示】
政治社会化的实质特点
　　政治社会化的实质
　　政治社会化的特点
　　政治社会化的功能
政治社会化的结构要素
　　政治生活情境
　　政治传承机制
　　政治主体自我
政治社会化的基本类型
　　政治社会化的主体类型
　　政治社会化的程度类型
政治行为主体类型结构
　　政治行为主体类别结构因素
　　政治行为主体的一元化结构
　　政治行为主体的多元化结构

　　人类社会的延续是通过生命的新陈代谢来实现的,政治行为主体也是通过个体的新陈代谢得以延续的。正像在整个人类的延绵中,会出现个别地区的人种、族群永远地消失一样,有些聚集起来的政治行动主体也会因为种种原因整个地消失而无法得到延续。撇开这些特殊的个案,在政治生活获得正常的、持续的存在和发展的地方,有生有死的政治个体不断地进行着新陈代谢,能够延续好多年乃至几个世纪的松散的政治群体,较为紧密的但一般持续时间不长的政治团体、政治党派,则进行着老成员退出、新成员补充的吐故纳新。

　　政治行为主体的新陈代谢、吐故纳新并不像野草一般,一茬接着一茬地自然出现。一个新的生命来到人世间,他或她暂时还只是一个生物意义上的个体,而不是社会意义上的个体。只有经过一段时间的社会化,这个新生命才会融入现实社会成为其中的成员。对于一个新的社会成员来说,他要成为新的政治行为主体,并且在一个充分组织起来的政治系统中,要成为不同政治群体、政治团体、政治集团和政治党派的成员,则需要经过一个政治社会化的过程。

每一个新的社会成员只是一个可能的政治行为主体①,他们都是在非常具体的、现实的政治情境下完成其政治社会化,从而成为真正意义上的政治行为主体的。源于更为广泛的社会文化和政治文化的政治情境是在政治行为主体形成中发生作用的重要因素。它既是可能的政治行为主体转变为现实的政治行为主体的基地,也是现实的政治行为主体发生政治关系、产生政治行为行动和活动的基地。

但是光有政治情境这一基地还远远不够。社会必须预先准备好合适和有效的途径和通道,以便将政治情境中记载的关于政治生活的信息传达给每一个正在形成中的行为主体,使他们能够通过对先前政治行为主体的集体政治经验记忆的感受、模仿、存储,最后经过内化,构建起内在的政治心理倾向和价值取向。除了这些途径和通道外,还需要有各种推动力量和转化方式来保证政治情境中的既有的政治信息能够为形成中的政治行为主体所吸收,这就是政治社会化过程中的传承机制。只有通过传输的途径通道和传承机制的联合作用,既存的政治情境中所包含的政治价值、政治规则的信息才能进入到接受政治社会化的个体内心,从而形成政治自我。这种政治自我,既可能是个体对自己政治态度、立场、价值的自觉认同和约束,也可能是从群体、团体、集团、党派的绝大多数成员身上体现出来的对某种特殊的政治立场、价值和态度的自觉认同和遵从。

政治社会化会以不同的形式、方式和阶段在个体、群体、团体、集团和党派中进行,无论是就具体的个体、群体、团体、集团和党派来说,还是就整个的政治生活来说,政治社会化过程都是持续不断,永不停息的。通过不断的政治社会化,不同的政治行动主体被再生产出来。在现代政治生活中,形成后的政治行动主体是多元的、多样的,也是多变的。

第一节 政治社会化的实质特点

一、政治社会化的实质

普通的个体要成为政治行为主体,一个单独的政治行为主体,要成为一定政

---

① 这里的新的社会成员不一定全是指从婴儿开始成长的个体,他们也可能是从一种类型的政治文化移入另一种类型的政治文化之中的个体甚至族群。当他们处在新的、多少有点陌生的、与原先熟识的旧的政治文化有较大差异的状态之下时,也需要经过再度政治社会化过程,才能成为在新的政治文化环境下正常生存和行动的政治行为主体。

治群体、政治团体、政治集团、政治党派中的成员，其主要的途径就是政治社会化。之所以说是主要途径，是因为要成为单独的政治行为主体，或者要成为某个政治群体、政治团体、政治集团、政治党派成员的政治行为主体，还需要有生理上、心理上、伦理上的成长，还需要经历经济的、文化的、宗教的社会化过程。政治社会化只是政治行为主体成长的许多途径中的一种，但却是最为重要的一种。

对政治社会化的多种解释

在社会学知识结构中，社会化是一个重要的概念。对政治社会化的研究，无疑需要借用社会化的许多现成理论和知识。当然，政治社会化也不仅仅是在一般社会化中加入政治的色调和元素，但政治社会化也不是一般社会化之外的过程，它是一种具有特殊性的社会化过程。

从西方政治学家对政治社会化的不同理解中，也可以看出完整的政治社会化概念和理论是在微观政治研究的逐步推进和深化中发展完善起来的。19世纪20年代，在心理学、人类学和社会心理学中出现了"社会化"概念，原意是指一种"使之成为社会性的，使之适应社会生存的"过程。但后来，社会化却从一个概念演化成为社会学中发展较快的分支学科。

到20世纪50年代末，政治社会学作为政治学和社会学相互渗透而产生的新知识领域开始发展起来，政治社会化成为政治社会学特别关注的内容。与此同时，政治学也开始研究政治社会化的问题。1959年赫伯特·海曼出版了具有创始意义的著作：《政治社会化：政治行为的心理学研究》。后来阿尔蒙德则在比较政治研究中，对政治社会化过程的阶段，凭借的机构和渠道，以及具体方式做了详细的分析。可以说，社会学中社会化的研究与政治学中政治社会化的研究是相互促进的。

西方的学者，特别是政治学者对政治社会化的实质提出了许多不同的见解，下面是其中几种有代表性的观点：政治系统论的提出者戴维·伊斯顿和杰克·邓尼斯认为，政治社会化是人们习得其活动取向和行为模式的发展过程。这种见解着重从一般学习的角度入手，将政治社会化与个体获取某种行为模式联系起来。

格林斯泰因则认为，政治社会化是正式负责教育的机构有目的地对人们进行特定的政治意识、政治价值和政治习惯的灌输。这种见解把政治社会化视为特定的教育过程。只有那些专门机构所负责的对人们进行政治价值、政治意识的灌输过程，才能称为政治社会化。

与格林斯泰因不同，K.P.兰顿显然不认为政治社会化就那么正规，其实它只是人们把自己所属的社会团体对社会的信仰和观念融合到自己的态度和行为模式中去的过程。但兰顿提出了另一个重要的方面，即政治社会化可以是团体性的,并且,政治社会化与个体的态度有关联。兰顿的研究开始接触到政治社会化中的政治自我问题。

对政治社会化作出奠基性研究的学者是研究比较政治的美国著名学者阿尔蒙德。他将政治社会化定义为"政治文化形成、维持和改变的过程",政治社会化形成并传送一个国家的政治文化。这种传送,既可以是老年人将政治规则和习俗教给年轻人,也可以是同辈人中一部分人引导另一部分人以不同方式看待和体验政治生活。公民个人的政治社会化则是"政治人"的培养与训练的过程,从政治系统和政治结构来说,政治社会化又是政治系统的自我再生产的有机环节。

阿尔蒙德等西方政治学者在政治社会化研究中,重点阐述了家庭、学校、工作单位、就职场所、同辈群体、大众传媒、政党、利益集团、与政府接触、社会文化环境、网络等重要途径和工具在政治社会化过程中的作用,而且对再度政治社会化的问题作了开创性的研究。

对政治社会化实质的理解

不同的政治学者所论述的政治社会化的内容、途径和方式不尽相同,这并不表明存在着许多不同种类的政治社会化,而只是说明政治社会化是一个包含着许多复杂因素的过程。不同的学者从自己的兴趣和需要出发,选择了自己喜欢的因素做了研究和论述。总结不同学者对政治社会化的不同方面的研究,可以概括出政治社会化的实质。政治社会化是在政治生活中持续发生的,结合具体的政治情境,通过特定的传承机制,将社会、群体、团体、集团、党派的政治信仰、立场、价值、习惯乃至行为方式传递给新的成员,从而保证不同层次的政治文化得以维持和发展的过程。

首先,政治社会化是培育和训练新的政治行为主体和传承政治文化的过程。一个政治系统中,无论是个体还是群体、团体、集团、党派的成员,只有通过政治社会化才能产生出来。这一过程,既包含着非政治行为个体转变为政治行为个体,也包含着非群团化的、非组织化的政治行为个体成为政治群体、政治团体、政治集团、政治党派的成员。

政治社会化不仅产生出新的政治行为主体,使得政治生活中的行动者得以延续,而且,这一过程还使得社会整体的、群体的、团体的、集团的和党派的政治文化得以传承、维持和发展。政治社会化的过程是将作为集体记忆的、具有某种程度的公共性特征的政治文化,通过有序的传递、自觉的灌输和主观的接受,从而内化为个体、群体、团体、集团和党派的观念、信念、价值取向的过程。在这一过程中,政治文化既能够传承下来,又能够得到更新。

其次,政治社会化包含着两个相同方向但属不同层次的运动过程。政治社会化中的一个过程是社会非政治成员通过传承渠道和方式获得对政治情境的认知，从而形成政治人格，成为政治人即政治行为主体的过程。另一个过程是政治群体、政治团体、政治集团和政治党派运用其既有的亚政治文化，吸收和培养新成员，塑造其特定的政治心理倾向，规范其政治行动的过程。

因此，政治社会化总体上有两个层次。一个层次是在整体政治系统中普遍发生的个体政治社会化。另一个层次是在群体内部、在特定团体和集团之中、在政治党派中发生的政治社会化。群体、团体、集团和党派之中的政治社会化，是其成员新陈代谢、吐故纳新的特殊过程。群体、团体、集团和党派中发生的政治社会化要比整个政治系统中普遍发生的政治社会化严格得多，只有获得了群体、团体、集团和党派的认可，这一层次的政治社会化才算完成。

第三，政治社会化无论是在整个政治系统中，还是在群体、团体、集团、党派中进行，都有其基本的结构要素，其中包括特定的政治情境、一定的传承机制和政治自我的形成。政治社会化的起点是具体的政治系统为个体早就准备好的既存的政治生活情境。政治情境不是现实政治生活的整体，而只是其中的一部分。政治社会化过程仅仅以政治情境作为基地和起点还不够，它还必须借助一定的机构、渠道和方式作为纽带，才能作用于社会个体。这种在政治社会化过程中联结政治个体和政治情境的中间纽带就是政治社会化的传承机制。政治情境是政治社会化的背景和基地，政治传承机制是政治社会化必要的通道，政治自我的形成则是政治社会化的目标和归宿。只有三者联动，政治社会化才能实现。

二、政治社会化的特点

虽然政治社会化是一般社会化的重要组成部分，它与经济社会化、文化社会化、宗教社会化渗透、重叠、交融在一起，但是政治社会化与一般社会化相比有其特殊性，有其自身的特点。

政治社会化与一般社会化的区别

下列方面构成了政治社会化和一般社会化的重要区别。首先，社会学家强调的社会化主要聚焦在个体身上，而且特别关注的是从儿童成为独立行动的个体这一时段。虽然也有一些社会学的研究者关注个体的再度社会化和深度社会化问题，但这些问题已经不是研究的重点了。政治社会化对社会化过程的关注，在时间上要长久得多，在范围上要广泛得多。

从宏观的、整体的政治生活系统运行来说，政治社会化是政治文化形成、维持和创新的过程。从微观政治生活的角度来衡量，政治社会化是政治行为主体形成和得到持续培养的长期的自我学习和社会学习的过程。固然这一过程始于儿童,但是,政治社会化绝不等同于儿童的政治社会化。一个儿童所经历的政治社会化只是他一生中经历的政治社会化的初期阶段,他还需要继续经历深度的和再度的政治社会化。

对儿童来说,他必须在一定的政治情境下通过个体的政治社会化,才能从可能的政治行动主体转变为现实的政治行动个体。在成长为能够独立进行政治行动的个体以后,政治个体又会处于更为深层的或崭新的政治情境之下,他必须继续经历政治社会化。这其中也包括谋求进入和最终成为政治群体、政治团体、政治集团和政治党派成员的政治社会化。对于政治个体来说,他们只有在一定的政治情境下接受群体的、团体的、集团的、党派的政治行为规则、习惯,吸收并承认其亚政治文化,被接纳为其中的一分子,才能成为群体、团体、集团或党派的合格成员。

因此,政治社会化强调的是一个成年人如何成为一个政治人的过程,同时,还更关心一个普通的单个的政治行为主体如何成为政治群体、政治团体、政治集团、政治党派成员的过程。另外,政治社会化还特别关注政治个体深度的和再度的政治社会化的过程与特点。

其次,一般社会化关注的对象是个体,最多是研究个体如何加入群体、团体。但是政治社会化更为关心政治群体、政治团体、政治集团的形成过程及其新陈代谢的过程。另外在强调政党政治的时代,政治社会化还特别重视对政党的形成及其成员的新老更替的过程和特点做出分析。

由若干普通的政治个体聚合起来,为了某个共同目标组合成为内部结构较为松散的政治群体的过程也是一个政治社会化过程。一些普通的政治个体,偶尔聚集到一起,只有借助于一定的渠道和机制,从相互矛盾、冲突、磨合再到相互协商、认同、合作,最终才能成为一个政治行为群体。政治群体在活动中也会经常出现旧的成员离去,需要选择和培训新的成员的现象。这种新老成员的更替过程,也是政治群体中的一种政治社会化。

同样,在分析政治团体、政治集团的形成、发展时,也必须将这种形成、发展纳入到以其内部成员的新老更替为内容的政治社会化过程之中。只有从政治社会化的角度,才能探寻具体的政治团体、政治集团为何能够聚合,又为何会消散,甚至衰败、消失的原因与规律。对于政治党派来说,其产生、成长和新陈代谢就更为严格、有序,它是和内部的政治社会化过程紧密联系在一起的。依据这一点,就能解释一个曾经规模庞大的政党为何会迅速瓦解,而另外一个政党,原先只有少量的成员,又为何能逐渐发展成为全国性的、战斗力极强的政党。大凡时间长久的政党,都会具有严格的内部纪律、集中化的组织结构和民主化的组织运行方式。

而要做到这些,都离不开通过在政党内部设立的专门的培训机构和制度,形成高度强化的政治社会化过程。

第三,虽然一般的社会化也会谈到个体在社会化中和家庭、学校、培训机构的关联,也涉及学习问题,但是,政治社会化则把持续学习视为社会化的核心方式。无论是对儿童,还是对已经是成年人的政治行为个体而言;无论是对政治群体、团体、集团、政治党派的整体,还是就政治群体、政治团体、政治集团、政治党派中的成员而论,政治社会化都是他或他们学习和掌握政治学知识,学习和掌握参与政治生活的素养、技巧、艺术和能力的途径。因此,政治社会化的核心是持续的政治学习。

政治社会化中的政治学习可以区分为个体在社会中的外生学习过程与个体为加入和适应群体、团体、集团和党派的内生学习过程。前者可称为社会性学习,后者可称为组织性学习。从历时性来审视,个体从儿童成长为政治行动个体的初步政治社会化是一个社会性学习过程,至于他后来的再度和深度政治社会化则有可能与他加入一定的政治群体、政治团体、政治集团和政治党派有关。在这种情况下,社会性学习和组织性学习可能是重叠的。从特定的时期来审视,政治个体在政治群体、政治团体、政治集团和政治党派中进行组织性学习时,也不排除同时进行着社会性学习。

第四,虽然一般的社会化研究,也对社会化借以实现的机构和方式进行阐述,但是政治社会化则对这一特殊的社会化过程的结构和包含的要素做更为详尽的探讨。它将政治情境、政治传承机制与政治自我作为政治社会化的三大基本要素,政治社会化正是这三大核心要素相互作用构成的整体系统。通过研究这三大要素及其相互作用,可以将微观政治层面的政治化与宏观政治生活中的政治文化、政治意识形态,中观政治生活中的组织机构有机衔接起来。

政治社会化自身具有的特点

从政治社会化本身来考察,它也具有一些特点。一是政治社会化是自我吸纳与外在灌输相统一的过程。在政治社会化过程中,个体都处在一定的政治情境之中,他们可能都有过因为不知道或不懂得各种行为规则而被排除在政治活动之外,或进入不了政治群体、团体、集团和党派的经历。为了能参与政治生活,做出政治系统所允许的政治行为,或顺利地加入某个政治群体、团体、集团、党派,个体都会自觉地通过社会性学习或组织性学习,来主动吸纳由政治情境所包含、所透露出来的政治观念、价值、规范。

同时,任何一个政治系统都会在长久的运行和发展中,不断创造和完善出一套政治文化、政治意识形态、政治行为程序和规范。从整体政治生活系统来说,它设立了一定的机构和与之相对应的规则,向个体强行传递既定的政治观念、价值和规范;就政治系统中的政治群体、政治团体、政治集团和政治党派而言,它们为了能维持和扩大自身的政治影响,也会创造出固定的或不固定的机构、方式,来向其成员灌输群体、团体、集团和党派中的特殊观念、价值和行为规则。

无论是个体的政治社会化,还是群体、团体、集团、党派的政治社会化,其基础和单元都是个体的社会性和组织性学习。因此,个体的主动吸纳是政治社会化最为重要的方面。个体在政治社会化中的主动吸纳,既表现为个体将外在的政治观念、价值和行为规则内化为自己的心理倾向、价值取向,成为潜在的行为、行动的依据,又表现为个体对政治系统,政治群体、团体、集团、党派所传递的、灌输的内容,有选择地加以接受。因此,整个政治社会化过程就表现为个体的主动吸纳与外在传输相统一的过程。在引导政治社会化的过程中,将这两者割裂,片面强调哪一方面都会干扰甚至破坏政治社会化的进程。

二是政治社会化是继承与创新相统一的过程。政治社会化的一个重要目的是让政治生活系统或系统之中的政治群体、团体、集团和党派将普遍的或特殊的政治观念、价值和行为规则传承给新的成员,使之维持和延续。因此,政治社会化的过程就表现为政治系统中,或在政治群体、团体、集团、党派中占据主流或主导地位的政治观念、政治价值和行为规范在政治行为主体新陈代谢中获得继承的过程。

但是,对政治社会化中任何一个个体来说,社会性学习或组织性学习,都不可能是对已有的政治观念、价值和行为规则的一成不变的照搬和机械模仿。一方面,政治生活系统所强调的政治观念、价值、行为规则与某些政治群体、团体、集团、党派所依循的特殊的政治观念、价值、行为规则之间存在差异,这些就会导致个体在学习过程中有必要进行思考和创新。另一方面,政治生活系统处在变动之中,虽然政治生活的变动有时是平稳的,但是,当出现政治动乱、政治变革和政治体制转轨时,已经成为政治个体的行为者,会经历再度的政治社会化。这种会引发个体政治观念、价值出现较大改变的再度政治社会化,一个人一生中可能会遇到多次。在这些再度政治社会化中,政治行为个体会形成新的政治观念、价值和行为规范,并且为某些政治群体、团体、集团和党派所吸纳和积累,从而使整个政治生活系统的政治观念、价值和行为规范发生变化。只要总结一下中国改革开放和社会转型以来整个政治生活系统中人们政治观念和行为方式所发生的巨大变化,这一点就很容易理解了。

在思考政治社会化中的继承和创新关系时,应当具体分析不同时期的政治生活发生的实际变化。有时,政治社会化中的继承方面较为突出,可能在相当长时期都不会让人们感觉到有较为明显的政治观念、价值取向和行为方式的创新。有时,社会政治生活正经历巨大的变迁,这时,政治社会化中的继承的一面就相对淡化,而政治观念、价值取向和行为方式上创新的一面就会凸显出来。

三是政治社会化是静态和动态相结合的过程。与上述的特点联系在一起的是政治社会化中的另一个特点即静态与动态的交替。对于个体来说,政治社会化过程是平静地发生的。无论是社会性学习,还是组织性学习,都是循序渐进的。特别在没有特大的政治生活变迁时,政治社会化过程的静态特点会特别明显。依据这种静态性,政治生活系统或政治群体、团体、集团和党派可以设立常规性的培训机构,并建立稳定的培训制度,使政治社会化有序地进行。

但是,无论就个体的学习规律来分析,还是从政治社会化的类型来衡量,政治社会化又是一个充满间断性、反复性、动态性的过程。一个人并不是在某个集中的时段,以持续不断的方式,从政治生活系统中获取所有既成的政治观念、价值和行为规范的。相反这种获取是断断续续的,甚至一个人都无法说清楚究竟是在哪段时间获取哪种政治观念和行为规范的。而且,对于个体来说,政治观念、价值取向和行为规范的习得有一个须经反复理解,不断实践,才能转化为内在的行为标准的过程。

至于基于个体加入政治群体、团体、集团和党派的深度政治社会化,以及因政治生活或个人政治经历的重大变化而产生的再度政治社会化,则都是非持续、非线性的过程。有些人,年轻时就加入了某个政治团体或政治党派,但也有不少政治个体直到年岁较大时,才加入政治团体和政治党派之中。有些人一生中只经历一次政治再度社会化,但有些人则会多次改变自己的政治立场、价值取向,发生好几次再度政治社会化。这些都表现出政治社会化的动态性。

四是政治社会化是防守和开放相结合的过程。政治个体通常是在自己生活的政治系统中,在生活空间、文化体系、行为规则相同的政治群体、团体、集团和党派之中完成政治社会化的。因此,他所吸纳、接受并保持的是政治系统中,政治群体、政治团体、政治集团和政治党派中相对稳定并占据主导地位的政治观念、价值取向和行为规范。这些主导性的政治观念、价值取向和行为规范通常都是政治生活系统在长期的运行中形成的形式统一、具有内在自洽性的体系。当出现政治生活变迁,外来的政治文化、观念、价值介入,引发政治理论、政治实践变化时,这些已经成型的政治观念、价值取向和行为规范,就会以内部的某些调整、变更来适应外来政治文化、观念的碰撞。因此,就一个政治生活系统及其内部的政治群体、团体、集团和党派来说,它们坚持的政治观念、价值和行为规则的核心内容都具有某种稳定性或保守性。

但是,政治生活进一步的开放,特别是在经济、文化、社会逐步走向全球化的时代,政治生活在全球范围内的交流、碰撞、渗透会日益广泛化和深刻化。固守某种狭隘的、区域性的、小团体性的政治观念、价值取向和行为规范就会陷入保守、封闭状态。因此,在政治社会化进程中,个体在面对全球化浪潮中出现的不同政治生活的交流,不同政治观念、价值取向和行为规范的碰撞时,就必须以开放的心态去思考相异、相左甚至相互冲突的东西。

这种政治社会化中的开放性,还会出现在同一政治生活系统的不同政治群体、团体、集团和党派之间。当政治个体在深度政治社会化中,由于生活空间的迁移,或职业和利益的变化,加入到几个不同的政治群体、团体、集团,甚至发生党派归属上的变化时,他接受政治观念、价值取向和行为规范的方式,事实上就具有了较大的开放性。在原先已经接受的政治观念、价值取向和行为规范的基础上,他会选择放弃一些陈旧的元素,同时也选择接受一些原先没有的、相对而言新的元素。

三、政治社会化的功能

政治社会化有多方面的功能,其功能之一是习得政治行为模式。政治社会化,无论是初步的,还是深度的或再度的政治社会化,其基本功能就是通过各种机构、渠道、方式,去习得政治行动的行为模式。对于同一政治群体、团体、集团和党派的成员来说,不仅需要他们坚持相同的政治观念和价值,而且需要有大体相同的行为模式。

政治行为模式是在一定的政治观念和价值指导下,政治个体发表政治意见、表示政治态度、展开政治行动的手段、方法和方式的总和。在政治群体中政治行为模式通常没有明文的规定,表现为约定俗成的惯例和习俗。在结构较为紧密的政治团体和集团中,政治行为模式通常有一些简要的规定。在政治党派中,政治行为模式则是通过章程一类的文件规定下来的、其成员必须严格遵从的条规。

政治系统中的群体、团体、集团和党派为了传承和坚持沿袭下来的政治行为模式,在接纳新的成员时,会要求他们在政治社会化过程中熟悉、认同并承诺遵守这些行为规则。对内部的成员,政治群体、政治团体、政治集团和政治党派则会制定和实施某些奖惩措施,来确保所要求的政治规则能够得到贯彻和实施。由于政治生活的变动,任何一个政治群体、团体、集团和党派都会因地制宜地更新内部的政治行为模式。

政治社会化的功能之二是保持政治生活系统稳定。任何一个政治系统都需要保持运行的平稳。要做到这一点,就需要政治生活系统中的普通个体具有与系统所要求的大致相同的政治观念、价值取向和行为规范。立足于广泛的社会性学习的政治社会化正好能发挥这一作用。政治生活系统正是通过规定和设置课程、内容甚至考试方法,举办符合系统主流意识形态要求的各类教育和培训,来让绝大多数新的政治行为个体,在大体相同的渠道中,以大致相同的方式,接受政治生活系统所要求的政治观念、价值取向和行为规则。

政治生活系统还通过规范政治群体、团体、集团和党派的政治观念、价值取向和行为模式来保持政治生活系统内部的认同性、凝聚力。每个政治生活系统都要指导其内部的政治群体、团体、集团和党派的组织性学习,使加入到它们之中的新的成员在以组织性学习为主要方式的政治深度社会化过程中,能够传承系统所要求的政治观念、价值取向和行为规则,从而让政治生活系统的运行成为既定政治关系、政治形态、政治体制的生产和再生产过程,以保持政治系统运行的稳定性。

政治社会化的功能之三是增强政治行动活力。接受和坚持政治行为模式只是让政治个体能融入一定政治群体、团体、集团和党派的必要的一步。政治社会化不仅会让政治群体、团体、集团和党派的新成员有相同的行为模式,而且还要让其增加更多的活力。任何一个政治群体、团体、集团和党派都会因为时间长久而变得守旧和僵化。但是,政治群体、团体、集团和党派不能选择任意加入新成员的办法来更新组织。因为这样做会让原先的组织行为失范而解体。最好的方法是通过政治社会化,将训练出来的具有相同政治观念、价值和行为模式的成员融入到群体、团体、集团和政党组织中来。

政治社会化不仅仅是为政治群体、团体、集团、党派补充一些新的成员,更为重要的是它替换的是一些具有不完全相同的政治观念、价值取向和行为规则的新的血液。他们是一批新的行为主体。在政治社会化中,这些新成员会感受并反思原有政治群体、团体、集团和党派的政治观念、价值取向和行为规则,同时他们又会依据时代的变化接受全球化浪潮带来的许多新的观念、价值取向和规则,逐步成为具有新的思维、新的抱负的成员。

政治社会化的一个结果就是让旧的政治群体、团体、集团和党派有了新的观念元素、新的价值元素、新的行为方式元素。这些新元素会和旧的规则、观念、价值发生矛盾、碰撞,甚至冲突。但也正是这些新的元素有可能成为群体、团体、集团和党派更新、转型的契机和条件。通过这种接纳、培育新成员的政治社会化,政治群体、团体、集团和政党就有了新的活力,也让整个政治系统增添了新的力量。

第二节 政治社会化的结构要素

一、政治生活情境

一个社会中的非政治个体并不是在漫无边际的状态下接受政治生活系统既成的政治意识和政治价值的。作为成长中的社会个体,他暂时还没有能力从总体上去把握变化着的政治生活系统和由政治生活系统在历史演进中积累下来的庞杂无比的集体记忆。他只能从感性的、表层的某些政治象征、政治符号开始进入政治认知网络。因此,研究政治行为主体形成的政治社会化过程,必须正确设置和规定其逻辑起点。这一起点就是具体的政治情境。一般的社会个体正是在一定的政治情境下,借助政治传承机制,才逐渐形成政治自我,从而完成政治社会化的。

政治社会化的起点是社会为个体早就准备好的既存的政治情境。所谓政治生活情境,是指行为主体亲身所能观察的,由显露在外的政治符号、象征、标志和随时可以感受的政治典范、故事、仪式,以及政治规则、习俗、价值所构成的庞杂的体系。政治情境不是现实政治生活的整体,而只是其中的一部分。它是作为社会总体文化一部分的政治文化中的容易被个体所感知、觉察、模仿、接受的某些具有外显形式的要素。社会总体文化是一个庞大无比的体系。在社会总体文化中,包含着作为亚文化的政治文化。一个政治生活系统中的政治文化也是由许多层次构成的。通常政治文化包含着认知的、情感的、评价的成分。这些成分在政治文化不同层次中的比例是不一样的。越是在浅表层,其认知的成分、情感的成分就越多。政治情境则是政治文化中处于浅表层的部分。它受到政治文化的直接制约和影响,同时又间接地受到整体社会生活系统的制约和影响。政治情境就如同全息照片的每个局部一样,以压缩的方式再现着现实的和历史的政治生活系统存在与运行的状况。

政治生活情境是社会行为主体能够感受、可以凭借和需要依赖的微观政治生活层面的具体、现实的处境。个体、群体、团体、集团和政治党派都必须在具体的政治生活情境中逐步接受既有的政治生活,并选择自身的政治行为和行动。对于不同的行为主体来说,政治生活情境是具体的、各异的,并且是沿着从认知、情感到评价的顺序不断上升、不断扩展的。不仅处在不同的成长和发展时期的政治个体、政治群体、政治团体、政治集团、政治党派所处的政治情境不同,就是同一个政治个体,在其成长的过程中,在其深度政治社会化和再度政治社会化的过程中,所亲临的具体政治生活情境也不会是完全相同的。而且,正因为所处的政治生活情境发生了较大的改变,其空间范围不断扩展,所包含的内容不断增加,已经经历过初步政治社会化的行为主体,才会进入到深度的和再度的政治社会化之中。

政治生活情境的结构

虽然政治生活情境是政治社会化过程中的行为主体所能亲身观察和感受的微观政治生活中显露在外的、浮现在浅表的形态,但它仍然是复杂的,对于具体的行为主体来说,在他面前呈现的政治生活情境是立体的,有着某种层次结构。

第三章 政治行为主体的生成

对于具体的社会行为主体来说,他最能感受也是最容易记住的是政治情境中的政治象征符号。任何一个现存的政治系统,作为其结构的也是维系其存在的、不可缺少的要素就是精心选择、刻意构建和赋予意义的政治象征符号。我们在任何一个政治系统中,都能找到标志其国家这一核心政治设施存在的国徽、国旗和国歌。一个人见到本国的国徽、国旗,听到自己国家的国歌,他绝不是仅仅看到一些花纹和图案,也不仅仅是听到一种音调,他头脑中浮现的是可爱的祖国、亲爱的同胞,从胸中升腾的是神圣、崇高的民族精神。同样,几乎每一个国家都要为其公共权力的中心即中央政府所在地首都设计出一种独特的建筑物,它就成为政治权力甚至政治系统的标志。白宫是美国政治系统和强大公共权力的象征。青瓦台则是韩国政治系统和公共权力的象征。

在有些政治系统中,不同的政党也会为自己塑造某种象征符号。比如"驴子"是民主党的党徽,"大象"则是共和党的党徽,四年一次的美国总统选举又称为"驴象之争"或"驴象赛跑"。民主党与共和党分别以驴和象作为自己的象征,源于德裔美国政治漫画家汤姆斯·纳斯特的讽刺漫画。

民主党最早和驴子扯在一起是1828年杰克逊竞选美国第七任总统。当时对手批评他是"笨驴"。1870年,纳斯特画了一头驴登在《哈泼斯周刊》上,以讽刺当时北部反对内战的民主党人。这幅漫画加深了人们头脑中"民主党即驴子"的印象。驴子虽然笨头笨脑,却被民主党人视为既聪明又勇敢的动物。1880年,民主党在总统选举中开始以驴子作为党的代表动物。

1874年,纳斯特在《哈泼斯周刊》上画了一幅摔倒的大象,用它代表不满共和党总统格兰特执政的共和党选民对该党的看法。同年,共和党在国会中期选举中大败,纳斯特又画了一幅受困的大象予以讽刺。随后其他漫画家也纷纷用大象来表示共和党。被民主党讥讽为大而无当、华而不实、保守愚昧的大象,在共和党人看来,代表的却是尊严、力量和智慧。最后,共和党索性把大象作为自己的代表动物。所以每逢美国大选,几乎所有的媒体都把选举称为驴象之争。选民们也戴上带有驴和象标志的帽子来表明自己的党派认同和投票倾向。

浮现在微观政治生活表面的各类政治符号标志,无论是大型的建筑还是小型的图案,无论是实体的还是音响的,都带有强烈的象征性。这些政治象征符号都会让正在感受和理解现实政治生活的主体留下难忘的政治表象和印记。

一般来说,政治象征符号都浮现在微观政治生活的表层,较容易被行为主体所直接觉察和接受。在感受某些政治象征符号之后,行为主体的兴趣就会转移到某些政治仪式惯例上去。因为政治系统中许多的仪式、惯例都和某些政治象征符号联系在一起。而且行为主体总希望了解那些政治象征符号在实际政治生活中是如何被运用的。一个现存的政治系统都会为宣示自身的存在和具有的合法性而创设各种政治仪式。这些仪式通常是和政治系统中发生过的重大事件以及对它们的纪念联系在一起的。比如每逢国家曾经遭受外来势力入侵的日子,或国家独立和新国家建立的日子,政治系统总要举行庄严的纪念活动。纪念活动要安排重要的政治精英出场并发表讲话,纪念的程序和方式会成为某种仪式。这些对于政治系统和国家来说具有重大意义的纪念活动的规模、程度连同其程序就会逐步演化为一些具有固定模式的并且显得特别庄严的仪式。这些重要的政治仪式久而久之就演变成为政治惯例。

另一种政治惯例可能并不一定和某些政治程序和仪式联系在一起,它更多的是政治行为主体之间经常发生的,对于他们来说是约定俗成的,从而也是司空见惯的途径或手段。政治惯例通常不是明文规定和写就的,但却是一定的政治系统所允许的、倡导的,并且是政治行为主体较为熟知的行为和行动方式。政治社会化进程中的行为主体正是借助于这类通常显露在外的政治仪式和政治惯例,来初步理解政治生活和对行为、行动做出模仿性选择。

在微观政治生活中,伴随着政治仪式和行动惯例的是一些在政治系统内流传的政治典范故事。几乎所有的政治典范故事都具有传奇的色彩。其内容大多是关于既定的政治系统建立和维系的曲折过程,政治系统中政治精英的优良行为。这类政治典范故事或者是通过口头流传的,或者是通过通俗读物展示的。它既是对政治仪式起源的解释,又是对政治行为惯例合理性的证明。对于政治社会化进程中的行为主体来说,富有传奇色彩的故事常常是引导他们进入现实政治生活大门的向导。

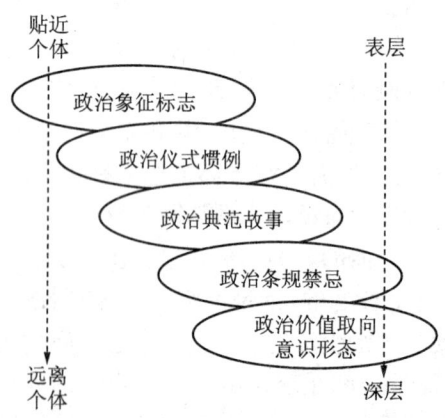

图 3-1 政治社会化中的政治情境

在政治生活情境中,稍微远离感观印象而让行动主体产生思索的是政治条规禁忌。如果说,政治象征符号、仪式惯例、典范故事都带有外在的感染力和吸引力,容易引起行为主体的简单模仿与仿效的话,政治条规禁忌则是引发行为主体思考政治行为、行动的正当性与可行性的依据。政治系统要能够保持正常的秩序和有规则地运行,就需要为各类政治行为主体的行为、行动设置一定的范围和途径。如果政治系统是以允许的方式设置政治行为、行动的范围和途径,产生的就是政治行为、行动的条规。如果政治系统是以禁止的方式设置政治行为、行动的范围和途径,产生的就是政治行为、行动的禁忌。在政治系统中流行的有关政治行为、行动的种种禁忌,既可能适用于系统内所有的成员,也可能只是针对某些政治行为主体的。这些政治行为、行动的禁忌既可能源于法律的规定,也可能源于某些政治文化的因素。在政治社会化的进程中,政治条规禁忌以直接的方式指示着行为主体,让他们知晓什么是能够做的,什么是不能够做的。

对于行为主体来说,要真正理解政治行为、行动的范围和途径,必须依赖政治价值取向的引导。在行为主体的政治社会化的过程中,他所碰到的政治生活情境中的意识形态就会包含某些指引人们判断政治行为、行动意义的价值因素,这就是政治价值取向。因为政治价值取向是进一步对人们的政治行为、行动的条规禁忌做出的理性和逻辑的论证,因而是抽象的。虽然政治系统有时会将一些重要的政治价值取向用典范故事的方式生动地表现出来,但是多数的政治价值取向则是通过严密的推论来加以阐释的。因此,包含政治价值取向的政治意识在政治生活情境中是属于较为抽象的形式。它往往是在行为主体初步政治社会化的后期阶段,或是在他们深度的和再度的政治社会化中产生作用。

政治生活情境的特点

由多种多样的象征符号、仪式惯例、典范故事、规范价值等因素所构成的政治生活情境因素的集合,不仅成为行为主体学习、理解政治生活的参照系,而且也成为他们选择、模仿政治行为、行动的现实背景。与其他政治认知的参照系不同的是,政治生活情境具有某些特点。首先,展现在社会行为主体政治社会化过程中的政治生活情境总是具体的。情境是人们选择和展开行为、行动的一种处境,因而情境总是有人感受的,并且是因人而异的。政治生活的情境总是具体的行为主体所处的一种现实境况,总是行为主体感受到的特定的象征符号,试图模仿的仪式、惯例。对于不同的行为主体来说,他们所特别留意的和悉心关注的典范故事是不一样的。至于何种政治条规禁忌和政治价值取向进入行为主体的视野,则是由行为主体的主观需要来决定的。

因此,虽然微观政治生活总是一视同仁地向所有的行为主体开放着,但是在政治社会化过程中,不同的行为主体所感受到的政治生活情境是大不一样的。这主要和行为主体的年龄、社会阅历有关。因此,对于努力试图融入现实政治生活的行为主体来说,围绕在他们周围的政治生活情境是非常具体的。政治社会化过程中行为主体面对的政治情境的具体性说明,并不存在整齐划一的政治生活情境,从而也不能机械、强行地规定出步调一致的,让所有行为主体在政治情境中模仿、理解和认可政治生活系统的政治行为、行动的方式和途径。政治系统必须从行为主体的个体生理特点、心理倾向、知识水平出发,在不同的政治情境中因势利导地安排不同行为主体的政治社会化进程。

其次,在政治社会化的过程中,行为主体所努力进入的政治生活情境是有层次的。虽然在微观政治生活中,政治象征符号、仪式惯例、典范故事、条规禁忌和价值取向并不是像搭的积木一样机械的有层次排列的,但是,在具体的行为主体面前,在他们对政治情境加以把握和理解时,政治情境中的不同形态却是慢慢地显现的。对一个正从非政治行为主体向政治主体转变的个体来说,最先的、也是最容易吸引其感官的是政治情境中的象征符号与仪式惯例。前者所特有的图像与标识,会在行为主体的头脑中烙下印记,成为日后联想的材料。后者所包含的特有的动作、程序,极容易被行为主体所模仿。

政治情境包含的各种形式,在行为主体的眼中并不是平面的,而是有层次的。浮现在表层的是各种政治象征符号,它们能最先吸引行为主体的眼球。某些政治仪式、惯例也会很容易在行为主体的感官上留下印记。在这些政治情境的形式之下,处在更深层次上的是政治典范故事和条规禁忌。在行为主体还仅仅满足于欣赏政治象征符号,或热衷于模仿某些政治仪式和行为惯例时,政治生活中的典范故事、条规禁忌、价值取向等要素则很少被他们关注。只有在头脑中的表象和模仿的动作需要得到巩固和解释时,行为主体才会在政治社会化的过程中关注典范故事和条规禁忌。而当行为主体需要关注政治情境中处在最深层次的形式,即政治价值取向时,说明他已经意识到要对自己的政治行为、行动的选择确定方向了。

第三,在政治社会化的过程中,政治生活系统给出的政治情境总具有一定的主导性。对于具体的政治生活系统来说,为了维系其生存和持续的发展完善,需要将系统所认可的意识形态和政治文化传承给系统内部的新的政治行为主体。虽然任何一个政治生活系统都无法完全左右这种复杂的政治社会化过程,但是,政治生活系统仍然会在这一过程发挥引导和控制功能。政治生活系统试图左右政治社会化过程的一个重要方面,就是要让对行为主体发挥作用的政治生活情境具有某种主导性。

在当代世界运行着的每一个政治生活系统,都会认真选择和制作具有代表性的政治象征符号。只要看一看各个国家是如何按照特殊的含义和寓意来精心设计其国旗、国徽、国歌的,我们就会知道政治情境的指导性功能了。至于精心设计和认真编排政治仪式,则更是体现出政治生活系统所安排的政治情境的主导性特征。许多国家在国庆节都要举办各种庄严而隆重的庆祝活动,从程序到内容都显现出政治生活系统希望通过种种仪式让已经具有政治自我的行为主体重温政治价值和信念,而更为重要的是,政治生活系统要以政治情境中这种主导性的形式来引导新的政治行为主体理解既有的政治生活,并融入到这种生活之中。至于编写出版各类政治典范故事,汇集政治行为的条规禁忌,那更是政治生活系统增强政治生活情境的自觉的举措。

最后,在政治社会化过程中,围绕在行为主体周围的政治情境还具有更新性的特点。不同时代的行为主体会以不同的要求对待展现在面前的政治情境。对于老一代的政治行为主体来说,他们是以不加质疑的方式接受那些以较为刻板的形式表现出来的政治情境中传统的内容。但是,政治生活系统在不停地变迁和发展着,新的行为主体则要求以新方式思考政治情境中的新形式和新内容。因此,要让政治情境在政治社会化中发挥更大的作用,政治情境就需要有更新性。

政治情境的更新性可以体现在不同方面。最为常见的政治情境更新性是表现形式上的新颖化。政治生活系统会设计出在建筑造型、图案结构、音调旋律等方面更为新颖、活泼,更具吸引力的政治象征符号,也会设计和编排出规模更为宏大、场面更为庄重的政治仪式。另外,政治情境的更新性也可以表现在寻找和利用更为方便和简捷的政治情境的呈现方式上。传统的政治情境通常以实物造型和纸质文献的方式呈现出来,行为主体只有通过亲眼所见或阅读纸质文献的办法去感受。在现代科技条件的支持下,政治情境可通过电视画面、电子文件、网络信息的方式呈现出来,行为主体可以克服空间距离的困难,以便捷的方式接触更多的政治情境形式。此外,政治情境的更新性还表现在它所蕴含的内容的创新上。随着政治系统的运行发展,一些体现新的时代精神和政治立场的典范故事、条规禁忌和政治价值会加入到旧的政治情境之中,并逐步取代已经过时的那些政治典范故事、条规禁忌。

二、政治传承机制

政治社会化过程中的政治传承机制是指将政治情境中的规范价值因素传递到行为主体内部,让其感悟、体认和学习,从而形成政治自我的通道和纽带。它是由政治规范价值、传递动力、传递渠道、传递方式、政治自我等多个环节相互作用,有机结合而成的体系。

传承机制作为由体现政治文化的政治生活情境到政治自我形成之间的中介,是政治社会化过程不可缺少的部分。政治情境所包含的政治规则和政治价值,正是借助于政治传承机制,才能作用于行为主体,并逐渐融入到主体之中,最终形成能决定政治行为和行动选择的政治自我。

表面上看,作为政治社会化传承机制起点的是政治情境,但是,在由象征符号、仪式惯例、典范故事、条规禁忌、价值取向等形式构成的政治情境之中,最为重要也是处于核心地位的是政治规则与政治价值。处于政治社会化过程中的行为主体,通过对政治象征符号、仪式惯例、典范故事、条规禁忌的感受,最终都把对政治情境的体认汇集到政治价值取向和政治行为规则上。

政治社会化过程中政治规则和政治价值向政治自我传递的动力,来源于政治生活系统对行为主体的行为和行动实行规范的要求与行为主体选择行为和行动自由的要求之间的矛盾与冲突。政治传承的动力是实施政治传承的前提。政治社会化过程中的政治规则和政治价值传递的渠道是由专门的传递机构与传递途径构成的。政治传承的渠道是实施政治传承的纽带。政治社会化过程中政治规则和政治价值传递的方式是由政治生活系统的强力灌输与政治行为主体的自我吸纳两者的相互作用产生的。政治传承的方式则是实现政治传承的手段。

在政治社会化过程中,政治传承机制发挥作用的结果是形成能够对政治行为、行动做出选择和决断的政治自我。一个社会行为主体还只是一个自在的政治行为主体,只有形成了政治自我,这时的政治行为主体才是一个自为的政治行为主体。他们才能自觉、理性、审慎地对自身的政治行为、行动做出选择和决断。

一个有一定历史和传统的政治生活系统,总会在延续中形成并积累起将政治情境行之有效地向后一代传承的,由传承动力、传承渠道和传承方式构成的机制。在政治系统中,单个的政治个体在政治社会化中需要利用这种政治传承机制,一个政治群体也会在松散的结构内部运用这种传承机制向其成员传递必要的行动规则。政治团体、政治集团,必然会利用这种政治传承机制来吸纳和培训成员。至于政治党派,政治传承机制对于它们更是不可缺少,在政党组织的新陈代谢中政治传承机制发挥着至关重要的作用。

政治传承的动力

传承就意味着有一些现成的东西要传递下去从而使之能够得到继承。政治传承就是要将政治生活系统中既有的政治规则和政治价值传输到新的政治行为主体那里,成为其产生行为、行动的选择标准和决断依据,从而使政治生活系统中的政治文化、政治制度、政治体制得以继承下来,并保证以某种政治形态表现出来的政治生活系统能够稳定运行和持续发展。要让政治传承得以发生并持续下去,就需要设置一套机制。这套机制的逻辑起点是需要传承下去的东西,即现实政治生活的行动规则和价值。那些包藏、存活在现实的政治系统成员头脑和行动之中的政治规则和政治价值,经过历史的选择和过滤,以某些特定的象征符号、仪式惯例、典范故事、条规禁忌、价值取向为形式,以实物造型、文字书籍、音像图片、口头传说为形式,作为集体政治记忆的标志,被政治生活系统保留下来并储存起来。政治社会化就是要借助于这些政治的集体记忆,将政治生活系统认可的政治规则和政治价值传承到新的政治行为主体那里。

政治生活系统中既有的政治规则和政治价值与处在政治社会化过程中的行为主体的行为意愿之间并不是天然一致的,而是存在着矛盾和冲突。作为社会行为主体,人们需要按照自己的意愿,自由地选择自己的行为和行动,以便能像其他的政治行为主体一样实现自己的价值。但是,当他们真的按照自由的意愿去选择行为、采取行动时,很快就发现既有的政治生活似乎并不完全接受他们的意愿,他们行为和行动的结果与预想的目标之间存在不一致。

对既有的政治生活系统来说,已经熟悉并且准备时刻维护既定的政治形态、制度和体制的政治行为主体们,则要求处在政治社会化过程中的社会行为主体,必须按照政治生活系统所规定和维护的政治规则和政治价值去选择行为和行动,而不允许与这些公认的政治规则和政治价值相违背的行为和行动存在。

正是这种围绕政治行为、行动的选择而发生在成熟的、定型的、现实的政治行为主体和处在政治社会化进程中的社会行为主体,即可能的而不是现实的政治行为主体之间的矛盾和冲突,产生出巨大的张力,它成为政治传承得以发生的强劲动力。对于成长中的社会行为主体来说,他们要想避免自己的行为、行动与既有的政治生活不一致,就需要放弃某些随心所欲的做法,努力观察、探寻和接受政治生活系统所认可的政治行为规则和政治价值。

处于政治社会化之中的新的政治行为主体也发现,老一代的政治行为主体所信守的规则和价值未必就全是对的,正在成长中的新一代政治行为主体的观念也未必全是错的。因而,对于政治社会化过程中的社会行为主体来说,这一矛盾和冲突的过程是一个既收缩自由意志,又展现创新精神,既接纳既定规则和价值,又对其加以革新的过程。

对于已经习惯了既有的政治生活,并且要维护公认的政治规则和政治价值的政治行为主体来说,他们是新一代政治行为主体政治社会化的指导者,他们对既有政治规则和政治价值的坚信和维护,形成了一种压力,迫使处在政治社会化过程中的社会行为主体去接纳、理解那些现成的政治规则和价值。借助于这种压力,政治生活系统中既有的政治规则和价值就会顺利得到传递,只要有合适的渠道和采取适当的方式,它们就能内化为新的政治行为主体的内在行动规则和价值。

老一代的政治行为主体,在指导和推进政治社会化的过程中,也必然会发现,在新的政治行为主体理解和接受政治生活系统中既有的政治规则和政治价值时,他们依据新的社会发展趋势和新时代要求所提出的革新观念,也会对老一代政治行为主体产生"反哺",让新的政治规则和政治价值反过来进入既有的政治生活之中。

政治传承的渠道

政治传承要得到实施,仅仅有动力还不行。动力只是一种前提,要让动力产生的推进效应实现出来,就需要设置一定的渠道。政治传承机制中的渠道是由一定的传输途径和作为其载体的一定的机构共同组成的。通常政治系统都会为政治社会化过程准备一些基本的政治传承渠道。

在政治社会化中常见的政治传承渠道有:以父母言传身教为主要传输途径,以血缘关系为载体的家庭渠道;以正式课堂教学为途径,以班级课程教师组合为载体的学校渠道;以交谈游戏为途径,以朋友关系为载体的同龄人渠道;以宣传教育为途径,以官方文件为载体的意识形态渠道;以历史联想为途径,以文物展品为载体的文博、遗址渠道;以讨论培训为途径,以工作职业为载体的职场渠道;以文字、声音、画面、网络为主要途径,以报刊、电视、广播、因特网为载体的媒介渠道等等。

在传承政治规则和价值时,不同的政治传承渠道具有各自的特点。政治传承的家庭渠道是最为基本的传承渠道,其特点是具有经常性、亲密性、权威性。父母对小孩子在政治行为、行动方面的嘱咐和教育是无处不在,无时不有的。这种教育和开导又是在无微不至的关爱中实施的,由于父母的尊严和慈爱,对他们在政治行为、行动上所实施的教育,子女们一般是听从的。

政治传承的学校渠道则具有正规性、权威性、系统性的特点。学校的政治教育是依据年级、课程和老师教学来实施的。课程设置和教学大纲规定了教师传输给学生的政治知识是一个政治生活系统所认可的、规范的知识,而且,学校教育中传承的政治规则和政治价值并不是零碎的,而是完整的。加上学校的政治教育中有老师的威严和严格的考查,因而对正在成长的社会行为主体来说,这是一条通向现实政治生活的最基本的也是最主要的渠道。

在家庭渠道和学校渠道之外,在初步政治社会化阶段,儿童依靠得最多的是同龄人渠道。放学之后,节假日之中,小孩子们往往选择同龄人聚集在一起,他们交流对政治规则和政治价值的想法。同龄人渠道的特点是信任性、沟通性、模仿性。同龄人容易产生相互的信任,儿童相信自己的小伙伴的见解。他们喜欢在一起交流对政治象征符号、典范故事、仪式惯例的看法,他们在政治行为、行动上容易相互模仿。

媒体渠道是现代社会中被广泛使用的政治传承渠道。其特点是即时性、动态性、直观性。电视新闻和网络信息都是将本国政治生活系统中和其他的政治系统中最近发生的政治事件以最快的速度报道出来。电视的画面则尤为生动、直观,让社会行为主体迅速了解现实政治生活中的政治规则和政治价值。无论是广播、新闻还是因特网,都在不断地更新着政治新闻和信息,传播着新的政治观念。

组织培训渠道是在学校之外群体、团体、集团和党派经常使用的政治传承渠道。其特点是具有针对性、交流性、理解性。有组织的政治学习、培训都是精心安排的,其目的是为了改变学习者和培训对象的某些政治观念和政治行为习惯,让他们按照群体、团体、集团、党派所希望的政治规则和政治价值去行动。有组织的政治学习和培训强调的是学习者要联系自己的实际,思考政治行为、行动的改进,并进行学习心得的交流。有些培训还主张学习者进行政治行为角色的扮演,按照不同的行动规则和价值,来设计和选择合适的政治行为。

无论是个体,还是群体、团体、集团、党派,都有一个成长、发展的过程,因此,政治系统所提供的各种政治传承渠道并不是同时都对处在政治社会化之中的社会行为主体发生作用的。对于个体来说,他最先遇到的、也是无法选择的、注定要长期接触的则是家庭这一政治传承渠道。接下来,个体到了要上学读书的年龄,他依赖的政治传承渠道是学校、同龄人渠道,还有大众媒体的渠道。对于这些传承渠道的利用也有时间先后的选择。比如,最先选择的可能是电视渠道,接下来到了能够阅读的年龄,报刊杂志的渠道就开始发挥作用。到了可以摆弄电脑的年岁,个体则对上网浏览新闻感兴趣。

对于群体、团体、集团和党派来说,其政治社会化过程是与群体、团体、集团和党派结构的形成和紧密化进程联系在一起的。因此,除了群体、团体、集团和党派中的个体成员可利用学校、同龄人、媒体等政治传承渠道外,作为集体性的政治传承,主要是使用政治群团和政治党派自身的组织培训的传承渠道。

有时,在政治社会化过程中,对于不同的政治议题和领域来说,选择的传承渠道不同,所产生的影响也会不同。比如依据西方学者的研究,在党派取向方面,家庭渠道在政治社会化中具有更为重要的作用。在一些地区之所以会出现有党派倾向的投票格局能够延续几十年,主要原因是在这些地区党派认同上父传子的现象很正常。儿童的政党倾向大多是从父母那里得来的。但在党派认同以外的政治问题上,父母和子女意见和行为的一致性就低得多。

在不同政治系统的政治社会化中,运用家庭传承渠道产生的党派认同也有较大差异。据统计,大约80%的英国儿童在8岁至10岁时已经有了与父母相同的党派认同。而在德国、荷兰、比利时,儿童到10岁至17岁时有和父母相同的党派认同的比率则为50%—80%。在美国,在10岁到17岁的儿童中,和父母有相同党派认同的比率只有40%—64%。在法国,儿童产生和父母相同的党派认同的年岁则要更大一点,17岁的儿童中有这种党派认同的只有20%。

在具体的政治社会化过程中,各种不同的政治传承渠道常常是并列或交互使用的。对同一个社会行为主体来说,他们在政治社会化过程中,不可能只依托于某一个政治传承渠道来获取对政治规则和政治价值的知晓、理解和认可。通常能够借助和依托的政治传承渠道可能是多种多样的,各种传承渠道会混合在一起对社会行为主体发生作用。比如,对一个读高中的少年来说,他在学校的班级中学习,起作用的是学校渠道;放学后,他会和同龄人一起交流沟通,起作用的是同龄人渠道;他还会上网冲浪,看电视,看杂志,这时起作用的则是媒体渠道。

多种传承渠道同时或交替使用,会产生两种效应。一种是互补的效应。不同的政治传承渠道具有不同的特点,几种渠道先后或同时作用,就会将多种特点发挥出来,更好地促进政治生活系统中的政治规则、政治价值向社会行为主体传递,让他们更充分地吸纳、接受。比如学校的传承渠道有其正规性、权威性,在学校教育中,行为主体以严肃和尊重的态度看待既有的政治规则和政治价值,并且努力掌握其涵义。但学校的教育大多是教师和学生之间互动的传输,缺乏学生相互间的交流。同龄人的传承渠道则因其具有平行性、交互性,从而能弥补课堂传承的不足。在课后的同龄人沟通交往中,课堂上被告之的政治原则和政治价值与同龄人的理解相结合,就能让政治社会化进程中的行为主体更好地思考和接受既有的政治规则和政治价值。

多种传承渠道同时或交替使用,还会产生另一种效应,这就是冲突效应。不同的传承渠道在传承政治规则和政治价值的过程中具有不同的特点,这些特点之间有时会产生矛盾乃至冲突。比如,学校的传承渠道在向行为主体传递政治规则和价值时,较为正规。而在学校之外的同龄人传承渠道上,行为主体间传递的政治规则和价值则是不系统、不规范的。这就会产生矛盾和冲突。

另外,不同政治传承渠道所传递的内容也不相同,由此也会使行为主体在理解政治规则和价值时产生矛盾和冲突。比如行为主体在学校获取的政治规则和政治价值方面的知识与他们课后同龄人之间所交流的有关这方面的知识之间常常存在不一致。而在媒体传承渠道上,行为主体从因特网上获取的有关政治规则和政治价值的信息则可能更为复杂多样,与行为主体从学校的传承渠道中所获取的知识必然会有明显的差异。

在政治社会化过程的管理中,对于不同政治传承渠道之间的互补效应,我们必须充分加以利用,有意识地安排具有互补性的传承渠道,让成长中的行为主体尽快地接受政治系统所认可的政治规则和政治价值。对于某些传承渠道交叉运用容易产生冲突效应的现象,要认真加以分析。要注意发挥主渠道的引领作用,要排除某些传承渠道产生的干扰和消极作用。

政治传承的方式

仅仅有政治传承渠道也不一定就能让行为主体顺利地接受政治生活系统所要求的政治规则和政治价值。政治传承的方式是政治社会化传承机制的重要构件。传承的方式所起的作用是巨大的。如果安排的渠道是好的,但是运用的传承方式是强制的,行为主体会因为厌恶这种方式而产生极大的抵触情绪,政治规则和政治价值就很难让这一行为主体接受。如果传承方式能为行为主体所喜欢,再选择适当的传承渠道,政治社会化的进程就会变得更加顺利和有效。

对于政治传承方式的类别,有多种划分方法。比如有人以是否公开地传递和明确地宣传政治规则和政治价值为标准,将政治社会化中的政治传承方式分为直接的传承方式和间接的传承方式两大类。所谓直接的政治传承方式,是指运用学校、媒体、组织培训等政治传承渠道,公开传递和明确要求继承政治生活系统所要求的政治规则和政治价值,也包括公开交流有关政治规则的信息、政治价值观或政治感受等。因为特别强调传承过程的公开和明确,有人也称这种政治传承方式是明示性的政治社会化。所谓间接的政治传承方式,是指运用家庭、同龄人、职场等政治传承渠道,通过表明对某些政治行为、行动的支持或反对来肯定政治生活系统所要求的政治规则和政治价值。因为不是直截了当的而是在暗中引导的传承某种政治规则和价值,因而也有人称这种政治传承方式是暗示性的政治社会化。

还有一种对政治传承方式分类的方法,即以传承渠道中的相关机构和人员对行为主体接受政治规则和价值的控制程度为标准,将政治社会化中的政治传承方式分为强制型、诱导型和艺术型三大类。所谓强制型传承方式,是指传承渠道中的相关机构单方向地向政治社会化中的行为主体传递政治生活系统要求的政治规则和价值,并以如果不接受则可能遭到某种惩罚作为压力,借助一定的考核来监督、检查行为主体接受的效果。强制型政治传承的特点是单向传递、施加惩罚、考核和监督。这种传承的方式通常在两种情况下使用:一种情况是当儿童在政治社会化中因缺乏选择能力和辨别能力时,强制型传承会收到较好的效果;另一种情况是当政治生活系统出现紧急变化,需要提出政治治理的特定规则和价值时,使用强制型传承也容易收到好的效果。在上述两种情况之外,随便使用强制型政治传承方式,可能难以奏效。

所谓诱导型政治传承方式,是指传承渠道中的相关机构和人员主动推崇、引介政治生活系统要求的政治规则和政治价值,并在尊重政治社会化中的行为主体自由选择的情况下,运用一定的激励措施引导他们接受。诱导型政治传承方式的特点是双向互动、尊重选择、适当激励。由于这类传承方式立足于行为主体的自由选择,因此,这种政治传承方式比较适合在深度和再度政治社会化过程中运用。

所谓艺术型政治传承方式是指传承渠道中的相关机构和人员运用丰富感人的案例,辅以生动活泼的手段,让处在政治社会进程中的行为主体在愉快和欢乐的气氛中,接受政治生活系统所要求的政治规则和政治价值。艺术型传承方式的特点是寓教于乐、注重经验、情感启发。由于这类传承方式较多地强调对政治社会化过程中的行为主体要加以经验引导和情感启发,并且在启发时手段要力求生动、活泼,因此,适合于在行为主体初步政治社会化阶段使用。

如果将直接的和间接的政治传承方式,与强制型、诱导型及艺术型的政治传承方式结合起来加以考虑,就会形成下列三类综合型的政治传承方式。一类是明示强制型传承方式。这种方式主要是借助于政治文化和政治权威,公开明确地向政治社会化过程中的行为主体传递政治系统要求的政治规则和政治价值,并运用监督、惩罚等手段,来控制和促进主体的接受。根据相关机构和人员在政治传承中所采用的不同控制措施,可以进一步将明示强制型传承方式区分为三种具体形式:舆论控制传承、法律控制传承和信仰控制传承。

另一类是明示诱导型传承方式。这种方式主要是相关机构和人员与政治社会化过程中的行为主体展开互动、合作。一方公开明确地传送政治系统要求的政治规则和政治价值,另一方在理解中自由选择;一方实行积极激励引导,另一方主动采纳吸收。依据激励和引导的不同,可以将诱导型传承方式进一步区分为案例诱导传承、激励诱导传承和参与诱导传承。

还有一类是暗示艺术型传承方式。这种传承方式不是直接、明确地向政治社会化过程中的行为主体传递政治生活系统要求的政治规则和政治价值,而是借助于象征符号、习俗礼仪、典范故事,并以画面、音乐、模拟等生动活泼的手段,启发行为主体体会、理解和自觉地接受其中所渗透、包含的政治规则和政治价值。这种综合的传承方式不是直接地灌输和明确地传递政治规则和政治价值,而是将它们包含、渗透在一些容易接受的形式中。行为主体能够在不知不觉中愉快和自愿地接受政治规则和政治价值。

三、政治主体自我

政治传承机制的最后一个环节,也是政治社会化的最后一个环节和结果,这就是政治主体自我。当社会行为主体的政治自我形成时,既表明政治传承机制产生了预期效应,也表明政治社会化的目标已经达成。具有政治自我的行为主体,不再是一个一般的社会行为主体,而是一个真正的政治行为主体。

可以从两个角度来理解和规定政治主体自我。一个角度就是哲学心理学的角度。西方哲学家、心理学家弗洛伊德曾经提出过人的心理有三个重要方面:自我、非我、本我。他认为本我是潜藏在个体心灵深处的,一般不显露。自我是个体心理中显露的部分,它作为防守者看守着本我。个体只有在梦中,由于自我不起防守作用时,本我才会显现,并将年幼时发生的心理扭曲以梦的形式再现出来。非我则是故意将本我隐藏起来的心理表现。在政治个体身上,并不存在所谓的本我,它其实和自我是同一的。因此,政治主体自我是相对于政治主体的非我而言的。作为政治主体自我对立面的是政治主体非我。它是指由于外在的压力,或害怕其他的伤害,政治个体故意违背自己平常所坚持的政治观念、立场和对政治事件的认知,讲出的相反意见,或做出的相反举动。

这种情况并不少见。在法西斯的集中营里,许多犹太人在百般的折磨中,不得不表示放弃一些政治观念、价值和规则,违心地对党卫军屈服。在中国的"文革"十年浩劫中,有不少人迫于"四人帮"的淫威,在造反派和红卫兵的严刑拷打和逼供下,违背自己的政治信仰、立场,违心地写了无端揭发别人、故意向自己脸上抹黑的悔过书。有时,也并不是因为真有实际的外力威逼,而是为了做出从众的举动,一些人也会不是出于真心,而是趋炎附势地讲一些套话和大话。这种现象在大搞政治形式主义的年代时有出现,这也是政治非我的一种典型表现。

另一个角度是自在和自为的角度。马克思在谈到工人阶级的成长发展时,曾提出过自在的阶级和自为的阶级两个重要概念。所谓自在的阶级,是指工人阶级发展中的这样一个阶段和状态:工人们还没有组织起来,处在分散的状态,他们只是意识到自己是穷苦人,并没有意识到他们是一个与资产阶级相对抗的阶级。所谓自为的阶级,是指工人阶级发展的成熟阶段和状态。这时工人不仅知道自己是穷苦人,更懂得他们属于一个强大的、作为资本主义掘墓人的阶级。工人阶级要从自在的阶级上升为自为的阶级,必须经过经济斗争、思想斗争到政治斗争的磨炼。从这一角度来思考政治主体自我,主体的政治自我就是指政治行为主体成长中的自为阶段和状态。

当政治主体具备了政治自我时,则表明政治行为主体在政治社会化进程中,经过多年的选择、思考、理解和积累,已经形成了较为稳定的并且能够得到坚持的一整套体现着一定政治规则和政治价值的政治观念、政治立场、政治信仰。政治行为主体正是凭借着这套观念、立场和信仰,能够对具体的政治形态、政治制度、政治体制、政治机制进行思考、分析并产生客观、冷静的见解,能够对当前的政治事件、公共政策、社会政治问题和重要人物进行评价、判断并产生审慎的具有一定倾向性的看法。

政治自我的建构

政治社会化是政治情境、传承机制和个体自我之间互动、互建的能动过程。

在这一过程中,个体自我中原先政治的因素或成分比较少。在政治社会化过程中,政治的要素和成分会渐渐多起来。他们在对政治情境的感受、认知和评价中,逐步获取了包含政治规则和政治价值的政治观念、政治立场和政治信仰,也对现实的政治形态、政治制度、政治体制有了认识,并学会去分析评价典型的政治事件、公共政策、政治人物。

个体在政治社会化过程中的感情倾向、认知态度和评价结构这三方面的构建与发展并不是同步的。一般地说,政治感情倾向的获取发生于人生早期,且有较大的持久力。政治认知态度的获得一般在青少年和成年阶段,需要有一定的智力结构为基础。只有在前两者具备的前提之下,个体才会形成政治价值评价结构。当这些都稳定下来,并植根于个体内心深处时,个体的政治自我就大体形成了。

作为政治社会化结果的政治自我是多样的,其特点也不相同。有相对独立的政治个体的政治自我,有政治群体的政治自我,有政治团体的政治自我,有政治集团的政治自我,也有政治党派的政治自我。相对独立的政治个体的政治自我则是其他类型的政治自我的基础。

政治群体的政治自我并不是指群体中每个成员政治自我的累加。它是指在群体中起着支配作用的某些政治感情倾向、政治认知态度和政治评价结构。有些政治群体具有较大的不稳定性,存续时间不长,其政治自我往往是由群体的领导人和其中的追随者们的政治自我决定的。这种群体的政治自我和群体中很多成员的政治自我是不一致的。这也是政治群体不稳定,容易溃散的原因。在一些稳定性较高的政治群体,如族群、阶级中,政治自我是在长时间中经过反复变动之后逐步形成的。特别是阶级的政治自我,要经过一个自发到自为的过程。在阶级走向自为自觉的过程中,阶级的先进分子组成政党,政党中产生领袖人物,他们所阐述的政治观念、价值和立场,对政治制度、政治体制的看法,对典型政治事件、公共政策和政治人物的评价,再经过政治理论家的加工,最终形成整个阶级的政治自我。这种政治自我对整个阶级成员具有主动引导和自觉仿效的作用。民族、族群的政治自我也是先由民族和族群中的骨干分子形成一定的政治感情倾向、政治认知态度和政治评价结构,然后再向民族、族群中的主要成员反复传递,并在政治社会化过程中不断完善、巩固,才最终形成并稳固下来的。

政治团体或政治集团的政治自我是和团体、集团的共同利益联系在一起的。一般地说,政治团体、政治集团的成员较为纯粹,其内部组织结构比起政治群体来要严密得多。在团体、集团形成之初,作为发起者的政治个体往往先有某些基本的政治感情倾向、政治认知态度和政治评价结构。在团体、集团发展和新陈代谢的过程中,在团体和集团中具有共识性的、主导性的政治自我则是在发起者政治自我的基础上,随着团体、集团规模的扩大,利益和任务的变化,经过一定的调整、修改,最后定型的。团体、集团的政治自我通常会以团体、集团的章程固定下来。

政治党派是纪律严格、组织结构十分稳固的政治团体。政党通常是由几个人发起、创始的。他们在建立政党时就以党章、党纲规定了政党的政治立场、价值、信仰,并对要争取和建立的政治制度、政治体制表明观点,对典型政治事件、公共政策和政治人物有明确的评判。政党组织中的其他成员通常都要经过严格的挑选和考验。在政治社会化中,个体要加入某个政党,必须以承认政党已有的纲领、承诺履行党员的义务和承担党员的责任为前提。因此,政党的政治自我和政党成员的政治自我基本上是一致的。当然,世界上现存的数百个政党的情况也是千差万别的。有些政党的党纲很简单、模糊,有些政党并不要求其成员和党的领导机构保持一致。在这些政党中,政治自我就比较含糊。

政治自我的变化

政治自我虽然是相对稳定的,但是由于政治生活是变动的,政治行为主体也是变化的,因此,政治自我在形成以后,也可能发生变动。就相对独立的政治个体来分析,如果他生活在运行相对平稳的政治生活系统中,成长中也不会碰到特殊的政治变故,到成年初期他参与政治的热情就会逐渐增加,40至50岁达到高峰,其后就逐步减退。这是一种十分理想的政治行为主体的政治自我的演变曲线。从青年时期到中年时期,他的政治自我呈现出积极向上和主动创新的态势。加入政治群体、团体、集团和党派,对政治制度、政治体制和政治事件、人物能够独立地发表自己的见解和评论。到50岁以后,他在政治生活中则表现出平静、淡出和守成的态势。如果我们分析的政治个体是一个政治精英,这条政治自我的演变曲线则会有所不同,在年轻时政治自我的形成呈现出更为迅速的上升态势,而到了50岁以后,则是他政治生涯的辉煌时期,政治自我还会有一段上升的势头,甚至到七八十岁,在政治精英那里高昂的政治自我还能保持一段时间。

相对独立的政治个体在完成初步政治社会化以后,已经具备了一定的政治感情倾向、政治认知态度和政治评价结构。这种政治自我可以称之为初步政治自我。在个体加入到某些政治群体、团体、集团和党派而发生的深度政治社会化时,会出现两种情况。一种情况是,原先在初步政治社会化中已经确立的各种基本政治观念、立场、价值和信仰,对基本政治制度、政治体制产生的见解,对典型政治事件、公共政策、社会政治问题和重要人物形成的倾向性看法等等,即初步政治自我,在深度政治社会化中可能并没有发生太多的变化,或者虽然有些新的见解和观念,只是沿着原来的方向加深了而已。在这种情况下,政治自我基本不变。

另一种情况是,政治个体在深度政治社会化中,因为接触到政治群体、政治团体、政治集团和政治党派中其他成员,对政治生活有了全新的见解,对政治行为模式也有了新的看法,逐步形成新的政治观念、立场、价值和信仰,对政治制度、政治体制也有了新的认识,对典型政治事件、公共政策、重要政治人物也有了新的评价。在这种情况下,与初步政治社会化时建立的政治感情倾向、政治认知态度和政治评价结构相比,政治个体的政治自我就发生了较大的改变,由此产生出来的政治自我可以称之为深度政治自我。

政治个体政治自我的改变,还可能发生在再度政治社会化的过程中。政治个体的一生中,会遇到重大的政治事变,比如战争、内部的浩劫、政治体制改革等等。重大的政治事变会改变人们对政治制度、政治体制的看法,会让人们对原来坚持的政治立场、价值和信仰产生怀疑,会让当事人重新思考政治人生。由于重大政治事变会给政治个体留下深刻甚至终生难忘的记忆和思考,虽然许多经过重大政治事变的人一想到要放弃多年坚持过的政治观念、立场和价值,内心很痛苦,但原先的政治感情倾向、政治认知态度和政治评价结构最终还是会改变甚至被抛弃。在这种状况下重新确立的政治自我可以称之为再度政治自我。

在社会转型时期,引发政治个体政治自我发生变化的另一个原因是生活的地理位置的改变。当一个政治生活系统出现社会转型时,由于经济发展的不平衡,常常会出现较为明显和急剧的人口特别是劳动力的空间转移。一些寻求新的发展机会的个体会从经济相对落后的地区向经济发展较快的区域迁徙。在以社会改革和开放为动力的社会转型中,先发展起来的区域,不仅经济上的市场化程度较高,而且政治上的民主化进程也相对较快。人们在经济的迅速发展和民主化水平不断提升的过程中,产生出更为新颖的政治观念、政治态度、政治价值取向和行为方式。迁徙到发展较快区域的政治个体,面对的是一个全新的政治生活世界,从而会发生再度政治社会化,并渐渐接受发展较快区域已经流行的新的政治观念,赞同新的政治价值取向,并以新政治行为方式参与那里的政治生活。在这一过程中,作为移民的政治个体的政治自我就会产生急速的改变。

相对于政治个体的政治自我的变化,政治系统中的政治群体、团体、集团和党派的政治自我的变动要小得多,而且要困难得多。虽然政治生活的变化,也会对政治群体、政治团体和集团、政治党派所持有的带有集体性色彩的政治观念、政治态度、政治价值取向和行为方式产生或大或小的影响,但是在通常情况下,即使是政治群体、团体、集团、党派中有些成员,甚至是重要的成员,要求改变作为集体政治行动依据的特殊的政治观念、政治立场、政治价值取向,但群体、团体、集团和党派中原先持有的具有稳定性的政治自我,则会呈现出较大的定势和惯性,对部分成员改变政治自我的要求产生阻截作用。只有当政治群体、团体、集团和党派原先坚持的政治自我已经在改变了的政治情境面前表现出显著的滞后性,多数成员已表示出怀疑,群体、团体、集团和党派中的中坚人物也竭力呼吁改变政治观念、政治立场和政治价值取向时,作为集体政治行动载体的群体、团体、集团和党派的政治自我才会发生变化。

第三节 政治社会化的基本类型

一、政治社会化的主体类型

关于政治社会化的类型,学术界有多种划分标准。一种是以政治行动主体为标准的划分,可以将政治社会化具体区分为:个体政治社会化,群体政治社会化,团体、集团政治社会化,党派政治社会化。为了简便起见,也可以区分为两大类别:一是个体政治社会化,二是群团政治社会化。

另一种是以政治社会化的程度为标准的划分,可以将政治社会化具体区分为:初步政治社会化,深度政治社会化,再度政治社会化。

如果将这两种划分组合起来,就会形成若干政治社会化的综合类型。比如个体的初步政治社会化,个体的深度政治社会化,个体的再度政治社会化;群团的初步政治社会化,群团的深度政治社会化,群团的再度政治社会化。

表3-1 政治社会化的类型

	初步政治社会化	深度政治社会化	再度政治社会化
个体	个体初步政治社会化	个体深度政治社会化	个体再度政治社会化
群团	群团初步政治社会化	群团深度政治社会化	群团再度政治社会化

另外,也有少数学者提出,以专业化程度的高低为标准对政治社会化进行分类。专业化程度较高的则为专业性政治社会化,比如高等学校中设立政治学专业本科、硕士、博士的教育层次,政治学专业的本科生、硕士生和博士生所经历的则是专业的政治社会化。没有经过专业教育的或不是在政治学专业中接受教育的个体所经历的政治社会化则为弥散性的政治社会化。比如一些个体并没有专门修读政治学专业,但也形成了政治主体自我,他所完成的政治社会化就是弥散性的政治社会化。作这种政治社会化类型的区分也有一定的意义,因为专业性和弥散性两类政治社会化的政治传承渠道、政治传承方式是很不一样的。一个政治生活系统必须创造条件,对大部分行为主体实施弥散性的政治社会化。政治系统也

必须设立专门的机构,提供必要的条件,保证一个合适数量的行为主体完成专业性的政治社会化。在一个政治生活系统中,具有专业性政治社会化的行为主体的数量不可过多,否则不仅浪费人力资源,而且还会人为地扩大政治生活的范围,从而侵蚀其他领域的人类生活。一个政治系统若没有一批真正完成专业性政治社会化的政治行为主体,政治学理论的研究和政治生活的实践水平都难以提升。

综合上述的看法,关于政治社会化的类型划分,至少有三个维度:一个维度是专业性、弥散性的政治社会化;一个维度是个体的、群团的政治社会化;还有一个维度是初步的、深度的、再度的政治社会化。将这三个维度结合起来,就会形成更加多样和错综复杂的政治社会化的复合类别。

个体政治社会化

在研究政治社会化的主体类型时,人们首先比较关注的是个体政治社会化。个体政治社会化,即从非政治行为主体变为政治行为主体,即政治人的过程。不同个体的政治社会化的途径不可能完全一样。

有一些学者从不同的政治制度和政治文化出发,研究了个体从儿童到成年人的政治社会化的连续谱。不同的政治社会化的研究者会强调其中某个环节。以伊斯顿为代表的一部分学者则强调儿童时期政治社会化的重要性。他们认为儿童在这一时期通过政治社会化,自身的基本的政治价值和态度已经成型,并且能保持到成年时期,以后一般不会变化。成年人的政治行为主要是童年时期所获经验的结果。

伊斯顿以形成合法性为例提出儿童政治社会化可分为四个阶段。第一阶段是"政治化"时期,儿童对政治开始感兴趣;第二阶段是"人格化"时期,儿童通过几种权力形式接触政治制度;第三阶段是"理想化"时期,儿童学会用理想眼光看待人格化权力,形成爱与憎的观念;最后阶段是"制度化"时期,儿童已不再只观察几种权力形式,而是学会思考已经形成制度的权力整体。

虽然伊斯顿的研究非常细致,但是,他只是截取了个体政治社会化完整过程中的一段,并没有展现个体政治社会化的整体过程。对此,另外一些学者指出,政治社会化是个体一生的过程,不同时期会有不同的内容和重点。在发生重大政治事件时,再度政治社会化就具有重要意义。他们对所谓政治个体社会化的"儿童-成年持续性"假设提出了批评。

美国学者里卡兹在《设计公民的培育》一书中,提出了一个包括10个阶段的个体政治社会化的全过程的分析框架。首先是个体童年时期的政治社会化(见表3-2,1—3阶段)。这一时期个体处于童年阶段,儿童主要受家庭影响,外界的政治环境多半是经过了过滤,对儿童的影响较为单纯。但在这一阶段,儿童也初步形成了对政治生活的基本态度和信念,这些都会对以后的政治观念、信仰和立场的确立产生较大的影响。

其次是个体在校时期的政治社会化(见表 3-2,4—7 阶段)。这一时期个体处于少年阶段。生活在美国中产阶级家庭中的少年,倾向于将政府看做是善良的、值得信赖的,对权威采取肯定的态度,崇拜总统和警察。他们通常能获得未加思考的与政治体制共为一体的感觉,并逐步消除政治世界的个人色彩,以抽象的方式融入国家、民族之中。但生活在美国贫困家庭的,从而对政府、学校不具善意和信任感的少年来说,他们会嘲讽权威和政府,对政治产生疏离感,甚至认为政治毫无意义。

对不同的个体来说,在少年时期的政治社会化中所形成的政治自我的差异是比较大的。这与他们对复杂政治生活的理解以及对政治关系、政治现象形成概念化的程度有关,也与学校开设的课程,以及家长、学校对学生政治社会化的要求密切相关。

第三是个体的成人时期的政治社会化(见表 3-2,8—10 阶段)。在成人初期,个体虽然已经有了参与政治的法定权利,但他们关心的是感情、婚姻与事业。在 18 至 30 岁,个体开始对少年时代接受的带有体制依附色彩的民族主义、爱国主义要重新进行思考。经过大学 4 年教育,除参与大学校园的抗议活动,成年个体一般不相信权威主义,对政治事件和公共政策、政治人物的评价不再武断,政治态度稳定,能够认同既存的政治生活形态和各种政治活动。从 30 至 60 岁,美国的中年白人中,中产阶级男性积极参与政治竞选。60 岁以后政治上则具有保守主义,老年人缅怀过去,在政治上走向孤立、超然。

与上述的不同时期和阶段相对应,里卡兹还将个体的政治社会化分为隐性政治社会化和显性政治社会化两大类型。他认为在个体政治社会化的 1 至 3 阶段主要是隐性的社会化过程。而在其余的阶段,个体进行的则是显性政治社会化过程。

国外学者对个体社会化过程的探索和分析是有价值的。但是,这种研究还有待深入和完善。首先,对于个体来说,研究其政治社会化的阶段是重要的,它会给政治系统的政治教育和培训提供科学的指导。但是个体一生中究竟需要经历多少政治社会化的细小阶段,其答案可能并不是统一的。不同的政治制度、不同的政治体制、不同的政治文化,会对个体政治社会化的阶段划分产生重要影响。同时,即使是在同一政治生活系统和相同的政治制度下,个体政治社会化的不同阶段之间的区分也不可能是十分清晰的。有时相互的重叠和交叉会模糊阶段的界限。另外,不同的个体在政治社会化经历的阶段上,差异性也会是极大的。

表 3-2　个体整体政治社会化阶段

	阶段	年龄	焦点	正面表现	负面表现
1	模仿	0—6	母亲或养育者	信任	不信任
2	支持性的道德律	6—9	理想中的长者	绝对遵守法律	未必遵守法律
3	协调性的道德律	7—9	同辈团体	共同决策	权力专断
4	社群意识	7—10	社群	公益	自我主义
5	抽象的效忠	10—12	民族　国家	民族一体化至上	冷漠
6	公民意识	12—16	政府	造福行善	愤世嫉俗
7	积极与消极的参与	16—18	政治过程	了解一般运行情况	无效能感
8	预备领导	18—30	政治问题与统治问题	爱国心	游移不定
9	代际领导	30—60	统治问题	国家民族命运	不参与
10	回顾领导	60 以后	民族　国家　历史	提升与延续	孤立沮丧

（参见 Michael P. Riccards：*The Making of the American Citizenry：An Introduction to Political Socialization*, New York and London：Chandler Publishing Company, 1973）

其次，应当正确看待儿童的政治社会化。研究儿童的政治社会化是十分必要的，因为儿童时期的政治社会化是个体政治社会化中最为重要的阶段。许多证据表明，个体成年之后的政治社会化总是受其儿童时期政治社会化的影响。但是，也不能将儿童的政治社会化完全视为个体一生政治社会化的缩影。个体成年后的政治社会化虽然和儿童时期的政治社会化有着连续性，但前者绝不是后者简单的数量增多，或观念的固化。个体成年以后的政治社会化有其特殊性。多数个体的政治观念、政治立场、政治价值取向在成年后会发生巨大而深刻的变化，儿童时期政治社会化中形成的观念、态度和价值取向，到成年时期仍然留下并发生作用的成份虽然有，但数量是极其有限的。

第三，个体政治社会化中最为重要的仍然是成年之后发生的深度政治社会化和再度政治社会化。政治生活系统运行中没有一点起伏和波折的情形是非常少见的。即使是在太平盛世，政治系统的运行也处在均衡与不均衡的交替之中。只要政治系统的运行出现波折、变革甚至跳跃，就会有更多新的政治现象、政治事件发生。个体告别儿童阶段进入成年时期后，他们就会重新思考问题，审视初步政治社会化时期的种种观念、态度和价值取向，对政治生活的认识就会更为深刻，甚至会彻底改变以往的看法，形成全新的政治立场、政治观念和政治态度。

群团政治社会化

研究个体政治社会化，特别是成年个体的政治社会化，不可能不考虑个体加入政治群体、团体、集团和党派的事实。因此,个体的政治社会化其实是和群团的政治社会化联系在一起的。这里使用的群团概念是一个合称,群团政治社会化是总括地表述群体、团体、集团和党派的政治社会化。

群团政治社会化的共性在于,它都与政治群体、政治团体、政治集团、政治党派自身成员的培育、新陈代谢、吐故纳新联系着。虽然从政治群体到政治团体、政治集团、政治党派,其内部结构越来越严密,但即使是政治群体中,为了保证其生存和运行,都必须按照一定的程序和要求吸纳和培育成员。除了童子军以外,政治群体、团体、集团和党派都是通过接纳成年政治个体来实现其政治社会化的。只是不同的政治群团,对进入其中并成为其成员的政治个体的要求是不一样的。一般地说,政治群体的结构较为松散。无论是自发产生的群众政治运动,还是被政党或政府动员起来的群众政治运动,在这两种情况下形成的政治群体,加入其中的成员并不需要特别的条件,只要赞同行动口号、随大流、跟着走就行。① 在社会转型时期的群体性事件中,无论是通过上访实现利益要求的群体,还是通过制造事端提出利益要求的群体,在接受成员时,事先都必须经过一定的核查,只有有相同利益要求的,且同意为群体性行动支付一定成本的个体,才允许加入到行动之中。

政治团体在接纳新成员并对他们进行培训时,有明确的条件和要求。工人加入工会,必须自愿而且要定期缴纳一定的会费。也不是所有的青年人都能加入共青团,能成为共青团组织成员的青年一定是要求上进的,并且也需要按时缴纳团费。社会科学工作者要加入社会科学联合会,自然科学和工程科学的工作者要加入科学协会,都要有一定的条件,并且要履行适当义务。一些专业性较强的学会,申请加入者还需要在对应的专业领域中做出成绩,否则不能被接纳。一些有特殊利益追求的政治集团,只有地位相近、利益相同者才能进入。至于政治党派,要加入其中,条件就更为严格一点。一个大学生要申请加入中国共产党组织,除了有年龄上的限制外,还要求首先经过共产主义青年学校的学习,需要是表现较好的积极分子。

所有的群团在培训成员的政治社会化过程中,都会形成一定的程序和规范。即使是组织群体性上访,为了保证上访有秩序并达到预期目的,组织者对其成员也需要培训,规定纪律。不同的群团在培训教育成员时,所形成的程序和规范是不一样的。政治群体政治社会化的程序和规范可以从两个角度来研究。一个角

---

① 但也有例外的情况。在中国改革、开放前实行阶级斗争为纲的年代,一些被戴上地主、富农、反革命分子、坏分子、右派分子帽子的人和他们的子女,通常是不允许参加动员式的群众运动的。如果他们要求参加,也需要严加看管,以防止他们破坏群众运动。

度是团体、集团中的群体的政治社会化的程序和规范;另一个角度是非团体的群体的政治社会化的程序和规范。政治团体、集团中的群体的政治社会化主要表现为群体与整个团体、集团整合过程中的程序和规范,程序严格,行为规范,则能保证群体和整个团体、集团有较高的整合程度,否则团体和集团中就会出现具有分离甚至分裂倾向的群体。

非团体的群体的政治社会化可以分为两大类。一类是非政治群体的政治社会化;另一类是政治群体的政治社会化。前者是通过政治培训和教育,其中部分成员甚至全部成员都成为政治群体的成员。后者则是在内部对自身成员的政治培训和政治教育。自发式群众运动和动员式群众运动中的政治群体,既容易组成,也会随时解散,因此,在培训成员时,只有口头的动员和随时的行动鼓励,程序和规范都显得粗放、简单。

政治团体内部,成员的培训、教育,都遵循一整套程序和规范。工会有专门的管理机构,既维护工会会员的基本权利,同时又加强对会员的政治培训和教育,除了组织日常的学习外,还通过定期召开工会代表大会,强调工会组织的宗旨和使命,并要求工会成员履行一定的义务。共青团是具有严格组织性的政治团体,每一个共青团员都要遵守团章的要求,履行自己的义务。各级共青团还有专门的团校,保证了政治社会化的规范化。

政治集团内部的以政治培训和教育为内容的政治社会化有其特殊性。在国外,在一些利益集团政治发达的政治生活系统中,政治利益集团的结构和功能仅次于政党组织。集团内部有严密的组织分工,设立专门的部门来教育、培训自身的成员。在一些利益集团正在发展的政治生活系统中,集团内部的政治教育和培训还显得十分薄弱。这也是导致集团组织缺乏严密性的原因。

政治党派内部的政治社会化可以从两个角度来审视。一个角度是党外的政治个体加入政党组织,政党通过一定的途径对其加以教育培训;另一个角度是政党从自身的整合性出发,强化内部派别对政党整体的认同。政党组织的前一种政治社会化具有规范性和严密性。政党通常都有正式的党纲和党章。政党对成员的培训和教育,就是依据党纲和党章,使其成员牢记政党的宗旨和纲领,适应时代变化,在政治观念、政治立场上,继承和创新,与时俱进。政党内部的政治教育和政治培训都是依据党章的要求,并由专门的党内机构来组织展开的,目的是要求每个党员切实履行党章规定的党员的义务。

对于政党内部的派别,一些政党组织是严格禁止的。政党内部政治社会化的一个作用就是确保政党的统一性。党员个体服从组织,全党服从中央。但有些政党允许内部有不同派系存在。这类政党内部政治社会化的一个重要任务就是协调各个派系的利益和政治要求,防止政党的分裂。

二、政治社会化的程度类型

在研究政治社会化程度类型时,人们普遍重视对个体不同程度的政治社会化过程进行分析。虽然前面已经引述过美国政治学者对个体一生政治社会化的划阶段和分时期的论述,但是,这些研究并没有从程度类型上对政治社会化做出说明。我们可以根据个体政治社会化中不同年龄段所依靠的机构、所借助的渠道、所采用的方式及政治自我形成等等方面,将个体的政治社会化区分为初步的、深度的和再度的政治社会化等不同程度类型。

初步政治社会化

个体的初步政治社会化是程度最低的政治社会化类型。这一类型的政治社会化主要发生在儿童、少年到青年时期。多数个体的初步政治社会化是在家庭和学校、同龄人群体中实现的。由于学校教育的程序和内容相差不大,而且要通过统一的考试,因此,通过学校完成初步政治社会化的个体的政治自我相差不大。但也有一些少年,他们由于种种原因,并没有读完初中、高中,甚至没有完成小学教育。这些行为主体完成初步政治社会化的时间参差不齐,其政治自我的差别也较大。

在从儿童到少年、青年的成长阶段,家庭和学校是主要的政治社会化机构,另外还需要考虑两个非常重要的中介场所,即同年龄群体和电视节目。家庭是由父母和其他亲属组成的社会细胞单元。通常家庭结构是稳定的,它是温暖的港湾,将陪伴一个人的童年、少年乃至青年时期,直到因工作、婚姻离开家为止。一个稳定的家庭对个体政治社会化有积极的影响。但是在社会变迁中,家庭结构也在变迁,一个破损的家庭会或多或少地对个体的政治观念、政治态度和政治价值取向带来消极的影响。

个体的初步政治社会化的渠道主要是家庭熏陶、教师教导、同龄人交流、媒介传播。家庭熏陶是非常重要的渠道。父母对儿童、青少年的教育是潜移默化的。父母是儿童眼中最具权威的人物,小孩子会毫无批判地接受和模仿父母的行为规范、价值取向和态度倾向。父母也会随时随地地向子女灌输成套的政治规范、价值取向,包括对政治制度、政治体制的看法,对公共政策的赞同或抱怨,对政治事件和政治领袖的评价。因此家庭会塑造个体的心理特质,进而决定其政治态度和立场。即使是个体长大后背井离乡,父母仍会对他们在政治生活中的态度、行为,继续产生深远的影响,许多人成年后会选择加入父母曾经加入过的政治团体或政治党派。

家庭的民主和批判氛围,会为个体良好的政治心理结构的养成提供条件。凡是从父母讲究民主的家庭中成长的个体,成年后不仅追求政治民主,而且在管理工作中也能采取民主作风。一个在家庭讨论中能够经常发言,并且许多设想能为父母所采纳的个体,在日后的政治参与中,大多会具有自信心和效能感。

家庭的不良结构,父母的不负责的言论、行为,会对儿童的初步政治社会化产生消极的影响。学校中教师对某些政治观念的多次强行灌输产生的效果,有时可能被父母的一句相反的话全部冲销。家庭对子女的过分溺爱,对他们接触政治的过度提防,会导致这些个体惧怕失去家庭的保护,他们长大后,可能会成为政治上唯唯诺诺,毫无主见,没有创新,只能顺从上级领导,不受公众信任的公职人员。

学校则是政治生活系统刻意建立起来的政治社会化的机构。国家和政府利用开办学校的途径,来教育和培养出未来的公民,让他们遵循政治生活系统所推行的政治文化、政治意识形态,建立起对国家、政府的信任感和服从意识。学校有严密的课程体系和教学规范,其中多数是由政府有关部门统一制定,并通过统一的考试来加以贯彻、落实的。学校也有一整套学生管理的系统,负责对学生的政治思想品德加以规范和引导。在推行国民义务制教育体系的政治生活系统中,政府会逐步创造条件,要求每一个儿童和青少年都必须接受国家规定的教育。因此,通过学校机构,个体完成的初步政治社会化是较具规范性的。

教师教导是个体初步政治社会化的重要渠道。在许多政治生活系统中,国家和政府在初等和中等教育中,甚至在高等教育的某些课程中,要求教师使用由政府所认可的统编教材,因此,许多与政治观念、价值、规范有关的教学内容基本上是一致的。大量的调查表明,受过多年学校教育的个体,与读书很少的个体相比,他们大多对政治生活有较好的理解,对现存政治制度和体制有较为准确的评价,能积极参与政治讨论和公共政策研究。

但是,学校教育也会产生不同的结果。这与教师的言传身教有关。不同的教师在讲授规定的课程内容时,在与学生课后接触时,特别是在指导学生作一些政治学研究时,也会将自己的政治观念、价值、信念,对政治制度、政治体制的看法,对重大政治事件、重要的公共政策、重要政治人物的评价告诉受教育者,从而影响个体的政治感情倾向、政治认知态度和政治评价结构的构建。

同龄人群体是个体实现初步政治社会化的重要场所。在家庭之外和学校学习之余,儿童和青少年们总愿意找同龄人玩耍,他们常常找一些网吧、茶社、体育场馆或其他偏僻的地方作为聚会的场所。对于一些气氛比较压抑、结构不健全的,或者父母都是双职工的家庭中的儿童、青少年来说,他们一放学或在假期中,都会长时间待在同龄人群体中,交流对政治生活的感受。个体虽然感到在同龄人群体中进行政治感受、政治认知的交流比较容易,但是,由于在这种同龄人群体活动的场所中,交流者们都是一些缺乏坚定和稳固的政治感情倾向、政治认知态度和政治评价结构的个体,他们极容易被某种幼稚的、不负责任的政治冲动所感染,从而常常出现暴力和犯罪行为。许多经验资料说明,一些放学以后不回家而在同龄人群体中玩耍、交流的青少年,更具有暴力和犯罪的倾向,而且这些个体在家庭和学校中一般都表现出强烈的逆反心理。

电视节目也是一个在个体初步政治社会化中发挥作用的重要场所。现代政治生活系统都发展了数字化电视,电视节目不仅频道多,而且几乎24小时都能有节目收看。许多电视台还专门为儿童、青少年准备了大量的节目。电视节目的丰富性和收看的便捷性,使电视成为个体和政治生活接触的重要渠道。电视节目的可观赏性、多样性,新闻的即时性、逼真性,使它比其他场所和渠道更能吸引儿童和青少年。此外,随着网络的发展,上网浏览也成为个体初步政治社会化中的重要途径。

长久沉溺于电视节目,特别是喜欢暴力影视节目的个体,在初步政治社会化中构建的政治心理结构常常是扭曲的。美国哈佛大学政治学教授罗伯特·帕特南(Robert Putnam)认为,大量地看电视会让人对社群或团体活动感到消极而没有兴趣。一些美国政治学家甚至认为,美国小孩每年要有数千个小时盯住电视不放,电视已经成为他们的"插电保姆"(plug-in babysitter)。他们成天看着无数的暴力和谋杀画面,会变得冷酷而残暴。

当然,有些政治生活系统也会充分利用电视和网络,精心制作出大量的反映主流政治文化和意识形态的节目和网页,甚至让家庭和学校组织青少年观看一些指定的节目,以便让每一个个体从小就接受强大而统一的政治观念、信仰、价值,形成国家和政府所需要的政治感情倾向、政治认知态度和政治评价结构。但是,许多研究也发现,一些政治生活系统在这方面虽然花费了极大的精力,但是收效并不大,有时反而会引起人们普遍的反感。

在个体的初步政治社会化过程中,推动个体接受初步政治观念、信仰、价值的方式是个体外部的带有某种程度的强制性灌输。个体在完成初步政治社会化以后,其他的政治社会化历程和类型则呈现出多样性。其中有一部分政治个体进入大学的政治学专业深造,并加入某些政治群体、团体或政治党派,他们通过专业性政治社会化过程,不断加深政治社会化的程度,并改变着个体的政治自我。但绝大多数政治个体是通过加入政治群体、政治团体、政治集团和政治党派,来经历深度的、再度的政治社会化过程的。

深度政治社会化

经过初步政治社会化,社会个体已经成为政治个体,这时他们已经有了政治自我，但还只是最初的政治自我。这种政治自我虽然能够引导政治个体对某些政治现象、政治事件、政治人物做出初步的判断和评价，但仍停留在知其然而不知其所以然的状态。政治个体要能在政治生活中真切地理解政治、参与政治，还必须经历更高程度的政治社会化，即进入深度政治社会化过程。

深度政治社会化和初步政治社会化这两个过程之间并没有非常明确的界限。一般地说，当个体进入青年时期，从父母、学校老师的关爱下走出来，步入有了自己独立性的社会生活时，他就踏入了深度政治社会化的层次。个体挣脱家庭的束缚，离开似乎狭小的校园，他们首先得完成社会生活上的社会化训练，要寻找工作，要开始真正的婚恋，要组成自己的家庭，要围绕自己的工作和生活建立种种社会关系。也许一个政治个体在步入成年后的最初阶段，能迅速成为婚恋、建立家庭、进入专业、建立社会关系网络等方面出色的实践者，但在政治生活方面，他们大多数仍然是稚嫩的。他们常常发现自己的上级、资深的同事、社会关系网络中的长者，对政治生活的看法，对重要政治现象、事件人物的评价都要胜过自己。

为了能够适应这种新的政治生活情境，刚刚进入职业场所的成年人都会产生继续加强政治训练的冲动和愿望。虽然这时政治个体仍然割不断和相亲相爱的父母、兄弟姐妹，小学、中学和大学中的同窗好友，自己喜欢和熟悉的电视节目的联系，而且一旦在工作中、生活上稍不如意，就会更加留恋那段天真烂漫的时光，但是尽力适应新的生活环境，努力赶上年长的同事的愿望，又会让已经完成初步政治社会化的个体，将更多的精力和时间投向职业场所，加入政治群体、团体、集团和党派，这时国家、政府和政党则成为他们获取政治知识，树立政治价值、信仰的主要场所和机构。

职业场所或简称职场是政治个体深度政治社会化的重要场所。完成学业后的青年人，都要找到一份职业，以便能够将其所学报效国家和社会，同时也能获得一定的经济条件来成家、发展个人的事业。虽然初入职场的个体会经常更换行业和工作岗位，以便找到更加适合自己的、相对稳定的职业，但一般地说，职业确定下来以后，个体就会在同一个职场工作一段时间，职业场所就成为他们较为稳定的工作、学习和生活空间。在职业场所中，有同事、领导。个体在与职业场所的其他个体、群体、团体、集团和党派组织的交往、竞争、协作中，会获得新的政治观念、政治知识、政治信仰、政治价值，他会把这些与在初步政治社会化阶段所形成的政治自我进行对照、比较。

在政治个体的深度政治社会化过程中，个体会经常展开自主的社会性学习。这种学习常常带有试错性的特征。政治个体凭借自己在初步政治社会化时期建立起来的包含政治观念、政治立场、政治价值取向的政治认知框架，去尝试对职业场所内外发生的政治现象、政治事件进行评价,并有选择地参与到某些政治活动之中。他们会发现自己的许多政治评价和政治行动选择常常与周围年长的政治个体不一样,也与实际的政治生活不一致。在经历反复的试错后,最初显得有些稚嫩的政治个体开始逐渐成熟起来。他们注意寻找政治行为、行动中的因果联系,认识政治现象、事件之中的带有因果性、必然性的关系;注意寻找已经确立的政治观念、政治立场和政治价值取向后面的、处于更深层面的政治理论、政治原则和政治行动逻辑。当政治个体再从这些深层的政治理论、政治原则和政治行动逻辑出发去思考已经建立的政治观念、政治立场和政治价值取向时,就会产生一些恍然大悟、感觉尤其深刻的政治感受。这时的政治观念、政治立场和政治价值取向不再仅仅是抽象的、贫乏的概念和原则,而成为包含着丰富体验和深刻理解的意义体系。

仅仅凭借个体的社会性学习,并不能让成年人的继续政治社会化达到更高的程度。在深度政治社会化阶段,个体最为重要的政治训练就是谋求加入到某些政治群体、团体、集团甚至政治党派之中。这是一种组织性学习。任何一个成熟的、坚定不移地走向政治民主化的政治生活系统,都是高度组织起来的。对于一个正处于深度政治社会化历程中的政治个体来说,政治生活系统已经为他准备好了许多政治群体、政治团体、政治集团和政治党派。正是这些政治群体、团体、集团和党派成为政治个体完成深度政治社会化的更为重要的场所。

政治个体在个别地、自发地参与政治生活的过程中,逐渐体会到需要有别人的帮助,需要有预先的沟通和协商,需要有集体的力量。要满足这些需要,就必须选择加入一个群体、团体、集团、或党派,必须接受集体政治行动的规范教育。政治个体在尝试成为政治群团和政党成员的过程中,必须经过一定的程序,接受一定的考验。政治群体、团体、集团和党派中的老成员和领导者则是考验者、培训者。他们会运用诸如欢迎会、座谈会、报告会、个别交谈、集体学习等多种形式,将群体、团体、集团和党派所要求的宗旨、纲领、规范、权利和义务传承给新来的政治个体。在深度政治社会化层次上,政治个体开始学会透过表面的符号、象征和标志,进入到政治群团所规定的政治纲领、政治规范、政治权利、政治责任的领域,并以此为中介,进入到整个政治生活系统的政治形态、政治制度、政治体制、政治意识形态的层面。

在深度政治社会化中,政治个体往往进行"单反馈"的或"单循环"的学习。政治个体从原初的政治自我出发,设计自己的行动方案和预期目标。当实施的政治行为、行动未能达到预期的结果时,个体就会将行动方案与政治群团的政治行动模式或行动逻辑相对照,从中发现存在的矛盾和冲突。为了适应政治群团的政治观念、政治立场和政治价值取向,政治个体就会修正自己的行动方案和预期目标,使个体的政治观念与行动能和所加入的政治群团的观念、行动一致起来。

再度政治社会化

许多学者从大量的经验研究中,勾划出政治个体一生政治社会化的演变曲线。一个具体的、现实的政治个体在 22 岁至 25 岁会从学校毕业进入工作岗位。到 55 岁或 60 岁退休。在进入工作岗位之前差不多完成初步政治社会化,在工作岗位上完成深度政治社会化。退休之后,除政治精英,一般的政治个体的政治热情都会减退。如果一个政治个体一生都生活在运行稳定的政治系统中,而个人的政治生活也非常平稳,有可能他这一生直到老死都不会经历再度政治社会化。但是,多数政治生活系统和多数政治个体并不是都能碰上这两种平稳的政治生活的。当整体社会发生大的动乱,或发生深刻的社会转型和政治体制转轨时,政治生活系统的运行就不会平稳,在这种态势下,政治个体的政治生活也不会平稳不变。即使政治生活系统运行非常平稳,具体的、现实的政治个体的政治生活也可能发生变动。在上述两种情势下,政治个体都会经历再度政治社会化。

在政治个体身上发生的再度政治社会化通常和政治生活的巨大变动有关。当整个政治生活系统的运行超出常规,或者是出现严重的偏差,或者是出现超常的变革时,平稳状态的政治生活就会中断,政治生活系统就会出现重大的政治事变,它通常是由一连串的奇异的政治现象、政治事件和政治人物的活动构成的。当政治个体思考和应对这种重大政治事变时,他们头脑中已经定格的包含政治观念、政治立场、政治价值取向的政治意义图景或政治认知框架,就会松动、断裂、解体。经历这种变异的政治个体不得不重建自己头脑中的政治意义图景或政治认知框架。这时,再度政治社会化就会发生。

再度政治社会化的直接推动力来自政治生活系统中重大的政治事件。这类重大政治事件并不是一两起偶然事故或事变,而是由一系列相互关联的,对政治生活系统的结构、制度、体制造成冲击的,让绝大多数政治个体卷入其中的,持续好多年的政治变异。这类重大政治事件大体上可以分成两大类:一类是使政治生活系统遭受破坏的、与历史潮流背道而驰的反动的政治事件;一类是推动政治生活系统变革,使之具有更大活力和形成新的机体、体制的积极的政治事件。许多生活在 20 世纪下半叶到 21 世纪初的中国人,都先后经历过这两类重大政治事件。前者是对中国政治制度造成破坏的历时 10 年之久的"文革浩劫";后者则是已经经历 30 多年,现在仍在持续进行着的中国社会的改革、开放。

重大政治事件促使政治个体再度政治社会化的机理是,它所反映和传达的政治观念、政治立场和政治价值取向与政治个体已经构建的政治意义图景或政治认知框架发生冲突,政治个体不得不对原有的政治意义图景或政治认知框架做出重大修正。这实际上是政治个体重构政治自我的过程。政治个体会从不同方向对既有的政治意义图景或政治认知框架做出修正。一种是迎合重大政治事件,抛弃原先所坚持的政治观念、政治立场和政治价值取向;一种是认真思考重大政治事件,从中汲取有益的经验和教训,使原先建构的政治意义图景或政治认知框架更加科学、合理,更具有适应性。

有一些政治个体会在重大政治事件面前,或采取动摇悲观的立场,或采取闭门拒绝的立场,他们都有可能在再度政治社会中遇到障碍。不少人在"文革"浩劫中,既害怕"四人帮"的淫威,不敢坚持真理,又不满少数坏人的倒行逆施,悲观失望,成为政治冷漠者。在改革、开放中,一些政治个体死死抱住往日的政治教条不放,对政治体制改革不理解,成为政治改革的对抗者。这些政治个体都没有能顺利地实现再度政治社会化。

在社会政治生活发生重大变动或变革时,不仅政治个体要进入再度政治社会化的过程,就是一些政治团体、政治集团和政治党派也会重新思考自身的政治立场、政治态度和政治价值取向。这种群团和党派的再度政治社会化首先通过政治团体、政治集团和政治党派内部的领导人和骨干成员的再度政治社会化来实现的。面对政治生活系统的巨大变动和变革,政治团体、政治集团和政治党派中一些政治敏感性较强,能够识别已经发生的政治事变性质、意义和趋势的骨干成员、领导人物,会改变自己的政治立场、政治观念和政治价值,并将这些改变通过一定的程序在团体、集团和党派内部传播。当这些重要成员的再度政治社会化被认可时,他们就会借助修改团体、集团、党派的行动规范、规则、程序,来促使整个政治团体、政治集团和政治党派完成再度政治社会化。而政治团体、政治集团和政治党派的再度政治社会化又反过来强化政治团体、集团和党派内部成员的再度政治社会化。

第四节 政治行为主体的结构类型

一、影响政治行为主体结构的因素

不同的政治行为主体结构类型

政治行为主体结构类型是指在现实政治生活中有能力进行政治权益诉求并且能够展开具体政治行为、行动和活动的主体类别及其相互关系的总和。政治行为主体结构类型概念涉及两个方面的问题:一个方面的问题是实际上从事政治行为、行动、活动的政治主体有哪些类别;另一个方面的问题是能够从事政治活动的政治主体相互间存在何种关系。

政治行为主体结构类型中所讲的政治行为主体指的是在政治生活系统中活

动的现实的政治行为主体,而不是泛指所有可能的政治行为主体。现实的政治行为主体必须具备两个条件:一是他们有能力进行政治权益的诉求。在有些政治生活系统中,虽然形式上存在不少政治行为主体,但是他们并没有能力提出并表达自身的政治权益。二是他们必须能够展开为维护和争取自身政治权益的行为、行动和活动。不少政治行为主体虽然有能力表达符合自身政治权益的诉求,但是,他们却不能展开维护和争取自身政治权益的行为和行动。依据这两个条件,现实的政治行为主体的类别可以简单地概括为两大类别:一元的与多元的。

政治行为主体结构类型中所讲的政治行为主体相互间的关系,是指在一定的政治制度、政治体制机制下,一个政治生活系统中同时存在并且活动着多个政治行为主体,他们在开展政治行动、活动时相互发生着关联。虽然政治行为主体之间的关系是复杂的,但在总体上仍然可以划分为两大类。一类是各个政治行为主体之间是相对独立的,因而各自的政治行为、行动和活动是自治的;另一类是在多个政治行为主体中有一些主体总是处于绝对的控制地位,其行为和行动是绝对自主的,其余的行为主体则也可能因为被控制而失去了行为和行动的自主性。

政治行为主体结构类型的两个方面也是相互关联的。大凡是一元的政治行为主体类别,政治行为主体间的关系多半是控制性的。如果政治行为主体的类别是多元的,政治行为主体间的关系在多数情况下则是自治的。将这两方面结合起来,可以将政治生活系统中的政治行为主体结构类型归并为两种:一种是一元、控制型的政治行为主体结构;一种是多元、自治型的政治行为主体结构。

从世界近现代政治生活的演进过程来分析,总体趋势是,政治民主较少的地方,政治行动主体的结构偏向于一元、控制型。而民主政治较多的地方,政治行动主体的结构表现为多元、自治型。而且伴随人类政治生活的发展,政治生活系统中的行为主体结构呈现出从一元、控制型向多元、自治型过渡的趋势。

影响政治行为主体结构类型的因素

影响微观政治生活中政治行为主体结构类型的因素是多种多样的,既有社会阶层的分化程度、文化教育普及状况与发展水平,也有政治生活系统权力下移的幅度、民间社会组织的成长状况,等等。但从现实政治生活的现状和发展的要求来分析,下列几大因素是最为重要的。一是政治生活系统对其成员的基本政治权利的普遍保护程度。一个政治生活系统如果对政治个体的基本政治权利没有承诺并且也没有从根本上实施普遍的保护,即政治个体的政治参与权、政治知情权、政治监督权事实上得不到保证,那么实际上有能力并且能够从事政治活动的政治行为主体就不可能是多元的和自治的。

二是政治生活系统中利益的分化和综合的程度。在政治生活系统中实际存在并活动着的政治行为主体都具有各自的权益,他们之所以展开政治行动和活动,就是为了维护和争取属于自身的政治权益。如果一个政治生活系统中的利益是被高度垄断的或是强求平均化的,就不可能形成多种多样的政治行为主体。如果一个政治生活系统中的利益虽然是分化的,但是不同的利益得不到充分的表达和综合,也不可能形成不同的政治行为主体。在这两种情况下,政治行为主体只能够是一元的和控制的。

三是政治生活系统为不同政治行为主体的活动设立规则的状况。政治行为主体的行为、行动、活动都是为维护和力争自身的政治权益,要使得政治生活系统中的价值能得到有效的、权威性的分配,就需要设置具体的政治行动规则。如果一个政治生活系统事实上存在多种政治行为主体,但是,并不存在既约束又保护政治行为主体行为、行动和活动的规则体系,政治行为主体事实上是无法展开政治行为和行动的。在这种状况下,政治行为主体的结构就不可能走向多元和自治。

二、政治行为主体的一元控制结构

一元控制主体结构类型存在的条件

政治行为主体一元控制结构类型是指在一个政治生活系统中,虽然存在多个政治行为主体,但是,其中有某些政治行为主体,因其地位、力量上的特殊性,其他行为主体或者隶属于它,或者受制于它。在这种情况下,政治生活系统内微观生活层面的政治行为、行动基本上就是由占据主导地位的、强势的政治行为主体所发动和组织的。

这种政治行为主体的结构类型只有在一定的条件下才能存在并持续下去。首先,政治生活系统中必须存在某些少量的,在其地位、力量方面都超越于其他政治行为主体的特殊主体。这种特殊的政治行为主体可以是少数政治精英,也可以是某个利益集团,还可以是某个政治党派。有时这几者是相互结合的。某些精英组成的集团,控制着某个政治党派,制约着其他的政治行为主体。导致这种占据主导地位、保持强势的政治行为主体出现和持续存在的原因是多方面的,既有社会、经济、文化、政治方面的原因,也有历史方面的原因。比如在二战中,东亚一大批受西方列强统治的殖民地国家,就出现了一些民族政治精英,他们以反抗殖民统治、争取民族独立为宗旨,建立政党,组织武装斗争。在驱赶掉外国殖民统治势力,建立新的国家后,这批民族精英组成政治集团,将革命政党转变为执政党,领导和控制其他的政治行为主体。

形成一元控制的政治行为主体结构类型的另一个因素是政治生活系统还没有出现较高程度的利益分化。政治主体行为、行动的价值指向是维护和争取自身的政治权益。当政治生活系统内部的利益分化程度还较低时,只要占据主导地位、保持强势力量的政治行为主体能够限制人们争取自身利益的愿望,并以某种全局的、长远的利益的前景来消解人们对现实利益追求的努力,一些处于受控制地位的政治行为主体就不会提出独立、自治的政治要求。但当政治生活系统内部出现较高程度的利益分化时,占据主导地位、保持强势力量的政治行为主体就不可能再阻挡其他行为主体为保护和实现自身合法权益去展开独立、自主的政治行为、行动和活动。

要维持一元控制型的政治行为主体结构类型的存在,还需要一个重要条件,这就是政治生活系统必须设计某些限制甚至禁止其他政治行为主体形成和展开行动的规则。主要包括两部分:一部分是限制甚至禁止普通政治个体的某些政治行为、行动的规则,比如将某些争取正当权益的结社、集会活动规定为"非法的"而加以禁止和取缔;另一部分则是限制甚至禁止形成政治群体、政治团体、政治集团、政治党派的规则。虽然政治生活系统内的利益分化并没有达到较高的程度,但是,并不能因此就排除人们组织政治群体、政治团体、政治集团、政治党派的努力。因此,政治生活系统中占据主导地位的强势政治行为主体,一方面会采取各种措施,将政治个体吸纳到它所认可的政治群体、团体、集团、党派之中;另一方面则会层层加以设防,不允许在它所认可的政治群团之外,再出现将政治个体组织起来的群团政治主体类型。

一元控制主体结构类型的特点

政治行为主体一元控制结构具有某些特点。首先,在一些保持着政治行为主体一元控制结构的政治生活系统中,总是存在着某些占据着主导地位的一直保持强势的政治行为主体。这种强势的行为主体,在现代政党政治的时代,往往是某些政治精英形成团体,控制强势政党,再通过政党去支配控制其他的政治行为主体。

其次,在一些保持着政治行为主体一元控制结构的政治生活系统中,占据主导地位的强势主体会组织起一个受其控制的行为主体体系。虽然某个政治行为主体在政治生活系统中占据着主导地位,一直保持强势,但它如果仅凭自身的力量,必然难以控制和驾驭全部微观政治生活,因此,它必须设置既能够加以控制又能够在一定程度上消解其他政治行为主体参与政治生活愿望的政治行为主体体系。比如,在东南亚的国家中,政治精英们会组织政治个体参加一些有约束性的选举,组织政府中的制度性团体,组织隶属于政府的群众性社团,在压制反对政党的行为、行动的同时,让一些能体现部分群体、利益团体政治权益要求的,但又是驯服的政治党派参与到政治生活中来。

第三,在一些保持着政治行为主体一元控制结构的政治生活系统中,占据主导地位的强势主体在利用政党这一形式时,往往是通过控制政府,甚至以党代政,来强化对微观政治生活的控制和规范。在有些政治生活系统中,某些强势政党甚至会在不同程度上凌驾于宪法和法律之上,以人治来取代法治。在东南亚和拉美的一些采取威权体制的国家中,这种现象并不少见。

政治行为主体一元控制结构具有明显的局限性。首先,这种政治行为主体一元控制结构必然导致没有掌控最高政治权力的某些政治精英采取包括军事政变、在政党内部建立反对派别、利用经济衰退和自然灾害造成的危机煽动混乱等手段,来取代旧的占据权力高位的政治精英。虽然新的政治精英会编造出一套更为吸引人的、对旧的精英加以批判的政治语言,但一旦他们掌握了政权,仍然会搬用和沿袭老精英的旧办法。在泰国、巴基斯坦、军政权时代的韩国和非洲一些国家都上演过通过政变、政党分裂来实现政治精英更替独裁的闹剧。

其次,这种政治行为主体一元控制结构必然会导致作为治理工具的政党滋生日益严重的腐败。处在行为主体一元控制结构主导地位上的政治精英们在利用政党这一政治主体类别,控制政府中的制度性政治团体、属于准政府机构的政治团体和普通的政治个体时,处于执政地位的政党本身也就变成为特殊的政治利益集团。处在这一政治利益集团中上层的成员,不可避免地会凭借政党在微观政治生活中的地位,轻而易举地攫取甚至掠夺社会价值。而当这类腐败没有外部的竞争压力而只靠内部的纪律约束时,它必然会愈演愈烈。

第三,这种政治行为主体一元控制结构必然会导致政治生活系统内部出现与执政党和政府相对抗的处于隐秘状态的政治团体、政治集团、政治党派。由于政治生活系统内事实上存在利益分化,但是公开、合法的规则却不允许建立独立、自治的政治团体、政治集团、政治党派,一些有着特殊权益要求的政治个体就会利用某些社会矛盾、事变,组织松散性的政治群体抗争活动;某些个体甚至会组织具有黑社会背景的社会团体;一些准政党形态的政治组织也会不时地产生出来。其结果必然导致微观政治生活更大的混乱和不稳定。

三、政治行为主体的多元自治结构

多元自治主体结构类型存在的条件

显然,政治行为主体一元控制结构类型并不是政治生活系统中微观政治生活层面上唯一有效的政治行为主体结构类型。在政治生活系统发展到一定阶段,就会出现政治行为主体的多元自治结构类型。这一行为主体结构类型的出现,需要有相应的条件。首先,政治生活系统内普通政治个体的政治权益受到法律的保护。微观政治生活中最大量的行为主体是非精英的政治个体。政治行为主体要实现多元化、自治化,最为重要的就是普通政治个体必须获得事实上的政治参与权、政治知情权、政治监督权。政治个体获得受法律保护的政治权利后,就可以参加维护权益的政治群体行动,也可以组织和加入政治团体、政治集团。

其次,政治生活系统中政党的活动与政府的活动要适当分开。现代政党政治的重要内容是政党通过包括竞选、制定公共政策等在内的手段,取得组织、管理政府的权利。但是,要使得政府中的制度性政治团体成为相对独立、自治的政治行为主体,政党就不应当取代政府,必须实行党政分开。

第三,政治生活系统中出现明显的利益分化。只有当政治生活系统内部出现日益明显的利益分化,不同政治行为主体才能围绕特殊的政治权益组织起来,从而形成在政府之外,也在政党之外的政治群体、政治团体、政治集团,甚至形成众多政党党派。这些政治群体、政治团体、政治集团是基于特殊政治权益而形成的,它们具有相对的独立性,能够自主地展开政治行为、行动和活动,只有这样多元政治主体才可能真正出现。

第四,政治生活系统创设规范和促进各类政治行为主体行动和活动的规则体系。不同的政治行为主体如果不是仅仅满足于抽象的规定和徒有虚表的形式,而是要获得真正的合法地位并展开维护自身权益的政治行为、行动和活动,就需要政治生活系统为不同的政治行为主体的存在与运行做出制度安排。只有在合法的、明确的规则约束和保护下,政治行为主体才能存活下来,并在微观政治生活层面开展自主性的政治行为、行动和活动。

多元自治主体结构类型的特点

政治行为主体多元自治结构类型具有一些基本特点。首先,在政治生活系统的微观层面上活动着众多具有自主性的政治行为主体。在微观政治生活层面上,不仅增加了更多的行为主体类别,而且原先只具有形式而没有实际行动的政治行为主体,现在也能够自主选择自身的行为、行动。虽然政党、政府中的制度性团体、掌握政权的政治精英在微观政治生活中依然是处于主导地位的强势主体,但是,其他的政治行为主体也不完全受制于这些强势力量,它们有自己的政治权益,自主选择的行为、行动受到法律和制度规则的保护。

其次,在政治生活系统的微观层面上,不同的政治行为主体的行为、行动界限能够得到较为严格的规定。众多政治行为主体的并存与自主性行动,并不一定就会导致无政府主义局面。只要政治生活系统本身的制度安排明确了不同的政治行为主体的行为、行动的界限,各种详细的规则不仅保护着,更是约束着不同行为主体的政治行为、行动,多元政治行为主体的行为、行动和活动就会是和谐有序的。

第三,在政治生活系统的微观层面上,重大的政治决策成为众多政治行为主体合作协商的产物。政治行为主体的多元化和自治化,并不能确保政治生活不再出现矛盾、冲突,只要政治生活系统在运行着,作为这种运行的动力和表现方式,微观政治层面就会存在许多矛盾和冲突。在政治行为主体一元控制结构下,解决政治生活中矛盾和冲突的途径是,占据主导地位的强势行为主体做出决策和发布命令。在行为主体多元自治结构下,政治生活中矛盾和冲突的解决,所依赖的是众多行为主体的合作、协商,所需要的是包容政治和共识民主。

政治行为主体多元自治结构具有一些明显的优越性。首先,这种政治行为主体多元自治结构有利于促进民主政治的发展。由于存在众多在政治权益上有差异的并且受到法律和制度规则保护的政治行为主体,在微观政治生活中,一旦发生政治利益上的纷争和矛盾,具有相对独立性和自治性的各类行为主体就可能平等地进行对话、论辩、协商。通过不同行为主体间的讨论、协调、竞争和妥协,政治共识最终形成。这种多元主体间的平等参与,将增进政治民主。

其次,这种政治行为主体多元自治结构有利于促进理性政治的发展。虽然人类具有动物所不可能拥有的理性,但是,在三种情况下,人类在政治生活中可能会陷入"理性的无知"状态。一种情况是,在政治决策中其他的行为主体都被排除在外,人们只能相信或听从个别政治精英的决断。另一种情况是,虽然形式上有许多行为主体参与,但实际上它们都是被某些行为主体所操控的。还有一种情况是,众多独立的行为主体都在为自身的权益而相互争斗,并且各行其是。只有在多元自治的行为主体结构中才能避免这种"理性的无知"状况的发生。因为在这种政治行为主体结构中,基于不同政治权益的行为主体,不但能独立自主地表达各自的要求,而且能够在审慎的对话、论辩中克服偏见,纠正错误,从而保证做出的政治决策是理性的。

第三,这种政治行为主体多元自治结构有利于促进和谐政治的发展。人类的政治生活更多地与稀缺资源的权威性配置,以及社会价值的权威性分配联系在一起。一元控制型的政治行为主体结构不可能保证资源的配置和价值的分配是公平、正义的,它通常要么造成普遍的贫穷,要么造成贫富两极的分化、对立。在存在众多相对独立并且具有自主性的政治行为主体的条件下,围绕资源的配置和价值的分配,行为主体间可以平等地论争、合作,可以不断地协商、宽容、相让,从而保证资源配置与价值分配趋于公正、和谐。

在20世纪的最后一二十年中,世界发生了巨大变化。一国之内的市场化、信息化促使社会利益分化,出现不同的利益群体,并形成界限清晰的社会阶层。与此同时,各种基于民间自治的社会组织也会逐步发展起来。一个与国家相对应的市民社会或民间社会正在不断地成长、壮大起来。在以政府的形式出现的国家和以自治为特征的民间社会之间,不断地滋生出具有中介性的各类社会组织。

20世纪末与21世纪初人类政治生活的自然演变,展示了一种客观必然的趋势:国家、政府、政治精英、政党这些一直活跃在政治舞台上的、传统的政治行为主体的作用开始有所削弱,从作为国家、政府基础的社会中慢慢成长出一些暂时以"非政府组织"、"第三部门"、"中介组织"来命名的政治行为主体,而且那些长时间没有或很少有政治参与权的普通政治个体,也开始成为重要的政治行为主体。众多的新出现的或发挥出新作用的政治行为主体,与传统的政治行为主体正在结成多元的政治主体结构网络。政治生活正在变成真正的、人民当家作主的、高尚的公共生活。

本章小结

人们并不是天生的政治行为主体。从非政治行为主体到政治行为主体有一个演变生成的过程。在政治行为主体演化生成中发挥重要作用的是政治社会化。在现实的微观政治生活中,政治社会化过程表现为政治生活情境、政治传承机制和主体政治自我三者之间的互动。

依据政治社会化的主体维度,现实的微观政治生活中的政治社会化可以区分出个体的政治社会化,群体、团体、集团和党派的群团政治社会化。就个体而言,其政治社会化是持续一生的过程。依据政治社会化的程度维度,并按发生的先后则可区分出初步的政治社会化、深度的政治社会化、再度政治社会化。

政治社会化的结果是产生现实的政治行为主体。在现实的微观政治生活中,存在两种政治主体结构类型:一种是一元控制的政治主体结构类型,一种是多元自治的政治主体结构类型。前者在民主程度不高的政治系统中流行,后者则在具有包容政治和共识民主的政治系统中流行。

关键概念

政治文化　政治生活情境　政治象征符号　政治仪式惯例　政治典范故事　政治条规禁忌　个体政治社会化　群体政治社会化　团体政治社会化　党派政治社会化　初步政治社会化　深度政治社会化　再度政治社会化　政治传承

机制　政治传承渠道　政治传承方式　政治反哺　政治自我　政治立场　政治行为主体一元控制结构　政治行为主体多元自治结构

研究与思考

政治社会化为什么是政治行动主体形成的主要途径？
政治社会化与一般社会化相比其特殊性何在？
政治社会化过程有无内在结构，其基本要素有哪些？
政治个体、政治群体和政治团体的形成有哪些差别？
形成政治行动主体类别多元化趋势的现实条件是什么？
家庭和学校在个体政治社会化中起什么作用？
何种重大事件会引发再度政治社会化？
有哪些因素影响政治行为主体的结构类型？
政治行为主体一元控制结构存在的条件、特点和局限性是什么？
政治行为主体多元自治结构存在的条件、特点和优越性是什么？

相关知识

1. 西方的政治文化研究

西方的政治文化概念

政治文化是 20 世纪 50 年代由西方政治学者首先提出来的概念。但是，政治文化的研究却源远流长，十分久远。在古希腊时期亚里士多德（Aristotle）就曾专门研究过政治革命和政治变迁的心理因素。近代思想家孟德斯鸠（Montesquieu）的《论法的精神》和《罗马盛衰原因论》，马克斯·韦伯（Max weber）的《新教伦理与资本主义精神》，托克维尔（Tocqueville）的《旧制度与法国大革命》和《论美国的民主》等著作都可以被看做西方政治文化研究的经典。

在政治文化研究中，人们遇到的第一个难题就是如何界定政治文化。有下列原因导致难以对政治文化做出确切的界定。一是文化本身具有多义性。据不完全统计，已有的文化概念就有 140 多个。二是衡量文化的变量太多。政治文化本身具有复杂性和多变性。小至个人政治文化，向上则有群体的、民族的、区域的政治文化。政治文化中又有精神的、物质的因素的区别。三是研究文化的视角太多。不同学者对政治文化研究的取向、关注的重点、运用的方法各不相同。不同的学者都是从自身所居其中的特定政治文化系统出发来研究政治文化的，但作为研究对象的又是需要超出具体文化系统的一般性的政治文化,这本身就是一个逻辑矛盾。

根据阿尔蒙德的观点,政治文化是一个民族在特定时期流行的一套政治态度、政治信仰和感情,它由本民族的历史和当代社会、经济和政治活动进程促成的。在阿尔蒙德定义的基础上,派伊(Lucian Pye)认为,政治文化是政治系统中存在的政治主观因素,包括一个社会的政治传统、政治意识、民族精神和气质、政治心理、个人价值观、公众舆论等等,其作用在于赋予政治系统以价值取向,规范个人的政治行为,使政治系统保持稳定一致。维巴(Sidney Verba)在分析政治文化的构成和作用时进一步指出,一个社会的政治文化是由经验基础上形成的一系列信念、符号和价值所构成的,它决定了人们行为的条件,为人们提供了参与政治的主观意向。

综合各家之言,可以将政治文化简单地概括为一国国民长期形成的、相对稳定的、关于生活其中的政治体系和所承担的政治角色的认知、情感和态度。它们与政府、政治组织等制度性结构相对应,成为政治体系中的主观因素。

政治文化作为政治体系观念形态的东西,包含着广泛的内容。在日常生活中,政治文化一般以一定的政治认知或意识(awareness)、政治价值观念(values)、政治信仰(beliefs)、政治情感(feelings)、政治态度(attitudes)等形式表现出来。政治文化不同于公众舆论或民意(public opinion),前者具有稳固性,反映的是长期形成的比较稳定的一贯性的政治倾向和心理,后者指的是人们对于某一具体事务或问题所产生的一时性的反应。

政治文化包含着三个基本成分:政治文化的认知性成分,政治文化的情感性成分,政治文化的评价性成分。政治文化的认知性成分是指一个政治系统中的人们对于政治组织、政治过程、政治角色、政治产品等方面的认识。它构成了人们对政治系统、政治形态、政治制度、政治体制进行判断以及选择行为目标和行为方式的基础。政治文化的情感性成分是指对政治体系和政治活动的感情。政治情感是人们在政治生活中对政治系统、政治形态、政治制度、政治体制所持有的一种直观的评价。政治文化的评价性成分是指人们依据一套他们认为是正确和合理的准则、信条,或明确或含蓄地对政治系统、政治形态、政治制度、政治体制所进行的价值判断,其中主要包括政治价值观念和政治评价的心理过程两部分。

政治文化作为一种社会意识形态,是人们参与现实政治生活过程的经验积累,具有相对独立性和能动性。一方面,它在现实生活中形成,将现实政治生活通过观念的方式保留下来,它会随着政治生活的变化和政治制度的改变而有所改变。另一方面,它对于社会政治生活和政治行为又具有巨大的心理和精神支配作用。政治文化还具有延续性,它通过政治社会化(political socialization)得以传播和沿袭。政治文化的延续性使一国文化有可能代代相传,也使国家、地域、民族之间的政治文化呈现出长期的差异性。

西方政治文化研究的昌盛

西方政治文化研究经历了兴起、昌盛、衰落到再度复兴的变化轨迹。

西方政治文化研究的兴起是在20世纪50年代,昌盛是在20世纪60年代。1956年,阿尔蒙德在美国《政治学杂志》上发表论文《比较政治体系》,首次提出"政治文化"这一概念。西方对政治文化首先进行跨国比较研究的学者是阿尔蒙德和维巴。他们以"人民关于政府对其生活影响的感觉如何"、"人民感觉自己对政府有何义务"、"人民期待政府做什么"等三个方面作为变量,设计出问卷,并于1959年和1960年,先后在美国、英国、联邦德国、意大利和墨西哥5个国家中,运用随机抽样方法,访问了5000人,其后,他们又对所得到的资料加以汇总、分析,并在1963年由普林斯顿大学出版社出版了《公民文化》(The Civic Culture)一书。在书中阿尔蒙德和维巴将政治文化区分为三种类型:参与型、臣属型、狭隘型。

阿尔蒙德创立了一套思考和研究政治文化的方法。首先,他将政治文化与政治结构相分离。角色(政治个体、团体、组织)组合为结构,结构(立法机关、选民、压力集团)相互作用形成体系。政治文化与行为、结构、体系都发生相互作用。其次,他将政治文化定义为对政治对象认知的心理取向。政治文化成为内化到个体的认知、情感、评价之中的政治系统。第三,他将政治文化与一般文化分开,将政治行为与政治态度分开,将政治态度与一般态度分开,将政治态度指向作为一般对象的体系、输入对象、输出对象、对象自身。最后,他借助于问卷进行抽样调查并加以统计分析,进一步将政治文化区分为不同类型。

《公民文化》一书为政治文化研究提供了基本概念和理论框架,因此被视为当代政治文化研究的经典之作。此后,许多政治学家转向政治文化研究。他们通过社会调查,采用随机抽样、访谈、数据分析等技术手段,对不同政治文化展开了更加广泛的比较研究。

西方政治文化研究的衰落

政治文化研究的衰落是在20世纪60年代末、70年代。在这一时期,政治文化研究遭到了来自不同方向的攻击和批判。一方面,有些学者对阿尔蒙德和维巴的研究方法提出质疑。在比较政治分析的层次上,人们容易犯的错误是混淆不同的层次。这是一种"区位谬误"(ecological fallacy),即将某个层次上发现的特性错误地转移到另一个层次上去。不少批评者就指出阿尔蒙德与维巴在研究"公民文化"时,将集体中个人表现出来的特征假设为集体的特征,由这种方式得出的研究结论,其信度和效度都会存在问题。与此相反的做法则是将国家层次上获得的平均数简单地套用到某个区域、某个群体上去。另一方面,人们指责政治文化研究导致保守、僵化,低估了社会结构和权力结构的作用,不具有解释力和预见性等等。在这些批判声中,许多学者放弃了政治文化研究,使政治文化理论退回到政治科学的边缘地带,几乎被废弃。

政治文化研究之所以衰落,其原因是多方面的:西方新社会运动的兴起,传统民主制度受到挑战;行为主义政治学为后行为主义所取代;与政治文化密切联系的现代化理论研究受到质疑;政治文化研究中静态孤立的局限性暴露出来,等等。所有这些影响因素混合起来,就形成了大量的对政治文化研究的批评意见。另外,政治文化研究途径的多样化,也使得政治文化研究的影响力渐渐变小。

政治文化研究的衰落并不是整个政治文化研究的中断,而只是表明那种就政治文化谈政治文化的研究减少了。大量的政治文化研究转向了有关政治文化与政治社会化过程关系的研究,转向了有关在政党、舆论影响下个人政治态度变化的研究,转向了政治文化在政治选举中个人选择时的作用的研究。

在政治文化研究处于衰落时,对这种衰落做出回应的方式有两种。一种是对以往的研究方法、指标进行修改。另一种是适应已经发生变化的社会,从研究中引出新的结论。

以阿尔蒙德为代表的一批学者采取了第一种方式。20世纪80年代他们出版《政治文化反思》一书,回答了学术界对公民文化概念和研究方法的批评,并对政治文化概念作了一定程度的修正。

以英格尔哈特(Ronald Inglehart)为代表的学者则采取第二种方式。他从韦伯的新教伦理出发,运用大量资料重新阐释政治文化。在1988年出版的《政治文化的复兴》一书中,英格尔哈特得出了许多新结论,使政治文化的研究再度出现复兴迹象。

英格尔哈特以生活满意度、政治满意度、人际信任、对既成社会秩序的支持为4个关键指标,对一些时段中的一些国家的政治文化作了分析。英格尔哈特在1973至1985年间对9个欧洲国家作了200余次、涉及20万人次的访问。通过对资料的综合,他得出结论:不同国家4个指标的得分值不同,4个指标是相互联系的,这些文化差异在跨时度时是稳定的,这些文化差异对民主制是有影响的。依据1970至1987年间的调查资料,英格尔哈特认为西方价值观有了变化,人们更加注重自我实现、自尊、情感、高质量生活、良好社会关系。他称这类政治文化为"后物质主义",以区别于传统的"物质主义"。

西方政治文化研究的复兴

西方政治文化研究的再复兴是在 20 世纪 80、90 年代。进入 80 年代,政治文化研究出现新的转机。80 年代中期,政治文化研究初显复兴的态势,到 80 年代末,这场复兴全面展开,进入 90 年代又进一步得到繁荣。最早提出"政治文化复兴"概念的是英格尔哈特。为了在 20 世纪 80 年代复兴政治文化研究,1988 年英格尔哈特在《政治文化的复兴》一书中提出两个假定:一是各国在政治文化方面存在持久的差别;二是这种政治文化差别具有重要的政治后果,并指出"现在是矫正社会分析中的偏向的时候了"。

到 1989 年,H. 瓦尔达(Howard J. Wiarda)则宣称,"政治文化眼下正在复兴"。他提出这一判断的根据是,包括 S. 亨廷顿、A. 威尔达夫斯基、H. 艾克斯坦和 L. 派伊等政治学专业领域中的领军人物在内,先后集中出版了运用政治文化研究政治生活的重要著作和文章。各种不同的研究都聚焦于民族文化因素。政治文化成为激励学术界和人们研究工作的中心议题。

1993 年政治文化研究的奠基者阿尔蒙德进一步肯定了政治文化复兴的存在。他为自己主编的《发展中国家的政治文化与民主》一书所写的序言的标题就是"政治文化的回归"。他指出,只需匆匆一瞥就会发现,仅在过去几年中,就有五本著作,两篇美国政治学会主席的演讲,两篇《美国政治学评论》的封面论文,两篇 APSR 辩论,都是研究政治文化问题的。阿尔蒙德指出:"很显然,政治文化研究和政治文化理论已经'回归',或如英格尔哈特所说,已经'复兴'。"

虽然政治文化研究的"复兴"已经是不争的事实,但是,这次复兴决不是对过去经典研究的简单重复和相同水平的延伸。正如米切尔·伯林特(Michael Brint)所说,政治文化研究"从复兴那一刻起就意味着过去的再生、重新阐释和再创造。它不是简单的转变,而是由被领悟到的现实需要所激发的历史的转变","它不应该被理解为仅仅回到阿尔蒙德的科学研究的起点上"。

政治文化研究再度复兴是由下列原因促成的。一是西方社会内部发生了变化。西方进入"后工业化"、"后现代化"发展时期,年轻一代的价值观发生重大改变。二是整个世界出现了民主的第三次浪潮,政治文化对其中的变化能够做出解释。三是比较政治学家改进了研究政治文化的手段与方法。

政治文化研究在 20 世纪 90 年代的再度复兴不再像 60 年代那样汇集到一个总的概念和方法之下。这次的复兴导致的是政治文化概念和研究方法的多样化。这种多元性研究一是表现在人们对政治文化的界定仍旧存在分歧。二是表现在除了阿尔蒙德的普适性宏观模型外,还有针对特定问题的具体模型,如对权威、革命、政治发展、政治社会化与政治文化关系的具体论述。三是表现在政治文化的研究取向呈现出多元趋势。有的学者仍然坚持行为主义研究,有的学者倾向于后现代主义取向,有的学者则主张现象学的政治文化分析,也有的学者运用制度主义方法研究政治文化。

2. 西方政治社会化研究的演变

西方早期的政治社会化研究

西方政治社会化的实践很早就发生了。据说在古希腊时代,斯巴达人就用强制的方法让年轻人接受军事训练,并引导他们服从国家统治。雅典则更多的是以民主的方式,让人们参与选举、平等议事来实现政治社会化。西方对政治社会化途径的研究出现得也比较早。

有人认为柏拉图就是一位最早系统地对政治社会化现象作研究的人。他在《理想国》一书中提出教育要有明显的目的,要与政治需要相结合。主张以长期的公民教育来选择"卫士"和"哲君",通过教育,让铜铁质的人(生产者)勤于生产,银质的人(军人)成为执干戈保卫疆土的战士,金质的人(统治者)凭智慧和公义来治理国家。社会成员只有各尽其能,各守本分,才能建立起一个安定、和谐的社会。亚里士多德则认为,城邦政体的好坏很大程度上取决于人民的德性,而人的本性中又有邪恶自私的一面,因此,他从教育的角度提出,要培养人们具有"适合于政体的品质类型",只有依靠教育,除此之外,别无其他节制的方法。马基雅维利则在《君主论》中指出,人并不是由高尚的理想而是由邪恶的怯懦和自私的动机所驱使,因此,统治者必须通过威胁和残忍的方式来对臣民进行政治教化。霍布士认为人是一种自然的存在,其基本目标是权力,人都有权力欲望。要使社会生活成为可能,就必然要对这些权力加以限制。在《利维坦》一书中,他主张统治者必须利用各种手段来教育其国民服从君主的统治,对王权的专横不允许作丝毫的抵抗。

虽然西方对政治社会化实践的研究发生得较早,但作为学术的、系统的政治社会化研究却到20世纪50年代末60年代初才迟迟出现。这种学术性的研究主要是沿着三条路径发生的。第一条路径是20世纪20年代末30年代初,查尔斯·梅里亚姆等一批政治学家对公民训练方面的关注。第二条路径是二次大战期间以及战后10年间,英克尔斯和莱文特等人围绕行为主体的个性与政治以及国民性的关系问题所做的探讨。第三条路径是赫伯特·海曼在20世纪50年代末对少年政治社会化行为进行的观察和研究。

西方政治社会化研究的兴起阶段

西方学术性的政治社会化研究的兴起阶段大体从20世纪50年代末开始至70年代初结束。1958年戴维·伊斯顿率先发表了研究政治社会化的学术论文。1959年赫伯特·海曼出版专著《政治社会化：政治行为之心理研究》，系统地论述了政治社会化理论。1960年格林斯坦和伊斯顿先后发表了他们有关学龄儿童政治发展的研究报告。到60年代中期，政治社会化研究的进展非常迅猛。1969年出版的《社会心理学手册》中的论文就有三分之一是论述政治社会化问题的。其后围绕政治社会化专题，出版了若干读本和文选。这一时期政治社会化研究已基本形成较为完整的理论体系和研究框架。

这一时期在政治社会化研究上做出成绩的学者除海曼、格林斯坦、伊斯顿外，还有赫斯、丹尼斯、托尼-珀塔、奥本海姆、赫波恩、道森、普鲁伊特、查菲、肯特·詹宁斯、西格尔、帕利兹、阿德尔森、奥尼尔、米尔曼、西尔斯、斯奈德和马库斯等人。

在20世纪60、70年代，学者们除了对政治社会化中的一些基础性的问题，如政治社会化与政治稳定的关系、政治社会化与政治文化的关系、政治社会化过程的规律和特点等等感兴趣外，还着重对有关个体政治社会化问题进行了深入的探索。研究的课题主要包括：个体政治社会化与民主政治的关系，个体政治观念体系的形成及其影响因素，个体童年期和青春期的政治信仰及政治行为模式的持久性，重大政治事件对个体政治观点和看法的影响等等。

多数学者之所以把个体特别是儿童的政治社会化作为主要的研究对象，是因为他们认为，一个人的政治取向和人格是在人生的早期即儿童时期形成的，成年人的政治行为是其儿童时期形成的政治价值观和认识能力的逻辑结果。少年时期学到的，就好比在石头上刻下的，儿童先入为主的经验会左右人的一生。而人在儿童时期，心灵的大门是毫无遮拦地敞开着的，时时准备接纳新鲜事物。他们不仅接受能力强，而且记忆力强。孩童的政治世界开始形成于他上小学之前，在这一年龄段他会经历很迅速的变化。

西方政治社会化研究的发展阶段

这一阶段大体从20世纪70年代中期开始至20世纪80年代结束。20世纪70年代初政治社会化的研究突破了美国的范围，扩展到西欧各国。欧洲人开始研究政治社会化，并创办了第一本政治社会化与教育的杂志。美国和英国、意大利等国研究政治社会化的学者们先后出版了一大批有影响的著作，政治社会化的研究开始走向国际化。在这一时期除美国的学者外，在欧洲也出现了一批研究政治社会化的政治学家，如联邦德国的克劳森、沃斯芒德、盖斯勒、帕韦尔卡、迈耶伯格,英国的希特、克里克、利斯特、罗宾斯、丹佛、汉兹和史蒂文斯,在法国、西班牙、挪威、瑞典、芬兰、土耳其、荷兰等国家也涌现了一批研究政治社会化的学者。至20世纪70年代末80年代初,政治社会化的研究进一步扩展到东欧、中欧、拉美、非洲和亚洲国家。

从20世纪80年代中期以来,政治学家们研究政治社会化的焦点开始转移,逐渐从儿童那里转移到青少年和成年人身上,将人的一生的政治社会化作为主要研究对象。在政治社会化研究上做出重大贡献的美国学者阿尔蒙德和鲍威尔在1984年就指出,政治态度可能早在孩提时就已形成,但随着每个人的政治经历和社会经历的发展,总在不断变化。他们还指出,人们在青年时期形成的对政治制度的态度是易变的,因此,再度政治社会化是不可避免的,政治社会化是贯穿于整个人生的政治过程。另外特殊行为主体的政治社会化也得到关注,比如,人们深入研究了女性的政治社会化、移民的政治再社会化和国际政治社会化。

西方政治社会化研究的变革阶段

这一阶段大体从20世纪80年代末开始至20世纪90年代结束。20世纪80年代末苏东剧变导致国际社会剧烈震荡,各国的政治家、政治学家从不同的学科和角度对苏东国家政治文化、政治制度变迁展开研究。在这一阶段,学者们对不同政治制度和政治意识形态体系下的政治社会化进行了分国别的深入研究,出版了一批有影响的著作,如斯扎博的《匈牙利的政治社会化》(1989年),克劳森的《东西欧青年的政治社会化》(1990年),修斯的《俄罗斯青年的政治社会化》(1992年),迈耶伯格和德克尔的《东西方的欧洲观念》(1992年),克斯佩利、克瑞和斯图姆费的《国家与公民:后共产主义东欧的政治社会化研究》(1993年),巴涅斯和西蒙的《后共产主义公民》(1998年)等。还发表了一些有重要价值的调查报告,如国际社会调查项目(ISSP),从1995至1999年间对中东欧23个前共产党国家民主态度和信仰发展进行了大规模学术比较调查,勾画出公民政治态度的改变和他们对转型及巩固过程评价的差异。这一时期,西方学者对西方国家的政治社会化研究反而处于停顿状态,没有能取得较大进展。

这一阶段政治社会化研究的一个重大变化是研究对象开始从微观层面向宏观层面转移。许多学者不再把社会个体成长的早期或其一生作为主要研究对象,而是把一个超大型的有机体的政治社会化作为自己的研究对象,着眼于一个国家、民族甚至整个社会制度的政治社会化。

西方政治社会化研究的深化阶段

这一阶段大体上从20世纪90年代中期开始,现在仍在进行着。20世纪末21

世纪初,计算机和因特网技术的发展,使整个世界网络化。在这种以网络化为标志的全球化浪潮下,不仅产生出庞大多样的虚拟社群,而且人们还面临着围绕原始认同重新建构社会行为与政治的问题,诸如政治价值普世化、政治主体和权威多元化、政治决策跨国化和国际合作制度化、政治规制全球化及其约束力强化、政治行为及其影响全球化等等。政治全球化特征开始显露出来,并深刻地影响和制约着各国公民的政治认同,它使身份政治由边缘问题变成了政治的中心问题,也转移着公民对国家的忠诚,消解或替代着传统的政治价值理念,并使传统的公共领域逐渐走向衰落。

在这一背景下,90年代中后期以来,欧美的政治学者们掀起了一股政治社会化研究的新高潮,学术会议频繁不断,研究成果大量涌现。这正如荷兰学者亨克·德克尔所说,人们的新的学术兴趣在20世纪90年代中晚期已经出现,这可能主要是受近年对后物质主义、社会资本和年轻人正在成长的政治冷漠的研究所激发。近来对公民身份的规范性关注可能也促成了对政治社会化、公民社会化特别在教育上所发生的变化产生新的兴趣。

这一时期,许多重视政治社会化研究的学者开始关注下列问题:全球化与国家主权观念建构,全球治理与政治社会化的关联,传媒政治与公民社会化的关系,政治社会化对政治知识、政治观点、政治技能、政治态度、政治行为意向和政治行为模式的影响,政治社会化的过程,政治社会化的中介体等等。研究者们还出版了一系列具有世界性影响的专著:法纳、德克尔、迈耶伯格和杰曼的《东西方的民主、社会化和冲突中的忠诚:跨国比较透视》(1996年)、布恩斯的《东欧政治教育的变化:评论性分析》(1996年)、捷克布拉格的《民主与青年一代》(1997年)、加里克的《当代世界的青年与社会变迁》(1998年)、麦克切斯尼的《富媒体、穷民主:不确定时代的传播政治学》(1999年)、乌帕塔尔市的《政治社会化、政治参与和政治教育:新千年展望》(2001年)、密歇拉的《传媒与政治社会化》(2003年)等。

西方近年来的政治社会化研究正逐渐超越传统的研究局限,形成新的理论和方法,如米尔曼的政治社会化旁系理论、德克尔和迈耶伯格的政治社会化交互理论、沃思伯恩的政治社会化生命历程模型、赫伯恩的关注网络的政治社会化分析模式。尽管其中很多理论建构还很不成熟,基本概念尚未确切,研究思路也未明晰,一些重大问题上还存在着较大争议,但这一时期的研究无论从实践上看还是从理论上看对政治社会化的发展都有十分积极的意义。

(资料来源:格林斯坦、波尔斯比:《政治学手册精选》(下册),商务印书馆1996年版。加布里埃尔·阿尔蒙德:《比较政治学:体系、过程和政策》,上海译文出版社1987年版。阿里·卡赞西吉尔、大卫·马金森主编:《世界社会科学报告(1999)》,社会科学文献出版社2001年版。)

建议进一步阅读的文献

要对微观政治生活中的政治社会化作进一步批判性研究,可阅读加布里埃尔·A.阿尔蒙德、小G.宾厄姆·鲍威尔的《比较政治学:体系、过程和政策》(东方出版社2007年版)中"第四章政治社会化""用于分析社会化的概念"、"社会化的动力"、"实施公民社会化的结构"部分的内容。

要对微观政治生活中的个体、群体的行为作进一步批判性研究,可阅读杰拉尔德·格林伯格、罗伯特·A.巴伦的《组织行为学》(第七版,江苏教育出版社2005年版)中"第二部分基本的心理过程"、"第四部分群体历程"的有关内容。

第四章 政治个体及其行为

【学习要点提示】

政治个体政治行为的结构
  现实的政治个体的存在及其条件
  政治个体行为的动力与层次结构

政治精英个体的政治行为
  政治精英个体的素质与成长
  政治精英个体的流动与更替
  政治精英个体的作用与条件

政治个体的政治参与行为
  政治个体政治参与的实质与形式
  政治个体政治参与程度及其扩大

政治个体的政治投票行为
  政治个体政治投票的实质与类型
  政治个体政治投票的动机与解释

政治个体行为与民意调查
  政治民意的实质及其特点
  民意形成的主要影响因素
  民意调查历史和民意模式

  在现实的微观政治生活层面上,无论是在客观事实上,还是在逻辑结构上,都存在着具有自身政治权益和要求的政治个体。他们的政治行为是整个微观政治生活分析的细胞和起点。研究和掌握政治个体政治行为的影响要素、动力组合、层次分布、类型演变和内外在差异,不仅可以认识和把握个体政治行为的规律,从而可以预测、协调、改变某些个体的政治行为方式、动机指向,而且还可以以此为基础,去进一步探讨由政治个体所构成的政治群体、政治团体、政治集团和政治党派的政治行为的规律和演变趋势。因此,可以说,研究政治个体的政治行为是分析和把握所有政治主体的政治行为的基础和前提。

  在研究政治个体的政治行为时,有必要将政治个体进一步区分为公众政治个体与精英政治个体。这不仅在逻辑结构上是成立的,而且也是和现代政治生活的实际情况相吻合的。在微观政治生活层面上活动着的政治个体,既有为数众多的、非常普通的个体,也有超群出众的较为重要的个体。前者是公众政治个体,后者则是精英政治个体。每个时代、每个政治生活系统中,都会有政治精英登上和离开政治舞台。历史和现实中精英政治个体身上并不存在西方精英政治理论所描述的那些超凡脱俗的奇异特质。政治精英个体是在政治实践中锻炼、成长起来的,他们只有和公众政治个体联系在一起,才能在政治生活中发挥出组织、引导、决断的作用。研究精英政治个体成长的条件和过程,分析现代政治精英流动更替的方式,正确评价政治精英的历史作用是理解现代政治生活的重要内容。

在现代微观政治生活中,政治个体的政治行为是多方面的,总括起来都可以归入政治参与的范畴之中。西方政治学家喜欢仅仅依据选民投票和公民投票的状况来衡量某个政治生活系统政治参与的程度,并且总是认为,政治参与的程度越高就越表明某个政治生活系统较为民主。其实,在不同的政治生活系统中,或在同一政治生活系统的不同发展阶段上,政治个体政治参与行为的形式是不一样的。除选民投票和公民投票外,政治个体还会以更多的形式和方式参与到政治生活之中。对于具体的政治生活系统来说,也决不是政治个体政治参与的程度越高就越好。政治个体的政治参与不足固然有问题,但政治个体过度的政治参与,也会破坏政治生活系统的既有秩序,阻碍政治生活系统的正常运行。

由于西方政治学家将更多的兴趣和注意力投放在对选民选举和公民投票的分析研究上,容易形成一种假象,似乎只有西方发达国家的政治个体才有选举投票的政治行为。事实并不是这样。在社会主义人民民主的政治形态中也一直存在着选民选举和公民投票的行为,而且随着政治民主化进程的加快,这一类政治参与形式也日益增多和完善。选民投票和公民投票的确是政治民主最为直接的体现,它们也成为最能吸引人们关注的政治行为。但是无论是选民的还是公民的投票行为,投票者意志和愿望的表达只能是一时的、粗糙的和有局限性的。在研究选民投票时,需要关注政治个体在展开选举投票行为时的动机指向,另外还需要探讨用来分析政治个体选举投票行为的各种解释模式。近年来,为了对某些重大政治选择实行表决,在一些政治生活系统中,公民投票变得日益频繁起来。分析公民投票的起源、演变和类型,也成为微观政治学研究的重要课题。

在现代政治生活中,民意及民意调查既是测量和反映政治生活系统运行状态的重要手段,又是政治家和公共政策制定者用来回应公众的愿望和要求的重要途径,也是精英政治个体确定政治发展的理想和期望的重要依据。民意是政治家、政府和政治个体之间互动的产物。无论是政治家为了了解公众政治个体的利益诉求,还是为了保持自己良好的政治形象;无论是公共部门的决策者们为了制定出符合公众个体意愿的公共政策,还是预防公众政治个体做出不利于政治当局的举动,他们都会非常重视社情民意,人心向背。因此,对民意的实质、民意形成的影响因素和民意调查手段进行研究就显得尤其重要。现代发达的通信技术和较为成熟的社会调查手段则为广泛的、复杂的民意获取和分析打下了坚实的基础。

第一节 政治个体政治行为的结构

一、现实的政治个体的存在及其条件

在论及政治个体的政治行为时,如果仅从逻辑上来考察我们的研究对象,它无疑是存在的。因为,在逻辑上,政治个体是在微观政治生活层面上形成政治关系,产生政治行为、行动和活动的主体单元。其他的政治主体都是由这种主体单元聚合而成的。但是,如果从现实的政治生活实践来考虑,政治个体是否存在,应当如何看待政治行为的个体性却是一个需要通过争论来澄清的问题。

存在现实的政治个体

一些政治学家认为,在一个高度集权和人们的政治行为受到严格控制的政治生活系统中,政治个体几乎完全被纳入到规定的集体行动结构之中,在这种状态下,自身能够自由做出政治行为选择的个体已经很少。而在一个高度组织化的政治生活系统中,政治个体也几乎全被吸纳到政治群体、政治团体、政治集团和政治党派之中,游离在这些聚合性的政治主体之外的纯粹的个体也非常少,甚至可以说完全消失了。因此,不少政治学家认为,实践中的纯粹的政治个体及其行为并没有研究的价值。

但是在日常语言或社会交流语言中,却一直存在着和政治个体相对应的词汇,如"平民百姓"、"社会大众"、"民众"、"公众"、"草根阶层"。这些词汇常常是在两种场合下或两种语境下被使用的。一种是在与国家机关、政府部门的公职人员相对应的场合或语境下使用。另一种则是在与政府部门相对应的场合或语境中使用。如果经过过滤、分析和转化,在政治学专业层面上可以形成"公众"这一概念。它指称的正是在政治微观生活实践中存在并产生作用的政治个体。这种公众,不是指游离在政治群体、政治团体、政治集团、政治党派之外的个体,其本身就是这些政治群团、政治党派之中的成员,是属于政治群体、团体、党派成员的个体。当他们存在于其他的非个体的政治主体之中时,除了具有他所在的政治群体、团体、集团和党派的政治自我意识外,还有作为个体的自身的政治知觉、心理倾向、

人格特质和政治意识。

坚持这一观点对于研究和建构微观政治学理论是非常重要的。在西方的政治学理论研究中,存在着有关政治行为的两种片面的研究倾向。在行为主义政治学那里,研究政治行为和团体理论的政治学家们比较关注政治个体这一因素,并且把政治行为的个体性片面夸大,将其绝对化,从而轻视甚至忽视政治实践中政治主体的群体性、团体性、组织性,把它们仅仅看成是个体性的简单累加。与此相反,在传统的政治学理论中,很多研究古典政治学说史的政治学家则过分强调政治生活的整体性,而忽视甚至否认个体性。他们常常引用卢梭所讲的"公意",把国家、政府、团体视为体现或表达公意的载体,从而不屑去探讨微观政治实践中政治个体存在及其政治行为孕育、产生和展开的意义。其实卢梭所讲的"公意",并非是指整体的政治意愿,而只是指普通公众的较为一致的政治要求。

因此,在研究现实政治生活系统中的微观生活层面时,必须首先明确两点。一点是,无论是对现实的微观政治实践进行考察、描述、解释,还是对政治生活做逻辑分析,政治个体总是客观存在的。虽然在一个组织化程度日益提升的现代政治生活系统中,完全游离于群体、团体、集团、政党之外的,纯粹孤立独居的政治个体已经非常少见,或者根本就不存在,但是在个体通过深度的政治社会化,进入到政治群体、政治团体、政治集团和政治党派之内成为其中的成员以后,他们身上除了具有群体的、团体的、集团的和党派的属于扩散性的特征和属性外,其原有的原态性的个体特征和个体所具有的政治权益并不会因此就完全消失,事实上正是这些完全属于个体自身的特征、特性和权益,才使政治主体显示出不同的个性从而互相间能够区别开来。

另一点是,任何一个现实的政治行为个体,其存在都是多种社会关系的总和。除职业的政治家,或专门从事政治管理的行为个体外,其他政治主体不可能一直都在参与政治生活,也不可能让每一个政治行为主体的行为都具有政治性。即使是政治家,或一个以政治管理为专门职业的个体,他也不可能每时每刻所做出的行为都是政治性的。我们所说的政治个体的政治行为,是指他所做出全部行为中,那些属于政治的或者说是具有政治性因素的部分。

研究政治个体的政治行为首先就需要了解其行为结构。所谓政治个体的政治行为结构,是指构成政治个体现实政治行为的各种基本成分及其相互间的关系的总和。构成政治个体政治行为的基本成分主要是指在政治行为中发生作用的影响要素、动力组合、层次分布、基本类型以及内部与外部的差异。这些构成政治行为的基本成分相互之间决不是孤立的,也不是机械并列的,而是相互关联、相互制约的,从而形成有机体系。

政治个体的政治行为可能是自觉设计的,也可能是在不自觉的状态下发生的。但是,所有的政治行为都是在一定要素的影响下孕育、形成、展开并显示其作用的。因此,对政治个体政治行为的发生与展开具有影响作用的种种要素加以详细分析,就成为研究政治个体政治行为结构的重要内容。

在探索政治个体政治行为的各种影响要素时,对政治个体本质的设定是至关重要的。因为一旦政治个体的本质设定了,其基本属性就确定了,和基本属性联系在一起的有关行为的影响因素也就明确了。一些学者认为要对政治个体的本质属性做出合理、科学的分析,应当向较为成熟的学科特别是微观经济学看齐,即必须有一个"理性政治人"的设定。理论经济学,特别是微观经济学是建立在"理性经济人"设定的基础之上的。经济学家将经济活动中所有的个人都化归为运用理性进行思维,追求个人效益最大化的个体。经济人只具有利己性,不存在利他性。要解决个体的经济行为和人们的集体经济活动之间的矛盾,其手段或制度设计就是建立市场,形成自由交易的秩序和载体。如果仿照微观经济学的做法,微观政治学也应当预先设定一个只具有利己性而没有利他性的"理性政治人"。这种理性政治人的本质属性就是两个,一个是政治理性,另一个是争取政治权益最大化。由此推论出的政治个体政治行为的影响因素也十分简单,即运用理性思维和维护自身的政治权益。

但是一旦做出这种理论设定,我们在思考政治个体的政治行为、行动的主要影响因素时,就必然会陷入个人政治偏好与集体政治行动障碍的逻辑困境之中。虽然经济学家将理性经济人视为一个个只考虑自身利益最大化的独立原子,但社会经济的集体行为与原子式的经济人之间存在的矛盾是通过创设自由竞争和平等交易的市场制度来解决的。在这里,市场是非人格化的,市场本身并没有特殊利益。如果我们做出政治个体的本质是"理性政治人"的设定,那么在政治系统中活动着的就是一个个只考虑自身政治权益最大化的原子式政治个体,人类的政治集体行动靠什么样的制度设计来保证呢?有人说是国家或政府。但是在现实的政治生活中,国家和政府本身都是有着特殊的政治利益的集团,它并不能像自由竞争和平等交易的市场制度那样来协调政治个体的行为,因此也就难以形成政治集体行动。而对于政治学来说,人们关注的并不是个别人的行为,主要的分析对象恰恰是引起政治生活变化的集体的政治行动。

对于微观政治分析来说,所谓政治个体的"理性政治人"的设定是不可取的。经济人假设是否正确,我们暂且不管。即便它能够在经济分析中成立,也不能简单地移植到微观政治研究中来。在政治生活中,重要的是协商、宽容和合作。因此,作为现实的具体的政治个体,既是利己的,又是利他的;既是理性的,又是非理性的。现实的具体的政治个体,生存在具体的社会关系之中,按其现实性来说,其本质一定是各种现实社会关系的总和,其本质属性就存在于现实的社会关系之中,只有从复杂、多样的社会关系中才能寻找到对政治个体的政治行为、行动产生影响的各种现实要素。

政治个体的行为条件

一旦把政治个体的行为置于更为复杂的社会关系的背景之上来观察和分析,人们就会发现,有更多的影响因素会进入到政治个体的政治行为中来。在这些众多的现实因素中,最为基本的,是政治个体所处的具体政治法律环境所提供给他产生和展开行为、行动的条件因素,是政治个体赖以展开行为、行动所必须具备的具体的物质、生理、智力、心理、伦理等诸方面的因素,是在政治个体产生和展开政治行为、行动时与之相关联的其他政治个体、群体、集团、团体、政党对其产生作用的因素。

在分析一个具体的政治个体时,我们首先要考察的是他能够产生和展开自身的政治行为和行动的自由、平等的条件。在一个具有民主制度安排的政治生活系统中,政治个体要自由地产生并展开自身的政治行为、行动,就必须具备一些起码的条件:首先,行动个体在表现自己的政治行为、行动时是自由的。其次,行动个体在产生和展开自己的政治行为、行动时是平等的。第三,行动个体是围绕着合法的政治权益来表现自己的政治行为、行动的。只有具备了这些基本条件,政治个体的政治行为、行动才是自愿的、正常的。否则政治行动个体的行为、行动则可能是受控制的,甚至是扭曲的。

在具备了产生和展开政治行为、行动的自由、平等的条件要素的前提下,政治个体的政治行为事实上还受到其自身状态要素的制约。这些要素既包括政治个体的生理、心理状态,还包括其认知、伦理状况。前者虽然包含着某些先天遗传的成分,但更多的是后天社会学习的结果。后者除了某些生理上的局限造成先天的差异外,最主要的是后天习得性因素的影响。

由于任何政治个体都生存和活动在现实的政治关系之中,其政治行为、行动的产生和展开决不可能是孤立的和随心所欲的,除了要受到既存的社会政治关系、政治法律制度的影响外,更多的还要受到政治个体所在的政治群体、政治团体、政治集团、政治党派的制约。每一个有认知和思维能力的政治个体,在孕育和启动政治行为、行动之前,总会将他所在群体、团体、集团、党派的政治权益及其对他作为成员的种种制约,与他作为个体的政治权益做出比较,进行利害权衡。

二、政治个体行为的动力与层次结构

虽然对政治个体来说,有许多外显的政治行动似乎都是在一举手一投足之间就完成了,但是,如果深入到政治个体的行为、行动的结构之中来考察、分析,人们就会发现,这些行为、行动并不是在瞬间就孕育、发生和完成的。每一个政治个体从孕育、形成政治心理行为到决定展开其外显的政治行动,都要经历十分复杂的过程。

政治行为的动力结构

在政治个体的行为、行动中,最为重要的是包括行为动机和行为激励在内的动力组合结构。一般认为在政治个体政治行为的动力组合结构中存在着四个方面的因素。一是政治个体内在的自我政治权益需求和试图满足这种需求的驱动因素。二是政治个体对外在环境进行认知、评价所产生的心理倾向因素。三是政治个体接受外在激励、强化行为动机的因素。四是政治个体对行为发生后由对效果做出评估后传回的反馈因素。

首先,政治个体具有与生俱来的、由宪法明文规定并加以保护的基本权益,其中包括政治权益。这些权益包括政治参与权、政治知情权、政治监督权等等。当政治个体感觉到这些原本应当属于他的权益需要通过获取来得到满足时,就会产生内在的紧张感,并形成试图通过行动来实现自身政治权益的强烈动机。

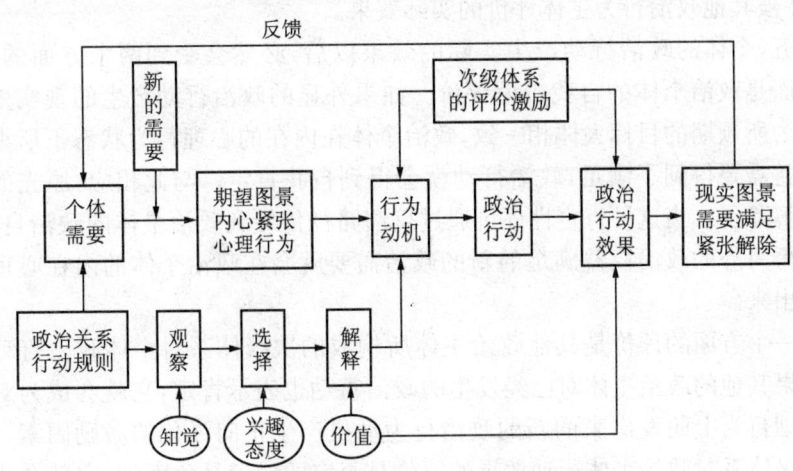

图4-1 政治个体政治行为的动机组合结构

其次,政治个体对自己周围的环境特别是制度环境加以认知和评价,并产生出政治态度倾向,支持已萌发的政治行为动机。在出现试图满足自己政治权益需求的行为动机后,政治个体又会从政治自我出发,与制度环境进行互动。依据已有的政治知觉对一定政治制度下发生的政治现象、事件和过程进行观察,并选择符合自己政治兴趣、个性需要的政治关系、政治规则,再以自身已经确立的政治价值为前提,对已经做出的选择加以解释。政治个体经过内在的观察、选择和解释,形成一定的政治态度倾向,进一步肯定或者削弱,甚至放弃已经产生的政治行为动机。

第三,政治个体接受来自其他政治行为主体的评价和鼓励,强化政治行为动机。政治个体通常都是政治群体、政治团体、政治集团或政治党派的成员。政治群体、团体、集团和党派的政治权益要求以及内部的行为规则,包括其他成员的政治行为,都会对具体的政治个体产生激励,这种激励相对于政治制度环境来说,是一种次级体系的激励,但这类激励通常要比政治制度环境的作用强烈得多,它会极大地强化政治个体已经产生并且得到政治制度环境肯定的政治行为动机。

第四,政治个体将政治心理行为转化为外显的政治行动,并产生效果。政治个体的政治行为动机在经过肯定的支持和激励强化后,在内部心理层面上就会形成压力和冲动,从而促使个体将内在的心理倾向转化为外在的政治行动。虽然政治个体内在的心理行为已经指向一定的目标,并有了行为预期效果的图景,但是,所有这些还都是内在的,没有显露出来。只有通过外在的政治行动,政治个体自身的智力的、生理的、伦理的要素才会与具体的政治关系、政治规则发生作用,原先仅仅在心理层面上的行为的预期效果,现在才成为能对现实的政治关系产生作用的、并被其他政治行为主体评价的实际效果。

第五,个体的政治行动产生实际的效果以后,必然会受到两个方面的评价。一个方面是政治个体的自我价值评价。如果外显的政治行动产生的现实效果与心理行为所预期的目标大体相一致,政治个体在内在的心理行为状态下所期望的政治权益需要得到了满足,政治行动就会得到自我肯定。与此相应,原先的心理紧张就解除了。当这种肯定性评价通过反馈路径传导到政治个体的政治自我时,试图获得另外的政治权益满足的新的政治需要就会在政治个体的内在心理行为上产生出来。

另一个方面的评价是其他政治主体所构成的次级体系对个体政治行动的评价。如果其他的政治主体对已经发生的政治行动也表示肯定,它就会成为对政治个体心理行为上萌发出来的新的政治行为动机产生正向强化的激励因素。如果这种次级体系对政治个体行动效果的评价是否定的或者是负面的,它就会成为政治个体心理行为上产生出来的追求新的政治权益需要的行为动机的负向弱化的激励因素。当这种否定性、弱化性的激励因素较为强烈时,政治个体就会停止甚至取消力求获取更多的政治权益的新的行为动机。

第四章 政治个体及其行为

政治行为的层次结构

在对政治个体政治行为动力组合结构的分析中,我们已经初步接触到政治个体的行为、行动与政治制度环境、政治系统次级体系之间的相互关系。所谓政治制度环境、政治系统次级体系,其实都是各类政治关系的总和。政治制度环境强调的是围绕各种政治规则、机构所发生的种种政治关系。政治系统的次级体系强调的是围绕各种政治行为主体所发生的种种政治关系。任何政治个体和其他所有的政治主体一样,都是政治社会化过程的产物。因此,任何政治个体都是在已存在的、既成的政治关系体系中生存和发展的。政治个体正是从感受到的政治关系中萌发出心理行为并进而展开政治行动的。现实的政治系统中不存在任何离开现实政治关系的"孤立"的政治个体的行为。

在政治个体的政治行为、行动过程中存在着"政治关系-政治行为、行动-政治关系"的连续谱。首先,政治个体处于一定的既有的政治关系之中。从某种意义上来说,社会个体经过政治社会化一旦成为政治个体后,他事实上就处在不以自己的意志为转移的、也无法事先就能做出选择的政治关系的网络之中。正是在与政治关系中的其他政治主体的相互依存、相互制约、相互作用中,政治个体才会感受到政治权益上的差异、矛盾,才会孕育、产生出试图满足某种政治权益需要的政治心理行为。

其次,政治个体内部孕育、产生出来的政治心理行为被环绕在周围的政治关系所肯定和激励,从而得到强化。当这种被强化的心理动机变得日益强烈并达到一定程度时,政治个体内在的心理行为就会展开为外显的政治行动,就会对既存的政治关系发生作用。

第三,既存的政治关系在政治个体政治行动的作用下,会有两种反应。一种反应是在原有政治关系中的其他政治行为主体依然保持着既有的政治权益,这样,原有政治关系就会继续维持下去。这是一种政治关系的简单再生产。另一种反应是原有的政治关系中的政治主体的政治权益发生了改变,由此就会产生出新的政治关系。这是一种政治关系的扩大再生产。

在上述"政治关系-政治行为、行动-政治关系"的连续谱中,处在两种政治关系之中的政治行为、行动,其实并不是简单地混杂或连贯在一起的,从政治个体的心理行为到其政治行动是政治行为展开的两个层次。通过上述的分析,原先的政治行为就呈现出内部的层次结构,处于内层的是心理行为,处在外层的是外显行动。心理行为加上外显行动,共同构成了政治个体的政治行为。

对于西方行为主义政治学家来说,他们所强调的政治行为,其实只是政治个体的心理行为。虽然以往的政治学研究,确实是过分地强调了政治主体的政治行动,特别是集体行动,轻视甚至否认了政治个体的内在的心理过程,但是,西方行为主义政治学将政治主体内在的心理行为倾向的作用夸大化、绝对化,将其看做是决定政治生活的根本要素,这一见解无疑也是片面的。传统的政治学因过分重视政治个体的政治行动而不去探究深藏在政治个体内在的心理之中的行为倾向,也就无法理解政治个体的政治行动。因为去掉了内在的心理行为,外在的政治行动究竟是如何发生的就无法得到合理的解释。可见在理解政治个体的政治行为时,既要研究内在的心理行为,也要分析外在的政治行动。

作为微观政治学分析起点的既不是政治个体的心理行为,也不是政治个体的政治行动,而是政治个体的"行为-行动"结构。从逻辑上来分析,政治个体的心理行为是在先的,只有政治个体依据政治关系对自身已有的政治权益做出比较和评估,才会孕育、产生出试图满足某种政治权益需求的政治心理倾向,也才会产生出和转化为对现实政治关系发生影响作用的政治行动。当然在政治个体身上,在现实的"行为-行动"结构中,心理行为与政治行动之间的位置是经常发生相互转换的。绝对地讲心理行为在先,还是讲政治行动在先都会失去意义。①

政治个体的政治行动是以其内在的心理行为为基础的。政治个体的心理行为虽然重要,但是它只是个体对现有的政治关系中自己应当获取的政治权益的一种评价,正是对更多政治权益的需求或追求,使政治个体在内心产生出要改变现有政治关系的行为倾向。仅仅有心理行为倾向并不能对现实的政治关系产生实在的影响。能对现有的政治关系发生实际作用的只能是政治行动。因此,在一定意义上可以说,政治行动要比心理行为重要得多。

心理行为与政治行动都集聚在政治个体身上,并且是相互转化的。从这一点来说,两者是统一的。但是,两者还是存在明显区别的。首先,政治个体的心理行为是内在的,而政治个体的政治行动则是外在的。心理行为是一种政治态度倾向,是一种心理过程,是潜在的政治行动。政治行动则是表明政治观点、立场,必要时还要诉诸物质的力量。它是心理行为的客观化和对象化。

其次,政治个体的心理行为是着眼于对旧的政治关系的评价,而政治个体的政治行动则是着眼于对新的政治关系的建构。政治个体的心理活动与旧的、原有的政治关系相联系,是对既有政治关系的认知、评价。当对既有的政治关系中自身政治权益的获得表示满意时,就倾向于维护这种政治关系。当对既有的政治关系中自身的政治权益的获取不满意时,就倾向于改变这种政治关系。但政治个体的政治行动则主要着眼于未来的、新的政治关系。政治个体通过政治行动,或者

---

① 本书所使用的政治行为是指政治行为主体内在心理行为与外在行动的统一。有时为了将心理行为与外在行动两个层次更清晰地表现出来,将行为、行动连在一起使用。

在未来维持既有政治关系,或创造新的政治关系。

三、政治个体行为的类型与差异结构

政治行为的类型结构

在政治生活中,每一个政治个体一方面是自由的、具有自身政治权益的政治行为主体,另一方面他又是受到既有的政治制度、政治体制约束的,并且只有在与其他政治行为主体的相互制约中才能实现和维护自身政治权益的政治行为主体。在政治生活系统的政治资源有限或稀缺的条件下,在政治个体既具有利己性,又具有利他性的前提下,政治个体之间必然产生政治权益需求上的竞争。这种围绕政治权益需求产生的政治竞争指的是某个政治个体在寻求自我的政治利益的满足时,会不考虑其他政治个体的影响。比如,某个政治个体试图以牺牲他人的目标为代价来达到自己的行为目标;某个政治个体向另外的政治个体证明自己的行为、行动是正确的,而其他个体的行为、行动是错误的;当出现问题时,某个政治个体试图推卸责任而让别的政治个体来承担。

由于在政治个体之间存在着政治权益需求上的竞争,其结果就可能产生两种政治行为、行动类型。一种政治行为、行动的类型是政治合作,另一种政治行为、行动的类型是政治冲突。政治合作是指在政治竞争关系中的政治个体双方都希望满足各方的政治权益需要,并努力寻求相互受益的途径。在政治合作中,政治个体双方的意图是坦率地澄清各方政治权益上的差异,并合力找到解决问题的办法。通常两个政治个体在双赢的意图下,通过综合双方的行为、行动,使双方的经过修正后的目标都能实现,从而使各方的政治权益的需要都能得到维护和满足。

为了达到和实现政治合作的目的,政治个体可采取不同的行为、行动策略。以此为依据可将政治合作区分为三种类别。一种是积极的政治合作。采取这类别政治合作的政治个体通常或者通过坦率真诚的讨论来确认问题并解决问题,或者提出只有经过双方的协作努力才能达成的共同目标,或者提出开发政治资源实现双赢的途径。积极的政治合作的特点是处于政治竞争关系中的政治个体在行为、行动上强调主动性、共赢性。另一种是消极的政治合作。采取这种政治合作类别的政治个体或者是通过逃避、回避来退出竞争,或者是减弱相互的差异性,放弃一些需求来缓和竞争。消极的政治合作的特点是处于政治竞争关系中的政治个体在行为、行动上强调回避性、缓和性。还有一种是外力干预的政治合作。采取这种政治合作类别的政治个体或者是借助于上层的权威来保护自己的政治权益,或者是通过外在力量改变其他人的态度来赢得竞争,或者是通过人员调动改变原有的竞争关系。外力干预的政治合作的特点是处于政治竞争关系中的政治个体在行为、行动上强调外在性、强制性。

政治冲突是指某个政治个体感觉到其他的政治个体对自己关心的政治权益已经产生或即将产生消极影响,而采取的行为、行动的过程。首先,对于具体的政治个体来说,政治冲突必须是双方都感知到的,如果双方或一方都没有意识到存在冲突,则不会出现政治冲突。其次,处于政治冲突关系中的政治个体一定是在政治权益的需求上存在着不一致或者对立。第三,任何政治冲突最终必然导致政治个体间的相互作用。最后,政治冲突的程度是不一样的。在从微妙的意见不一致,一直到公开的,甚至暴力的行动之间,冲突会因程度的不同而有不同的表现。

政治冲突有产生和演变的过程。政治个体间的政治冲突源于政治竞争,但政治竞争并不是从一开始就会演化为政治冲突的,从政治竞争上升为政治冲突有一个过程。虽然政治冲突形形色色,持续的时间长短不一,激烈程度高低不等,但都包含着一些基本的演变或转化阶段。通常人们将政治冲突的过程划分为五个阶段:潜在的政治不一致、对冲突的认知、冲突的行为意向、公开冲突、冲突的结果。政治冲突总是从政治个体间潜在的政治权益上的不一致乃至对立开始。两个完全分开的政治个体不可能产生冲突。导致政治个体间潜在的不一致的条件也许是特定的组织结构或相互间的交流沟通使政治个体之间形成了竞争关系。

仅仅存在潜在的不一致,政治个体之间也不一定会发生冲突的心理倾向。只有当潜在的不一致被处于政治竞争关系中的个体意识到,并且产生出心理上的焦虑、紧张甚至对立时,政治个体才会形成特定的心理倾向。接下来就是在政治个体的内部产生趋向冲突的心理行为或行为意向。这是一个介于政治个体认知、情感和外显行动之间的独立阶段。许多政治冲突不断升级,主要原因就在于处在竞争关系中的政治个体对对方的行为意向进行了错误归因。另外,政治个体的行为意向与展开的外显行动之间也常常是不一致的。如果政治个体在产生冲突行为意向后,既不想通过主动合作来消除冲突,又不想采取逃避、折衷、迁就的方法来缓和冲突,也不存在外在权威制止冲突,冲突的行为意向就会转变为外显的冲突行动。

即使是冲突行动,政治个体在行动中也会依据情境来逐步提升强度。在冲突行动中,存在一个冲突强度的连续体。从轻度的意见分歧或误解,到公开的质问或怀疑,进一步就是武断的言语攻击,直至威胁和最后通牒,再下一步就会出现挑衅性的身体攻击,直到产生摧毁对方的公开努力。在政治生活中,像群体性示威、罢工、动乱、骚乱、抗争、革命、战争这类政治行动,都表明政治冲突已经达到强度连续体的最后阶段。

对于政治冲突的作用,存在三种不同的看法。一种看法是所有的政治冲突,无论是轻微的还是激烈的,无论是正义的还是非正义的,都是不良的、消极的。政治冲突的发生只能表明政治生活出现裂缝,出现秩序混乱。人类应当尽量避免、控制乃至消除政治冲突。这是有关政治冲突的传统观念。其特征是主张避免乃至消灭政治冲突。在这种观念下,政治个体需要做的就是不断寻找出引发冲突的原因,消除任何可能导致冲突的因素,从而保持政治系统的持续稳定。

另外一种看法是政治冲突是不可避免的。任何政治个体都有自身的政治权益,任何政治个体既有利他性,也都有利己性。因此,政治冲突就是与生俱来的。这是有关政治冲突的人际关系观念。其特征是主张接纳政治冲突,使之合理化。在这种观念下,政治个体需要做的就是要对政治冲突加以利用,让其合理的作用发挥出来,而避免其消极影响。

还有一种看法是政治冲突不仅不可避免,而且是件好事。如果政治生活过于融洽、和平、安宁,政治生活系统则会变得静止、冷漠、迟钝、保守、僵化。政治冲突是让政治生活产生活力的重要因素。这是关于政治冲突的相互作用的观念。其特征是主张鼓励政治冲突。在这种观念下,政治个体要做的不是简单地评价政治冲突是好的还是坏的,而是要选择政治冲突的类型。对于功能正常的政治冲突要鼓励,对于功能是负面的政治冲突则要控制在最低水平上。

政治行为的差异结构

大量的研究表明,政治个体的政治行为、行动既存在同一性,也存在差异性。依据导致政治个体政治行为、行动产生差异的不同原因,可以将个体的政治行为、行动的差异分成两大类别:内在的行为差异和外在的行为差异。

政治个体之间第一种类别的政治行为、行动间的差异是内在的差异。它是由政治个体的传记特点、心理与体质能力、人格特质、知觉偏差导致的。首先需要分析的是政治个体的传记特点所导致的政治个体行为、行动上的差异。所谓政治个体的传记特点是指政治个体的年龄、性别、家庭婚姻、工作时间等方面的状况。政治个体的传记特点会在一定程度上影响其政治行为、行动。显然一个已经完成深度政治社会化的中年人,其政治行为、行动要比还处在初步政治社会化阶段的青年人要成熟得多。虽然男性不一定比女性更富有政治经验,但在现实的政治生活中,男性在重大政治决策和危机处理上更能显示出坚毅性,而女性在政治管理和政治沟通上则更有耐性和细心。一个处在婚姻稳定、家庭和睦环境中的政治个体则更加期望政治生活的稳定。一个有较长工作经历的政治个体,在职场上会遇到各种政治现象,也需要处理各种政治关系,因此他对政治生活的认识相对于工作经历较短的人来说,要丰富得多,深刻得多。

其次需要分析的是政治个体心理与体质能力的不同所导致的政治行为、行动上的差异。政治个体的心理能力,主要包括运算、言语理解、知觉辨认、归纳与演绎推理、空间视觉、记忆等方面的能力。显然,一个在言语理解、知觉辨认、思维推理、记忆等方面能力都较强的个体,他对政治现象、事件、过程、人物的理解,和一个在这几方面的能力都比较弱的个体相比较,其差异是非常明显的。有些个体能从一些政治现象中概括出政治变化的趋势,而另一些人,因缺乏记忆、辨认和推理能力,则可能被政治现象的多变搅得晕头转向。政治个体的体质能力主要指个体的躯干运用、身体静态和动态的爆发力量,以及身体的灵活性、协调性与平衡性。对于体质能力是否会影响政治个体的政治行为、行动,人们至今并没有得出确切的结论。但是有一点是非常清楚的,即一定的体质能力对于确保政治行为、行动的成功是十分重要的。

第三需要分析的是政治个体人格特质的差别所导致的政治行为、行动上的差异。政治个体的人格是指个体内部心身系统的动力组织,它决定着个体对政治活动环境独特的调节方式。对于个体的人格特质,有多种划分方法,从而也产生出各种数目的人格特质。曾有一项研究找出了个体具有17935种人格特质,还有一项研究先将个体人格特质确定为171种,然后又找出其中的16种使个体行为稳定而持久的主要特质。在美国最为普遍使用的人格框架是麦尔斯-布瑞格斯类型指标(MBTI)。它将个体分为外向的或内向的,领悟的或直觉的,思维的或情感的,感知的或判断的,并加以组合,最终形成16种人格类型。但在实际管理中,人们常常使用5维度模型。它将个体人格特质概括为"五大"(Big Five)方面:外倾性、随和性、责任心、情绪稳定性、经验开放性。[1]

人格特质会导致政治个体行为、行动上的较大差异。很明显,一个具有责任心人格特质的政治个体在政治行为、行动上就会表现出责任感、可靠性、持久性和有成就倾向。而缺乏这种人格特质的政治个体在政治行为、行动上则会处处推卸责任,不可靠,虎头蛇尾,不求进取。一个情绪稳定的政治个体,其行为、行动中较多的是表现出平和、热情、安全。相反,情绪消极的政治个体,其行为、行动则常常表现出紧张、焦虑、令人失望。

最后需要探讨的是政治个体知觉的偏差所导致的政治行为、行动上的差异。政治个体的政治知觉是指个体为了给自己所在的政治生活环境赋予意义而解释感觉印象的过程。在政治生活中,政治个体面对的政治生活世界是他们知觉到的世界。政治个体的行为、行动并不是以现实政治生活本身而是以他本人对现实环境的政治知觉为基础的。因此,政治个体在对其他人作判断时采用的途径所造成的知觉偏差就会导致其行为、行动的差异。一种常见的发生政治知觉偏差的途径

---

[1] 参见斯蒂芬·P. 罗宾斯:《组织行为学》(第七版),中国人民大学出版社2002年版,第77—78页。

是选择性知觉。政治个体在接受观察到的信息时,不是接受并分析所有的信息,而只是依据自己的兴趣、背景、经验和态度,主动地选择一些零碎的信息,从而导致知觉的失真。这种选择性知觉的偏差必然让政治个体依据知觉产生的行为、行动出现差异。

另一种也是经常发生的知觉偏差是知觉的晕轮效应。政治个体在形成对某个政治个体的总体印象时,常常只是根据自己有限的经历,以个体的某些特征,如外貌、智力、社会活动力为基础。由于排除了对个体其他特点的完整认知,得到的知觉也会是不完整的,以此为基础产生的行为、行动,必然产生差异。与这种知觉的晕轮效应相类似的知觉偏差是知觉的对比、投射效应。政治个体在形成对某个个体的总体印象时,或者是因为受到最近接触到的另外个体的程度比较上的影响,或者是受到与另外的个体相类似的影响,而不能形成客观合理的知觉。比如刚刚交谈的政治个体较为内向,现在正在交谈的政治个体稍微大方一点,你就可能认为后者是非常开朗、活跃的人。或者刚刚交谈的政治个体懂的政治知识很多,现在来到面前的政治个体正好和前面的个体长得很相像,你就认为后来的个体也一定是位对政治知识熟知的人。依据具有晕轮或投射效应的知觉去决定行为、行动,肯定会产生差异。

除此以外知识的刻板印象偏差也会导致政治个体行为、行动上的差异。政治个体在形成对其他政治个体的知觉时,常常以性别、年龄、种族、宗教、相貌为基础,产生出带有固定类别的印象。比如总认为高大的男子一定是政治立场坚定的,年龄小的政治个体必定是政治经验不足的,等等。一旦以这种刻板性的知觉为基础形成和展开政治行为、行动,就避免不了差异。对于上述种种类别的政治个体基于传记特点、心理和体质能力、人格特质、知觉偏差而产生的行为、行动上的差异,究竟是属于先天性的,还是属于后天性的,人们在认识上一直存在分歧。但有一点是清楚的,即导致这些行为、行动差异的因素,既有先天的成分,也有后天的因素。

政治个体之间属于第二类别的行为、行动上的差异是外在的差异。这类差异肯定是由政治个体自身非先天赋予的、纯粹后天的社会原因导致的。政治个体这一类别的政治行为、行动的差异主要表现为:一是因种族血统的不同而产生的政治行为、行动上的差异。二是因出身门第的不同而产生的政治行为、行动上的差异。三是因宗教信仰的不同而产生的政治行为、行动上的差异。四是因金钱财富占有的不同而产生的政治行为、行动上的差异。在缺乏公正和民主的政治形态中,第二类差异的重要性不仅超过第一类差异,而且政治生活系统对第二类政治行为、行动方面的差异是保护的。当政治形态日益向公正和民主方向发展时,政治个体政治行为、行动上的第一类别的差异将成为主要的差异。政治生活发展的一个重要方面是人类将创设各种制度来消除政治个体政治行为、行动上的第二类别的差异对现实政治生活的影响。

第二节　精英政治个体的政治行为

一、精英政治个体的素质与成长

肯定政治个体的存在,并充分重视政治行为的个体性,这是对政治微观生活进行科学、合理分析的重要前提条件。但是仅仅承认这一前提条件还不够,要对政治个体展开具体的研究,还需要进一步对客观存在并活动着的政治个体做出更为细致的区分,即把政治个体划分为公众政治个体和精英政治个体两大类别。这种区分将有助于我们在思考和规划政治建设时,既重视公众政治个体在微观政治生活中的作用,同时也重视精英政治个体在微观政治生活中的作用。

政治精英的素质

由于西方社会科学研究中本来就存在着过分推崇英雄人物的思维元素,再加上在研究政治个体的行为时,相当多的西方政治学家又特别将一些身居高位的政治领袖、有着高贵血统的政治人物、左右舆论的政治思想家的作用夸大到神奇的地步,由此就形成了一套以贬低公众政治个体作用为前提的、基于英雄史观的政治精英学说。对这种西方的政治精英学说加以批判是完全必要的,但是人们在做这种批判时,也容易从一个极端走向另一个极端,即坚决否认政治精英的存在,当然也就从根本上否认了政治精英的作用。

基于唯物史观的马克思主义政治学理论既反对否定公众政治个体作用的思想,也反对抹煞精英政治个体作用的观念。在运用唯物史观考察和分析人类政治生活的存在和发展时,作为与物质和精神生产紧密相连的人民总是被置于历史创造者的重要地位。在社会主义人民民主的政治形态中,人民始终被尊崇为国家的主人。在社会主义宪法所规定的政治权力的结构中,始终强调的是国家主权的在民性。但是要让庄严的政治承诺和严格的宪法规定变成政治生活的事实,则需要经过政治实践的环节。人民所具有的当家作主的法律地位和创造历史的作用只有通过一个个政治个体的政治行为、行动,才能最终实现出来。一旦一个个政治个体依据自身的政治权益,试图自由展开的政治行为、行动受到限制、束缚,甚至扼杀,那么,人民当家作主的法律地位和创造历史的作用就只会成为停留在政治和法律文本上的、空洞的、抽象的说教,只能变成政治特权阶层标榜政治民主的虚

第四章 政治个体及其行为

假招牌。正因为这样,要承认、研究、分析人民的政治作用,就要承认、研究、分析政治个体的政治行为、行动的作用。

在微观政治生活中发挥着具体的、现实的作用的一个个政治个体,既有非常普通的、不担任重要政治职位的,也不是政治领袖的公众政治个体,他们常常被称为"芸芸众生"、"草根阶层"。在现实的政治生活中,也的确有一些超群出众的、占据着一定政治职位甚至是政治领袖的重要政治人物,他们就是精英政治个体,人们常常称他们为"杰出人物"、"上层阶层"。如果我们看重人民在政治生活中的重要地位和创造作用,我们就必须同时看重公众政治个体和精英政治个体的历史地位和重要作用。如果我们只讲公众政治个体的政治行为、行动的作用,一味地否认精英政治个体的存在及其作用,就会陷入民粹主义的片面性。如果我们过分夸大精英政治个体的政治行为、行动的作用,轻视或否认公众政治个体的作用,则会走向另一个极端,即陷入精英主义的片面性。

要正确认识精英政治个体的政治行为、行动及其作用,我们首先就需要研究能让精英政治个体发挥作用的基本条件和客观历史条件。在西方,这方面的研究和分析又常常是和选择与确立区分公众与精英的标准联系在一起的。在西方政治学家那里,区分公众政治个体与精英政治个体的标准通常有两大类:一类是粗糙的数量标准;另一类则是精细的特质标准。多数政治学家通常总是以人数的多少,即多数人与少数人作为划分公众政治个体和精英政治个体的数量依据。但人们在阐述了数量标准以后,立即又会把潜藏着的特质上的标准端出来。他们认为在政治个体中,凡是数量上是较少的,则一定是特质比较高的;凡是人数上是较多的,则一定是特质较为低下的。美国政治学家莱斯利·里普森对此做过分析,他直截了当地指出,任何贵族理论或精英政治理论的主张,都面临两个相关的问题。首先,它必须给出少数对多数运用权力的正当理由,说明为什么这些少数人更适合于进行治理的统治。其次,它必须设计出一种区分精英与民众的方法。这就需要某种将一些人包括进精英和将另一些人排除在外的标准。[①]

但是在西方的精英政治学说中,人们很少能见到或者根本就不存在任何有关划分政治精英的数量标准与其特质标准之间存在必然关联的严格论证,因而这些学说中关于政治精英的数量与特质之间有着对应关系的判断只能是武断的。如西班牙学者格塞特(Jose Ortegay Gasset)就毫无理由地认为,社会总是由两个部分组成的有机整体:少数派和多数派。少数派是有特定资格的个人或由个人组成的团体。多数派是没有特定资格的人群的集合。[②]

---

① 参见莱斯利·里普森《政治学的重大问题:政治学导论》,华夏出版社2001年版,第75页。
② 参见莱斯利·里普森《政治学的重大问题:政治学导论》,华夏出版社2001年版,第74页。

莫斯卡在他1896年写的《统治阶级》(The Ruling Class)一书中说得就更为武断：在一切政治有机体中，都可以看到一些永恒不变的事实和趋势。其中一个十分清楚，对最不经心的人也是显而易见的情况是，在一切社会里，从很不开化而刚刚达到文明的社会，直至最发达最强有力的社会，人类总会有两个阶级：一个是统治阶级，另一个是被统治阶级。第一个阶级人数总是较少，完成一切政治职能，垄断权力并享受权力带来的好处。而第二个阶级，人数众多，受第一个阶级的指挥和控制，统治方式有时多少是合法的，有时多少是专断和凶暴的。这第二个阶级至少在表面上还向第一个阶级供应维持生存的物质资料以及对政治有机体的生命力必不可少的工具。这种把人数的多少与特质的高低对应起来的论断虽然与人们在政治生活中日常所见到的似乎多少有点吻合，但事实上人数的多少与特质的高低之间并不存在因果关系。因此，这种论断无论是在理论上还是在实践上都是没有根据的。

另外还有更多的西方学者除了赞同将人数少和特质高硬拉扯在一起外，还罗列出更多的、更为精细的区分精英政治个体的特质标准。在不同的精英理论中，这些特质的类别及其排列的顺序可能不一定相同，比如，有些西方政治学家将语言能力、形象、强制力等等也作为政治精英的重要属性。有些精英理论将政治精英的出身、军事力量、财富等属性排在前几位，也有些学者则把政治精英的种族、文化、性别等特质摆在重要的位置上。政治精英身上具有的这些特质的数量也是不相同的，他们所描述的历史上多数有名的政治精英都会同时拥有两个或更多的特质。美国政治学者莱斯利·里普森曾经对此做过概括，他统计出西方精英政治理论中所包含的能够确定某个个体是精英政治个体的10种基本特质：种族、出身、年龄、性别、宗教、军事力量、文化、财富、政治权力和知识。

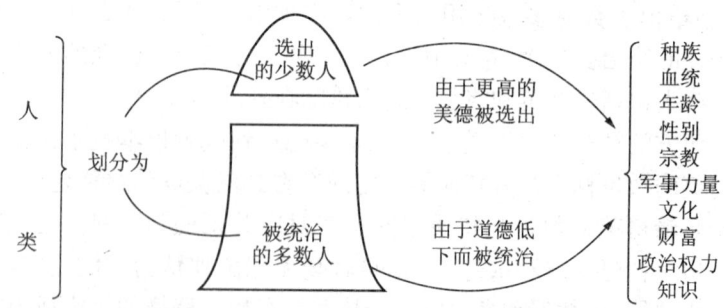

图4-2 西方政治精英理论关于精英与民众的区分

西方精英理论中有关精英政治个体与民众政治个体区别的论述，以及精英所具有非凡特质的观念，要么是毫无根据，要么就是露骨的偏见，统统都是站不住脚的。例如,一些政治学家把出生于某个种族的人都视为政治精英,而将属于其他种族的人都看做是群氓。这实际上是将人类种族强行地区分出优等与劣等两种,一些种族被人为地确定为优等种族,只有出生于这一种族的人才配称得上是政治精英。这是一种赤裸裸的"种族优越神话"。种族只不过是一种区分人类群体身体特征类型的生物学概念,人类群体的身体特征虽然有差别,但是怎么能断定具有一种身体特征的人一定会比具有另一种身体特征的人更优越,更高等呢!人种或种族都是平等的,并无优劣之别。当希特勒将这种种族优越的神话变成露骨的理论并妄图彻底加以运用时,世界就陷入了灾难。

再比如,有人将出身于某种家庭,从而具有某种血统的人视为政治精英。这种观念宣扬的则是反动的血统论。在封建贵族社会中曾经广泛流行过一种毫无根据的区分人类群体的标准:重要的是一个人的血统和出身,一个人即使不付出任何努力,他祖先或父辈的优势也可以使他在社会等级秩序中获得高高在上的位置。而缺少这一项,即使个人能力再强,也只能处在社会底层。这种血统论有一个基本假定,即坚信在人类中有计划的、有选择的优生就可以让父母的优秀品质遗传给后代,从而使人类中"更高级"的类型得到进化。但是,历史的进步无情地打碎了顽固的血统观念。任何一次社会的政治革命,都证明了所谓的具有高级血统的反动统治者并无特殊的才能,只要政治制度是腐朽的,他们注定要失败。而被认为只具有低级血统的人则会翻身当主人,成为革命阶级,他们在革命斗争中练就出了高贵的品质,取得了胜利,登上了政治舞台。

精英政治理论除了宣扬政治精英的种族和血统的特质外,还把年龄和性别作为区分政治精英和政治公众的标准和特质。在人类发展的历程中,曾经的确有过让长者具有支配非长者特权的漫长时期和阶段,也有过让男性具有特权支配女性的漫长时期和阶段。人们之所以相信长老统治更有效,是立足于一种假想的信念:政治统治必须依仗成熟的判断力,这种成熟的判断力主要是通过直接的经验获得的,因此,年长的人显然有着更为丰富的、更为成熟的经验,由他们来治理社会更值得人们信赖。至于精英只能是男性的依据也和上述理由差不多。人们相信自古至今,男性都在家庭之外工作,因此获得了一种女性所无法获得的政治治理的经验和成熟的判断力。如果说历史上也出现过女性成为精英的例子,那只能说明她们成功地模仿了男性的经验和判断力。但是模仿与原创相比总是低级的。

这两种决定某些人能够成为精英的特质又都和家庭中实行父权制相联系。精英政治理论认为,政治生活中的国家治理不过是家庭治理的扩大,因此,在家庭中担任家长的男性、长者,也必定是社会政治精英。这一套精英特质的观念是没有根据的。现代社会的进步,使人类获取经验的途径日益增多,年岁的大小不再是经验多少和政治判断力高低的决定因素,政治生活的现实已经打破了只有长者、男性才具有治理的经验、成熟的政治判断力的假设。现代政治生活的发展,也否定了国家和家庭的同构性,治理国家的精英决不是家长。而且大量的考古研究也发现,在人类最早的家庭中担任家长的并不是男性,而恰恰是女性。

上述几种在西方政治学中被确定为政治精英的特质的因素,都是政治个体自己无法选择和改变的。政治个体只能出生在一定的种族、家庭之中,其性别和年龄也并不是由自己决定的。将这些个体无法左右的因素作为一个政治个体是不是注定要成为政治精英的特质,实在是荒唐和荒谬之极。但是在现代社会中,也常常会冒出改版的血统论与种族论。比如,有些人常常自觉或不自觉地相信"父母英雄儿好汉"的假设,将祖辈、父辈有过战功,担任过较高级别的官职,或者已经在某个领域中当过干部作为一种特质和资本,让他们的儿孙青云直上,身居高位。这种变相的血统论、种族论已经在现实政治生活中造成了恶劣的影响。

将宗教信仰作为政治精英的特质是中世纪封建主义政治生活系统中通行的惯例。在欧洲发展的历史上,曾经有过教会占据特权地位的漫长时期。因为教会的权力高于世俗的权力,所以,或者是担任教会职务的个体,或者是信奉某种宗教的人也就具有了特权,被看成政治精英。这实质上是一种神权政治论。随着中世纪的结束,教会的权力开始衰落,世俗的权力占据了统治地位。以某种宗教信仰作为政治精英特质的观念也随之衰退。但是,在一些具有宗教传统的现代政治生活系统中,有时人们仍然将信奉某种宗教作为成为政治精英的一项特质。而在一些处于发展之中的政治生活系统内,有时也会出现以某种不具有宗教内容但却具有如同宗教崇拜一样的个人崇拜作为鉴别政治精英的特质。虽然宗教在现代政治生活系统中依然有其作用,但是,以宗教或类似宗教的崇拜作为政治精英特质的观念和做法已经没有太多的市场了。

至于把掌控军事力量、文化、财富、政治权力,以及利用和掌握知识作为政治精英特质的观念,与上述的把种族、血统、年龄、性别、宗教信仰作为精英特质的观念是有区别的。因为后几种因素确实和政治能力并无太多的联系,而前几个因素则与政治能力有着较大的关联。比如一个政治个体,如果掌管了较重要的军事力量,占据着较理想的文化资源,具有较多的财富,掌握着较大的政治权力,具备丰富的知识,他有可能成为杰出的政治人物。但是,在这种情况下,军事力量、文化、财富、政治权力和知识就不再是所谓的政治精英的特质因素,而是使某些政治个体产生较为重要的政治作用、成为政治精英的客观历史条件。而且,这些条件因素和政治精英之间的因果联系常常会颠倒过来:既可能是这些客观历史条件因素让政治个体变为政治精英,也可能正因为政治个体已经是政治精英,才让他具备了这些客观历史条件因素。

对于这些形形色色的政治精英的特质理论,许多西方的学者也已经做过批判。罗宾斯就曾经指出,早在 20 世纪 30 年代,心理学家们就进行过大量的研究,希望发现领导者和非领导者在个性、社会、生理或智力因素方面的差异。但是众多分离的领导特质的研究努力也都以失败而告终。有关这方面内容的一份研究综述先后概括了 20 多个研究报告,共列出了近 80 项所谓领导的特质要素,但其中只有 4 份报告给出了 5 项共同的特质。这表明人们并没找到能够将领导者与非领导者区分开来的那些共同的所谓的精英特质。罗宾斯认为,大半个世纪以来大量研究得出这样的结论:具备某些特质确实能提高领导者成功的可能性,但没有一种特质是成功的保证。[①]

政治精英的成长

西方的精英政治学说将政治精英神秘化、神圣化。其实精英政治个体也是从十分普通的政治个体中产生出来的,他们原本并不比公众政治个体来得崇高和尊贵。精英政治个体只是多一些政治经验,多一些政治智慧,能够更好地利用诸如军事的、物质的、文化的、财富的、知识的技能,从而能够比一般的公众政治个体想得多一点,看得远一点而已。

考察历史上和现实中的政治精英会发现,他们的存在和发展都具有非常现实的条件。首先,任何精英政治个体都不是先天就存在的,也决不是命中注定的,而是后天形成的,是社会历史的产物。虽然有许多个人传记记载着伟大人物在成长中确实有许多不同凡响的成分和经历,但是这些并不能作为政治精英的先天性和命定性的证明。因为许多伟大人物传记中所描述的故事或者是在伟大人物成功之后,人们所进行的刻意的、拔高式的追溯描述,或者是这些故事原本就在许多同时代的政治个体的身上都存在着。政治精英的第一声啼哭和普通公众政治个体不会有什么两样。

对政治精英的成长具有决定意义的是社会历史环境。正是特殊的社会历史环境,特别是其中蕴含的矛盾和发展趋势,是政治精英产生和发挥作用的现实条件。是时势造就了英雄,而不是英雄造就了时势。正是旧中国特别破败、落后的现实状况,正是帝国主义、封建主义、官僚买办资产阶级与人民大众、外来势力和中华民族的矛盾,正是中国民族资产阶级的特别软弱,才让出身于湖南湘江的毛泽东和他的战友们成为中国新民主主义革命和后来新中国建立后社会主义建设中的政治精英。正是全球两大阵营的冷战对峙缓和,世界涌起全球化、国际化、市场化、信息化的浪潮,中国老百姓在经过长达十年的浩劫后迫切需要走向共同富裕的要求,使得邓小

---

① 参见斯蒂芬·P. 罗宾斯《组织行为学》(第七版),中国人民大学出版社 2002 年版,第 320—321 页。

平成为引导中国走向改革、开放,实现社会转型的战略设计师和政治精英。

其次,任何政治精英的产生和发挥作用都需要有广大公众政治个体的支持和拥护。政治精英也是人民的一员,他们只有和千百万公众政治个体血肉相连,呼吸相通,才能成长为超凡出众,率领公众勇往直前的政治个体。政治精英要能成就伟业,必须是一群人,是一个团队。单枪匹马的孤胆英雄是无法成功的。任何政治个体,一旦离开了群体、团体、集团和政治党派,充其量只能成为江湖好汉,而不可能成为引导阶级、民族乃至整个政治系统前进的政治精英。

第三,任何政治精英都只有在现实的政治生活中,善于将实践和理论进行有机结合,才能成长壮大起来。政治精英的工作场所必须在真实的政治生活中,书斋中只能产生出空头理论家。但政治个体也不是一到政治实践之中,仅仅凭政治经验就能成为政治精英的。政治精英一定是在理论与实践的有机结合上做出非凡贡献的政治个体。今天人们之所以将毛泽东、邓小平称为政治精英,就在于他们不仅带领人们从事伟大的政治实践,而且,在政治实践中,他们都有深刻、系统的理论创造。

第四,任何政治精英都必须在复杂艰难的政治活动中,熟练地运用各种技能,才能发挥出比一般公众政治个体更大的作用。一个普通的公众政治个体要想经过磨炼成长为政治精英,就需要运用一系列的手段和技能。如需要具备运用象征技能,通过很好地运用文字、语言和特殊形象,以获得公众政治个体的信任。需要具备运用暴力技能,通过运用强制力,包括军队,来实现阶级、民族、政党的目标。需要具备运用物质技能,通过运用包括财富在内的物质技能,来控制政治秩序,并获得支持。需要具备运用技术技能,越是现代的精英,越要注重控制和利用尖端的和领先的技术,以取得科技上的地位。精英政治个体还需要运用知识技能,在知识经济社会中,掌握、控制某些知识就能增强自身的政治权力。

二、精英政治个体的流动与更替

精英政治个体和任何其他的政治个体一样,既有生理生命的周期,也有政治生命的周期。尽管在传统的和具有现代迷信色彩的政治生活系统中,某些政治精英们已经习惯了在他们出现时,人们会高呼万岁或祝他们万寿无疆,但所有的政治精英都不可能长生不老。不仅如此,精英政治个体也不可能一直活动在政治舞台上。当他们从公众政治个体成长为精英政治个体后,他们会在政治舞台上活跃一段时间,但不可能一直占据这个舞台不走。虽然在某些政治生活系统中也曾经流行过政治任职的终身制,但这种不符合历史潮流的体制因其重重弊端而逐步被取消了。精英政治个体生理上和政治上的生命周期性决定了他们的流动与更替。

政治精英的流动与政治精英的更替其实是同一过程的两个方面,只是强调的重点不同而已。政治精英流动强调的是他们变动的形式,政治精英更替更多的是强调他们变动的方式。

政治精英的流动

像所有政治主体都需要流动一样,政治精英也具有流动的特点。政治精英流动是指精英政治个体的活动空间或领域转移的过程与形式。广义的政治精英流动既包括已经在政治领域中的政治精英进入和退出政治生活舞台的过程与形式,也包括政治领域中的精英和非政治领域的精英之间相互转移的过程与形式。前一种是政治精英的纵向历时性流动,表现为新的政治精英进入政治舞台、老的政治精英退出政治舞台。后一种则是政治领域的精英个体与非政治领域的精英个体间的横向同时性流动,即其他领域的精英转移到政治领域,或政治领域的精英转移到非政治领域。我们要讨论的精英政治个体的流动,主要是指后一种横向同时性流动。至于政治精英的纵向历时性流动,则归入精英政治个体更替的范畴。

人类生活是多领域的。现代的人类生活领域已经发展得较为齐全,通常可以划分为政治的、经济的、文化的和社会的四大领域。在这些领域中,都会产生出一些比公众个体更有经验、更有智慧、更有远见的个体,他们就成为在特定历史条件下、在不同生活领域中活跃着的各种各样的精英。随着人类生活的发展,在经济领域、技术领域出现过许多杰出人物,他们是经济精英、科技精英。在文化领域中,也出现过无数的在艺术、体育、文学等方面做出过杰出贡献的人物,他们是艺术精英、体育精英、文学精英。在社会领域,也出现过许许多多宗教的、民族的、教育的、知识的、道德的等方面的杰出人物,他们是宗教精英、民族精英、教育精英、知识精英、道德精英。当然,在历史上和现实中,政治领域的精英更是引人注目。

政治精英的流动既可以表现为非政治领域的精英向政治领域的转移,也可以表现为政治领域的精英向非政治领域的转移。在传统的封建政治系统中,读书人的抱负是通过科举考试,中进士、成举人,进入官府,谋得一官半职。天下多少学子,寒窗苦读,其志向是学得满腹经纶售于帝王家。在封建主统治的政治形态中,政治统治者也希望通过这种知识精英向政治精英的转移,以便有效地对知识分子加以控制。在传统的封建政治系统中,也有一些在官场受到排挤,或因不愿趋炎附势而被赶出官府的政治精英,他们之中有些后来成为在文学上有作为的人,有些则成为精于商道的人,有些则成为在农桑水利医药等方面的科技研究上有杰出造诣的人。他们从政治精英转变为文学精英、经济精英、科技精英。这是从政治精英向非政治精英的转移。在整个封建专制的政治系统中,从知识精英向政治精英流动的人数较多,而从其他的诸如经济精英、科技精英向政治精英流动的则比较少。在从政治精英向非政治精英的流动中,由政治精英转变为文化、文学、经济等领域的精英的人数则比较多。

在现代政治生活系统中,政治领域和非政治领域之间的精英转移不仅是相互的,而且变得日益频繁。但在不同的历史时期,这类精英流动的主流倾向并不完全一样。在新中国成立之初,一大批在革命岁月中立下丰功伟绩的军事精英流向了政治领域,成为政治精英。也有一批军事精英流向了经济领域、教育领域,成为经济精英、教育精英。在这一时期,从军事精英流向政治精英则是当时政治精英流动的主流倾向。

当政治斗争逐步成为全社会活动的重心时,政治精英就成为政治生活系统中最有价值的政治个体,一些在非政治领域中活动着的精英个体,如知识、科技领域中的精英就会想方设法转移到政治领域中来,以显示自身的才能和增加自身的价值。虽然这时也有不少政治精英在残酷的阶级斗争下被从政治领域排挤出去,或者一些政治精英因厌恶政治斗争而自愿退出政治领域,但这类精英流动并不是很多。在以政治斗争为中心的历史年代,非政治领域的精英向政治领域的转移成为政治精英流动的主流倾向。

当一个政治生活系统的活动重心从政治领域转向经济领域时,政治精英流动的主流倾向就会发生变化。在改革开放初期,一大批在政府任职的政治精英纷纷走出政府大院,进入商品和市场经济领域,成为在经济领域有作为的人。当时人们称这种精英流动为"下海"。汇入这股精英"下海"大潮的,还有知识精英、科技精英、文化精英、体育精英等等。但这股精英"下海"的潮流并没有能够成为政治精英流动的主流倾向。不少人一方面感到经济领域竞争激烈,风险较大,另一方面也觉得个体在政治领域中的社会地位较高,收入也较为稳定。因此,精英个体从知识、科技、经济领域流向政治领域仍然成为政治精英流动的主要倾向。

一个运行正常的政治生活系统,在经历过不同的政治精英流动的主流倾向后,会进入政治精英流动的正常状态。这时,精英个体从非政治领域转移到政治领域,或从政治领域转移到非政治领域,就会成为十分正常和均衡的事情。一方面,精英个体从政治领域到非政治领域,或相反从非政治领域到政治领域的流动,会变得自由、自然和常态化。另一方面,精英个体在政治领域与非政治领域之间不同流向的速度和数量也会变得平均、对等和均衡化。虽然在改革、开放的具体历史条件下与社会转型的特殊时期,精英个体的流动在方向上存在某种不均衡,即从政治领域到非政治领域的流动数量和速度,与从非政治领域到政治领域的流动数量和速度并不是对等的、均衡的,但从长久的发展来看,在一个较长的时期中,精英个体从政治领域转向非政治领域和从非政治领域转向政治领域的人数和速度会逐步趋于对等化和均衡化。

第四章　政治个体及其行为

政治精英的替代

政治精英的替代指的是老一代的政治精英个体或群体逐步退出政治舞台、新的一代个体或群体逐渐进入政治舞台的过程和方式。政治精英的替代既包括个体层次上的替代,也包括群体层次上的替代。前者是指政治精英个体政治生命周期的变化,老的精英政治个体退出政治活动舞台,新的精英政治个体进入政治活动舞台。这是政治精英个体的周期变化。后者则是指传统的政治精英群体的消失和现代政治精英群体的出现。这是政治精英代际的周期变化。

在精英政治个体的正常替代中,个体本身生理上的生命周期与个体本身政治上的生命周期是不一致的。因为政治精英个体的政治生命周期与其生理生命的周期相比,前者要短暂得多,因此,当政治精英离开其重要的政治职位,离开政治舞台时,他生理上的生命仍然是旺盛的。一个不再担任重要政治职务的政治精英,在他成为一个普通的公众政治个体时,仍然能够从事政治以外的其他工作,并享受人生其他方面的乐趣。

但是,在不少缺乏法治传统的政治系统中,政治精英一旦进入政治舞台,特别是担任重要的政治职务以后,他们就会长期占据这一位置不放,一直要等到其生理上的生命周期结束,才肯让出政治职位。这种政治任职的终身制导致了许多"白发掌权"、"病夫治国"、年迈误政的悲剧。在现代政治生活系统中,政治精英的政治生命周期日益受到法律和制度的严格约束。一些政治生活系统不仅规定了某些重要政治职位一届的年限,而且规定同一政治精英在同一职务上只能连任一届,这样就能从法律和制度上取消政治任职的终身制,保证政治精英替代的正常化。

政治精英的替代除了发生在个体的层面上外,还会发生在群体的层面上。这主要是指在政治生活系统的发展中,具有某个时代特征的政治精英群体逐步取代具有另外时代特征的政治精英群体的过程。这是一种政治精英之间的代际替代。现代精英理论从一个更广泛的角度对具有某种共同特征的政治精英群体做了归并与划分。他们认为,应以工业化为分界点来划分传统的和现代的政治精英。在游牧、农耕社会中,活动着的政治精英都被归并到传统政治精英的范畴之中。而在工业化社会、后工业化社会和初级阶段的知识经济社会中活动着的则是现代政治精英。从前工业化到工业化的过程,正是传统的精英逐步地退出历史舞台,新型的、现代的精英逐渐成为政治舞台主角的过程。

在描述政治精英的代际替代时,人们运用传统和现代两个范畴,将不同时代的政治精英群体划分开来,这具有一定的合理性。但是一定要记住这种对政治精英所做的传统和现代的区分只是相对的,并不具有绝对的意义。因为人们习惯于将某一时期的历史巨变,以巨变的时间节点为界,区分出传统和现代。在时间节点之前的被称为传统,在时间节点之后的则被称为现代。但是,传统和现代是无法断然分开的,两者常常是相互重叠、交错的。这种重叠性和交错性也会在政治精英群体身上体现出来。

在现实的微观政治生活中,事情要远比这种宽泛的传统和现代的政治精英群体类型划分复杂得多。事实上,不同的政治生活系统中都有不同意义上的传统和现代的政治精英群体。这对于处在社会转型之中的政治生活系统来说尤其是这样。如果我们以新中国建立为分界线,在此之前的政治精英就是传统的,而此后的政治精英则是现代的。而如果以20世纪70年代末启动改革开放为分界线,则计划经济模式下的政治精英是传统的,在改革开放中涌现出来的政治精英则是现代的。因此,在今天,如果想科学、合理地研究和分析不同时代的政治精英群体在特征和作用方面的异同,我们就需要找到衡量前后相继的不同时代的各种标准,并从具体的时代出发,观察和概括出不同时代政治精英群体的共同特征,然后再加以细致认真的比较。

在研究精英政治个体的替代时,分析个体政治精英替代的方式与特点是非常重要的。一般地说,精英政治个体的替代方式有两大类。一类是正常的周期性替代,另一类是偶然的非周期替代。所谓政治精英正常的周期性替代是指老的精英政治个体按照法律或制度规定的年限,依据一定的程序,退出政治职位,甚至退出所有职业政治活动,同时让新的精英政治个体进入一定的政治职务的过程。这种类型的政治精英的替代是和平的、程序化的。在这种类型的替代中,老一辈的政治精英会把宝贵的政治经验和优良的政治传统传承给新一辈的政治精英。

另一类政治精英替代是偶然的非周期性替代。所谓偶然的非周期性替代是指新的政治精英利用政治的变动,从老的政治精英手中夺得政治职务登上政治舞台,而老的政治精英因失去政治职务,而不得不退出政治舞台的过程。导致政治精英替代的政治变动,可以是政治革命,也可以是政治动乱。在非周期性的政治精英替代中,新老政治精英的交替是非程序性的,有时甚至是暴力的。

在新兴的革命阶级推翻腐朽的反动阶级的政治革命中,新的政治精英总是充满活力的,而老的政治精英虽然有时也会负隅顽抗,但多数会变得丧失斗志,不堪一击。帕雷托曾考察过罗马时代和法国大革命时期的没落精英,当革命到来时,他们变得衰弱无力,"维持着某种消极的勇气,而缺乏积极的勇气。人们惊讶地看到,在罗马帝国,精英阶层只要能取悦恺撒,竟然会自杀或毫无防备地让人暗杀。

而同样令人惊讶的是,法国贵族死在断头台上,而不拿起武器去战斗"。①

三、政治精英个体的作用与条件

政治精英的作用

通常精英政治个体都是政治群体的组织者,是政治团体、政治集团的核心人物或领袖,特别在政治党派中是骨干和领导人。因此,符合时代潮流的精英政治个体在政治活动中能够发挥出积极作用。首先,精英政治个体是其他政治主体政治行动的协调和组织者。公众政治个体的政治权益常常是分散的,政治群体、政治团体、政治集团之间的政治要求常常也是矛盾的,甚至冲突的。要让政治生活系统有序、稳定地运行,就需要把不同的政治主体为维护和增强政治权益的政治行为、行动组织和协调起来。能够发挥这种协调和组织作用的除开政府以外,不同层次的政治精英的协调和组织作用就显得十分重要。精英政治个体的组织协调作用是分层级体现和实施的。首先是作为政治群体、政治团体、政治集团、政治党派中核心的政治精英将自己所在的政治群体、政治团体、政治集团和政治党派中的成员的政治权益要求组织与协调起来,这是第一层级的政治权益需求的协调和组织。然后是政治精英之间通过组织和协调,再将更大范围内的政治群体、政治团体、政治集团和政治党派的政治权益需求组织和协调起来,这是第二层级的政治主体的政治权益需求的组织与协调。

其次,精英政治个体是其他政治主体政治行为、行动的正确方向的指引者。通常在政治生活中活动的精英政治个体,都能比一般的政治行为主体能更好地把握政治系统的运行战略目标,他们会在不同时期提出政治生活系统变革和发展的前景。精英政治个体正是运用战略目标和发展前景,来激励和引领其他政治主体正确参与政治生活,朝着正确的方向展开政治行为、行动和活动。

第三,精英政治个体是政治活动中危机的识别者和解决者。政治生活系统在平稳运行时,人们并不感觉需要精英政治个体的组织与指引,但一旦政治生活系统的运行,由于内部或外部力量的作用,失去平衡而陷入危机时,人们就特别需要精英政治个体出来解决危难。精英政治个体在政治生活面临危机时刻的作用,就体现在他们能够比一般的政治主体更早、更深刻地识别危机的降临,并且能够更镇静、更勇敢地控制和处理危机。因此,在一个政治生活系统遭受危机袭击时,总能看到精英政治个体在地震的废墟上,在滔天的洪水中,在漫天的雪灾中,在金融风暴的恐慌里果敢决断、镇静自若、率领人们前进。

---

① 参见维尔弗雷多·帕雷托《精英的兴衰》,上海人民出版社 2003 年版,第 42—43 页。

精英政治作用的条件

但是,在肯定精英政治个体的巨大能量和重要作用时,我们不能将他们的能量和作用绝对化,决不可无限度地夸大。精英政治个体也是政治生活系统的成员,像所有政治行为主体一样,他们也是极其普通的人。凡是现实个体身上会有的局限性在精英政治个体身上也会程度不等地存在。只是有时人们不自觉地将个别的精英政治个体从人的位置上升到神的地位,将其神化。这样做的结果必然会贬损政治精英。一种结果是故意掩盖精英政治个体身上的缺点,让精英政治个体飘飘然,误认为自己真是神圣的,从而骄横傲慢,不可一世,最终走向失败。另一种结果是当人们终于知觉了精英政治个体的缺点和错误时,当他们发现过去崇拜的精英政治个体不再是神时,又会出现对精英政治个体的失望,甚至否定。

凡是精英政治个体总有两方面的时代局限性。一方面,他们只能对他们所生活的那个时代发表见解,他们无法超越他们所生活的时代而提出放之四海而皆准的真理大全。另一方面,任何政治精英个体都只能发挥出他们所生活的那个时代允许他们发挥的作用,他们无法超越时代去成就所有的伟业。这是在最好的情况下,精英政治个体所具有的局限性。与其说这是精英政治个体的局限性,不如说,这是时代的局限性。

但是在另外的情况下,精英政治个体还会有个人的局限性。他们不是生活在真空中,他们不可能是完人。因此,他们会犯有这样或那样的错误。一些身居高位的精英政治个体,由于对形势判断的失误,由于所坚持的某些理论的偏差,他们可能会犯有比起一个普通的政治个体来说要大得多、严重得多的错误。有时,个别政治精英所犯的错误会让整个政治生活系统陷入困境。对于精英政治个体的功绩,必须肯定;对于他们的错误,也必须澄清和纠正。

因此,我们必须学会辩证地看待精英政治个体的作用。在研究政治精英的历史作用时,必须看到精英政治个体作用的条件。一个条件是政治精英的作用必须和历史发展的条件以及趋势有机结合。另一个条件是政治精英的作用必须与人民群众的作用有机结合。从第一个条件来考察,政治精英的政治行为、行动只有在历史条件许可的范围内,并符合历史发展的趋势,才能发挥出积极的效用。并不是精英政治个体的所有作为都是有用的、有效的。只有当政治精英的作为与他们生活的那个时代的历史条件、社会政治发展的趋势相符合,才会产生出积极的作用。因此,作为政治生活系统主人的普通的公众政治个体,必须控制、监督政治精英的政治行为、行动,不让他们离开历史条件和偏离历史趋势去为所欲为。一切精英政治个体都必须严格要求自己,依据历史条件和社会政治发展趋势去行动。

从第二个条件来分析,政治精英的政治行为、行动只有服从和体现普通公众的利益,并在普通公众的支持下,才能发挥出积极作用。精英政治个体虽然身居高位,掌控着公共政治权力,确实能够做出一般的政治个体不能做的事情,但是,他们的公共政治权力归根到底来源于普通公众,是那些极其普通的政治个体将他们送上政治精英的位置的,如果忘却了公共权力的来源,偏离了甚至违背了普通公众的根本利益,政治精英就会失去人民的信任,就会垮台。一切政治精英,凡是有所作为,立下丰功伟业,推动了历史进步的,其政治行为、行动都和人民群众的根本利益是一致的,得到普通公众支持和拥护的。

第三节 政治个体的政治参与行为

一、政治个体政治参与的实质与形式

政治参与的实质

政治参与是政治学中得到广泛研究的行为、行动,因此,有关政治参与的概念也是五花八门,各不相同。一种最为宽泛的界定认为,不论什么人,"无论他是当选的政治家、政府官员或普通公民,只要他在政治制度内以任何方式参加政策的形成过程",其行为、行动就是政治参与。[1] 这一界定突出了三点,政治参与行为、行动的主体是一切人;政治参与行为、行动的内容与政策形成有关;政治参与的范围必须是在既有的政治制度之内。这一界定中的最后一点即强调政治参与必须是在制度范围之内的,即只有合法的行为、行动才是政治参与,因而那些反对既有政治制度和政府的骚乱、暗杀和其他暴力行为、行动,都不在政治参与之列。

但这一界定因对政治参与行为、行动主体的规定过于宽泛而受到质疑。许多学者强调政治参与主体必须是"普通公众"。他们认为,所谓政治参与是指对政府决策施加影响的普通公民的活动。[2] 进行政治参与的主体不是"以他们在职业上卷入政治时所扮演的角色进行活动的公民",即政治参与不"包括政府官员、政党官员和职业说客"的行为、行动。[3] 至于政治参与主体的行为、行动是自主的,还是被动员的,不同的学者也有不同的见解。一些学者认为动员式的政治参与只是

---

[1] 参见戴维·米勒、韦农·波格丹诺《布莱克维尔政治学百科全书》,中国政法大学出版社2002年版,第563页。

[2] 参见浦岛郁夫《政治参与》,经济日报出版社1991年版,第4页。

[3] 参见诺曼·H.尼、西德尼·维巴《政治参与》,载于格林斯坦、波尔斯比《政治学手册精选》(下卷),商务印书馆1996年版,第291页。

"礼仪性"的,是被组织起来的,不应被纳入到政治参与的范围中来。但更多的学者认为,普通公众个体的政治参与究竟是被动员的,还是自主的,其界限事实上很难划分清楚,由于两者都是对政府的政策和治理过程产生影响,应当都看做是政治参与的行为、行动。

依据人们的研究,可以对政治参与做出下列界定:政治参与是指公众政治个体通过各种合法途径影响政府政策和治理过程的行为、行动。首先,政治参与是指普通政治个体的政治行为、行动,它不包括政党领导和成员、政府官员、政府公职人员作为政治管理或治理者所做出的行为、行动。其次,政治参与是对政府决策和政治治理施加影响的行为、行动,其目的是与政府合作,凡是以反对政府为宗旨的行为、行动不包括在政治参与之中。第三,政治参与是对政府决策和治理产生影响的实际行为、行动,虽然不同的政治参与效度不一样,但在有关政治参与的界定中并不对行为、行动中的知识成分、价值取向和态度倾向做出特殊的规定。第四,政治参与是普通政治个体实施的对政府政策决策和治理进行影响的实际行为、行动,虽然不同的政治参与效度不一样,但在有关政治参与的界定中并不对行为、行动的实际效果提出特定的要求。最后,政治参与可以是普通政治个体依照自己的意志自主参加的行为、行动,也可以是受其他力量动员而产生的行为、行动。

政治参与的形式

西方的政治学者不仅探讨了政治参与的主体、范围,还对政治参与的形式进行了分析。在20世纪70年代以前,多数西方学者将选举投票看做政治参与的唯一形式。但20世纪70年代以后,许多西方学者在研究中发现,不同的公众政治个体都会选择自己喜欢的并认为更加有效的形式开展政治参与。他们也发现,在不同的时代和不同的政治系统中,公众政治个体政治参与的形式是不完全相同的。这既和政治生活系统所提供的民主制度安排有关,也与公众政治个体的活动范围有关,还和公众政治个体掌握的知识、技术、手段有关。

从城市和农村两大社区来比较,城市社区中公众政治个体政治参与的形式要普遍多于居住在农村社区的公众政治个体。就城市社区来说,由于地域和经济发展水平的不同,城市中公众政治个体政治参与的形式也表现出明显的差异。一般来说,靠近沿海和三角洲地带的大城市中的公众政治个体,其政治参与的形式比较多样化。在农村社区中,靠近城郊的农民政治参与的形式明显地比地处偏僻乡村的农民多得多。以种植业为主的农民的政治参与的形式比较单一。相比较而言,进城务工的农民的政治参与形式就呈现出多样化的态势。

在研究中,许多学者指出,在一个民主政治获得较好发展,政治技术手段又较为健全的政治生活系统中,人们能够经常看到公众政治个体从事着下列形式的政治参与活动:参加各类选举投票,发动、动员其他个体参加选举投票,通过电话与政府官员沟通,通过上网向政府部门或官员提出批评和政策建议,参加有关政治议题的讨论,参加政府有关的政策调查和咨询,参加重要政治文件的学习、讲解,参加电视台、广播、报纸的政治焦点事件讨论,加入政治性组织,参加群体性的合法抗争活动、集会等等。

美国学者西德尼·维巴、诺曼·H.尼在1972年专门对美国人介入12种政治参与形式进行了统计,其结果是:经常在总统选举中投票的占72%;始终参加地方选举投票的占47%;至少在一个有关共同问题的组织中活动的占32%;与他人一起工作试图解决某些共同问题的占30%;试图说服他人去投票的占28%;在一次议会选举中为一党或一人工作的占26%;总是在一些问题上与地方政府官员接触的占20%;在近三年中至少出席过一次政治会议的占19%;曾为一些问题与州或全国政府官员接触的占18%;曾组织一个团体试图解决一些地方问题的占14%;在一场竞选中曾向一党或一人捐款的占13%;是一个政治俱乐部或一个组织的成员的占8%。

为了便于研究,一些学者对上述种种政治参与形式进行了归类,通常是划分为四大类。第一类是选民选举投票。这是一种对通过相互竞争来获取某种政治职位的候选人表示偏好的政治参与行为、行动。公众政治个体这时是作为选民出现的,对候选人提出的政策和治理方案进行投票。凡是得票多的政治候选人则取得某个重要的政治职位,并实施他所承诺的政策。这是一种在多数政治生活系统中定期出现的政治参与形式。

第二类是公民表决投票。这是一种公民对宪法、一般法案或政府的决策,通过提议表示意愿,或投票决定是否同意的政治参与行为、行动。公众政治个体这时是作为政治生活系统中国家的公民出现的。这类政治投票中包括决定国家前途的公民投票,宪法复决权的公民投票,政策复决权的公民投票,咨询式复决权的公民投票和创制的公民投票等等。这是一种近年来在不少政治生活系统中出现的政治参与形式。

上述两种政治参与形式的共同特点是,公众政治个体的政治参与都是由政治生活系统中的权力机构组织的,并且都以投票的方式来表达公众政治个体的政治偏好和意向。两者的区别在于,公众选举投票是定期举行的,是通过直接选择政治职位的候选人,来对政府政策和治理过程施加间接影响。公民表决投票并不是定期举行的,只有必要时才采取这一形式,它通常是对国家的法律、政府的政策施加直接的影响。

第三类是公众合作与政府接触。这是一种公众以合作的方式对政府的政策和治理过程施加影响的政治参与行为、行动。公众政治个体围绕政策决策或执行,针对政府治理的手段和效果,以群体或团体的方式,对政府官员或公职人员施加影响。其具体方式也是多种多样的,属于积极性的形式有加入某个政党,加入某个团体,进入和自身利益相关的集团,自愿组织学习等等。属于消极性的形式有群体请愿、集体上访、集体示威等等。

第四类是公众与政府个别接触。这是一种公众政治个体以个别的方式影响政府政策和治理过程的政治参与行为、行动。公众个体既可以单独与政府官员接触,也可以单独与政府公职人员接触,表达政治意愿和要求,试图影响政府的政策和治理。其具体方式也是多种多样的,比如到政府机关与政府官员谈话,在网上与政府官员对话,参加政府的政策座谈、咨询等等。

以上两种政治参与形式的共同特点是,公众政治个体的政治参与都是由个体自愿发起、自愿组织的,没有权力机构的介入。而且这两种政治参与形式的发生并没有时间规定,随时都可能发生,不存在周期性。这两种政治参与形式的区别在于,公众合作与政府接触是公众政治个体有准备的、集聚性的行为、行动,而公众与政府个别接触则是公众政治个体分散的、零碎的行为、行动。前者影响较大,政府难以控制、协调;后者影响较小,政府容易控制和协调。

许多学者对改革、开放以后的中国公众政治个体的政治参与形式进行了研究。改革开放的深入发展,既给广大的公众政治个体开辟了广泛的政治参与渠道,也丰富了他们政治参与的内容。目前公众的政治参与形式主要有以下几大类:一是政治选举、表决投票。选举投票有好几类。有选举人大代表的投票,有选举乡镇长的投票,也有在公推公选中对竞选一定职位的候选人的投票。在一些地方,公众要对一些政府准备实施的重大决策进行同意或反对表决投票。比如一些城市围绕重大规划举行全市政治个体的表决投票。

二是参与政党活动。中国实行共产党执政,其他政党参政的政党制度,另外还实行广泛的政治协商制度。因此,公众政治个体介入现实政治生活的一种重要途径,是通过主动加入执政党,或参加参政党,并在执政党和参政党内积极活动来实现的。因此,借助于党内的活动,普通党员也就介入和参与到现实政治生活之中。

三是参加民间社团活动。实行改革、开放以后,中国社会的组织结构发生变化,在国家和公众之间,产生出包括原先的工会、妇女联合会、共青团在内的人民团体,包括行会、商会、各类基金会在内的民间社团。公众个体通过参与工会、青年团、妇女联合会、社科联、科协、文联、行会、商会等人民团体和民间社团的活动,对政治生活产生影响。

四是参加基层群众自治。城市中的社区委员会和农村中的村民委员会都属于基层群众自治组织。虽然这一层次的公民自治组织不是一级政府,但是,它们却是中国最基层的政治生活中的细胞。因此,参加社区自治活动和参加村民自治活动,包括参加选举、参与政务公开、参加民主管理,都是公众政治个体政治参与的重要形式。

五是与政府直接接触。由于在中国政治文化中,多数人相信只有与包括上级政府官员、人民代表在内的政治精英接触,才能让上面知道自身的政治要求,加上中国现行的政治体制也要求政府部门、人大机关要加强基层调查、开门接访、上门访谈,因此,与政府和官员的直接接触就成为中国公众政治个体目前非常普遍的政治参与形式。与政府直接接触也包括多种具体形式,如个体上访、群体上访;到政府官员家中私访,向政府领导或部门负责人打电话、写信,向政府门户网站的县长、市长、省长信箱发邮件等等。

政治参与的类型

在对公众政治个体的政治参与作研究时,也有不少学者依据政治参与行为、行动是被强制的,还是自愿的,将政治参与区分为四大类型:强制式政治参与、引导式政治参与、自发式政治参与、自愿式政治参与。强制式和引导式政治参与都属于动员式政治参与;自发式和自愿式政治参与都属于非动员式政治参与。

所谓强制式政治参与,是指由权力部门直接组织的,或在权力部门命令下,由相关机构、单位组织的,公众政治个体必须统一加入,必须按照指定内容去行动的政治参与。这类政治参与大多发生在政治权力较为集中,民主化进程缓慢的政治生活系统中。权力部门组织政治参与的目的主要是制造气氛,形成声势,或表示对某些政治决定的肯定与坚持,或表明对某些观念的否定和禁止。这种类型的政治参与的特点是,政治权力部门运用行政体系对公众个体的政治参与从形式上加以统一规定,从内容上加以严格控制。这种类型的政治参与,不仅实施组织控制需要花费巨大的成本,而且也容易引发公众个体的厌恶情绪。

所谓引导式政治参与,是指由权力部门倡导并规范,相关机构、单位组织,公众政治个体在商定的范围和途径内进行的有一定选择自由的政治参与。这类政治参与主要发生在集中的权力开始下放,公众政治参与热情开始高涨的政治生活系统中。权力部门引导公众个体政治参与的目的主要是为了逐步有序地推进民主化进程,同时也为了了解社情民意,以便能制定出回应性的政策。这类政治参与的特点是,权力部门能及时开辟各种渠道,并设计出一些必要的规范,公众政治个体也能在一定的范围内,选择政治参与的形式和内容。

所谓自发式政治参与,是指没有任何事先组织和策划、手段和目标都不明确的公众政治个体的政治参与。这类政治参与大多出现在刚刚实行政治体制变革,民主化进程正在启动的政治生活系统中。人们刚从僵化的政治体制中解脱出来,充满政治参与的激情,一些个体缺乏必要的训练和知识,常常在对政治参与的目标和手段都很不明确的状态下就匆匆介入政治事务。这类政治参与的特点是权力部门放任自流,政治参与者目标模糊,政治参与呈现无序性。

所谓自愿式政治参与,是指事先有一定的协商和思考,手段和目标都较为明确的公众政治个体的政治参与。这类政治参与大多发生在政治民主化已有相当程度的发展,公众政治个体也已经经过必要的政治参与训练的政治生活系统中。政治个体能够比较理智地对待政治事务和自身的政治权益,只有当目标和手段已经十分明确时,才会按程序介入自己所熟悉的政治事务。这类政治参与的特点是权力部门与公众保持互动,政治参与者目标明确,政治参与规范有序。

在研究公众政治个体的政治参与时,要特别注意两种特殊的政治参与类型:一种是强制性的过度政治参与。这种政治参与通常是政治权力部门运用强制的手段,要求某个范围内符合条件的公众个体都必须介入某些政治事务。为了确保政治参与的规模,政治权力部门对于介入者给予一定的奖励,对于拒绝介入者,则给予必要的惩罚。这种强制性的过度政治参与可能会造成短时间几乎人人参与的热闹场面,出现令人惊叹的政治参与景观。但这种政治参与的宏大场面完全依赖于人为的组织和强力的动员。强制性的过度政治参与不仅需要逐级发动,层层控制,而且还要制造出宏大的场面,营造出热烈的氛围,其成本必然是昂贵的。而且过分的强制化和虚假性会造成部分公众政治个体的厌恶情绪和逆反心理。不少公众政治个体在经历了一两次强制性的过度政治参与后,对政治事务很可能采取冷漠的态度。

另一种是无训练的过度政治参与。它常常发生在政治参与突然开放的时期。一些发展中国家长期实行僵化的政治体制,政治参与的渠道极少,除生硬的全民投票、组织化的游行示威外,公众个体几乎没有自由平等地介入政治事务的机会。一旦政治体制改革,倡导政治事务的公开化、自由化,公众个体的政治参与热情会一下子迸发出来。由于缺乏训练,政治参与者会做出过急行为,常常会导致政治秩序混乱,严重的还会酿成局部政治危机。

二、政治个体政治参与程度及其扩大

政治参与的程度

无论是古代的民主政治系统,还是现今的民主政治系统,都无法做到让每一个公众政治个体都积极参与政治。虽然亚里士多德认为人天生就是政治动物,许多政治学家也论证过任何人都无法回避政治,但是在现实的政治系统中,对政府政策和治理的政治事务感兴趣、想了解,并且积极介入的公众政治个体的比例并

第四章 政治个体及其行为

不大,甚至在那些标榜已实行充分民主的政治系统中也只占少数。

因此,努力提高公众政治个体的政治参与程度仍然是所有政治生活系统都需要研究的问题。

虽然任何政治生活系统都无法做到让所有的公众政治个体都从事政治参与,但是,生活在不同政治生活系统中的公众政治个体,关心政治事务的热情和状况肯定是不一样的。可以用政治参与程度来衡量一个政治生活系统中公众政治参与的总体状况。所谓政治参与程度是指一个政治生活系统中公众政治个体政治参与的规模和方式。凡是政治参与规模大的、方式多的政治生活系统,其政治参与程度就高,反之,一个政治生活系统的政治参与程度就低。为了能相对具体地测量政治参与程度的高低,政治参与规模又可以用公众选举的投票率或参加公众选举投票人数在总选民中的比例来作为测量指标;政治参与方式则可以用强制性与自愿性作为衡量尺度。如果一个政治生活系统中周期性的公众选举投票率很高,并且公众个体都是自愿去投票的,那么,这一政治生活系统的政治参与程度就较高。如果一个政治生活系统中周期性的公众选举投票率很高,但公众个体都是被强制组织起来投票的,那么,这一政治生活系统的政治参与程度依然是较低的。

对政治参与程度高低做出精确衡量是一件困难的事。目前还没有形成一套简易而有效的评价量表。一些研究者虽然设计出了某些评判的基本指标,并试图以此来衡量公众政治个体的政治参与程度,但多数的评价量表所选择的基本指标,只和公众政治个体发生过的政治参与行为、行动的次数与比率有关,而缺乏对公众政治个体政治参与效果的测量。虽然在判别某种行为、行动是否是政治参与时,并不要求对行为行动的效度作特别的规定,但在讨论具体政治参与的程度时,就需要借助政治参与效度这一因素了,因为,如果不是这样也就无法真正衡量政治参与程度。因为政治参与程度既和政治参与的频度有关,也和政治参与的效度有关。也许某个公众政治个体一开始是频频参与政治的,但一旦他发现这种政治参与并没有收到效果,或并没有产生预期的作用时,他接下来的行为和行动就会是减少政治参与的频度。有时也会发生相反的情况,政治当局为了制造出较高程度的政治参与,就会施加种种影响,让公众政治个体频频参与政治。这种政治参与的高频度并不能说明政治参与的程度高,因为多数公众政治个体之所以经常参与政治,或者是迫于压力,或者只是为了让政治领导者高兴,参与者都十分清楚这类动员式的政治参与其效用是不大的。

政治参与的效用也很难衡量。如果某些政治决策或政治治理方式的确是因公众政治个体在政治参与中提出了意见或建议才改变的,那么,这种政治参与的有效度就比较高。但是常常发生的情况是,某种政治决策的改变或某种政治治理方式的转变,究竟是因为公众政治个体的政治参与导致的,还是有权决策的人或者听从了政策专家的劝告,或者是受到上级领导的批评,或者是自己改变了主意而促成的,其中的因果关系并不清楚,也就无法去判定公众政治个体政治参与效度的高和低。

政治参与的影响因素

在任何一个政治生活系统中,都会存在对政治参与热情程度不同的政治个体类型。美国政治学家达尔曾经对政治生活系统中的政治个体以对政治生活的关心程度做过层次分析。他认为:"处在一个政治体系之内的个人,对政治生活的关心并不完全相等。有些人对政治漠不关心;其他人则深深卷入政治。甚至在那些深深卷入政治的人中,只有一些人积极地谋求权力。在谋取权力的人中间,有的人比别人得到了更多的权力。"他将上述四组政治个体分别称为无政治阶层、政治阶层、谋取权力者阶层和有权者阶层。[①]

达尔特别分析了那些对政治参与非常不感兴趣,在政治上是冷漠的、经常远离政治事务的、总是竭力回避介入政治活动的政治个体之所以产生这种政治行为的原因。他指出,如果一个政治个体认为同可以期望从其他活动中得到的报酬相比,从政治介入中得到的报酬价值较低,他就不大可能介入政治。如果一个政治个体认为所面临的各项选择之间没有什么重大差异,所作所为无足轻重,他就不大会介入政治。如果一个政治个体认为无论如何都不能有效地改变政治结果,感到在政治中的所作所为无足轻重,他也就不大会介入政治。如果一个政治个体认为没有自己的介入,政治结局也会相当满意,他就不大会介入政治。如果一个政治个体觉得自己的知识太有限了,在政治上不能有所作为,他也就不大会介入政治。如果一个政治个体发现要从政治中获取高额的报酬,付出的代价很昂贵,遇到的障碍会很大,他也就不大会介入政治。[②]

公众政治个体政治参与积极性或程度的高低,通常受两个方面的因素影响。一个方面的因素是涉及政治生活系统和政治制度的,可称为系统制度因素,它们的总和会构成影响政治参与的系统制度因素体系,主要包括政治参与的制度化程度,政治治理的合法性、合理性程度,政治参与渠道的多样性、通畅性,政治信息的公开性、真实性,政治参与的有效性等等具体因素。

影响公众政治个体政治参与积极性或程度高低的另一个方面的因素是涉及政治个体的某些个人特性的,可称为个体特性因素,它们的总和会构成影响政治参与的个体特性因素体系,主要包括个体的个性与性格,个体在生活的地域分享

---

① 参见罗伯特·达尔《现代政治分析》,上海译文出版社1987年版,第129—130页。
② 参见罗伯特·达尔《现代政治分析》,上海译文出版社1987年版,第133—137页。

的政治文化,个体政治社会化过程的特点,个体经历、生活境况、面临的政治情境,个体掌握的政治知识、政治信息,个体掌握的政治参与技术等等具体因素。

通过对政治生活系统和政治制度方面的影响因素体系的衡量,加上对个体特性的影响因素体系的考虑,再将两个方面的影响因素体系结合起来思考,通常具备下列条件的公众政治个体,更容易参与政治事务,或其政治参与的程度比较高:重视从政治参与中得到的回报,认为政治参与能产生重要影响,相信政治参与能够改变结局,相信不积极进行政治参与其结局将会不理想,拥有解决当前政治问题的技能,确信只要克服较少障碍便可介入政治行动。

政治参与的扩大

对于一些处于社会转型期的政治生活系统来说,无论是政府、政治精英还是普通公众个体,都希望扩大政治参与。所谓政治参与的扩大是指在一个政治生活系统内公众个体介入政治事务的形式增多、人数增加、范围增大,公众个体能够随时随地,在不同层次上关心和介入实际的政治事务,并且能够产生好的效果。政治参与的扩大首先表现为公众政治个体关心和介入政治事务的形式增多。当一个政治生活系统提供给政治个体介入政治事务的渠道和形式十分单调,有时甚至只有动员或选民投票这一种方式时,公众个体的政治参与渠道就会显得过于狭窄。只有当公众个体除了参加选举投票外,还能有更多的如参与公共政策的制定和评估,与政府官员的接触,组织民间机构解决共同问题等等其他途径和方式,介入到政治生活之中时,一个政治生活系统的政治参与才能得到扩展。

其次,政治参与的扩大还表现为公众个体介入政治事务的人数增加。如果一个政治生活系统中关心和介入公共政治事务的公众个体过少,政治参与只能局限在一个狭小的人群中,这种政治参与就是狭小的。只有当较多的公众个体以不同的形式关心、过问和介入公共政治事务,即政治生活系统中对政治事务冷漠的个体减少,对政治事务热心的个体变多,政治参与成为多数公众个体的事情的时候,政治参与才会得到实实在在的扩展。

第三,政治参与的扩大还表现为公众个体介入政治事务的范围增大。公众关心和介入政治事务的形式增加,人数增多,固然表明政治参与得到一定程度的扩展,但公众政治参与的范围增大对政治参与的扩大更有意义。如果公众个体只是局限于自己工作和居住的空间介入政治事务,其范围必定是狭小的。许多更为重要的政治事务都是关系到政治生活系统长远的、全局的发展的,只有让公众个体对政治事务的关心和介入,从狭小的范围逐步上升到更大的范围,站在更高的层次上思考更为重大的政治事务和问题时,政治参与才能真正得到扩展。

最后,政治参与的扩大还表现为公众个体政治参与的有效性提升。上述的政治参与的扩大,无论是渠道增加、人数增多、范围变大,都只涉及政治参与量方面的扩充。如果政治参与只有量上的扩大,政治参与的有效性依然不高,如同普通公众个体经常讲的"去了也白去,说了也白说",这种政治参与的扩大只是一种表面上的热闹,还不是实质性的扩大。只有让公众政治个体在政治参与中真正感受到决不是白来,更不是白说时,政治参与才是真正扩大了。

政治参与的扩大通常有两种方式。一种是急剧、无序的政治参与扩大方式,另一种是渐进、有序的政治参与扩大方式。前一种方式在不少发展中国家走向现代化的早期阶段出现过。研究发展中国家社会变化中的政治秩序的美国学者亨廷顿,曾经对现代化早期冲击所产生的政治参与的无序扩展与政治系统陷入混乱之间的关联做过权威性分析。他认为存在着三组相互关联的公式:社会动员/经济发展=社会颓丧;社会颓丧/流动机会=政治参与;政治参与/政治制度化=政治动乱。①

当某些政治生活系统从经济上贫穷落后和政治上专制集权走向经济发展和政治民主时,执政的政党和由它领导的政府,通常都会经过强有力的社会动员,产生出强制性的过度政治参与。同时,经济和社会的发展使城市化、识字率、教育和接触传播媒介的水平得到普遍的提高。而这些又都在相应地提高着人们政治参与的愿望和期待。一旦这些愿望和期待不能得到满足,反过来就会刺激公众个体以更大的激情投身政治生活,产生出更为扩大的政治参与。这是一种自发性的过度政治参与。在缺少强有力和灵活的政治制度的情况下,这两种政治参与的扩大便意味着动乱、暴力和无序。②

某些经过现代化早期政治动乱的政治生活系统和一些吸取了这些政治生活系统的教训而采取渐进式社会转型的政治生活系统,都先后采取了另一种政治参与扩大的方式,即通过渐进、有序的方式来扩大政治参与。对于处在社会转型时期的政治生活系统来说,政治体制的改革创新与政治生活的稳定有序是一对矛盾,两者既相互依存又相互对立。只有当两者达到一定的均衡时,政治生活系统才能正常运行和持续发展。要寻找和实现这种均衡,其中一个重要的方面就是保持适度的政治参与。当公众个体的政治参与过于狭窄,或过度扩展时,政治体制的改革创新和政治生活的稳定有序之间的平衡都会被打破。特别是出现强制式过度政治参与和自发式过度政治参与时,政治生活系统就会陷入秩序混乱,甚至引发政治动乱。

要保持政治生活系统内部的适度政治参与,就需要在保持社会经济又好又快

---

① 参见塞缪尔·P.亨廷顿《变化社会中的政治秩序》,三联书店1989年版,第51页。
② 参见塞缪尔·P.亨廷顿《变化社会中的政治秩序》三联书店,1989年版,第44页。

的持续发展的前提下,强化法治建设,推进政治民主建设。只有用法律保护和扩展的公众个体的政治参与,才可能是合法的政治参与扩大。只有依循民主正义原则引导和扩展的公众个体的政治参与,才可能是平等的、正义的政治参与扩大。因此,坚持立足于法治和民主的根基,才能真正做到平等、有序地扩大政治参与。这种政治参与的扩大是渐进的,是和社会经济发展及公众个体的法治观念、民主意识的养成相适应的,因而能够保持其适度性。

第四节 政治个体的政治投票行为

一、政治个体政治投票的实质与类型

政治投票的实质

虽然包括政治选举投票和政治决策投票在内的政治投票只是公众政治个体众多政治参与形式中的一种,但是将它们专门列出来加以分析研究是有重要意义的。政治投票是政治个体在一个政治生活系统中最为重要的也是最为广泛的政治参与方式。虽然民主政治不等于投票和选举,但是投票和选举却是现代政治生活中人们公认的民主政治系统的重要的、具有标志性的政治参与形式。

所谓政治投票是指政治个体对于具有争议性和竞争性的政治事项依据一定的程序并最终通过投票来表明偏好和取舍的政治行为。有些学者强调要把政治选举投票与政治决策投票看做两个概念。其理由是两个:一个理由是政治选举投票只选择人,而政治决策投票既选择人,也选择政策。政治选举投票只表达选民对政治候选人的偏好,而政治决策投票不仅决定政府或议会成员的组成,还决定国家的重大政策。其实在现代政治系统中,选举候选人的政治选举投票,绝不仅仅是对候选人的选择,更是对他承诺所要制定和实施的公共政策的选择。正因为这样,政治选举投票与政治决策投票并无根本区别。另一个理由是投票只是政治选举中的一个环节,似乎政治决策投票除投票外就没有其他环节。事情并非如此。政治选举投票的确包括了许多程序与环节,投票只是其中一个环节,但政治决策投票,也绝不仅仅只有投票这一环节,它也包含着一系列的程序和环节。因此,从这一方面说,硬是要在政治选举投票与政治决策投票之间划出一道鸿沟,没有太大意义,因此在对政治选举投票与政治决策投票进行实质与影响因素分析时可以将两者合并为政治投票。

在政治投票中,公众政治个体都需要通过自己的政治行为来表示偏好和取舍。投票既是一种工具性行为,但又是表明理性选择的行为。作为一种工具性行

为,投票行动是有关成本和获益的函数。由安东尼斯·唐斯提出,后经戈登·塔洛克等人完善的投票模型,将投票行为表示为:

$$R = BP - C + D$$

其中,R＝投票者行动(搜集信息、投票)

B＝行动的潜在获益

P＝进行该项行动时这些获益自然产生的概率

C＝行动的成本

D＝作为行动补充的个人获益(投票或搜集信息的活动产生的额外收益,如与他人接触、沟通带来的愉悦或其他心理上的收获)

在该模型中,当 $R=0$ 时,则表示投票者将放弃投票权利;当 $R=1$ 时,则表示投票者将参与投票。但由于政治投票的结果是公共产品,因此,就会有某些政治个体不去投票而获益。这种"免费搭车行为",必然使模型中的 B 和 P 产生反向变化,其乘积会变得很小,这样就会导致 C 和 D 支配投票者的投票行为。而很多政治个体并不在乎 D 的大小,这样政治个体就会选择邮寄选票而不会亲自到投票地点去投票。关键是政治个体很在乎 C 的大小,而 C 的大小又和一系列因素有关。[①]

因此,作为一种理性选择行动,在考察政治个体的投票行为时,必须分析多种相关因素对政治个体的影响。在实行市场经济与代议制民主的政治系统中,影响政治个体投票行为的因素是多种多样的,比如需要选择的对象的重要性或竞争的程度,投票者的政治责任感,有关竞争对象的信息获取的难度等等。

表4-1 影响政治个体投票行为的因素

主要相关方面	具 体 要 素
信息水平	教育水平、大众传媒、政治透明度
特质能力	收入、现代传媒工具、健康状况(精力、体力)、时间
心理状况	责任感、逃避感、政治认知、分析能力、决断力
选择目标	竞争性、预期收益、预期成本
投票程序	简单程序、复杂程序、获得额外收益的可能性
组织影响	政党因素、利益集团因素、意识形态

资料来源:D.缪勒:《公共选择》,商务印书馆1992年版,第118页。

[①] 参见 D.缪勒《公共选择理论》(第二版),中国社会科学出版社1999年版,第423页。

第四章 政治个体及其行为

政治投票的类型

当然,在政治投票这一总体概念下,在具体分析政治个体的投票行为时则有必要将其分为两种具体形式。一种是政治个体作为选民的政治选举投票,其目的是对有竞争的政治候选人及其承诺的公共政策或履行的义务表示偏好或取舍。在政治选举投票中,公众政治个体通常被区分在一定的选区中,并且要按程序进行选民登记。他们要在对具有竞争关系的政治候选人的政治经历、政治立场、政治形象、政策和义务的承诺等等方面有充分了解的情况下,完全自主地将选票投给某位候选人。政治选举投票既是对某些候选人的选择,也是对他们所承诺执行的政策和履行的义务的选择。

现在政治选举投票已经在全球得到了普及。方式也变得多种多样,以投票人选择的公开程度来划分,有公开选举投票和半公开投票等多种方式。政治个体可以以举手的方式、以欢呼的方式、以鼓掌的方式,或以木棒敲地的方式表示同意。政治个体可以排队集中投票,也可以分散投票。可以无记名投票、记名投票,也可以双记名(在选票上既写自己的姓名,也写上候选人的姓名的)投票。也有像在候选人身后的碗里丢豆子,或将自己的选择只告诉选举主持人的半公开投票。

以投票人投票的自由程度划分,有强制式投票和自由投票。前者是选举组织机构强制每一个符合条件的选民必须去投票,否则将加以处罚。后者则根据选民自己的意愿决定是否去投票。

如果以投票人是否亲自去投票地点投票来划分,则有出席投票和制度投票。选民在规定的时间内亲自到规定的地点投放纸质的选票,或领取电子投票卡至投票机上操作投票,这是出席投票。如果选民不能亲自出席投票而通过委托投票、邮寄投票,或(向投票组织机构申请证明书,在规定时间不去规定的投票点,而在所在地投票的)证明书投票的则是制度投票。

另一种是政治个体作为公民的政治决策投票,或称政治公决投票。所谓公民公决投票是指公民政治个体对宪法的制定与修改、一般法案的提出与通过、重大政治决策的实施、重要政治职位的任命等具有争议性的政治事务,通过投票表示意愿的政治参与行为。公民公决投票包括公民的创制投票与复决投票两种。前者是由公民提案,送至立法机关制定成为法律,或送到政府制定为公共政策。后者则是公民对法律草案或修正案,或立法机关研究决定的法律,或政府的重大决定,或重要政治职位任命投票决定是否同意。

依据公民公决投票对于所诉诸的对象及其效力如何为标准来分类,公民公决投票包括下列类型:一是决定国家前途的公民公决投票(plebiscite)。这类公投通常是在有主权争议或民族、地区独立问题的国家与地区实施,如北爱尔兰、加拿大魁北克、法属密克罗尼西亚等地区。实施公民公决投票是为了厘清主权争议或决定某个民族、地区是否独立,或是对是否实行某种基本政治体制做出裁决。

二是宪法复决权的公民公决投票(constitutional referendum)。这类公民公决投票是为了强调宪法的制定或是修订必须遵循全民意志,因此规定制宪或修宪除了要有议会多数同意外,还必须获得一定比例的公民公决投票的认可,才算正式通过。

三是公共政策复决权的公民公决投票(public polices referendum)。对于全国议会或各级议会通过的法案,只要有一定数额的公民表示异议,或议会为了审慎起见而要求公民对此法案进行复决,即可举行这类公民公决投票。目前不少国家和联邦制国家中的州有这方面的制度安排,比如像美国西部各州、瑞士各州。

四是咨询式复决权的公民公决投票(consultative referendum)。这类公民投票在政治上的作用仅是一种民意的表达,不论实际参与的公民人数多寡、意见表达的强度如何,对于议会的决议并不构成任何法律上的效用,仅供参考、咨询之用。

五是创制的公民公决投票(initiative referendum)。这类公民公决投票是针对立法机构未制定的法律做出的。某些法律提案由若干人数的公民联署后,交付公民公决投票,来决定是否应当制定为法律。就创制权行使的范围而言,可分为"法律创制"与"宪法创制";就创制权行使的方法而言,可分为"原则创制"与"条文创制"。前者只提出原则性规范,等到通过后再由议会制定完整的法律。后者则必须提出完整的法律条文,交给公民来投票。后一类创制权多在地方层级实施,以全国为实施对象的只有瑞士与意大利。

二、政治个体的代表权假设与投票行为模式

政治投票的代表权假设

政治个体之所以会把选票投给特定的候选人,他们行为、行动的动机是建立在有关代表权的某种假设之上的。人们研究了这些假设,形成了诸如全权委托说、委任说、托付说、反映说等代表权假设理论。

全权委托说这一代表权假设理论认为,被选择当代表是一种道德义务。被选为代表的人,他们受过教育、拥有知识,应当在民众不知道其最大利益时,运用独立的判断、开明的良知,保障他们的利益,特别为不幸的人谋取福利。正因为这样,虽然人人都有权充当代表,但大众更需要的是那些有知识的,不仅仅反映民众要求,而且是能作出独立判断的人充当代表。

全权委托说会导致密尔(J. S. Mill)所提出的"复数投票制",即拥有高学历的

人可以分到 4—5 张选票,拥有技术和管理才能的人可以分得 2—3 张选票,普通人只能有一张选票。这样才能确保有知识、有技术、有理性的人能当上代表。

全权委托说的缺陷在于,既然大众无知,由他们来投票选举,这本身就是一个错误。而且受过教育和能做出正确的政治判断之间并没有必然联系。再加上允许代表不一定反映民意而做出自己的独立判断,则无疑是放纵代表,好让他们来追求自己的特殊利益。

委任说这一代表权假设理论认为,被选出的代表只是传导委托人的意愿,他们很少有能力去作自我的判断和思考自我偏好。要防止代表者违背大众的意愿自行其是,就必须采取频繁互动的方式,即对代表实行定期改选和短暂的任期。除此以外,还应当赋予公民创制和罢免的权利。前者是公民通过投票方式提出法案,后者是公民以一定的程序问责不令人满意的公职人员,甚至将其免职。

委任说的优点在于强调了人民主权(popular sovereignty)观念。这一假设提供了更多的公民参与机会,并提倡对当选官员的自利行为实施监督。委任说的缺点是,只允许当选代表传达公民意愿,这样,充当代表的某些政治家的领导才华就会受到压抑。在这种情况下,政治家就会一味地迎合民众的要求,决策过程就会充满冲突而不是求得一致。

托付说这一代表权假设理论认为,作为代表者的行动并不是纯粹的个人自行其是的行为,他们既不是完全传达民众的意愿,也不是自行其是,他们的行为主要在于表达和维护某个政党和利益团体的观念和要求。

这一假说的优点在于考虑到代表者的行为、行动与政党、政策的关联。但是,托付说也会导致危险。公民对政党及其政策并不能作理性的分析,政党在选举时所宣布的政策未必是其以后要实行的政策。另外,政党有许多政策承诺,公民可能只支持其中某个具体政策,而不是对整个政党的所有政策都表示支持。

反映说这一代表权假设理论认为,只有来自某一集团并具有集团经验的人,才能正确认识该集团的利益。因此选举出来的代表所构成的政府只是较大社会的缩影,涵盖了社会中具有不同阶级、性别、种族、宗教、年龄等属性的人们的不同利益。被选出来的代表是一种缩影式代表(microcosmic representation)。

按照这种代表权假说理论,像妇女、农民、少数民族这类群体,在政府重要机构的高层次职务中就会出现"低度代表"(under-representation)的现象。反映说有其缺陷:未必来自某个集团的人才能代表该集团的利益。如果每个集团的代表都捍卫本集团的利益,政府则会分裂。如果一定要每个集团都只选出代表自己利益的代表,选举时个人的选择又必然会被严格限制。

上述的每一种代表权的假设,都只是反映了真实的选举投票中,作为选民的政治个体对选出来充当代表的那些政治个体将要发生的政治行为、行动的许多期望中的某些方面。在现实的政治生活中，被选民投票确定出来的代表，他们将会做出何种政治行为、行动，并不完全由选举过程和选民的期望来决定。已经成为代表的政治个体的具体政治行为、行动，是由他们在当选后面临的具体政治情境和他们个人的利益，以及他们所在的政治群团的利益所决定的。

政治投票行为的解释模式

政治个体在政治投票中会展开多种多样的行为、行动，微观政治学理论需要对不同的投票行为模式做出解释。人们谈论较多的是政党认同模式、候选人取向模式、政见取向模式、社会学模式、理性选择模式、主流意识形态模式。其中又以政党认同模式、候选人取向模式、政见取向模式最为常见。

第一种是政党认同的解释模式。这一解释模式认为，投票是党派意识的展现。政治个体首先将他所在或所支持的政党视为"自己的"政党，他们应该是自己政党的长期支持者。政治个体的行为选择，对具体政策、团体和个人利益的认知，对领袖人物的认同，都建立在政党认同和习惯性忠诚的基础之上。

政党情感对政治个体的投票行为具有稳定和持续的影响作用。有人认为，当教育范围扩大、社会流动性增加、人们更多地依赖电视作为政治投票信息的主要来源时，人们对政党认同程度就会降低，对政党的常态支持度也会下降。政治个体则会日益成为"漂浮"和"游离"式的选民。有人把这种政党情感的解构或称为"政党解组"（partisan dealignment）的现象看作是传统的政党政治模式已经陈旧的标志。但在实际的政治选举中，政党认同仍然是有用的解释模式。

以美国为例。美国选举中出现的第三党和独立候选人的作用就是要冲谈政党认同，虽然在美国公众中存在高度支持第三党的理念，在投票中也出现把选票投给第三党和独立候选人的现象，但这些理念和投票举动，只不过是为了"抗议"被民主党、共和党所操纵和垄断的选举，而在实际投票时，多数政治个体还是选择民主党或共和党的候选人。比如，1992年多次盖洛普民意调查显示，5%投佩罗票的人都说，如果他们认为佩罗真会当选，就不会投他的票了。

尽管在美国存在对第三党的潜在支持，但第三党若要获得总统职位，或要获得相当数量的两院席位，仍然需要克服重重障碍。除了如前面所列举的种种困难外，最大的障碍是：选民们担心，如果他们投第三党的票，实际上是在"浪费"选票。事实表明，当选民们感到第三党候选人没有获胜希望时，他们就会退而求其次，投票支持他们的第二选择，进行战略性投票。比如，在2000年大选时，15%的选民在一次选前调查中，对纳德的支持率远远高于布什和戈尔，但最终纳德只获得2.7%的选票。类似的情况也出现在1992年，对佩罗评价最高的选民们在实际投票时，有21%的人背他而去，投了其他候选人的票。

另外，第三党和独立候选人即使成功地当选总统，还要面对可能会令他们气馁的选举后的问题，这就是政府管理问题，其中包括安排政府人选的问题，与共和党和民主党控制的国会共事的问题。可以肯定的是两个大党是不会积极地与一个不是由大党推举出来的总统合作的。

虽然美国的政党往往在意识形态凝聚力和政治纲领鲜明性上远不如其他国家的政党强，但它们确实在制定公共政策上起到主要的和经常性的决定作用。从1944年中期选举以来，美国国会中的共和党人和民主党人在政策上显露出对立和不同。但与以往相比，两个政党内部也出现了非同寻常的高度团结。在公共政策上存在分歧的两党都着眼于两年一次的有可能改变由哪个党控制两院的议员改选。政策分歧和对两院控制权的激烈争夺导致近年来美国在两院都形成了党派冲突白热化的紧张氛围。

当然，美国公众对选举中的政党认同普遍感到担忧。尽管美国的政治制度长期以来有着明显的党派色彩，但对政党的不信任感却在美国政治文化中根深蒂固。20世纪初采用的预选直接提名国会和州议会候选人的做法，以及更晚一点时期的总统预选的扩大，预选已成为总统提名的决定因素，这些都正好是公众反政党情绪的最好证明。美国公众政治个体对政党领袖，对政府行使权力深感不安。民意调查一再表明，大部分选民认为，政党不是澄清而是混淆问题，选票上如果没有政党的标签将会更好。

美国的政党不仅要在相对冷淡的政治文化氛围中运作，而且还要面对相当数量的选民贬低其政党身份认同所产生的压力。有关选民政治党派意识淡化的一个表现是"分散选票"，即在同一次选举中投票给不同政党的候选人。因此，在2000年，20％的选民将选票分散投给了不同政党的总统候选人和美国众议院议员候选人。结果，民主党众议院候选人在共和党的布什总统取胜的40个选区中同时胜出。

因此，尽管存在重重障碍，第三党和独立候选人仍然在美国政坛上周期性地出现。他们经常将两大党未能正视的议题带到公共论坛和政府的议程上来。但是，大多数第三党往往在一次选举中出了风头，随后或是就中止活动、逐渐消失，或是被两个大党中的一个所吸收。19世纪50年代以来，只有一个新政党，即共和党，在崭露头角后取得主流政党的地位。那时，美国面临着一个紧迫的道德问题争论，即是否要保留奴隶制，这场论争使国家走向分裂，从而提供了超越两党认同广泛征集候选人和动员民众的基础。

在有些时候，第三党对选举结果可以产生重大影响。比如，1912年罗斯福作为第三党的候选人，分散了通常属于共和党的选票，使民主党的威尔逊能在没有取得半数以上的大选选票的情况下入主白宫。1992年，独立总统候选人佩罗夺走了 80 年代主要支持共和党的选民的选票,导致当时执政的共和党总统布什落选。在 2000 年共和党的布什和民主党的戈尔难解难分的竞选中,如果绿党候选人纳德没有在佛罗里达州参选,戈尔有可能获得该州的选举人票,从而赢得当选总统所需的选举人团的多数票。

20 世纪 90 年代以来的民意调查一直表明,公众政治个体具有高度支持第三党的理念。在 2000 年竞选中,一项盖洛普调查显示,67% 的美国人主张有一个可以参选总统、国会议员和州政府官员的强大的第三党,以抗衡民主党和共和党。正是这种情绪,加上竞选的庞大开支,使德克萨斯州的亿万富翁佩罗在 1992 年的总统选举中赢得了 19% 的选民票,这是自 1912 年罗斯福(属于进步党)获得 27% 选民票以来,一个非大党候选人所获得的选票的最高百分比。

第二种是候选人取向(candidate orientation)的解释模式。许多政治学家指出,在政党引导选民的功能削弱的同时,候选人本身的能力就变得非常重要。事实上,在广泛推行民主选举的国家中,候选人的能力气质一直相当重要,这也是为什么像罗斯福、丘吉尔及戴高乐等具有政治魅力的领袖能够脱颖而出的原因所在。同时,如果候选人受人民欢迎的程度足够高,他甚至可以领导少数党即党员人数较少的政党赢得选举的胜利。20 世纪 50 年代的美国就曾经出现过这样的例子。当时尽管民主党党员人数较共和党为多,可是共和党却在艾森豪威尔的领导下,干净利落地赢得两次总统大选。20 世纪 80 年代,里根总统的两度当选也是基于同样的原因。

但是这种情况终究是属于例外,大多数选举还是由政党获得认同程度的高低来判定胜负的。通常选民之所以投某个候选人一票并不是因为他个人的气质能力,而是因为他受到某个党的支持。但由于例外的情形经常发生,加上政党对选民意向的影响程度大不如从前,因此在研究选民决定投票对象的问题上,仍然应当将候选人的因素考虑进去。

首先,必须先弄清楚候选人的意义。所谓候选人指的是竞选公职的具有特定政治素质和能力的人物,至于他属于哪个政党,就某些问题有什么样的政见主张都没有关系。一个候选人必定具有许多特征,而每项特征的重要程度随着选民的看法不同而有差异。不过有一点是清楚的,即在某些情况下,候选人本身气质能力的确能够左右选民的看法。以艾森豪威尔为例,大多数人都同意他具有那个时代最理想的个性。他不但是第二次世界大战中盟军的英雄,同时也平易近人,像是一个典型的祖父。他对政治没有什么好感,矢志做一个不具政治色彩的总统,这正是美国人民在经历了十年战火和动乱后所需要的人物。因此,大多数的美国选民投了他的票。

有些研究民主政治的学者认为,候选人本身的素质能力固然重要,但远比不上他给人们的印象来得重要。也就是说,候选人本身是怎样的一个人并不重要,重要的是选民认为他是怎样的一个人。候选人的形象可以借助公共关系专家的精巧设计加以塑造。在这方面大众传播媒体,特别是电视、网络占有十分重要的地位。但事实上,候选人自身的能力、品质和素养仍然是起决定作用的方面。虽然人们可以利用一些技巧凸显候选人吸引选民的地方,弥补他自身的缺点,但是想要彻底将他改头换面是办不到的,即使是运用再多的电视广告和网络宣传也是如此。

许多学者都热心研究竞选活动和竞选策略。因为选举活动是要有巨额花费的。比如,1982年美国中期选举所耗费的竞选经费就高达2亿美金。在其他实行政治竞选的政治生活系统中,竞选费用都有逐年上升的趋势。也正是这些变化让政治候选人和他们的幕僚们都认为竞选活动的策划是相当重要的。但是竞选活动策略和技巧的功效也是十分有限的。人们一般都同意竞选活动可以发挥某些重要的功能。比如对于那些原本知名度不高的候选人来说,竞选活动可以提高他们的知名度。对一个原本形象不佳的候选人来说,竞选活动可以扭转选民对他的看法。大多数有经验的竞选专家都承认,当候选人的素质、能力这类实力因素相近的时候,竞选策略兴许能够发挥一些作用。但在候选人的素质、能力悬殊的情况下,即使是最好的竞选策略,也只能对竞选结果产生很小的影响。

第三种是政见取向(issue-orientation)的解释模式。从传统的政治观念来说,政见原本应该是决定选民偏好的主要因素。既然选民希望他们所选出来的公职代表能够反映他们的意见,那么候选人的看法当然是跟他们的偏好愈接近愈好。正是基于这一点,通常政治学理论都夸大了政见议题对选民偏好的影响力。

在实际的政治竞选活动中,总有一些选民是依据候选人的政见投票的。特别是在政治生活系统发生重大变化、出现重大事件,而有作为的政治候选人又能及时地提出鲜明的政见时,政见就会成为左右选民投票的重要因素。当面临世界大战和重大经济危机时,许多选民不仅会更换他们原来一直支持的对象,甚至会改变原来的政党认同,造成政党势力的升降。1922年美国大选即属此类政见选举,在罗斯福的领导下,民主党从那时候便开始占据上风。这种状况一直到20世纪80年代里根总统入主白宫之后才有所改观。

在多数选举的实践中,选民要知道候选人的政见并不容易。首先,选民必须真正了解存在的"问题"并且要通过认真的比较,才能知道某个政见的确很重要。其次,即使某个问题及其重要性是显而易见的,选民还必须知道不同的候选人对这些问题的政见的真实内容,以及不同候选人对某个重要问题的政见之间的差别。选民要在投票选举时弄清楚这些信息多半是不可能的。大多数的选民无法确认哪些问题才是真正重要的,也无法知晓候选人对有关问题的真实政见,更无法知道不同的候选人对问题的看法究竟有无根本性的差别。当以上所说的这些前提事实上都无法获得满足的时候,选民们仍然会以政党认同和候选人的能力作为投票的参考依据。

此外还有一些解释模式。如社会学解释模式就认为,个体的选举行为不是倾向于基于家庭的或组织的政党传统忠诚心理,而是基于个体在社会结构中所处的社会和经济地位。政治个体是依据自己所在的社会和经济集团的地位来选择自己的投票行为的。这一解释模式最终又会导致政党认同。因为在传统的政党活动中,政党的根基是阶级。个体的选举行为一旦和个体的阶级地位联系起来,也就会走向政党认同。

社会学解释模式没有考虑在阶级、集团的利益之下政治个体利益的存在。当政治个体考虑自身利益时,他不会更多地考虑阶级地位。而当政党和阶级的联系松弛即政党解组,社会阶级与政党支持之间关系弱化时,政治个体也不会更多地考虑阶级、政党的认同。

再如,理性选择解释模式就认为,政治个体投票既不是依据习惯性的政党支持,也不是依据自己所隶属的阶级集团,而是一种基于自利基础之上的理性行为,将投票视为一种实现自己目标的工具。这一解释模式的缺点是在解释政治个体的投票行为时将个体与其所处的社会、阶级团体乃至政党分离开来。

另外,主流意识形态解释模式则认为,政治个体在投票时的行为选择是受到主流意识形态的支配和控制的。社会学解释模式强调政治个体的投票行为受到他自己所认识的他所属的社会团体特别是阶级团体的影响。主流意识形态解释模式也强调政治个体的投票行为受制于他所处的社会地位的支配,不过这种社会地位并不是个体自己认识的,而是透过大众媒介、政府信息被构建出来的。这种解释模式也存在与社会学解释模式同样的缺陷。

第五节 政治个体政治行为与民意

一、政治民意的实质与特点

政治民意的实质

在实行政治民主的政治生活系统中,作为重要的政治参与形式的政治投票,无疑是表达政治个体的政治意见、政治见解、政治态度的一种既公开而又公正的途径。但是,政治投票所表达出来的政治见解、意见和态度却是十分粗糙的。如果政治投票是对政治候选人加以选择的话,那么,政治个体虽然看重候选人承诺将要实施的公共政策,但相比之下,他们更看重的则是更为具体的有关政治候选人的政治立场、政治形象和政治能力。如果政治投票是要对有争议的政治决定做出取舍的话,那么政治个体所做的只是对某些政治决定表示同意或不同意,而不能发表更为细致的见解。总之,在政治投票这一政治参与行为中,政治个体只能对有竞争性和有争议性的政治事务进行笼统的、模糊的评价,还无法对具体的政治事件、议题做出更加细致的反应。

在微观政治学中,用来表示公众政治个体对政治人物、政治事件、政治议题的具体、细微的看法和见解的概念是民意。在现代人类政治生活中,民意已经成为最能吸引人的名词和术语。公众常常用民意来证明自己政治要求的合法性,政治管理机构则经常用民意来证明自己治理的合理性。在日常的政治生活中,民意已经成为大众媒体广为报导、公众广为关注、政治机构和政治精英特别留神的东西,民意调查则成为政党组织、政府机构和社会机构舍得花大把的钱去做的事。

虽然民意已经成为家喻户晓的名词,但是,要对民意加以科学、合理的界定,仍旧是一件不太容易的事情。所谓民意(public opinion),是指在一定时期中,由包括大众媒体在内的专门机构,借助于一定的调查技术,从公众政治个体那里获取的受到政治文化和相关因素引导的,对特定政治事件和政策议题做出反应的,并经过分析、加工处理后,分门别类公布出来的数据。

首先,民意是一定时期,由一定的调查机构采用一定的技术,借助于大众媒体公布出来的公众政治个体对具体的政治事件、政治议题、政治人物的意见和见解。公众政治个体对具体的政治事件、政治议题、政治人物的意见、见解都是散落在民间的,不仅是分散的、内在于个体之中的,而且是隐蔽的。只有当一定的调查机构,采用一定的技术,并且通过大众媒体公布,公众政治个体的见解和意见才能被发现、被综合、被分类概括。

其次,民意是公众政治个体的见解、意见与多种影响因素相互作用的产物,是公众政治个体的看法和政治机构的主导观念相互建构的产物。其一,民意不是公众政治个体对于某些政治事件、政治议题的完全自主性的意见和见解。公众政治个体在产生这些意见和见解时,已经受到政治生活系统中国家、政府的某些观念、意见的影响。其二,政治精英的观念有时左右着公众政治个体对具体的政治事件、政治议题、政治人物的意见和见解。如在20世纪80年代,当时大多数西班牙人不赞成加入北约,以总理冈萨雷斯为领袖的政党也持有这种意见。但在1986年的公民政治投票中,由于冈萨雷斯本人改变了观念,在他的呼吁下,公众政治个体改变了原先的意见,同意西班牙加入北约。其三,政治生活系统中的利益集团的观念、意见也是对民意形成产生较大影响的因素。一些大的利益集团常常有意地将某些政治议题公开提出来,并加以引导,引起公众政治个体的关注,并形成有关的民意。

第三，民意通常是调查机构和大众媒介加工的产物。民意不会自然而然地显露出来。在现代政治生活系统中，民意是经过复杂的民意调查、分析加工之后才形成的。民意调查机构要有大量的经费投入，否则无法展开民意调查分析。民意调查要运用一定的选择样本、不同的抽样技术，调查中还需要有调查人员的提问、记录。在基本的分类数据出来以后，大众媒体还会将其在不同的场合，以不同的方式加以公布。在这一连串的环节中，都存在着大量的人为的、主观的成分。

政治民意的特点

首先，政治民意具有指向性。其一，政治民意指向政治。有人认为要重视民意，就是要认真听取每一位政治个体对所有事件、议题的意见和见解。凡是政治个体的意见、见解，都是政治民意。这种看法是不对的。民意的确是公众政治个体对事物、人物、现象所持的意见、见解。但是，并不是所有的政治个体的态度、见解和意见都能称得上政治民意。因为政治个体是多种社会关系的总和，他们所评价、赞同的事物、现象和人物，并不都和政治有关。凡与政治无关的个体意见、态度，都不能算是政治民意。比如一个人对邻居家浪费水和电表示反对，这就算不上政治民意。只有政治个体针对政策议题、特定政治事件、政治人物做出的评价、提出的见解才是政治民意的一部分。

其二，政治民意指向具体的政治事件和议题。人们也常常将民意与政治文化相混淆。有人认为，政治文化无论是从宏观的还是从微观的层面上来理解，都是积存在政治生活系统及其成员之中的政治价值、政治立场和政治态度。民意不管是通过多么曲折的渠道获得的，归根到底也都是政治个体的政治立场、政治态度、政治见解。如果从这一角度来审视，政治民意似乎也就是政治文化。虽然政治民意和政治文化有联系，但是，民意和政治文化显然不是一回事。

这是因为在宏观层面上，政治文化所强调的是整个政治生活系统在长时间内所坚持下来的较为稳固的政治价值、政治态度和政治立场。从微观层面上看，政治文化是政治个体在长时间内形成并维持的、根深蒂固的关于政治系统、政治形态、政治制度和政治体制的价值评价、态度倾向。比如美国人从来都相信一个太有权力的政府是危险的，他们不管懂与不懂，都要对权威表示反对。但邻近的加拿大人，则对政治权威一直很尊敬，总希望有一个强大的能为他们办事的政府。政治民意则是政治个体在一定时期中对特定的政治事件、政策议题的即时反应和见解。比如政府要不要抑制商品房价格的迅猛上涨？对污染严重的企业要不要限令其停产整改？是不是应当限制大城市私家车的发展？

其次，政治民意具有多变性。正因为政治民意是一定时期公众政治个体对非常具体的政治事件、政治议题的见解和意见,政治民意就具有较大的变动性。公众政治个体对特定事件和政策议题所形成的见解、意见是短暂的,过了一段时期,他们对同一事件、议题的见解、态度也许就变了,或者他们又把注意力转向别的事件和议题,产生其他的见解和意见了。所以有人说,民意像流水,忽东忽西无定规。

第三,政治民意具有混合性。其一,政治民意不都是一致的。有人认为,政治民意就是指多数政治个体对某些政治事件和政治议题的明确而一致的看法。政治个体处在不同的政治情境下,各人有自己的价值偏好和立场,对某些政治事件的看法,对一些本来就存在争议的政策议题的见解,必然是多种多样的、各不相同的。要在一个大的范围中,让所有政治个体对某个政治事件和政策议题有完全一致的见解,如果不是不太可能,那就是事先有人强行统一了口径,让政治个体到时说一样的话。民意不是一定范围内全体政治个体有关某些政治事件、政策议题的完全一致的意见和看法,相反它可能包含着各种各样的分歧和一些迅速变化着的态度。

其二,政治民意不都是正确的。也有人认为,凡是政治民意都应当受到尊重,因为这是政治个体对政治事件和政策议题发表的正确见解和意见。但事情并不是这样。在美国的民意调查中,调查人员经常碰到下列情况:许多政治个体常常在对所要询问的政策议题不熟悉,甚至根本不知晓的情况下,就发表自己的意见;有些政治个体对某些政策问题究竟严重到何等地步,并没有掌握准确的数据,也不具备解决这些问题的专业知识,就发表如何解决问题的看法。有时,某些政策议题甚至是虚假的,但不少政治个体为了掩盖自己的无知,也会胡诌一通了事。其实,政治民意并不是政治个体关于政治事件、政策议题的有洞察力的、正确的见解,它只不过是政治个体自以为是或想当然的看法而已。

第四,政治民意具有层次性。民意不但混杂,而且有不同的层次。阿尔蒙德将政治民意分为三个层次。一个层次是一般公众政治个体的见解与意见。大多数公众政治个体对切身以外的政治事件、政治议题并不了解,也不关心。一个层次是关注政治议题的政治个体的见解和意见。政治生活系统中有少部分的教育程度较高的政治个体,他们对抽象的政治议题如外交政策、国际政治、国家发展战略感兴趣。他们是政治精英诉求的阅读和听讲对象。这一部分的政治个体可以影响一般公众政治个体的意见和见解。还有一个层次就是精英政治个体的见解和意见。他们是政党领袖、政府官员、新闻媒体中的高层人士。这些是少数具有高度影响力的政治个体,通常能左右政策走向,并能将他们的政治见解和意见传达到上述的两个层次。

二、影响民意构成的主要因素

在现实的政治生活中,不同类型的政治个体对不同的政治人物、政治事件、政治议题的关心程度是不一样的。要了解和把握民意,最好是能够知道什么类型的政治个体支持什么,反对什么。或者说,对某个政治人物,某个政治事件或政治议题,什么样的政治个体会支持,或会反对。对此,在构建和分析民意时,政治学家们提出了民意特征这一概念。所谓民意特征,是指不同的政治个体类别及其对特定政治议题的意见、态度对现实政治系统的民意产生影响的程度。民意特征是在民意中凸现出来的、具有标志性的影响因素。当人们发现现实政治生活系统中不同政治个体类别及其对政治事件、政治议题的见解、态度上的重要差异时,我们即可指出其间的民意特征。

在具体的政治生活系统中,特定的政治人物、政治事件、政治议题,会产生和形成不同的政治个体类型。理想的民意研究是要将所有的政治个体类型都分辨出来。但是,在实际的民意研究中,人们能够区分出若干主要的类型就已经相当不错了。其原因一方面是政治事件、政治议题经常在改变,政治个体对政治人物、政治事件、政治议题的看法、见解、态度也在不断地改变。另一方面,对不同政治个体类别也难以做出非白即黑的明确区分,客观上存在许多灰色地带。

通常在政治系统的民意构成中,能够凸现出来的、具有显著标志的影响因素或民意特征主要有:社会阶级阶层、教育程度、宗教信仰、地域文化、"政治世代"、性别和民族族群。不同的社会阶级、阶层由于其收入、生活富裕程度不同,对不同的政治人物、政治事件、政治议题的关心程度也不一样。比如,低收入的阶层特别关心经济适用房和廉租房的政策。生活贫困的阶层对低保政策感兴趣。企业家阶层则关心国家的产业结构调整方面的政策。

虽然几乎所有的政治个体都关心教育发展的政策,但农村中的政治个体更关心教育平等的政策,受过高等教育的政治个体关心知识分子的政策,大学中的教授们更关心国家对教育投入、科研资助以及学术自由方面的政策。

地域文化是指在一个政治生活系统中拥有自我认同感和次文化的地区。当一个政治生活系统在经济、文化和社会发展方面呈现出不平衡时,地域文化在民意构成中就会有明显作用。地处沿海和大河三角洲地区的政治个体,通常支持让一些地区先行发展的政策。而地处中部和西部地区的政治个体则希望国家出台更多的支持落后地区发展的特殊政策。

在政治生活中,在研究民意特征时,年龄通常包含两层含义。一层含义是年岁,即生命周期。在政治生活系统中可以区分出青年政治个体、中年政治个体、老年政治个体。不同年龄的政治个体会支持不同的政治议题。比如对将退休年龄延长到 65 岁的政策设计,多数年轻人表示反对,而中年人和老年人则表示赞同。老年人更关心增加养老保险方面资助的政策。在研究民意特征时,年龄的另一层含义是经历。与此相对应的概念是政治世代。它是指政治个体在年轻时所经历过的重大政治事件,会持续影响他这一世代的政治见解、政治态度甚至政治立场。比如在 20 世纪 50 年代出生的政治个体,经历过上山下乡的运动,他们比在 20 世纪 80、90 年代出生的政治个体能更加理解加强新农村建设的政策的重要性。

此外,性别在政治系统的民意构成上也有重要影响。一般地说,女性政治个体比起男性政治个体,更关心婚姻、家庭、幼儿教育方面的政策。男性政治个体则更关心外交、政治平等、产权、公平竞争方面的政策。

三、民意调查历史和民意模式

民意调查历史

虽然公众政治个体对特定政治人物、政治事件和政治议题有自己的见解、意见和看法,而且也正是这些构成了民意的基本原料,但是,公众政治个体的见解、意见和看法总是零乱的、分散的,只有借助于一定的机构才能将分散、零乱的见解、意见和看法聚合起来,形成可以比较的信息资料。在许多政治生活系统中,这类机构和他们所做的工作就称为民意调查。所谓民意调查(public opinion survey or poll),是指凭借代表性样本预估民意的专门性活动。

民意调查已经有很长的发展历史。有人推测在美国最早的民意调查可以追溯到 1842 年。还在亚当斯和杰克逊竞选总统时,哈瑞斯堡宾州人报(Harrisburg Pennsylvanian)就投谁的票的问题在街头向行人做过询问。后来人们把这类预测选举结果的调查方式比喻成"在风中抓稻草"。此后,也出现过好多报纸通过各式各样的或预先细心设计或临时随意组织的利用"小样本"民意调查来预测总统选举结果的尝试。其中有一家畅销杂志《文学文摘》,首先发明出一种信度极高的调查方法。该杂志社先从订户名单、汽车所有人登记证、电话簿中找到了 1000 万个政治个体的住址,再用邮寄的方式对他们进行民意调查。运用这种方法,他们成功地预测了 1916、1920、1924、1928 以及 1932 年的美国总统选举结果。但在 1936 年的总统选举预测中,他们失手了。在这次的《文学文摘》杂志调查中,有 240 万人希望小罗斯福下台,他们预测共和党的朗顿将会以 59.1% 的得票率获胜。但最终结果却是小罗斯福以 60% 的得票率胜出。

也正是在这次总统选举结果预测中,乔治·盖洛普(George H. Gallup)的民意调查方法受到人们的重视。与《文学文摘》所使用的选取大型样本的调查方法不同,盖洛普运用的是市场研究中使用的以代表性来选择样本的方法。盖洛普不仅预测了小罗斯福会获胜,而且公开指出《文学文摘》的预测会失败,理由是《文学文摘》抽取的样本中,很大一部分人是高收入者,他们对小罗斯福的社会经济政策不满。

其后,盖洛普使用的调查方法就成为民意调查的主流方法,并且产生了许多非常成功的案例。但是,这种民意调查方法却在1948年的总统大选预测中失手了。当时,几乎所有的民意调查机构都预测杜威会以压倒的多数击败杜鲁门。甚至有一位民意调查专家自信到在别人打赌时说,即使到9月中旬就停止抽样,预测的结果也不会错。但最后,杜鲁门却以49%的得票率在有4人参加的竞选中获胜。后来社会科学研究会发现,盖洛普调查之所以失误,是因为在民意调查中,民调机构假定尚未确定投票意向的人的投票分配,应该和已经决定投票意向的人的投票分配是一样的。但事实上在调查中投票意向尚未确定的人中有75%最后将选票投给了杜鲁门。

自此以后,民调机构调整了调查方法。他们重视分析那些在选举的最后关头进行投票选择的公众政治个体的行为,并且也不再声明他们预测的误差不会超过2—3个百分点了。事实上,在很多次的美国总统大选中,胜负的得票率之差都不超过一个百分点。在这种情况下,就算是最准确的民调,也无法在候选人实力相当的竞选中,百分之百地作出准确的结果预测。

现在通行的关于政治投票的民意调查,使用的是一种只要1000人的有代表性的小样本调查技术。要成功地运用这种民意调查技术,需要抓住选取样本、接触样本和提问样本这些关键环节。民意调查中选取样本有三种方式。一种是分层配额抽样。首先要辨认政治生活系统中所有政治个体的类别,接着按各个类别的比例选取代表。这种抽样方式执行起来很难。另一种是随机化抽样。在选择抽样代表时,不以任何社会类别为依据,完全随机化。但这种抽样方式的调查成本昂贵。还有一种是区域抽样,先依据人口特征,将各个地区分为几个群组,随机选出区域作为样本,再随机选出作为样本的区域中的受访者,这种抽样,不仅符合随机性,也有代表性。

在民意调查中接触样本的方式很重要。仅仅靠邮寄出去再让被调查者寄回来的问卷调查是不可靠的,因为将问卷寄回来的受访者并不具有代表性。虽然电话调查要比问卷的寄出寄回要好一点,但也无法真正获得具有代表性的回答。真正好的方式是面对面的访谈。

访谈提问也是民意调查中非常重要的环节。在民意调查中,提问的方式与回答的偏差之间有一定的关联。调查者一定要注意对受访者使用立场公正的问话，不能让受访者感到有某种暗示，以避免在回答时造成误差。

虽然人们希望民意调查的结论与真实的结果之间具有一致性。但民调在可靠性上总是存在问题。除了使用的民意调查的技术还不够正确外，还有其他原因。一是在选举投票中，选民或公民的想法和选择是经常变化的。人们无法估计立场尚未确定的那些政治个体最后将选票投给谁。再好的民调专家也无法预测投票的最后一刻所发生的事情，如一场暴风雨或一次外交事件会给投票结果造成何种影响。二是政治个体对特殊政治事件、政治议题的见解、意见、看法是不确定的，他们一碰上突发事件，就会改变自己的想法。正因为民意不是恒定的，预测起来就会存在不准确性。三是即使一项民意调查就整个政治生活系统来说是正确的，也不能保证它在次级群体上也是正确的。因为民意在不同的地区、不同类别的政治个体那里是不一样的。

民意曲线模式

政治生活系统中的专门机构常常将收集到的有关政治个体对特定的政治人物、政治事件和政治议题的意见、见解和看法，在统计上简化为一种函数曲线，以表示两种极端不同的意见和见解的分布情况。如果调查的是一项关于不具有争议性的即怀疑者和反对者极少的政策议题的民意，画出的曲线就非常稳定，向一边倾斜。它的一边表示赞同此议题的人很多，中间意见较少，而另一边对议题持反对立场的人也很少，甚至没有。因为这种曲线呈现的是不均衡的状态，曲线的高点偏向一边，是偏斜型的，有人称这种函数曲线是"J曲线"，或是J型模式，或称偏斜型模式。

在很多的有关政治人物、政治事件、政策议题的民意调查中，由于个体对政治人物、政治事件和政策议题本身很难做出反对或赞同的评价，因此，作为两个极端，完全赞同的和完全反对的人都很少，多数人的意见趋于中间立场。由此产生的统计学上的函数曲线呈正态分布，曲线的高点趋于中间，形状类似钟型，因此，称为"钟型曲线"，或是钟型模式或趋中型模式。

第三种情况是，在专门针对有关政治人物、政治事件和政策议题的民意调查中，个体对这些事件和议题的态度和见解呈现出两种极端的分布，对某个事件和议题，一批个体非常赞同，而另一批个体则非常反对。比如在美国对于有关个人携带枪支的议题，相当多的政治个体因为看到校园枪击案不断发生，因而坚决要求取消个人携带枪支的法案。但是，由于在美国国家尚未稳定、个体人身安全还没有保障的年代，法律曾将个人携带枪支作为个人权利看待，因此，也有相当多的政治个体认为，这一经法律认定的权利不能随便剥夺。在有关这类政策议题的民意调查中,反对者和赞同者都很多,中间意见很少。统计出来的函数曲线呈现出两端的极端形态,是"U型曲线",或是U型模式或两极型模式。

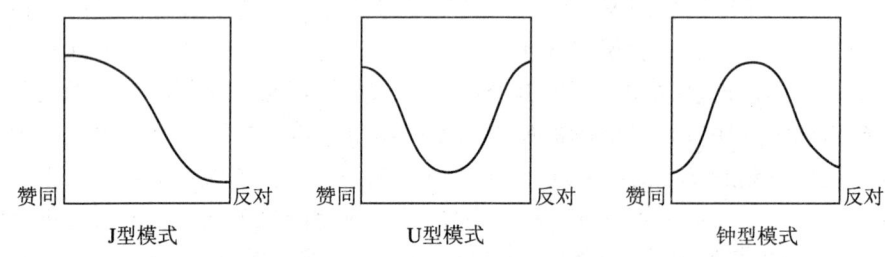

图4-3 民意统计的三种分布模式

许多学者认为,民意分布的钟型模式最能反映一个政治系统的稳定与和谐的特征。如果对于政治人物、政治事件、政策议题的公众意见和见解,其分布呈现J型模式,这说明政治个体因碍于某种意识形态,或相信权势,不能真实地表达意见。这种政治生活系统也不正常。如果公众对政治事件、政策议题的见解总是呈现为两个极端的对抗,这说明政治生活系统已经出现对立,如果不加整合将会导致分崩离析的后果。只有当多数人采取中间立场,政治生活系统才是稳定的。

对于民意调查结果的统计曲线分布,应当有正确的认识。这种曲线分布或曲线形态模式是民意调查机构进行加工的产物。它既和公众对政治事件和政策议题的看法、见解有关,也和民意调查本身有关。

本章小结

无论是在逻辑上,还是在现实的政治实践中,政治个体都是一种普遍、客观的存在。现实的政治个体是各种社会关系的总和。政治个体只有在基本权利受到法律的保护并且是在自由、公平的条件下才能产生合理的政治行为、行动。政治个体的行为具有层次结构、动力结构和差异结构。

现实的政治个体可以区分为公众政治个体和精英政治个体两大类。并不是某些特质造就了政治精英,政治精英的成长有其过程和条件。现代政治生活系统中的政治精英处于持续的流动和更替之中。政治精英只有适应时代要求,并和公众政治个体相结合,才能发挥作用。

政治个体的基本权益只有通过正当、合理的政治参与,才能得到维护和满足。对于政治个体来说,政治参与的形式是多种多样的。由于受不同因素的影响,不同政治个体政治参与的热情是不一样的。民主政治的发展要求现实的政治生活系统渐进地、有序地扩大政治个体的政治参与程度。

特殊的也是标志性的政治参与形式是政治投票。现代政治系统制定了一些有利于公平、公正投票选举的原则和判定选举结果的方式。政治个体投票的行为、行动与他们对代表权的假设和理解有关。对于政治个体的投票行为可以用多种模式来解释。

对公众政治个体投票意向的调查与分析是现代政治生活系统十分重视的一项工作。政治民意是具体的、多变的。政治民意是政治意识形态，政治个体的意见、见解，大众媒介的引导、加工之间相互影响、相互作用的产物。因此，任何民意调查都不可能不带有一定的主观性成分。

关键概念

政治行为动机　政治行为目标　政治行为激励　公众政治个体　精英政治个体　政治精英的流动　政治精英更替　多数制规则　相对多数规则　过半数规则　选择性半数规则　比例代表制规则　名单比例代表制规则　单记可转让投票制规则　"半比例制"规则　全体一致的规则　多数规则　过半数规则"循环"取胜　全权委托说　委任说　托付说　反映说　政党认同模式　候选人取向模式　政见取向模式　社会学模式　理性选择模式　主流意识形态模式　政治参与　政治参与程度　政治参与扩大　政治投票　政治民意　民意调查　民意曲线模式

研究与思考

为什么说现实的政治个体是存在的？
政治个体产生政治行为的条件是什么？
什么是政治个体行为的动力组合结构？
政治个体行为的层次结构是什么？
政治个体政治行为的类型有哪些？
哪些因素会导致政治个体政治行为的内在差异？
哪些因素会导致政治个体政治行为的外在差异？
如何看待西方政治学中关于政治精英的特质理论？
精英政治个体成长的条件是什么？
什么是精英政治个体的流动？
什么是精英政治个体的更替？
精英政治个体能够发挥哪些作用？

精英政治个体发挥作用的条件是什么?
政治个体政治参与的实质是什么?
政治个体政治参与有哪些形式?
如何衡量政治个体政治参与的程度?
如何扩大政治个体的政治参与?
政治个体政治投票的实质是什么?
政治个体政治投票有哪些类型?
有哪些代表权的假设理论?
有哪些政治个体政治投票解释模式?
政治民意的实质是什么?
政治民意有哪些特点?
政治民意形成的主要影响因素有哪些?
民意调查有哪些历史发展过程?
民意曲线有哪些模式?

✳✳✳✳✳✳✳✳✳
 相关知识
✳✳✳✳✳✳✳✳✳

1. 现代西方政治精英理论

拉斯韦尔在其1936年出版的《政治学:谁得到什么?何时和如何得到?》一书中指出,现代社会中,政治精英对社会的统治主要依靠四种工具:符号、暴力、财物、实践。符号或称"共同命运之符号"(symbols of the common destiny)是论证其统治合法性的政治意识形态;暴力当然是统治的必要手段,但相对于其他三种工具来说是最不重要的;经济手段对精英统治的意义特别大;实践乃是指"征召和训练精英的所有方式,决策和行政的所有制度"[①]。

政治精英与社会价值分配

拉斯韦尔认为,在西方,政治学家们越来越对历史主义把政治研究仅仅局限在"政府"、"国家"等问题上的做法表示不满。他们发现传统的政治学词汇已经难以适应早已发生变化的政治生活。人们越来越多地倾向于把政治学的研究看成是对权势和权势人物的研究。政治学把研究对象集中在权势人物身上并不意味

---

① 拉斯韦尔:《政治:谁得到什么?何时和如何得到?》(Politics: Who Gets What, When, How),俄亥俄世界图书公司1958年版,第80页。

着政治学只考虑少数人而抛开多数人。不考虑多数,也就不可能确定少数人。着重研究少数人取得多数东西的可能性并不表示多数人从政治中得不到好处。

要对占人口少数的权势人物加以研究,就不能使用单一的标准。使用单一的标准是不可能对权势人物做出令人满意的描述的。只有采用一系列的衡量标准,人们才有办法将权势人物与非权势人物区别开来。这些标准表现为在政治生活中,人们对某些价值的要求,而权势人物是在可以取得的价值中获得最多的那些人们。可以获取的价值可以分为尊重、收入、安全等类别。取得价值最多的人是精英(elite),其余的人是群众。

在社会政治生活中,尊重是一座金字塔,无论在形式上或在实际上,都是难于攀登的。和尊重的分配相比,安全的分配往往不是那样不平均的,并且有时显示出相反的关系。至于国民收入的分配,在某些社会内有时存在非常尖锐的差别。除了按尊重、安全、收入等几种价值标准来进行政治分析外,还可以按技能、阶级、人格、态度群为标准来进行政治分析。

与技能有关的因素有:以暴力为主的战斗;组织的才能;处理有关人的问题的本领。在当代西方社会中,阶级是具有相似的职能、地位和观点的重要社会集团。在当代的世界政治中,主要的阶级结构可分为贵族阶级、富豪阶级、中产阶级和体力劳动阶级。

除了技能和阶级以外,还可以按人格来考虑价值的分配。不管具体人们的人格具有什么样的特殊形式,作为政治的人,其人格的共同的特征是对尊敬具有一种强烈的要求。当一个人对尊重的强烈欲望一旦在亲密的小圈子中遭到挫折或过分纵容时,就会转向大的环境去寻找表现的机会。

另外,还可以通过态度群来考察价值的分配,那些把对国家、民族、阶级、行为和对个人的忠诚作为权势基础的权势人物把世界搞得四分五裂,各据一方。由于态度可以超越一切参照系统,因而态度群会打破技能、阶级、人格的分类。

依据上述结论,政治学在对权势人物进行分析时,把决定权势的基础解释为在社会的价值分配中某些人所占有的份额,而有代表性的价值主要是三个方面,即尊重、安全和收入。同时,精英人物也有某些特征,这些可以用阶级、技能和人格等词来描述。精英操纵或驾驭环境的方法是运用暴力、物资、象征以及其他各种实际措施。这些方法的运用对精英的命运将产生深刻的影响。

政治精英操控象征的方法

精英集团的支配地位部分地依赖于它对环境的成功操纵。操纵的方法包括象征、暴力、物资和实际措施。处在反对派地位上的精英所依靠的也是同样的手段。对任何一个精英集团来说,其成员都会以共同命运的象征作为旗号来为自己的利益辩护。这些象征就是现行制度的"意识形态"。

精英们利用各种约定俗成的言词和姿态从群众中骗取血汗、劳动、税金和赞扬。当一种意识形态能够稳定地存在下去的时候,并不需要很多的人去进行有计划的宣传;而当一种意识形态正在为自身的传播而煞费苦心时,就表明这种意识形态已经奄奄一息了。

政治上的象征,往往是将特殊的用语同某个时期的政治生活早期朦胧状态下的历史经验结合在一起。精英们使用宣传手段时,总是选择那些能够产生出他们希望中的那些共同行为的象征,并用这些象征来吸引或分散人们的注意力。

当一个社会发生危机的时候,"国家"会被置于人们注意力的中心点上。人们的眼光会都集中到代表国家的"我们"这个象征的命运上。这时,原先对某些外国人象征所抱有的尊重就会被削弱,各种作为集体的"我们"的各种象征的附属品会大量地被寻找出来。受到威胁的感觉会大大地增加对国家爱的需要,于是,国家便成为一个具有保护作用和无限宽容的、强大而睿智的象征。

在诸如战争、革命等方面的宣传中,掌权的政治精英和反对派政治精英都会最大限度地利用某些象征来进行。在战争宣传上,政治家们所选择的象征可以是多种的。对中立国家的宣传其任务在于引导这些国家中的有权势的人物把我们的敌人也看成是他们的敌人,把我们的事业也看成是他们的事业;对同盟国来说,战争宣传在于要突出我们在战争中所起的作用,和我们对结盟国家所进行的支持;对于敌对国家来说,宣传的目标在于要把敌对情绪转向其他的敌人,或者是把敌对情绪转向内部,以便造成内战或革命。

和战争一样,革命的目标也在于取得对敌人的强制优势,并以此为条件和手段,将自己的意志强加给敌人。革命宣传所选择的象征是那些预计可以把群众的感情引导为背离现存政权的象征,是可以把群众的喜爱之情转移到挑战性上去的象征,是可以将群众的敌对情绪聚集到反对现存权力象征上去的那些象征。

某些反动的政治精英在煽动某种运动时,也会精心选择宣传活动的象征。比如,德国法西斯分子就选择了反犹太主义作为一种象征。借助于这一象征,既可以发泄对富人及其成功者的仇恨,同时又不冒支持无产阶级社会主义者的风险;利用这一象征,也可以分化贵族阶级对现代化造成的后果所抱有的仇恨;另外,抓住这一象征,农村居民还可以发泄对城市居民的不满;同时,利用这一象征,不同行业之间的竞争也能得到削弱。

总之,在政治生活中,精英们会依靠各种各样的象征来为自己的防御或进攻服务。象征是不花钱的,又是难以捉摸的。他们可以在警惕性很高的当局眼睛看不见的地方靠口头进行传播,也可以在不满者的中间组织协调一致的行动并促成社会危机。对于任何一个精英集团来说,要保护一种对某一象征的垄断权并不像保护一种对物资和暴力的垄断权那样容易。

政治精英对暴力手段的运用

暴力也是政治精英用来进攻和防御的一种主要手段,它也具有多种形式。把暴力作为一种权势工具而加以合理使用,其关键在于要对它有清醒的估计。将暴力作为全面的毁灭性工具的情形是很少的,它只是人们达到某种目的的手段,而决不是目的本身。

在使用暴力时,各种力量的动用总是会受到某些因素的限制,因而即使是战争也很少是"绝对的战争"。在战争中,暴力不过是各种相关因素组成的整体中的一个侧面而已。暴力行动要达到目的,就必须在整个行动中把破坏力量的优势集中到某些要害部位上,暴力行动中有效战略的优势并不是潜在的优势,而是具体的、现实的优势。在新式武器不断被发明出来的情况下,技术优势的诱惑总是将人引向失望的道路。

其实,暴力行动的成功取决于整个行动中的另外一些重要的方面,比如,人们心理的、社会的等因素。暴力行动使每个参加者都有可能死亡,因此,对参与暴力活动的人来说,付给金钱作为报酬是不适宜的,因为他追求的是心理报酬而不是物质报酬。

拉斯韦尔认为:"暴力行动不论用在战争、分裂或革命中都必须从属于它本身作为其中一部分的那个全面行动。施虐狂行为的欢乐必然要受到得失考虑的遏制。在一个可能性受到限制的世界中,很少有'绝对的暴力行为'。暴力只是在正在发展着的形势下为达到某些目的而使用的一种方法。对于在行动的成功上起决定作用的那些人们的态度必须认真加以保护。为了使破坏力量在关键部位上占据优势,就必须使暴力行动与组织、宣传、情报各方面的工作配合起来。必须对精英的个人代理人给予特别的注意,还必须特别注意任何社会变化对不断变化着的战斗效能所具有的意义。"

政治精英对物质手段的运用

物资是政治精英们经常使用的攻击和防卫手段。在现代社会里,经济生活处在不断的震荡之中,以至于精英们的安全已经和物资同价格的波动紧紧地联系在一起。一个精英如果不把自己同经济繁荣联系在一起,他就会受到内部的攻击,不断上升的不安全感将会毫无理智地朝着现行制度的各种象征及其实际措施发泄出来。

政治精英们在指导物资和服务的流动时主要有两种方法:一种是配给制,另一种是价格制。精英正是在这两种方法的结合中寻求自己的安全。在资源的使用中采取配给制,效率往往是很高的,特别是在紧急状态下,统治精英就习惯于依靠这种方法来控制人民的行动和态度。配给制最明显的弱点在于它可能使不满情绪集中到那些对实行这种制度负有明显责任的统治集团身上。当这种不满发展到严重程度时,当局的威信就会遭到损害。

价格制也具有与配给制差不多的缺点。当劳动和商品的价格是由统治集团中的某些著名成员所确定时,责任也就集中在他们身上。但是价格制可以起到蒙蔽社会眼睛的作用,使人们看不到物资分配的责任究竟在什么地方。这就减少了公共统治集团或私人统治集团中某一官员被人们视为共同不满的目标的可能性。当自由竞争市场的日常事务进行得顺利平稳时,似乎有一只"看不见的手"在操纵这些事务,而这只手是长在一个没有血和肉、发现不了、无法向他表示谢意,或者发现不了、无法将他千刀万剐的人身上。

政治统治精英们通常都掌握着物资的支配权,而领导群众的政治精英们要反对统治精英,主要依靠的就不是物资或暴力,而是宣传。处在统治地位上的政治精英在处理和外国的政治精英的关系时,控制物资是至关重要的。物资既是战斗潜力的量度,又是战斗效率的工具。进行战斗,取得胜利的一种方法就在于运用物资去引起敌国人民的不满,去争取同盟者、维护中立者和加强本国人民的士气。

一个特定社会的精英们,在来自内部和外部的双重威胁下,只好借助于对基本物资和服务实行先集中控制,然后分散控制,先配给,然后定价的摇摆政策,来达到有时劝诱、有时胁迫、有时转移目标的目的。由于物资和服务都集中在公认的精英手中,发起挑战的精英们处在不利的地位上,他们以停止合作为手段,增强不满者的权力意志。

政治精英采取的实际措施

任何政治精英要保持其优势地位,就必须尽可能地成功地采取一些重要的实际措施。这些措施既包括吸收和训练精英的方法,也包括在制定政策和实行管理中所采取的种种形式。其中,成文的或不成文的宪法则是体现着对政府和社会来说最具根本意义的实际措施。

政治精英用来防卫自己的实际措施一般有发泄和细小的调整。发泄是一种无害的解除紧张的方法,调整是合法制度对自身的细节进行再安排。政治统治精英对付反对精英的实际措施有多种形式。对付反对精英针对财产制度上的不满情绪,通常的办法是将他们的注意力引导到关于节约的立法辩论中去;对付其他不满情绪的安全阀是复兴宗教信仰;当批评资本主义个人主义演变为实际的政治运动时,对付的办法则是采取"社会立法"的形式。

政治精英在采取实际措施维持自己的地位时,应当将效率和可接受性明智地结合起来。为了效率而牺牲可接受性是危险的;为了眼前的可接受性而采取某种长期的低效率实际上也是危险的。政治精英在考虑行政管理和政治决策时,应当认识到所采取的措施无论是专政的还是民主的、是集权的还是分权的、是集中的还是分散的,所具有的职能是有限化的还是普遍化的、倾向性的还是客观性的,所造成的危害几乎是相等的。

一般地说,在危机的时候要求专政、集权、集中、服从和倾向性;在危机的间歇期则要求民主、分权、分散和客观性。在危机期间,精英们对服从的重视程度大大超过对首创精神的重视。"统治者们在内部不稳定情绪的折磨下渴望听到在相互尊重的协作关系中经常使用的那种令人放心的语调。"①但是服从性却阻碍积极性和效率的发挥。一旦当权者感觉到地位已经稳固了,他们就会明智地起来保护创造性并对某些不够虔诚的行为采取宽容的态度。在危机中,政治精英们吸收行政官员和代理人时,首先关注的是倾向性,因为这种倾向性有利于在精英中间产生自信心。

在出现政治危机的时候,精英们则采取集权制。为了及时地得到不断变化着的不满情绪的情报,他们会运用现代"态度测验"的各种方法。当危机一旦消退时,政府则会采取分权的办法,但这种方法在使用时必须考虑将来一旦发生意外,中央机构有能力加以控制。因此,实行权力下放,即将广泛的权限授予下属,只有在具备了将来可以收回的条件下才能够进行。

政治精英具有的技能

价值在不同技能的代表人物之间的分配。在拉斯韦尔看来,技能就是某种能够教会和能够学到的作业方法。它包括使用事物或事物象征的技术,如手工工人或工程师的技术,运用仪式象征的技术以及暴力、组织、议价、宣传、分析等技术。某些类型的技能却很少有导向显要地位的机会。从事工程技术的人很少能上升到显要的地位,人民的英雄很少有是工程师或物理学家出身的。因为工程技术人员把全部的精力都贯注到寻求他们的职业满足上面,物理学家们在对物的管理上的专门化程度不及对物的象征的管理。医生虽是多种技术的结合体,他们懂得很多自然科学和技术,但他们却对人际关系完全置之不理。医疗工作虽然给从业者带来与人们密切接触的机会,但医生在公共生活中却很少有人能高升到显要的位置。

在西欧的文明中,暴力的技能、组织的技能、讨价还价的技能和操纵象征的技能一直要比工程、物理、医学来得重要,但他们相应的作用却各不相同。在欧洲的

---

① 哈罗德·D. 拉斯威尔:《政治学》,商务印书馆1999年版,第71页。

封建社会中,使用暴力的技能曾经是通向权势的主要道路;但是封建社会之后,对于暴力活动中的英雄人物,他们的在位则远远不如人们所想象的那么高了。在很长的时间中,西欧文明把极大的重要性归之于财产的积累,因此,战斗者的价值相应就被贬低了。每一次战争之后,社会总要把一大批军事家作为遗产留在自己的身后。

组织的技能曾在实现各民族君主政治权一体化的过程中起过促进作用。讨价还价的技能是在工业发展的年代中形成的。它在社会的发展中曾起过相当大的作用,并能把一些人引向显赫地位。在一个社会中,靠象征维持生活的是那些专心搞礼仪的人。真正的礼仪行为是一种涉及社会关系的,并被认为是对整个社会有利的行为。在大多数的社会中,都有一批专门从事礼仪,从而取得权势的人。

控制的技能也是取得权势的重要手段。西欧的大部分历史是围绕各个精英集团为控制那些足以引起群众服从的某些象征而进行对抗的历史。另外,对人事分析的技能和智能也是很重要的技能。从事对人的关系分析的有法学家、哲学家、神学家、历史学家,还有从上述的一些人中分化出来的经济学家、政治学家、社会学家、社会心理学家、个人心理学家、文化人类学家、人文地理学家、社会生物学家等等。教士和分析技能的关系向来十分密切。有些教士专门从事占卜的工作,预测未来和指明现在可供采用的行动方案,从而使他们自己在政策和管理工作方面起显著的作用。

政治精英与革命

阶级结构的变化对政治精英的影响。拉斯韦尔把阶级看成是具有类似职能、地位与观点的重要社会团体。革命是精英在阶级构成上的改变。到目前为止,引起阶级构成改变的世界革命只有两次。一次是法国革命,另一次是1917年的俄国革命。法国革命与新技术的出现是密切相关的。新的技术成为贵族统治衰落和资产阶级兴起的条件。法国革命使得新兴的阶级利用这种条件登上了政治舞台。这次革命是一次利用某种有利的社会结构进行夺权的行动。这种政权的更迭是在一定地区范围内,并且在一套新的统治象征的名义下实现的。法国革命的名义是"人权",在这一名义下的实际措施是普选制、议会制、政教的分离以及资本主义工商业的发展。

另一次世界革命即1917年的俄国革命,其夺权者是以无产阶级的名义来讲话的,实行金钱收入的相对平等,社会有组织的生活政府化,由一个党占据统治地位。同一事件,同时用这两次世界革命来解释,往往会得出革命的和反革命的双重含义。资产阶级革命要求公共教育免费和普选,这实际上就会激励劳动者、农民和下层中产阶级在政治上表现自己。这就会使这些阶级有可能成为新的革命动力。世界性革命的创举在人类历史上从来也没有一次上升到绝对的称霸地位，并且从来也没有一次能以一整套优势的象征为名和按照一整套实际措施把世界统一起来。在通常情况下，限制的辩证法要比扩散的辩证法强大得多，世界革命总是在普遍性面前停步不前。

在拉斯韦尔看来，世界革命的创举只有部分地被推广和普及。旧世界进行自卫的一种手段就是把与这种模式有关的象征和实际措施部分地吸收过来。世界性革命在人类历史上并不罕见，但是从来没有一次革命能上升到绝对的称霸地位，并且从来也没有一次革命能以一整套优势的象征为名和一整套实际措施把世界统一起来。事实证明，限制的辩证法要比扩散的辩证法强大得多，世界革命总是在普遍性面前停步不前。

在革命中，都会产生出一套新的象征。每一个被确认与上一次革命中的任何象征和实际措施同流合污的精英都会受到指控，只有这样，才能为新的大厦奠定新的象征基础。新的反抗神话、新的乌托邦式的语言就可以被援引来反对公认的精英的意识形态。

在社会存在的各个阶级中，小农民、小商人、低薪知识分子和技术工人，由于缺乏自觉性，总是相互斗争而不能合作；较老的资产阶级也不能承担革命的任务；传教士、教师、律师和新闻工作者所使用的工具是咽喉而不是肌肉，他们同样也无能力去领导革命。在拉斯韦尔看来，在西方社会中能够成为革命领导力量的只有中产阶级。但是目前的中产阶级似乎又缺乏革命性，中等集团至今还没有找到一个适当的名称，也没有认清他们要维持内部团结所必须坚持的原则，更没有充分意识到他们所担负的历史使命。能将中产阶级联系起来的纽带既是内在的又是外在的：说是外在的，是因为他们把金钱丧失给了富豪集团；说是内在的，是因为为了获取对社会有用的技能而做出牺牲是他们在精神价值方面一个共有的经历。尽管中产阶级遭遇到各种阻碍，但是这一阶级目前正行进在通往最后胜利的道路上。

政治精英的人格性格和态度

政治精英具有冲突的人格。政治生活实际上是一种冲突性的生活，它是以一些能使自己与所处的环境发生积极关系的人的存在作为前提的。冲突一般表现为感情的冲动，它必须在一定的人类环境中实现外在化。一个得到充分发展的人格总是使得冲动外在化的感情能力与足以取得成功的技能结合在一起。感情冲动的客观化会把不能使得感情充分自由地发挥出来的人格从杂乱无章的政治舞台上排除出去。而大量的病例证明，一个人的人格决不是单一的，人格中的一些动因系统与其他的动因系统之间存在着冲突。比如，在林肯的身上，有着文雅温和的性格，但是他又总是紧锁眉头在沉思，具有忧愁的性格。林肯的性格中具有和解的一面,但又具有雄伟壮丽的幻想成分。

在政治精英的性格中,固执和狂怒是两种重要的类型。它可以排除人们感情上的障碍。一旦这两个类型不能及时地将感情上的障碍排除掉,它们就会对整个人格产生影响,形成一种内在的抵抗力。一般地说,相对的不受抑制的狂怒型人物同其他人的冲突往往是非常频繁的,因而他们不可能在政治生活中产生作用。习惯于发脾气和耍野蛮的人是不会得到其他人的爱的,他们只能加入到好斗成性的违法者、犯罪分子的队伍中去。另外还有一种极端受虐狂型的人物,他们对攻击型的人物往往是无限忠诚,百依百顺。一切拥有权势的领袖的周围总有一批全心全意为"首长"服务的人物。还有一种人格是极端超脱型的,有时这种人的行为似乎是"不近人情的",但具有这种人格的人虽然彬彬有礼,但这种行为却是不自然的。他们只是把自己的感情用一层冰将真实的东西包围起来。

精英集团的政治态度。政治分析的一个重要任务是对精英人物的政治态度进行分析。在政治生活中,政治精英的态度可能是"地方性的"、"区域性的"、"国家性的"或"世界性的",有时政治精英的态度又可能是对"阶级"或"技能"的忠诚。对于某一个特别的精英来说,其政治态度是多重的,政治分析的任务就是要从多重的态度中找到占优势地位的态度。

西欧文明由于某些态度而独具特色,这些态度历经各式各样的地区性发展而得以幸存下来,并且影响了一代又一代人。欧洲文明是行动性的:它鼓励对人和自然加以操纵和控制,它主张人的感情外化而不是内化。欧洲文明是地区性的:它鼓励民族主义之类的观念并抑制坚持以职能忠诚作为实现普遍统一手段的倾向。欧洲文明具有对暴力的期望:它把战争、革命、分裂、造反、帮派斗争和自杀看做是理所当然的事,不管暴力是多么令人痛苦,大多数人都令人悲哀地承受使用暴力的可能性。

拉斯韦尔认为,现时代在政治生活中起着重要支配作用的是低收入的技能集团。1789 年的世界革命创立了一个新的世界,1917 年的革命模式现在正在部分地扩散,部分地受到限制。深刻透彻的政治分析所揭示的是在宏伟壮丽的阶级后面存在着个人技能、人格类型、个人态度这些附加的、也许是更为微妙的对立因素。由于这些因素是不断变化的,因此,政治学的研究并不是一劳永逸的事情,它不可能得出一成不变的令人满意的肯定性结论,它能够为人们所做的只是为人类在对不安全的、多变的社会进行再评估时提供某种方向性的尺度。

2. 美国民意调查的可靠性问题

美国民意调查也具有不公正性、不可靠性的一面。民意调查的抽样人数和对

第四章 政治个体及其行为

象是决定民意调查可靠程度的关键。在美国,一个可靠的全国性民意调查至少要对 1000 名左右的可能投票的选民进行调查,抽样误差不能超过上下三个百分点。

在美国的总统和两院议员的竞选中,民意调查处于落后状态而却最终赢得选举的先例并不少。因为再全面的民意调查也会引发不同的解释。另外,民意调查也给关注这方面趋势的记者和舆论人士们虚构了一系列期望值。在民意调查人员和舆论人士中逐渐形成了一种无形的所谓"常理"。这两方面人士又都希望能看到在竞选中出现违背这种"常理"的候选人。

正是这些愿望和期望的作怪,一旦出现了背离初期调查结果所指趋势的候选人,人们就会大做文章。以尤金·麦卡锡(Eugene McCarthy)参议员 1968 年与林登·约翰逊(Lyndon Johnson)总统的角逐为例,麦卡锡拼命反对越战,而当时反战情绪也正在美国扩大。人们都怀疑,一个名不见经传的明尼苏达州参议员又能对实力强大的约翰逊总统提出什么实质性挑战呢?

然而,第一次预选(即新罕布什尔州预选)结果显示,麦卡锡赢得了 41% 的选票,约翰逊只赢得了 49%。虽然约翰逊总统的名字并不在选票上——这要等那些想投他一票的人提出,但是,舆论人士仍然认为,麦卡锡大大超出了选前民意调查的所有预期,继而宣布他获胜。麦卡锡的"胜利"震惊政坛,约翰逊总统在此后两星期内不得不做出了不竞选连任的决定。

另一个类似的舆论人士宣布的胜利发生在 1972 年新罕布什尔州民主党预选中。曾于 1968 年短暂举起反战旗帜,并随后领导了民主党内的改革运动的南达科他州参议员乔治·麦戈文(George McGovern),向当时在总统提名竞选中明显领先的埃德蒙·马斯基(Edmund Muskie)发出挑战。麦戈文个人进行的民意调查显示,他在新罕布什尔州预选中的得票率可能超过 40%。因此,他聪明地向媒体表示 35% 的得票率就将令他满意。当他赢得 43% 的选票而马斯基赢得 48% 的选票时,与 1968 年一样,新闻界也认为,麦戈文这位挑战者超出了舆论人士的预期,因而"获胜"。

在评价这一"胜利"时,历史学家们认为使麦戈文在新罕布什尔州预选中取胜的重要因素是:媒体报道、捐款和声势。麦戈文也借势赢得了民主党总统候选人的提名,但在大选中惨败给了理查德·尼克松(Richard Nixon)。

1976 年,前佐治亚州州长吉米·卡特(Jimmy Carter)在刚刚参选时被华盛顿媒体记者称为"吉米谁"(Jimmy Who)。卡特在新罕布什尔州同五位比他有名的民主党候选人角逐时赢得了 28% 的选票,由于大大超出了新闻媒体对他得票率的原先期望,这一胜利足以把他推到领先地位,并最终赢得提名。

所有这些事例都说明,选前的民意调查可以被用来作为巩固或削弱领先者的地位的工具。民意调查的确能为竞选报道定下基调,并使人感到对预测胜利有某种常理可循。

备受争议的是投票后的民意调查(Exit Polls)。20世纪70年代以来,投票后民意调查成为美国全国大选和各州选举中的一个主要做法。由于它力图根据刚刚投过票的人提供的情况预测谁在选举中获胜,因此,这类民调也可被称为当今各种民意调查中最有争议的一种。投票后民意调查在2000年的美国总统大选中名声扫地。因为几家主要电视网错误地利用这些民意调查的信息,前后两次对谁在佛罗里达州获胜做出错误的预报。

民意调查的结果向来没有定数,仅供参考。2008年美国大选中关于两位总统候选人支持率的各类民调千差万别,结果之悬殊,让人摸不着头脑。美联社2008年10月21日公布一项最新民调结果,称自9月大选辩论以来一直处于劣势的共和党总统候选人麦凯恩在最后阶段迎头赶上,与"领头羊"奥巴马的差距已缩小至一个百分点。这项民调指出,10月15日举行的最后一场大选辩论让麦凯恩赢得了"生机"。辩论结束后,麦凯恩在白人以及年收入低于5万美元的选民中的支持率大幅提升,使得距全民投票日不到两周的美国大选呈"胶着"态势。

可在同一天,《华盛顿邮报》以及《华尔街日报》各自公布民调结果称:奥巴马的选民支持率稳中有升,分别达到54%和52%,对麦凯恩的领先优势均已扩大至10%以上。这样的情况在过去两周里十分常见。如,此前哥伦比亚广播公司与《纽约时报》的联合调查显示奥巴马领先14个百分点,而盖洛普的民调结果则显示奥巴马只有2个百分点的优势。

各类民调的调查对象具有随意性,受调查群体的党派构成有较大差别,结果自然不尽相同。试问哪个结果更接近实际?民调专家也有些犯难。有专家指出,在显示奥巴马遥遥领先且优势不断扩大的民意调查中,共和党选民的比例通常偏低。支持奥巴马的民主党选民政治热情较高,也更愿意接受媒体调查。此外,奥巴马在各州民主党初选中实际的得票率往往不及之前的民调结果出色。类似的情况也可能在大选中发生。民主党人最担心的是,顺风顺水的奥巴马会像戈尔当年那样,在民调中遥遥领先,却在大选中败下阵来。

福克斯电视新闻网民调显示,奥巴马以49%比40%,领先麦凯恩9个百分点。独立选民的支持是奥巴马领先的关键。88%的民主党选民表示支持奥巴马;83%的共和党选民支持麦凯恩;在独立选民中,44%支持奥巴马,35%支持麦凯恩。

白人天主教徒选民在历届大选中举足轻重。在过去四届大选中,胜选者都获较多白人天主教徒支持。民调显示,50%的白人天主教徒支持奥巴马,39%支持麦凯恩。第一次有权利投票的新选民,51%支持奥巴马,40%支持麦凯恩。

另根据盖洛普民意测验中心的民调,奥巴马以51%比42%,领先麦凯恩9个百分点。另有6%不确定,2%对两人都不支持。

路透社-有线卫星公共事务广播电视网-佐格比民意测验机构的民调则显示，51.6%的选民支持奥巴马，42%支持麦凯恩。

这项民调显示，奥巴马在各区块选民群都领先麦凯恩：他在独立选民中领先27个百分点；在过去有投票纪录的选民中领先27个百分点；在新登记选民中领先16个百分点；在拉丁裔选民中领先31个百分点；在非洲裔选民中领先91个百分点；在女性选民中领先16个百分点。

奥巴马在18至29岁选民中领先27个百分点；在30至49岁选民中领先5个百分点；在50至64岁选民中领先8个百分点；在65岁以上选民中领先4个百分点；在温和派选民中领先25个百分点；在天主教徒选民中领先12个百分点。

福克斯民调是于2008年10月20日至21日访问了900位可能投票选民，抽样误差正负3个百分点。盖洛普民调是于19日至21日访问了2799位登记选民，误差正负2个百分点。路透社-有线卫星公共事务广播电视网-佐格比民调是于19日至21日访问了1208位可能投票选民，误差正负2.9个百分点。

建议进一步阅读的文献

要对政治精英作进一步的批判性研究，可阅读加布里埃尔·A.阿尔蒙德、小G.宾厄姆·鲍威尔的《比较政治学：体系、过程和政策》（东方出版社2007年版）中第二部分"体系功能"第五章"政治录用"第三节"精英人物角色的录用"中的有关内容。

要对政治选举作进一步的批判性研究，可阅读罗伯特·古丁、汉斯-迪特尔·克林格曼主编的《政治科学新手册》（下册）（三联书店2006年版）中第三部分"政治行为"第九章"政治行为：理智选民与多党体制"中有关党派偏好与议题投票方面的内容。

要对政治参与作进一步的批判性研究，可阅读托马斯·帕特森的《美国政治文化》（东方出版社2007年版）中第二篇"大众政治"第7章"政治参与和选举：表达大众意愿"中"投票以外的传统参与形式"有关内容。

第五章 政治群体及其行为

【学习要点提示】
政治群体内在结构与类别
　政治群体的内在结构
　政治群体的基本类别
公众运动的类型与特征
　自发性集群行为
　民间社会运动
　动员式群众运动
　新社会运动
阶级阶层的政治行为
　社会转型时期的阶级阶层
　阶级阶层的政治行为特点
民族族群的政治行为
　民族与族群的特征
　民族族群的政治行为

　　人类政治生活中一个不易解开的纽结就是政治个体与政治群体或集体的分立与依存。一方面,政治个体都有自身相对独立的政治权益追求,而这一切又只有依赖于个体自身的理性思考或精心计算才能达到,它所遵循的是政治个体的利己性行动逻辑。但是,政治个体要能生活下去并且要实现自身的权益追求,又恰恰不能脱离政治群体而孤立行动。另一方面,虽然政治群体也离不开政治个体,但它又不是政治个体的简单累加。群体行动是指向超越政治个体利益之上的整体政治利益和需求目标的,其行动所遵循的是由政治个体的利他性所构成的特殊行动逻辑。政治群体的行动要能够实现,就需要政治个体间的信任与合作,只有这样政治群体才能获得对每个合作的个体来说都有好处的群体利益。

　　虽然每一个政治个体都知道,与其他政治个体的合作,能够带来对大家都有好处的共同政治利益;而不合作,则必然会出现既损害别人,也损害自己的后果,但是,每个政治个体在实际行动时,都害怕在主动地与别人合作后,自己付出了成本,而别人在占了好处以后却不与自己合作,这就必然导致政治个体之间的相互提防,相互怀疑,相互背叛。这种疏离、怀疑、提防,又会促使政治个体理性选择的结果是不与别的政治个体合作。这就必然导致政治群体行动的缺失。当然,其后果是大家都吃亏。这就是人们常常遇到的"理性的无知"的状态或局面。

公共选择理论、现代管理理论、现代治理理论都依据上述状态推导出所谓的"集体行动困境"。立足于"理性经济人"或"理性政治人"的政治学家们则把这一切称之为理论和逻辑上的困惑和无法解开的谜团。其实,学者们在理论和逻辑上逾越不了的屏障,人类依靠自己的智慧在实践中早就解决了。这让人们想起恩格斯在以茜素为例谈自在之物向自为之物的转变时所说过的一段名言:实践是最好的途径。当人们从化学物质的合成中得到原先只能从茜草中才能提炼出来的茜素时,以往人们认为是不可认识的自在之物,现在已经成为能被人们认识并掌握的自为之物了。从自在之物向自为之物跨越的理论和逻辑难题在人们的实践中就这样被简单地解决了。

为了克服政治个体的理性思考和政治群体行动逻辑之间存在的障碍,为了消解群体行动的困境,人类在实践中而不是在逻辑和理论的推论中学会了结成政治群体。脱胎于动物的人类,将动物世界的合群性上升为人类特有的群体性,通过让政治个体结合成政治群体的方式实现了对大家都有利的集体行动。

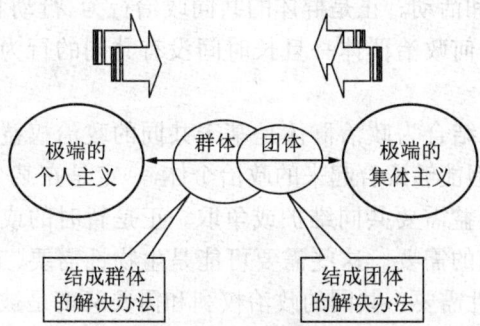

图 5-1　政治群体和政治团体是人类解决政治
生活中集体行动困境的实践创造

人类在政治生活的发展中,创造出许多政治群体形式。有形成某种暂时的或持续较长时间的、运动性的、虽然松散和不稳定但规模和声势却非常大的群体;有因抗争或进行某种利益的诉求而在短时间内聚合起来进行突发性集群行动的群体;有因生产资料的占有不同,或经济地位、职业种类、消费水平的差异而形成的比较稳定的以阶级、阶层形式出现的群体;也有因相同语言、相同经济方式、相同生活地域、相同心理特征从而内在联系非常紧密而稳定的民族和族群群体。这些群体形成的原因各不相同,内部结构也有较大差异,其政治行为也各有特点。

第一节　政治群体的要素结构与类别

一、政治群体的基本要素

在人类生活中,个体和群体本来就是两种基本的存在形式。因此,从广义上来说,相对于政治个体而言,政治团体、政治集团、政治党派也都是政治群体。但在研究微观政治生活时,为了标示由个体组合起来的群体结构的紧密化程度,人们有意识地区分出政治群体、政治团体、政治集团和政治党派等几种类别。在这一意义下的政治群体只能是狭义的群体,它区别于广义的群体。所谓政治群体是指在维护和争取政治权益的过程中,具有共同利益与情感意识、持续互动互争、内部具有某种程度的凝聚力、经常有聚合行动的政治个体的有机集合。

政治群体不是两个或两个以上的政治个体随意的并列或累加。政治个体聚合在一起要成为一个政治群体,首先必须有共同的活动。每个政治个体都有自己的行为、行动和活动。但要结为群体,就必须将政治个体结合起来,经常实施联合的群体行为、行动和活动。正是群体的共同政治行为、行动和活动,才显示出政治群体的存在性。任何政治群体一旦长时间没有共同的行为、行动和活动,群体就会瓦解、消失。

政治个体之所以结合为政治群体是基于共同的政治权益。每个政治个体都有自身的政治权益,但能够聚合起来的政治个体,一定是在某个阶段、某些方面具有大致相同的政治权益需要共同维护或争取。正是暂时的或长久的共同权益产生出相互间联合行动的需要。这些需要可能是生物性需要、工具性需要,也可能是表意性需要、互助性需要。共同的政治权利和需要又都是被每个政治个体所意识到的,从而又会产生出相似的群体归属意识。

政治群体的凝聚力要素

能够将政治个体聚合为政治群体的一个重要因素是政治群体的凝聚力因素。所谓政治群体凝聚力是指在政治群体中持续存在的吸引其成员聚集于群体之中并将其整合为一个整体的力量。造成和维持这种凝聚力的是压力因素、安全因素、利益因素和认同因素。

任何政治群体都会感受到外来的压力。当群体成员或整个群体受到外部环境压力时,群体内的凝聚力就会增加。外部压力分为来自自然环境的自然压力和来自社会环境的社会压力。社会压力通常来自于不同政治群体间的冲突,每当政治群体之间的冲突发生时,政治群体内部的凝聚力就会明显强化。

政治个体之所以要加入政治群体是希望通过群体的力量来保护自己的利益与安全。群体越能为其成员提供安全的条件与可能,它就越能增强个体在本群体内的合群倾向。如果一个群体为自己的成员提供的安全条件减少了,那么,其成员在该群体内的合群倾向就会降低。

政治个体之所以加入政治群体,另一个非常重要的因素是因为他们能够从这些群体中得到需要满足的政治利益。一个群体越能使其成员受益,就越能使成员靠拢它。高度受益的人比低度受益的人更愿意合群。一个群体内受损害的成员越多,受损害以致受打击的程度越高,那么这个群体内的合群倾向就越低,那些受损害以致遭受严重打击的个体一般会与该群体保持距离以致离开。

认同也是政治群体产生和增强凝聚力的重要因素。认同是双方的事,有群体对成员的认同和成员对群体的认同。这里强调的是群体的认同,即群体对成员态度的接纳,群体对于成员行动的肯定。群体对成员认同的强弱,决定成员对群体的投入程度。高度得到认同的个体比低度得到认同的个体会更多地接受本群体的价值与规范,更多地参加群体的共同活动,更愿意合群。

政治群体中的凝聚力最终要转化为群体内成员的互动。政治个体要结合为政治群体,政治个体之间就需要有持续较长时间的相互作用。这种长期的互动主要表现为互助与互争的双重趋向。互助产生内向趋向,互争产生外向趋向。互助主要表现在政治群体内部,互争主要表现在群体之间。互助将政治个体向群体内部吸引与凝聚,互争将一部分政治个体从群体中分离开来。群体的力量主要通过互助发挥出来,群体的界限主要通过互争显现出来。在一定的条件下,群体的内向趋向会外化,而群体的外向趋向会内化,从而出现群体间的互助与群体内的互争,使原先的互助与互争两种趋向朝相反方向转化。群体进步的标志是群体内向趋向外化的扩大,以及群体外向趋向内化的缩小。

政治群体的集体心理要素

政治群体的凝聚力因素是和群体的集体心理因素联系在一起的。政治个体的独立自主性是建立在政治自我的心理之上的。当政治个体经过政治社会化过程变成群体的成员后,他服从和参照的则是群体的集体心理。群体的集体心理是在长期的共同行动中逐步形成并得到巩固的。政治群体的集体心理是指群体成员所共有的肯定群体目标和行为的信念和态度。对于政治群体中的成员来说,他们之所以加入并留在群体之中,是因为群体中的成员共同认为本群体的目标是正确的,是能够实现的。任何反对和怀疑本群体行动正当性的所有观念和行为最终都会被排除。政治群体的心理中包含着两个主要因素：一个因素是集体的信念，另一个因素是集体的态度。集体信念是对群体存在及其目标合理性不动摇和信任的心理倾向。集体态度则是对群体目标实现和群体发展前景加以肯定的心理倾向。这两者是相互依存的。正因为有了不可动摇的信念，才会有肯定的态度，态度越是肯定，信念也就越不容易动摇。

有时，政治群体也会把集体心理变成某种群体偏见。"偏见"（prejudice）拉丁语词根的意思是"判断在前"，因此从字面上理解偏见就是一种超前判断。偏见的信念成分是刻板印象，即对于一个类型中所有个体、事物或环境的简单化的或未加证实的概括。偏见的态度则是对一个类型中所有个体、事物或环境采取的轻率的否定评价。群体偏见是在缺乏足够证据的基础上根据某个人的群体身份而下的定论，本质上是一种不符合事实的态度与看法。群体偏见可以是袒护的，也可以是敌视的，但总是固执的，即这种先入为主的观念总是难以改变的。

群体偏见与群体误解不同，误解是基于错误事实上的认识，当群体成员发现了新的情况后会主动纠正。但群体偏见却拒绝新的事实，拒绝改变自己的观点。群体偏见是一种归类过程，是一种错误而僵死的概括。"错误"在于它把同一个特征归属于群体中的每一个人，而不管群体成员中的实际差异；"僵死"在于它对与其刻板印象相反的信息具有免疫力。有人形容"改变一个固执己见的人就像让阳光照入瞳孔一样"，因为一见直射的阳光瞳孔就会本能地收缩起来。

群体偏见对于持有它的群体有特殊的作用：首先是"替代"，即把愤怒的情绪发泄在另一个与此并不相干的群体身上；其次，持偏见的人把自己的错误推到别人身上，这种"投射"是偏见的真实内容的来源；再次，是提高自己的地位，通过对偏见对象的贬低、打击，给自己找一个更低的参照群体，以满足自己的心理不平衡。

作为群体集体心理的外显，政治群体在处理群体间关系时会产生某种群体自豪。所谓政治群体自豪是指政治群体中的成员基于群体的信念和态度，对其他的政治群体或群体成员显示本群体的正确、合理和强大的一种心理倾向。政治群体本身或其成员表现出来的群体自豪只是群体集体心理的外在显示，它通常是通过心理倾向和言行表现出来的。比如告诉别的政治群体的成员，自己所在的群体如何团结、如何勇往直前。适当的群体自豪会进一步巩固群体和群体成员的集体信念和态度，有时政治群体还需要通过与其他政治群体的交往展现本群体的集体自豪感，来增强群体的凝聚力。但是，群体自豪的显示也有一个度的问题，过度的群体自豪会转变为群体歧视。

群体歧视是指某人以优越群体成员的身份，不平等地对待另一群体成员的心理倾向与言行。歧视实际上是由于某些人是另外群体或类属的成员而对他们施以不公平或不平等待遇的表现。偏见是一种基于某种信念上的错误认识态度,歧视则是一种基于偏见之上的外显的不正确行为。不能说有偏见的人必定有歧视行为,但一般情况下两者总是相连的。

默顿在研究美国种族主义偏见时曾指出,偏见态度与歧视行为有四种可能的结合:一是非偏见非歧视者,称全天候无偏见者。二是非偏见歧视者,或称良好气候下的无偏见者。虽然他们自己并无偏见,但由于社会尊严、选举、生意等原因而支持歧视。三是偏见非歧视者,或称良好气候下的持偏见者。他们勉强执行非歧视政策。四是偏见歧视者,称全天候的偏见者。大多数人属于第二或第三类型,即属于那些行为受到社会压力约束的人。

二、政治群体的内在结构

政治群体是政治个体经过政治社会化加入到一定群体之后形成的政治行为主体类型。政治个体在加入政治群体时,有他在进入时认识并建立亲密关系的一批成员,也有他在主观上感觉到有强烈归属感的、值得依赖的一批成员,更有他在展开政治行动时,经常与之协调、合作的成员。以具体成员为基点,可以在政治群体内部划分出初级群体和次级群体,内群体和外群体,还有小群体和大群体。

初级群体与次级群体

规模较大、持续时间较长的政治群体中,往往存在初级群体(primary group)和次级群体。初级群体这一概念最初是由美国社会学家库利(Charles H. Cooley)于1909年提出的。他把那些具有在少数人之间有亲密持久关系特征的群体定义为初级群体。比如家庭、邻里、同龄伙伴就是初级群体的主要形式。后来,社会学家们将朋友、老乡、正式组织中具有密切关系的同事等,也视为初级群体的形式。政治群体中的初级群体和社会学中的初级群体不完全相同。政治群体中的初级群体有两种含义。一种含义是指整个群体在成长、发展之初最先出现的群体,它是整个群体的核心部分。另一种含义是指政治群体中的成员个体在政治社会化过程中最初加入的群体。比如阶级群体,显然它有一个成长、壮大的过程。它是从最初的一批人组织的较小群体中慢慢发展起来的。最初的人数较少的群体乃是核心,是初级群体,后来增加的、发展起来的更多的群体则是次级群体。另外,阶级群体成员较多,而且还分布在不同的地理空间和不同的职业中。某个个体可能只是在一个特定的地理空间和特定的职业场所经过政治社会化而成为阶级群体的成员的。在整体的阶级群体中,对于这一特定个体来说,他最初加入的、在特定地理空间和特定职场的阶级成员所组成的群体则是初级群体,在他已经成为阶级群体成员后所接触的、与之共同行动的其他群体则是次级群体。

对于某个政治群体来说，前一种情况下的初级群体是固定的，而后一种情况下的初级群体和次级群体之分则是相对的，不是固定不变的。它是相对于具体的群体成员而言的。微观政治学在研究政治群体时，主要是探讨后一种情况下的初级群体和次级群体。

对于政治群体中的具体成员来说，初级群体具有人数较少、关系亲密、能够面对面交往和合作的特征，次级群体则具有人数较多、关系疏远、不能面对面交往和合作的特征。在初级群体中，群体成员的个性可以任意展示，情感可以充分投入；在次级群体中，群体成员重视的是自己担当的角色和由于某种原因而需要承担的责任和义务。在初级群体中，群体成员主要受习俗和惯例的约束，行动较为自由；而在次级群体中，成员间的互动主要依赖严格的规章制度，次级群体越大，规章就越多。在初级群体中，群体成员间有浓厚的感情关系；在次级群体中，成员之间主要是工作关系和业务关系。另外，对于群体中的具体成员来说，初级群体还能够给他提供社会资源，交流情感与思想。初级群体还可以调节成员与社会的关系，成为个体与社会加强联系的桥梁或缓和冲突的地带。因此，政治群体中的成员的成长和发展，与初级群体的状况有密切的关联。

内群体与外群体

在政治群体中，依据成员的主观感受，还可以区分出内群体和外群体。内群体和外群体的概念最初也是来源于社会学学科。美国社会学家萨姆纳在《民俗论》中提出，根据群体成员对待群体的立场和态度，可把群体划分为内群体（in-group）与外群体（out-group）。微观政治学借鉴了社会学知识中的这一对概念，以政治群体中的成员的归属感为衡量依据，划分出只具有主观感觉意义上的内群体和外群体。

在政治群体中，凡是成员感到自己与其他某些成员的关系十分密切，和他们在一起有强烈的归属感，以这种主观感受所形成的虚拟的群体就是内群体。内群体也称为"我们群体"，是指成员之间具有共同归属感，相互团结与合作的虚拟形态的群体。它不一定要由个体通过正式的途径加入其中，只是根据成员自己与群体关系密切程度的自我感觉及对群体所持态度来划分的一种主观形态的群体。在政治群体中，凡是成员感到自己和其他一些成员关系冷漠，和他们在一起并无归属感时，以这种主观感受所形成的虚拟群体就是外群体。外群体也称作"他们群体"，是与内群体相对应的一个虚拟群体。在外群体中，个体成员感到他和其他成员之间缺乏亲密关系，觉得这群人与自己无关，从而也不存在强烈归属感。因为是主观虚拟的，当然个体也用不着通过正式程序加入其中。

由于政治群体中内群体与外群体的界限划分是以群体成员的主观态度为标准的,因此是一种准群体的划分方式。内群体与外群体的区别只涉及主观感觉上的界限,即纯粹是头脑中感觉互动发生作用的范围的限制,因而是无形的、模糊的。但是,决不能因为彼此界限的模糊性和判别标准是主观感受的,就忽视甚至否定政治群体内这一结构因素的存在。

内群体和外群体同初级群体与次级群体之间存在一定的关联。一般来说,微观政治生活中的初级群体由于是政治个体最初组合的实体性群体,成员间的归属感很强,因此,在后来群体规模和范围扩大后,与次级群体相比,原来的初级群体则成为主观上内群体的基础部分,也有一部分次级群体的成员被归于内群体的范围。当然,原先是初级群体成员的个体,也可能因为内部矛盾或意见不一而被排除在内群体之外。

一个政治群体要能保持内部的聚合性,就需要强化群体成员的归属感。特别是在群体扩大的过程中,要将初级群体成员主观上的内群体感觉扩大、渗透、投射到次级群体的成员身上。只有群体成员主观的内群体的范围不断扩充,外群体的范围日益缩小,群体才能增加内聚力。

小群体和大群体

在政治群体的具体行为、行动和活动中,对于具体的群体成员来说,还存在着大群体和小群体的区分。西方社会学家也曾经提出并考察过小群体问题。但社会学家很少对小群体做过严格统一的界定。他们只是认为小群体的下限不能少于2人,比如家庭,其上限也应在10人以下。也有些西方社会学家提出以"7 ± 2"来规定小群体的规模。

社会学家之所以重视研究小群体,是因为他们认为群体中的人际关系数量会影响成员的参与度。美国学者葛福达(William Kephart)曾经提出了一个计算群体中人际关系数目的公式:$x=1/2(3n-2n+1+1)$。其中:x为潜在关系数,n为群体人数。很显然,群体规模越大,群体潜在的关系就越多,也就越容易产生责任分散。责任分散与决策风险有关。有学者研究发现,群体比个人更容易做出冒险决定,而大群体又要比小群体更容易做出冒险决策。而且,在一定时间内,群体越大,每个成员平均所能参与的群体活动就越少,个人越倾向于收敛和拘束,以致影响参与度。在以大群体为基础进行的决策与行动都出了问题后,人们又转向做"小群体思考"(group think),这是小群体成员的一种心理倾向。但基于小群体的决策也会有问题,成员们为了维持小群体的一致性,而忽视决策上的某些重要问题。

微观政治学则从决策和共同行动的角度分析政治群体中的大群体和小群体。

在政治实践中,人们发现,如果是大群体的决策和行动,那么其中每个成员承担的责任就小,参与决策的机会也少,不利于发挥出积极性。而且,大群体还容易产生帮派。但是,大群体优点是有许多中间人,可以在群体成员发生冲突时加以协调。

而在最小的两人群体的决策和行动中,存在依赖性,依赖两位成员的共同参与,任何一人的退出,足以造成该群体的瓦解。但小群体不易出现帮派性。二人群体不可能出现内部的"结盟"或"多数"的情况。小群体还具有无匿名性。两人群体的成员,对于群体内发生的事情,无法推卸责任,不需要采用匿名的方式做出决策。但小群体也存在无协调性。如在三人群体中,其中一人可以协调别人的冲突,但在二人群体中,假如发生冲突,就没有人扮演中间人的角色。

因此,政治群体要能保证决策的科学性,避免出现冒险决策,又能在决策中实现民主化,就需要提倡小群体决策和行动。但是,太小的群体,如只有二人的群体,在决策和行动出现冲突时,又会陷入协调缺失的困境。政治群体为了保证决策民主化和行动有力,就必须在内部形成适度的小群体。

三、政治群体的基本类别

组合政治群体只是人类为解决个体自由和集体行动约束之间矛盾的一种方式。在坚持绝对个体自由和坚持集体行动绝对有效的极端个人主义和极端集体主义之间,其实还有许多不同的个体组合方式,从而提供了更多的分析基点。政治群体是基于某种或某几种共同性而聚集起来从事政治行动的人群。相对于政治个体来说,政治群体是多个个体的聚合,它具有一定的聚合性。相对于政治团体、政治集团、政治党派来说,政治群体则又具有明显的松散性。但在从分散的个体的简单聚合到具有一定结构化的群体之间也并不是一个压缩得毫无空隙的空间,其中仍旧有许多不同类型的分析基点,即不同类别的政治群体。

政治群体只是对不同类别的从事政治行动的群体的一个总称。在这个概念下还有许多就其内在结构和行动特征来说并不完全相同的细小类别。比如我们为了描述在现代政治生活中代际之间的行为差别,常常使用诸如60后、80后这种简称,分别表示20世纪60年代出生的和80年代出生的两个政治群体。在社会转型时期,一些地方出现了部分基层老百姓集体上访的现象,我们称为群体性事件。在这些事件中行动和活动的政治群体,显然和前面讲的以出生年代为标志的政治群体是不一样的。要引导和规范这两类不同的政治群体的行为、行动,所使用的方法是完全不同的。因此,研究不同类别的政治群体及其行为、行动特征,对于了解微观政治生活具有重要意义。

统计性群体和实体性群体

一种分类的方法是将政治群体区分为统计性群体和实体性群体。统计学意义上的政治群体是主观划定的群体类型。统计性群体是为了某种研究和分析的需要划分出来的。先是人为地找出某些特征,比如年龄、出生年份,再以此为标准,将符合这些标准的政治个体看做同一政治群体的成员。由这种方式产生出来的政治群体就是统计性政治群体。因为这种划定政治群体的方式与统计分析有关,故称为统计性群体。如我们在电视、广播和报纸上经常看到青年人、中年人、老年人,独生子女,80后、90后,老三届、新三届等等,都是统计意义上的政治群体。

这种以某一类特征为划分标准所产生的统计群体,在民意调查和分析中,从总体上判断某些人们对政治事件和政策议题的看法和见解有一定意义。特别在区分民意特征时,划出像老三届、新三届这类政治群体就具有"政治世代"的标示性。所谓政治世代,是指一些人在年轻时所经历的重大政治事件,会持续影响其一生。老三届是指在"文革"前的1966至1968年在中学读高中、"文化大革命"中被赶着上山下乡,备受艰辛,历经磨练的一代人。"文化大革命"和上山下乡的经历使他们完成了再度政治社会化。新三届则是指"文革"后恢复大学招生制度,最早学成的77级、78级、79级三届大学生。他们亲身经历实践检验标准的思想解放大讨论,是第一批投身改革、开放并在改革、开放中成长的一代人。中国社会政治生活的巨大变迁,也使他们实现了再度政治社会化。在老三届和新三届中有一批个体,先后在"文革"和改革开放中,两度经历再度政治社会化。

再比如,现在有许多媒体,还有不少研究人员,都对20世纪80年代出生的年轻人的政治行为、行动感兴趣,认为在他们身上,普遍存在着一些在60、70年代出生的青年人身上所不具有的新特征。如没有多少条条框框的束缚,思想解放,敢于批判现实中的不合理现象,对政治民主抱有天真的、急于求成的想法。但在他们的行为和行动中,又特别明显地表现出对现实政治制度和体制的历史背景和发展历程缺乏了解,对各种政治理论缺乏辨识能力,对政治民主发展的艰巨性没有思想准备。这也就向在新时代从事政治思想工作的机构和人员提出了研究"80后"政治社会化特殊进程的任务。

虽然统计性政治群体对于政治生活系统从总体上把握不同类别的政治个体的行为、行动特征有帮助,而且,对细分出来的统计性政治群体做专门深入的政治行为、行动的研究,在引导他们自觉完成深度政治社会化方面有实际意义,但是,统计意义上的政治群体,终究是人为划定的产物。在这种统计性政治群体中,政治个体并没有经历过加入真正群体的政治社会化过程。因此,不能将这些统计性政治群体看成是能够聚合起来,形成特定政治行动或政治运动的实体性群体,它们不是微观政治学研究的主要对象。

与统计性政治群体相对应的一个群体类别是实体性政治群体,如群体性事件中的行为主体,群众运动中的行为主体,阶级、族群活动中的行为主体,都属于实体性政治群体。实体性政治群体是指其成员经历过加入群体的政治社会化过程,遵守群体行为规范的、具有内部凝聚力和集体心理的、能够以整体方式展开政治行动和活动的政治群体。

实体性政治群体与统计性政治群体的区别在于:首先,实体性政治群体中的政治个体都要经历加入这一群体的政治社会化过程,从一定程度上接受了群体所规定的行为规范和行动目标。被列入统计性政治群体中的政治个体,并不是严格意义上的群体成员,他们并没有经历加入所属群体的政治社会化过程。他们在开展政治行动时,遵循的是自己的愿望。

其次,实体性政治群体的行为、行动特征不是从其单个成员的行为、行动特征中综合概括出来的,它具有超越其成员个体的,具有整体性质的行为、行动特征和目标。而对于统计性政治群体来说,所谓的某一群体的行为、行动特征,仅仅是从事实上并非是聚合的而是分散的个体行为、行动特征的简单综合中概括出来的。

第三,实体性政治群体组合的目的就是要展开以群体方式出现的一致性的政治行为、行动,从而实现既定的目标。统计性政治群体因为缺乏实体性,不可能形成具有某种自觉性的整体政治行为、行动。虽然有时也会出现一批具有在年龄或出生年份方面有类似性的个体聚合行动的现象,但是这种现象十分偶然,而且如果只是某些类似性的特征而没有其他的共同利益诉求作为坚定的目标,这些聚合行为也无法持久下去。一旦出现共同利益诉求的目标,这时行动的个体已经不属于统计群体了,而转化成为实体性群体的成员了。

独立群体与内属群体

为了更细微地研究政治群体的行为、行动,还需要对实体性政治群体加以细致的分类,主要以政治群体和政治团体、政治集团、政治党派的关系为标准来划分。通常可将实体性政治群体分为两大类:一类是在政治团体、政治集团、政治党派之外存在,开展政治行为、行动的政治群体。这类政治群体称为独立政治群体。另一类则是在政治团体、政治集团、政治党派之中存在并展开政治行为、行动的政治群体。这类政治群体称为内属政治群体。在日常话语中这些内部的群体又常常被称为"小集团"或非正式群体。

对于存在并活动于政治团体、政治集团、政治党派之中的内属政治群体的作用,人们至今仍然存在争论。在企业管理的人际关系学派没有正式出现以前,管理学者对企业中的这类群体的作用基本上是否定的,认为这种群体容易结成小团伙,在生产中起干扰、破坏作用,并主张干预并消除这类群体。在人际关系学派出现以后,许多管理学家和实际管理者改变了看法,认为团体中的这种群体重视成员间的情感和关系,能够在命令执行中起到增强凝聚力的作用,并且把企业中的组织区分为正式组织和非正式组织两大类,企业中的群体则属于非正式组织。但是仍然有人认为非正式组织的作用可能是双重的,既有促进正式组织发展的一面,也有起瓦解作用的一面。

在分析政治团体、政治集团和政治党派中的群体作用时,政治学者和政治实践者也有两种不同的见解。少部分人依旧认为,政治团体、政治集团和政治党派中不应当存在非正式组织,如果在团体、集团、党派之中还有关系亲密的群体,只能对团体、集团和党派产生侵蚀作用,是日后导致分裂的潜在因素。但多数人则认为在政治团体、政治集团和政治党派中事实上存在着这种以情感和关系为基础的群体,虽然也会有一些人们所担心的负面作用,但内属性群体的凝聚作用、促进作用是主要的,对于其消极的一面,团体、集团和党派可以通过政治社会化过程来加以整合。如果在政治社会化过程中,已经无法整合这种内属性群体,这说明内属政治群体已经发展到需要成为独立政治群体的程度了。

微观政治学把主要精力放在研究独立政治群体上。在理论和实践上,都可以依据聚合程度和稳定性的高低,将独立政治群体进一步区分为三个小类:一类是聚合程度较高且稳定性较强的政治群体,如阶级、民族、族群,具有黑社会性质的团伙。一类是聚合程度较高但稳定性较低的政治群体,如集体上访的群体。还有一类是聚合程度较低且稳定性较弱的政治群体,如动员式群众运动中的群体。

正规群体与准群体

为了进一步对政治群体的聚合程度加以考察,一些政治学者还主张将实体性政治群体划分为正规政治群体和准政治群体两大类。虽然这种类别划分和上面对独立政治群体所做的细致分类有某种重叠,但是这种分类的侧重点却是要对聚合程度低、稳定性弱的准政治群体做详细的研究。

在社会学中,准群体(quasi group)指的是人与人之间已有某种联系,有一定程度的共同关心点,有可能在某些时候形成集团,但目前还没有组织起来的人群。准群体的特点是不存在稳定的组织结构,其成员只是具有某种松散的联系。政治学中的准政治群体要比社会学所讲的准群体要正规得多,其非正规性只是相对于阶级、民族这类政治群体而言的。

政治学中的所谓正规政治群体指的是聚合程度高、稳定性相对较强的政治群体。与之对应的准政治群体则是聚合程度低并且稳定性又弱的政治群体。准政治群体在展开行为、行动时,仍然有一定的组织结构,只是不稳定,有时这类群体的组织程度在行动阶段还相当高。其主要特征是不稳定,聚散无常。

参照美国社会学家布鲁默的研究,准政治群体可按照其聚散的特点区分为两种类型:群众、民众。[①]第一类是群众(crowd)。这不是传统的与干部相对应的群众概念,而是专指在平常遵照已经建立的社会准则或常规进行行动,而在特殊时期按照一定活动目的集合在一起的群体。群众也可以称为大众,它是由很多差异很大、相互匿名、很少交往、分散在一个比较广大的地域内的个体的集合,它内部没有什么组织纽带,也不具备采取集体行动的能力。

第二类是公众(masses),也不是传统意义上与官府相对应的公众概念。"公众"是指这样一个群体:他们共同面临一些议题;他们对如何处理这个议题有争议;他们就议题的解决展开讨论。公众是基于面对面的直接相互接触、以共同的情绪意见反映为纽带、为满足某种需求而集合起来的、随着活动的终结而结束的群体。在公众聚合时,会发生"群体极化"现象,即志同道合的个体会彼此进行沟通讨论,到最后他们的想法和原先一样,只是形式上变得更极端了。群体中的个体成员并没有因为讨论而改变自己的观点,而是随着讨论的发生比原先坚持的看法走得更远。有时,个体一旦组成群体,就会变得非理性、易激动,少判断、易被权威左右,因而容易走向极端。

第二节 公众运动的类别与特征

普通政治个体的集合是社会公众。社会公众由于不同的原因和目的而聚合起来实施的行为、行动就形成公众运动。公众运动又可按其产生的原因、动力、聚合程度的高低和稳定性的强弱,以及对社会和政治生活的影响大小区分为多种类别。

一、自发性集群行动

自发性集群不是通常意义上的聚众。"聚众"是指很多个体受某一共同事物、过程如街边斗殴吸引而形成的临时群体。其中,个体间互不认识,相互间也没有

---

① 美国社会学家赫伯特·布鲁默曾把人群分作四种类型:一是偶集人群,又称临时人群(aggregate),它是所有人群中结构最松散的一种,它只不过是一群个人的集合体。二是常规人群,又称传统人群,是按照一定活动目的集合在一起的人群,其结构相对严谨。"常规"是指,它们遵照已经建立的社会准则或常规进行行动。三是表现人群,又称抒情的人群,通常是为了其成员的个人满足而组织起来的,它是一种随着活动的终结而结束的人群。四是行动人群,又称暴众,这是有一定的目标作为行动的指南,正在行动的人群。

理性的沟通,只有情绪的相互感染。若群体内没有任何组织,吸引个体间相互感染的临时性的事物消失,这种聚众群体也就消失了。自发性集群行动则不一样,它是基于面对面的接触互动,以某种共同的情绪和需求为纽带,主要不是由外力推动而是出自内在的需求的群体性政治行动。无论是在经济发达的、民主程度较高的政治系统中,还是在经济上落后、民主程度不太高的政治系统中,人们都会发现从农村、都市的基层民众中会时断时续地爆发出一般持续时间较短、但影响较大的自发性集群行动。这种自发的集群行动可以是一伙人情绪激昂地到政府面前静坐、示威的低程度的集体抗争,也可以是夹杂着严重打砸抢行动和疯狂破坏行动的暴动,甚至还可能是手持武器冲击政府部门的武装叛乱。

20世纪60、70年代,在美国大都市的贫民区经常出现弱势群体的暴动。比如一些非裔美国人对社会的种族歧视导致他们生活的极度贫困产生巨大愤怒,他们在社区除了对种族歧视表示不满外,还进行大肆破坏,通过毁坏公共设施以发泄他们的不满。这些自发性的暴乱对居住在社区中的其他人造成了巨大伤害。美国人对这类属于自发性集群行动绝不陌生,黑人激进主义者布朗(H."Rap" Brown)就曾说过,"在美国,暴力跟樱桃派一样是家常便饭"。

在另外一些政治系统中,当整个社会进入经济转轨、社会转型的特殊历史时期,因工业化、城镇化的进程加快,经济基础和社会结构剧烈变动,利益关系和利益格局发生深刻调整,影响社会稳定的不确定因素明显增多,由人民内部矛盾引发的集群行动和事件也会增多。

自发性集群行动的特点

自发性集群行动通常有三个特点。一个特点是自发性。自发性的集群行动通常不是由特定团体、集团、党派直接事先组织、计划的,而是若干个体因为对某个事端、某种行为不满,在情绪激昂时,缺乏理性思考,有人聚众,有人从众,最终形成为突发行动。虽然在对自发性集群行动和事件的起因做分析和追踪的报道中,人们也许能寻找到导致集群行动的最初导火线,它可能是网站上某条点击率比较高的新闻引发人们关注,也可能是报纸上刊登的政府某个官员的谈话引起人们不满,甚至有些集群性行动还受到某些个人或团体的煽动或庇护,但是,这些都不能作为自发性集群行动和事件预先经过精心策划的证据。自发性群体运动的最大特征恰恰是其自发性。

由于自发性集群行动和事件本身是缺乏事先计划和组织的,因而参与到其中的个体不仅在行动上自行其是,而且在目标指向上也飘荡不定,甚至相互矛盾。美国一些社区经常爆发非裔美国人的骚乱,本来行动的目的是要抗议社会上的种族歧视,要求改变自身的贫穷境况,但在骚乱中,愤怒的人群却到处乱砸乱抢,不仅伤害了社区中的其他居民,失去了人们对他们的同情,而且居住的社区被破坏后,参与行动的个体的生活也变得更加贫困了。

这类自发性集群行动和事件的另一个特点是突发性。自发性集群行动无论是有明确利益诉求的,还是漫无目的的,其发生多属偶然,因而几乎都是突发性的。任何政治生活系统都会有矛盾,个体生活中也会有诸多不满。当某些事变让个体对已经存在的矛盾突然敏感起来,心中积压的愤恨突然膨胀时,人们的反常情绪就会相互感染,这时只要有某个事件突然发生,或有人振臂一呼,许多平日安静的个体就会立即呐喊响应。先是一群个体聚集起来,接下来有更多的个体加入其中,集群的规模随之不断扩大,人们的行动也更加火爆和激愤,终于形成集群性事件。

正因为自发性的集群行动是偶发和突发的,行动和事件的来势就特别凶猛。有的事件开始时,参与的个体可能只有几个人或十几个人,但不清楚事件原委的个体、怀有其他目的的个体,甚至一些别有用心的团体、集团也会加入进来。在有些自发性的集群事件中,卷入事件的人数可能达到数百人、上千人,甚至几万人之多。众多目标不一、行动多样的个体,在混乱中会更加丧失理智,一旦局面失控,就会发生捣乱、暴力,甚至骚乱。

三是这类自发性集群行动和事件具有短促性。自发性的集群行动和事件大多带有强烈的情绪性,偶然聚合起来的个体一旦情绪高涨,群体的聚合行为就走向高潮;当情绪跌落时,个体就会自行散去。因此,此类行动是既易聚又易散,大多是短暂性的。虽然开始时来势凶猛,但终究是一些乌合之众。一遇到阻拦,稍有曲折,或者内部意见纷争,或者领头者退却,瞬间之前还是黑压压一大帮,顷刻如鸟兽散。

由于参与集群行动的个体并不是出于慎重的理性思考,而是受某种情绪的感染而做出行动的,这种行动不可能一直坚持下去。有些集群性行动会持续一段时间;有些集群性行动在公共场合闹腾了一阵子之后,可能会转变为隐秘性活动;有些则可能以相同的方式,或变换一种方式卷土重来。因为每次集群行动周期都较为短暂,有些个体试图从行动中获得好处的愿望并不能实现。等到情绪再次激动时,他们又可能聚合到一起重新活动。这就会造成集群性行动和事件的多次反复。一些到过政府部门集体上访的群体,只要某些目的没有达到,就会多次反复上访。

正因为自发性的集群行动具有上述特点,有关部门在应对和处理这些行动和事件时就应当谨慎,采取合理而又果断的措施,恢复政治生活的秩序和稳定。因为多数集群性行动并不是长期预谋的,也不是由团体、集团精心组织的,一般不要作为重大政治事件或破坏事件来处理,不要动辄使用强力工具,不要将矛盾激化,避免将一般社会问题政治化。

自发性集群行动的类别

　　了解集群性行动特点的目的是为了从总体上认识这类行动和事件,但要有针对性地做好不同行动和事件的预防和应对工作,就需要进一步了解集群性行动的不同类别。依据集群性行动持续的时间、追求的目标、组织的状况,可以将其分成三类。一类是弥散性的集群行动。这种类别的集群行动的特点是没有明确集中的诉求,加入的个体比较多,内部几乎没有任何组织,聚散的周期极短。弥散性的自发性集群行动往往有其演变的线索,开始由某个突发事件为导火线激发出少数个体的不满情绪,这种不满情绪又因事件真相不清楚,加之信息在人际传播中被附加上许多流言甚至谣言,最初的不满情绪就会迅速蔓延和扩展。由于没有明确集中的利益诉求,各种心怀不满的个体都想利用这一机会发泄情绪,从而卷入集群行动的个体会不断增多,形势会急剧混乱,一些过激行为就会发生。整个行动并没有得力的组织者,除最初的行动发起者和某些别有用心的个体会希望事态进一步扩大外,许多后来的卷入者根本不知道参与的目的,情绪发泄过后就会离去。当混乱得到制止,事态逐渐稳定,集群行动也就消失了。对于这类自发性集群行动的应对和处理,关键是要澄清作为导火线的事件的真相,同时需要果断地制止混乱行动的扩展和蔓延。

　　另一类是收敛性的集群行动。这种类别的集群行动的特点是有明确集中的利益诉求,加入的个体比较少,有一定的组织性,聚散的周期相对长一些,有些甚至会出现反复聚散的现象。这类自发性集群行动大多是因为某些个体的权益受到侵犯,当他们维护自身利益的正当诉求长期得不到回应时,他们就会聚合起来,采取制度外的、非正规的途径让某些部门知晓他们的困难和诉求。由于聚合起来的个体都有共同的诉求和不满情绪,因而目标明确集中,个体都是自愿才加入的,而且参与者知道自己需要为行为付出代价,因而人数不会太多。这种集群行动常常由几个坚定分子发起,他们也是组织者。由于有一定的目标,只要目标没有实现,这种集群行动就会反复发生。对于这类自发性集群行动的应对和处理,关键是要让群体提出的合理权益诉求得到回应,同时要做好集群行动最初的发起者和组织者的工作。

　　还有一类是犯罪性的集群行动。这种类别的集群行动的特点是组织结构比较紧密,具有一定的经济实力,有人提供非法保护,有违法犯罪活动。这类集群行动有比较明确的组织者、领导者,骨干成员基本固定,有一定的规模;另外内部还有较严格的组织纪律。聚众进行这类集群行动的群体在我国被称为有黑社会性质的组织。这类集群行动通过违法犯罪或者其他手段获取经济利益,以此来作为群体发展的经济基础,并用来维持组织的运转和实施暴力活动。这类集群行动较多的表现为暴力破坏、反社会秩序。或者以暴力、威胁或者其他手段,有组织地进行违法犯罪活动,为非作歹,欺压、残害人民;或者称霸一方,严重破坏经济、社会生活的秩序和稳定。有时这类集群还通过贿赂、威胁等手段,引诱、逼迫国家工作人员参与其中,或者为其提供非法保护。由于此类集群行动具有犯罪的性质,因此,在应对和处理时,决不能迁就姑息,必须进行严厉打击。①

预防和处置群体性事件

自发性的集群行动又称为群体性事件。当前,中国社会是和谐稳定的,总的形势是好的。但是,必须看到,由于中国正处于经济转轨、社会转型的特殊历史时期,同时又正处于工业化、城镇化加快推进的特殊历史阶段,经济基础和社会结构正出现剧烈变动,利益关系和利益格局正在发生深刻调整,因而影响社会稳定的不确定因素会明显增多。基于人民内部矛盾所引发的群体性事件在市、县层级接连发生,涉及面越来越广,已经成为严重影响社会稳定的最为突出的问题。在一些群体性事件的应对和处理中,也出现了将经济问题、社会问题治安化、政治化的趋向,导致暴力对抗程度明显增强,处置中稍有不慎就有可能酿成流血事件。境内外敌对势力、敌对分子也趁机千方百计地插手、利用群体性事件,企图煽动不满情绪,恶意制造动乱。

由于集群性行动是偶发的和突发的,为了能及时应对此类行动和事件,需要平日做好预警工作,制定好切实可行的应对突发事件的预案。一旦集群性行动和事件发生后,有关政府部门决不能坐等上级领导的指示,而应当抓住集群性行动和事件正在形成但还没有蔓延的时机,检讨工作的失误,反思治理的缺陷,安定参与事件个体的情绪,稳住人心,果断地制止事态扩展。

虽然集群性行动周期短暂,但公开的聚众行动有可能转变为隐秘性活动,某些突发性的集群性行动,还可能反复出现。因此,在一些集群性行动和事件平息之后,要抓紧做好善后工作,尽量缓解和消除那些导致民众不满和情绪激动的根源,安排更多正规渠道,让民众发泄心中的不满,主动防止类似行动和事件再度发生。

积极预防和妥善处置群体性事件,必须在党委、政府的领导下,带着对人民群众的深厚感情做工作。各级党委、政府要时刻牢记群众利益无小事的道理,始终

---

① 根据我国刑法第294条第一款的规定:黑社会性质组织是指以暴力、威胁或者其他不正当手段,有组织地进行违法犯罪活动,称霸一方,为非作歹,欺压残害群众,严重破坏经济、社会生活秩序的反社会组织。黑社会性质组织和黑社会组织在组织结构和活动方式上是存在区别的。黑社会组织的结构更为严密,犯罪活动更为有组织,经济实力相对较强,控制力也很很强,往往有强大的社会背景,因而社会危害性更大。

把群众的安危冷暖放在心上,设身处地地为群众着想,积极主动地为群众排忧解难。特别是要千方百计地帮助下岗职工、失地农民、库区移民、农民工、城镇和农村贫困人口等解决生产生活中的实际问题和困难,真正把预防和处置群体性事件的过程,变成密切联系群众的过程,变成疏导群众情绪的过程,变成为群众解决实际问题的过程。

积极预防和妥善处置群体性事件,必须深入实际开展矛盾纠纷的排查调处工作,最大限度地把不稳定因素解决在当地、解决在基层、解决在萌芽状态。针对当前一些地方群体性事件接连发生的情况,各级党委、政府要深入组织开展矛盾纠纷的排查工作,力争把群众心理、社会心态搞清楚,把可能引发群体性事件的重点地区、重点领域、重点行业搞清楚,把可能引发群体性事件的重点人群搞清楚,把可能引发群体性事件的重点问题搞清楚,真正对不稳定因素尤其是可能引发群体性事件的苗头、事端做到底数清、情况明。

积极预防和妥善处置群体性事件,必须切实做好现场处置工作,有效控制局势、平息事态。要坚持慎用警力、慎用武器警械、慎用强制措施的原则。既要防止因使用警力和强制措施不当而激化矛盾,又要防止因警力和强制措施当用不用而导致事态进一步扩大。对严重影响社会稳定,伴有严重暴力的行为,如不及时果断处置将造成更为严重后果的群体性事件,应依法果断采取措施,坚决予以制止。

积极预防和妥善处置群体性事件,必须切实做好善后工作,坚决防止群体性事件出现反复。群体性事件现场事态平息后,各级党委、政府要组织干部,深入到有关单位中去,深入到群众中去,做好回访调查工作,了解群众的思想动态,了解已经采取措施的实际效果,特别是对群体性事件可能出现反复或者可能引发连锁反应的苗头趋势,要迅速采取有效措施,坚决消除在事件出现反复之前。

积极预防和妥善处置群体性事件,必须精心做好宣传教育和舆论引导工作,为预防和处置群体性事件营造良好氛围。各级党委、政府要切实加强对群众的思想政治工作和法制宣传教育,引导群众正确认识自己的根本利益与实现自己利益的途径,自觉维护改革发展稳定的大局。当前,尤其要引导群众学法、守法、用法,讲权利、讲义务、讲责任,既依法维护自身的合法权益,又自觉履行法律规定的义务,自觉用法律规范自己的行为。

二、民间社会运动

在公众运动的形式中,民间社会运动是改革、开放和社会转型时期日益受到人们广泛关注的群体活动。它是政治个体聚合起来与政府协商、合作,维护和实现地方社会公共权益的群体行动。比如2006年至2007年发生在中国南方厦门市的民众要求政府对海沧PX项目暂缓建设和迁移地址的行动和活动,就是一次典型的民间社会运动。与2008年发生在贵州的6·28瓮安事件相比,后者作为自发性集群行动,是民众单方面向政府有关部门提出抗争或施加压力,而厦门市市民的这次行动虽然也是由一些热心保护环境的民众自发组织的,但不是一味地向政府部门抗争,而是组织民众向政府建议,政府与民众加强沟通,尽量谋取共赢的行动。民间社会运动不仅具有和政府协商合作的特征,而且也和团体、集团为维护自身利益的活动有明显区别。同样围绕厦门海沧PX项目是否缓建和迁址的问题,作为项目投资方的厦门腾龙芳烃有限公司,因考虑到总投资额达108亿元人民币,投产后每年的工业产值可达800亿元人民币,也向厦门市政府和国家环保总局有关部门提供材料,召开新闻发布会,向社会和政府有关部门论证项目的安全性和可行性。显然后者的行为、行动,是以整个企业团体出面的,由团体领导和成员进行的有组织的、有计划的行为和活动,其目的是为了维护和争取团体的利益。

民间社会运动的特点

民间社会运动有下列特点:首先,它是由民众自发组织的。在厦门发生的围绕海沧PX化工项目的缓建和迁址的民众行动中,一些化工专家和政协委员、某些新闻媒体起到了重要作用。许多民众都是看到了化工专家对PX项目的介绍,特别是知悉了105个政协委员联名签署的"关于厦门海沧PX项目迁址建议的议案"被搁置以后,才出现了民意沸腾的情况,接下来,数百万厦门市民互相转发一条相同的短信:"还我厦门的碧水蓝天"、"抵制PX"。尽管这样,并不能就此认为民间社会运动失去了民间的自发性。数百万的市民是通过自发的沟通,才形成抵制某个项目工程实施的场面的。正因为这些行动和活动都带有民众自发的特性,它才得到民间社会运动这一称号的。

其次,民间社会运动多数是和政府合作的。作为自发的民间社会运动在维护地方社会公共权益的时候,也会有向其他的团体包括向政府部门提出抗争的一面。在得知全国政协会议上超过百名委员联名签署的提案一时也无法改变PX项目上马建设的事实之后,数百万厦门市民还是以平和的方式向政府提出了抗争。但这只是表达群体共同诉求的手段,他们还是与政府有关部门沟通协商。最后厦门市市长主持召开了市政府第五次常务会议,研究决定暂缓建设海沧PX化工项目。常务副市长在厦门市人民政府举行的新闻发布会上宣布了这一决定。

第三,民间社会运动偏重于维护地方民生社会利益。与自发性集群行动相区别,民间社会运动的一个重要特点是,聚合起来展开社会行动的民众,不是局限于力争自己个体的权益,而是维护一定范围内的共同的民生利益。从海沧PX项目的地理位置来看,该项目中心地区距离厦门市中心和国家级风景名胜区鼓浪屿均只有 7 公里,距离拥有 5000 名学生而且大部分为寄宿生的厦门外国语学校和北师大厦门海沧附属学校仅 4 公里。不仅如此,项目 5 公里半径范围内的海沧区人口超过 10 万,居民区与厂区最近处不足 1.5 公里,而项目 10 公里半径范围内,则覆盖了大部分九龙江河口区,占到整个厦门西海域及厦门本岛面积的 1/5。项目中拟建的专用码头,就在厦门海洋珍稀物种国家级自然保护区,该保护区的珍稀物种包括中华白海豚、白鹭、文昌鱼等。无论是建议暂缓建设,还是最终迁移地址,自发起来行动的民众们考虑的都是一个地区范围内的环境保护和人们的生活安全。

民间社会运动的功能

在社会转型、市场经济体制发展和现代化步伐加快的条件下,民间社会运动不断增多的事实,反映了这一时期政府在公共治理中遇到了一些新矛盾和问题,也反映出经济、社会获得一定程度的发展以后,民众关心地方公共利益的自觉性和积极性有了一定程度的提高。

民间社会运动是适应经济发展和政治民主建设而出现的,它自然具有一些重要的正向功能。首先,民间社会运动可以增加政府公共决策中的民主和科学的成分,使政府的公共政策更具合理性。在快速走向现代化、构建市场经济体制的阶段,社会发展对政府决策的民主化和科学化提出了更高的要求。有时政府会自觉地在决策过程中增加民主化和科学化的成分,但有时政府会因为各种原因,忽视、轻视甚至无视民众的意见。民间社会运动成为提醒政府在重要决策中必须考虑民情、回应民意、重视民智的一种手段。

其次,民间社会运动通过与政府的协调合作,更能平衡和保护地方正当的集体权益。在经济快速增长、资源趋于短缺、环境受到破坏的情况下,政府需要平衡经济增长与环境保护、经济发展与资源节约之间的关系,需要协调和平衡不同地区之间的利益。一旦政府只看重眼前的经济增长,就有可能牺牲环境和资源的保护;一旦政府只顾及某个地区的利益,就有可能牺牲其他地区的利益。在这种情况下,民间社会运动就能够通过与政府的协商、合作,来保护环境和资源,来维护被忽视甚至被侵犯的地方的公共利益。

第三,民间社会运动是培训民众民主意识和提升公共精神的一种途径。在政治民主发展中,提升民众的民主意识和公共精神,训练民众的民主参与技术和手段的途径和方法是多种多样的。但在实践中学习和训练则是最为直接和有效的途径。民间社会运动有时能够成为培育民主意识和提升公共精神的现实场所和过程。经过一次成功的民间社会运动,无论是民众,还是政府公职人员都会接受一次政治民主和公共精神的教育。

三、动员式群众运动

如果说民间社会运动的一个重要特征是参与运动的公众和政党、政府产生某种互动,形成一定的默契和合作关系的话,那么另一种公众运动则是由政党和政府直接发动和组织的。这就是动员式群众运动。毛泽东曾经谈到过政党对群众行动有三种不同的态度:"站在他们的前头领导他们呢?还是站在他们后头指手画脚地批评他们呢?还是站在他们的对面反对他们呢?"后两者是不可取的,因此,必须领导群众行动。由政党和政府主动领导的群众运动就是动员式群众运动。

群众运动也是公众个体聚合起来的行为和行动。但是动员式的群众运动,不同于自发性的集群行动,也不同于包含有自发成分、但更多是与政府合作的民间社会运动。动员式群众运动是由政党和政党所组成的政府,自上而下发动的,将普通民众个体都卷入其中的、规模空前、声势浩大的群体行动。

动员式群众运动的特点

动员式群众运动有其特点,首先,它是由政党和政府直接组织和指挥的。与自发式群体行动不同,动员式群众运动是完全由政党和政府有计划、有目的地组织起来的。只有政党、政府的直接发动,才会有强大的权威迫使个体去无条件服从。政党、政府在动员一定范围内的群众去从事某项活动之前,总要进行周密的规划,制定出将运动推向前进的分阶段的部署。要预先设立指挥中心,并在各个层级设立分指挥中心,以确保动员命令贯彻到底。另外还要事先调集和征集必要的物资,形成展开动员式群众运动所需要的强大物质基础。

其次,在动员式群众运动中相当大部分公众政治个体是被动员起来的。在任何时候,社会的个体在面对动员时,必然有三种状态:少数是主动和积极的,多数是观望随大流的,还有少数是抵触,甚至反对的。要使得所有个体能够被动员起来,就必须先将主动和积极的政治公众个体组织起来,让他们先有行动,并加以表彰和奖励,这样就能让观望随大流的多数个体跟上少数积极分子的步伐。同时还需要施行必要的惩罚措施,让少数反对者放弃原有立场,融入大流,卷入大多数民众的行列中。为了保证发动起来的行动不会衰减,就要不停顿地开展思想教育工作,在所有政治个体心理上树立起群众运动必定胜利的信念。

第三,动员式群众运动都有较大的规模和声势。经过自上而下的动员,一定范围内的公众政治个体,会从四面八方汇集到一起,形成男女老少齐发动的壮观局面。动员式群众运动能否成功的标志,并不在于效率,也不在于绩效,而在于营造某种声势。规模越大、场面越壮观,就说明动员式群众运动进行得越成功。

第五章　政治群体及其行为

动员式群众运动的功能

在人口众多的政治生活系统中,动员式群众运动最可能在两个阶段被广泛采用:一是在反对外来侵略势力,或推翻只占人口数量小部分的反动统治者的阶段使用;二是在民众充满革命热情开始建设新社会的阶段使用。在前一个阶段,因为外来的侵略者和占据统治地位的反动派在某些技术、资金、装备上拥有相对优势,只有把本国的、穷苦的、被压迫的男女老少都动员起来,才能压倒对手,削弱、瓦解敌人的优势,从而取得胜利。在革命战争年代,动员式群众运动形成的就是人民斗争和人民战争,它是克敌制胜的法宝。在后一个阶段,在新的国家刚刚开始建设时,没有资金、没有技术,要克服建设中的困难,要开展大规模生产,借助于动员式群众运动是唯一可选择的途径。因为革命的胜利让人们充满激情,外来势力的包围和内部反对势力的破坏,都会让绝大多数人积极响应执政的政党和政府的动员。

在这两种情况下,动员式群众运动确实发挥出令人惊讶的正面功能。没有全民总动员的人民战争,中国人民不可能打败并赶走日本侵略者。也正是凭借动员式的群众运动,中国共产党领导贫苦人民推翻了帝国主义、封建主义和官僚资本主义三座大山,建立了新中国。在建国初期,也正是依靠这种动员式的群众运动,保卫了胜利果实,建立自己的国民经济和工农业生产体系。

正是这些已经实施的动员式群众运动的成功,造成了运用过这一工具和法宝的政治精英们对动员式群众运动的迷信和留恋。新中国建立以后,我们又多次运用了这一手段。大跃进、人民公社运动、"文化大革命",一个运动接一个运动,究其方式、手段和实质,都是动员式群众运动。在1958年大跃进浪潮中,《人民日报》的一篇题为"关键在于大搞群众运动"的社论就鼓吹,切实有效地把人民群众的冲天干劲和昂扬的斗志组织起来,就能够保证社会主义建设高速度地前进。在工业战线上也是这样,谁发动群众最彻底,群众运动的声势最大,谁就能飞得最快,跳得最远,奇迹也就出现最多。群众运动也就是革命运动。搞群众运动必须采取革命的方法,必须打倒所谓"正规化"的思想。不打倒"正规化"的思想,群众就发动不起来。大搞群众运动完全打破了过去办工业的一套"正规化"的做法,来了一个彻底的革命,这就是:组织大辩论,成立指挥部,书记亲自上前线,组织战役,全党全民、各行各业编成钢铁师、运输营、采矿队等各种野战军、后勤部,昼夜突击,突破一点,创造高产纪录,开现场会议,推动大面积丰收等等。这一套革命的领导方法是同所谓"正规化"对立的方法,没有这种革命的领导方法,不敢向"正规化"挑战,就没有群众运动,就没有高速度。半个世纪以后,冷静思考这些在狂热年代所搞的一切,就会发现这种被滥用的动员式群众运动不仅没有发挥出正面效用,反而为后来国民经济濒临崩溃的边缘埋下了祸根。

至今乃有不少人把动员式群众运动与依靠人民、动员人民混淆起来,以为走群众路线,尊重群众,就一定还要搞动员式群众运动。应当把那种自上而下的带有强制性的群体行动与必要的社会动员区分开来。当政治生活系统内部发生一些突发性危机事件,比如出现特大地震,出现突如其来的洪涝灾害,人民生命财产遭受巨大损失,社会正常秩序发生中断时,执政党和政府为了挽救人民生命财产,整顿社会秩序,就必须进行紧急而广泛的社会动员。这是一种特殊条件下的社会治理手段。但是实行某种程度的社会动员,发动和依靠群众应对突发事件,和规划、设计、实施动员式群众运动并不是一回事。

四、新社会运动

在社会由传统向现代转型的过程中,一些政治群体不仅关心诸如困难救助、医疗保障、就业、教育、养老、住房这类传统的、宪法规定公众应当享受的正当权益问题,也开始关注公民权利、环境保护、妇女权益、资源节约这类新问题。其实,从20世纪60年代开始,后面提到的这些问题,在西方就已经成为许多公众,特别是青年学生、知识分子、妇女、环保人士最为关切的议题。许多民间团体、非政府组织,甚至一些政党都积极投身到呼吁政府当局采取行动来解决这些问题的运动之中。虽然这类在欧美政治生活系统中最早发生,现今已经扩展为全球浪潮的公众运动和我们国家目前正在提倡的保护环境、节能减排活动具有不同的性质,但研究这类公众运动,也可以从中获得启迪。

新社会运动的特点

所谓西方的新社会运动是特指从20世纪60年代以来,在美国、西欧、日本等政治生活系统中发生的,主要由民间团体、非政府组织发动的,以维护民权、保护环境、反对扩军备战、反对战争、争取妇女权益为内容的大规模社会运动。这类二战以后爆发的几乎波及全球的社会运动,最先在美国发生。20世纪60年代,美国出现了一连串的民众抗议运动,如民权运动、新左派运动、反越战运动、女权运动、同性恋运动等等。与此同时,西欧和日本也发生了类似的社会运动。

西方学术界,包括社会学家、政治学家们都对这类大规模的社会运动做了深入的研究,他们称这些运动为新社会运动。之所以要为这些社会抗争活动贴上新社会运动的标签,可能是出于多方面的考虑。一是这些公众运动是在新的时代下发生的。20世纪60年代,美国和西欧的大部分国家开始新的社会转型,即从工业社会转向后工业社会,从现代社会迈向后现代社会。60年代出现的大规模社会运动正好反映了美国和西欧国家第二次世界大战以后的这一重要社会转型所产生的种种新特点。二是这些拥有不同名称的公众社会运动反映了与这一新的社会转型相伴而生的新的社会怨恨、兴趣和价值。在后工业社会中,人们已经无需为温饱问题而斗争。相应地,像环境、女权、人权和动物权这类新型社会问题则日益受到重视。三是这场波及面极广、持续时间较长的声势浩大的社会运动反映出公众需要建立新的社会认同。传统社会运动的认同基础是工人阶级意识,在新的社会转型中这种认同基础的重要性已经日益削弱,由学生、女性、同性恋者和环境保护者所代表的新的先进阶层和新的认同逐渐兴起。

因此,美国和欧洲20世纪60年代以来的许多社会运动,本质上是一场原有的现代化价值与正在兴起的后现代化价值之间的冲突,是西方的现代化或资本主义合法性危机的体现,是人们在新的社会条件下寻找自我认同的结果,也是公众为控制和定义主流文化而进行的斗争。

与传统的社会运动相比,新社会运动有以下特点:首先,传统的社会运动是由受压迫者和弱者发动的。新社会运动的支持者则往往是另外的两部分人:一部分是那些在现代化过程中被边缘化,为现代化过程付出了代价的人,即社会弱势群体;另一部分是由于价值和需求发生转变,从而对现代化过程所带来的问题非常敏感的人,这主要是新中产阶级。新社会运动的特殊之处就在于广泛吸引年轻人、受过良好教育的人和富裕者参加,行动者大多具有后物质主义倾向,他们信仰新形态的政治行动主义。

其次,传统的社会运动关心的是政治系统中的经济问题,人们把经济增长视为决定社会进步的决定因素。新社会运动则反对把经济增长当作社会进步决定因素的现代主义价值观,关注更多的是社会问题,而不是经济问题。推崇人际团结,反对集权性的、等级性的科层体制。更多的是追求个人自治,而不是物质利益和政治权力。新社会运动带有后物质主义的倾向。这是一种反对纯粹的经济物质享受,寻求建立一种全新的天人关系、人我关系、身心关系、两性关系、工作伦理和消费价值观的思潮。

第三,传统的社会运动会导致建立利益集团和政党,而新社会运动则是主张走向更具创造性和戏剧性的抗议运动。参加新社会运动的公众倾向于建立分权和参与的决策组织架构,他们称这是在探索和实行某种"新政治"(new politics)。新社会运动采取的是和传统的工会和政党的斗争方式根本不同的行动方式。新社会运动的参与者既反对代议制民主,也反对集权性、等级性、职业取向的科层组织方式。参加新社会运动的个体更喜欢游行、请愿、静坐、进占政府部门等体制外的、"非常规的"、直接民主的政治参与方式。在组织形式上,这类运动倾向于采取小规模的、分权的、开放的、流动的组织方式。

新社会运动的理论

20世纪60年代的社会运动虽然是一种世界性现象,但由于政治和学术环境的差异,各国学者对这类新社会运动的理解大相径庭。主要表现在欧洲的新社会运动理论和美国的资源动员理论在理论议题、研究兴趣和基本假设等方面都存在着极大的差异。欧洲新社会运动理论致力于研究和解释新社会运动为什么会发生的问题,而美国的新社会运动理论则较多地关心研究和解释这类运动如何被组织起来的问题。

在欧洲,强调社会派系结构变化的新社会运动的理论家们普遍认为,第二次世界大战后,西方社会从工业社会转向"后工业社会",整个社会的派系结构发生了很大的变化。第三产业的迅速发展则导致一个新的白领阶层或新中产阶级的崛起,成为新社会运动的主体。政治和社会领域的变化,导致普通大众与技术官僚之间的对立取代了传统的劳资冲突而成为占主导地位的社会冲突。国际格局的变化所导致的国家主权有所削弱的趋势,影响和促进了社会运动价值和目标趋向多元化。

强调意识形态变化的新社会运动理论家们则认为,第二次世界大战以后,在西方资本主义社会中,人们的价值观已经从物质主义向后物质主义过渡。战后出生的一代年轻人在物质需要得到充分满足之后,开始向往良好的自然环境、自我实现和政治参与等新的价值。当这些价值需求难以得到满足时,就会产生不满,这种不满积累到一定程度就会引发大规模的社会运动。持有这方面想法的理论家认为,当人们的物质需要得到了全面满足后就会追求地位性物品之类的稀缺物品。当福利国家无力及时解决人们在追求地位性物品而产生的新的社会矛盾和冲突时,就会导致新社会运动的出现和高涨。另外,第二次世界大战以后,西方资本主义国家为了摆脱经济危机以及由此而来的合法性危机,加强了对经济和社会的干预,由此也导致了"体制"对"生活世界"的"殖民化",破坏了人与人之间原有的联系和忠诚,使个人丧失了自我认同,发生了异化。新社会运动的主要目标就是反对政治和市场对个人生活世界的殖民化,试图重建人与人之间的联系、忠诚和认同。

与欧洲的"新社会运动"理论不同,美国的"资源动员"理论更多的是关注新社会运动是怎样被组织起来,即个体是怎样做出行为选择的。美国资源动员理论的核心观念,是把社会运动的参与者看做是一个理性行动者。一个人对社会运动参与与否,参与到何种程度,都取决于他在该行动中所获取的收益和付出的代价。这一假设是对美国传统集体行为理论的一个反动。资源动员理论也有两个基本的研究方向:一个方向重视分析社会运动的组织形态,另一个方向重视分析社会运动的动员背景。着力分析社会运动的组织形态的学者认为包括有形的金钱、资本和设施,也包括无形的领袖气质、组织技巧、合法性支持等等都是社会运动的资源。资源的组织化程度是决定一项运动成败的关键,组织化程度越高,成功的可能性越大。因此,这一方向的研究者主张分析社会运动的组织运作过程和机制,比如招新网络的建构、成员资格的确定、领袖的产生、行动策略的设计,等等。

着力分析社会运动的动员背景的学者与热衷于研究社会运动组织形态的学者不同,他们认为,新社会运动的成功并不完全取决于社会运动组织的运作过程和机制,而是同时取决于"政治机会结构"。在开放的、多元主义的政治体制下,社会运动的发动可能就要容易得多,斗争方式也可能会比较温和。相反,在压制性的、极权主义的政治体制下,则可能会导致激进的社会运动。也有学者认为,既然社会运动过程本质上是一个资源动员过程,那么,社会运动内部不同运动之间以及不同运动组织之间、整个社会运动部门与其他社会部门之间就不可避免地存在着资源上的竞争。如果在资源竞争上无法胜过对手,那么,即使政治体制结构很开放,某些社会运动仍然免不了会失败。

第三节 阶级阶层的结构及其行为

从社会分层的视角看,所谓阶级和阶层,主要是指在经济收入、角色地位和生活方式等方面具有一定相同性的社会成员所构成的实体性的利益群体。阶层是社会分层的一般范畴,而阶级则是社会分层的特殊范畴。阶级就是差别和矛盾比较突出的阶层或阶层集合体。阶级和阶层两个范畴是相容的。过去在进行阶级和阶层分析时,存在突出它们之间利益差别甚至冲突的倾向。这有一定的历史合理性。即使是在今天,阶级和阶层之间的客观差别仍然是不可否认的事实。但是,在注意阶级和阶层之间的差别和冲突的同时,更要注意不同阶级和阶层之间的同一性、一致性和互补性。只讲差别、对立,不讲一致、合作,在理论上是片面的,在实践上是有害的。现阶段各个阶级和阶层之间的矛盾,总体上都属于根本利益一致基础上的人民内部矛盾。其中,比较突出的是官民矛盾、劳资矛盾、贫富矛盾。这些矛盾既可能缓和,也可能激化。这取决于矛盾双方的行为,而关键是政党、政府的统筹协调能力。

分析政治系统内的阶级、阶层状况,可以帮助我们深入认识各个阶级、阶层的现实情况,弄清楚各个阶级、阶层之间的各种相互关系和由此产生的各种行为、行动,预测它们未来的发展趋势,从而得到一个动态与静态相结合的阶级阶层结构的基本图谱。构建社会主义和谐社会的目标,必须通过协调政治主体各方面的利益关系,化解他们之间各方面的矛盾、冲突来实现。新时期的人民内部矛盾主要体现为各阶级、阶层之间利益上的矛盾、冲突,只有搞清楚这些矛盾、冲突产生的根源与具体机制,明了各阶级、各阶层、各集群之间各种利益矛盾、冲突的具体状况和演变趋势,才能将新时期非对抗性的人民内部矛盾具体化、清晰化,从而有利于正确认识问题、把握方向,化解矛盾、消除冲突,为调整各阶级、各阶层之间的利益关系,为构建新型的社会整合机制,为社会稳定做出切实努力。

一、阶级阶层群体的建构

政治生活系统中的阶级、阶层是作为实体性政治群体被建构起来的。一方面,阶级、阶层的划分是基于这些群体的客观存在和它们之间发生着的客观现实的相互关系。另一方面,阶级、阶层的现实存在,它们之间的差异、在政治生活系统中的角色地位又是通过人们对其成员构成、行为态度、生活方式的主观分析才清晰地显示出来的。马克思主义的经典作家们都确认无产阶级有一个从自在的阶级到自为的阶级的发展上升的过程。当无产阶级是自在的阶级时,它还没有被建构起来。无产者只把自己和同伴视为穷人。只有当无产阶级认识到自己不仅是穷苦人,而且认识到自己肩上所承载的推翻资产阶级政治统治的历史使命时,他们才能团结起来,建立自己的政党,为从一个被剥削、被压迫的阶级上升为社会的统治阶级而斗争。但是,要让一个穷苦人认识自己是一个阶级的成员,必须要靠无产阶级的政治家将无产者从一般的社会成员中分离出来,并将他们的现实利益、角色地位、生活方式、前景使命描述出来。通过对客观存在的无产者的主观的、革命的、理性的分析,一个负有历史使命、代表着社会发展前途和建设更加美好社会形态的阶级才能"产生"出来,并被无产者所认同,无产阶级才会成为自为的阶级。这一过程就是无产阶级的建构过程。

这种阶级、阶层的科学建构会随着政治生活系统的演变发展。改革开放以后,中国政治生活系统中的阶级、阶层事实上发生了较大变化。但是在很长时间里,人们仍旧沿袭着在以阶级斗争为纲的年代对阶级、阶层结构的认识。直至20世纪90年代,一批专家学者通过大量的调查、考察,才把社会转型时期现实的阶级、阶层的结构方式、地位角色行为态度、生活方式勾画和显现出来。

在政治系统中生活的政治个体,都有着不同的现实利益、价值取向、角色地位。具有大体相同的现实利益、价值取向、角色地位、行为态度、生活方式的政治个体就会在一定条件下相互联系、整合起来,形成具有同质性同构性的群体。政治个体一旦发现自己是归属于某个阶级、阶层的,他们就会在主观思维上、客观现实行动中产生强烈的归属感、认同感。

政治生活系统中的阶级、阶层分化与人们对阶级、阶层的划分、建构是互动的。当客观存在的阶级、阶层没有被主观地分析、划分、归类,即没有得到建构时,人们对阶级、阶层的认识就是模糊的、不清晰的,甚至是错误的。在这种情况下,现实的政治个体当然也不清楚自己的阶级、阶层归属,更谈不上为同一阶级、阶层的利益而展开行动。当政治个体依据经济收入、角色地位、行为态度、生活方式被归为一定的阶级、阶层,即当阶级、阶层被建构出来以后,政治个体就知道了自己的阶级、阶层归属,就会依照一个阶级、阶层的成员的身份去展开自己的行动,力争自己的阶级、阶层利益。反过来,当政治个体依据被建构起来的阶级、阶层去行动时,阶级、阶层的客观利益、角色地位、行为态度、生活方式就越是清楚、确定,从而已经形成的有关阶级、阶层的建构也就越发清晰、明确。

阶级阶层群体的传统建构

在中国大陆,从新民主主义革命一直到20世纪70年代末实行改革、开放以前,无论是在政治实践上,还是在理论研究上,人们普遍坚持的是传统的阶级、阶层划分标准和办法。在具体划分阶级、阶层时,虽然考虑到列宁对阶级的界定,也考虑到马克思有关阶级与阶级斗争的论述,但主要是沿袭毛泽东在新民主主义革命时期划分阶级的标准和办法。毛泽东十分重视各阶级、阶层的政治态度,同时指出这种态度往往又是深受他们各自经济利益影响的。实际上,毛泽东是用双重标准来进行阶级、阶层划分的。用经济标准分层是为了明确人们在生产关系和所有制结构中的地位,用政治标准分层是为了解决好依靠谁、团结谁和打击谁这一革命的首要问题。

20世纪20年代中期,为了解决谁是我们的敌人、谁是我们的朋友这一"革命的首要问题",毛泽东在其著作《中国社会各阶级的分析》中,将贫农、下中农、小手工业者、店员和小贩在经济上归属为半无产阶级,在政治上将他们视为革命的同盟军;将城市工人、农村雇农在经济上视为无产阶级,在政治上则看做革命的领导力量;将勾结帝国主义的官僚买办,维护封建剥削的地主、富农归为官僚买办资产阶级,在政治上视为革命的敌人。这是一种将经济上的阶级、阶层做政治上敌、我、友归类的阶级、阶层建构模式。

20世纪40年代末至50年代,中国实行了生产资料所有制的社会主义改造。当社会上客观的阶级、阶层结构发生变化时,毛泽东又依据经济利益和政治立场的差异,得出了新民主主义阶段有工人阶级、农民阶级、城市小资产阶级和民族资产阶级的论断,这是四大阶级的建构模式。

20世纪50年代中期,当生产资料所有制的社会主义改造基本完成,社会阶级结构发生重大变化时,毛泽东为了明确谁是国家的领导阶级和人民民主专政国家的阶级基础是什么的问题,又将原来的四个阶级即工人阶级、农民阶级、城市小资产阶级和民族资产阶级,进一步归并变成了两个阶级一个阶层,即工人阶级、农民阶级与知识分子阶层。这一阶级阶层划分和建构的方式一直延续到20世纪70年代末。这是两阶级一阶层的建构模式。

传统的阶级、阶层建构的特点有三个：一是从生产关系的角度来建构阶级、阶层。依据政治个体对生产资料的占有情况来区分阶级、阶层归属。因为对生产资料占有的不同，直接决定了财富分配的方式和分配的多少。二是从利益要求的对立、冲突的角度来建构阶级、阶层。由于信奉斗争哲学，即将事物发展变化的动力归结为事物之中的矛盾和冲突，而事物矛盾中斗争性是绝对的，同一性则是相对的，因此，在人与自然的关系上，在人与人的关系上，都必须强调斗争性。这种将矛盾的斗争性视为绝对的理论和观念，运用到阶级、阶层的建构上，必然要求找出利益上的对立、冲突，将其作为阶级、阶层的主要关系基础，并由此来规定阶级、阶层的政治立场、态度和倾向。三是从政治革命和阶级专政需要的角度来建构阶级、阶层。在革命时期和新中国建立后实行计划经济模式的时期，政治系统提倡阶级斗争为纲，将对立阶级间的经济、政治、文化斗争视为整个社会发展的中心工作、压倒一切的任务。在具体的实践上，则提出阶级斗争要年年讲、月月讲、天天讲，只要抓住了阶级斗争，一切工作就能纲举目张。正是在这种战略和路线的指导下，建构阶级、阶层的最终目标就是为了明确依靠什么阶级、阶层来实行革命和建立巩固的专政，同时也是为了弄清楚什么人是革命和专政的对象。

阶级阶层群体的现代建构

在现代社会中，阶级、阶层的分化是通过职业分化来体现和完成的。社会职业是社会分工的产物，它在很大程度上左右了人们的收入来源、社会地位、权力大小、价值取向、生活方式和发展机会等等方面。在当代社会，人们在谋职择业时的艰难选择，就再充分不过地表明了选择的职业和将要从事的工作对每一个政治个体的生活境况和人生发展道路来说是多么的重要。

正是借助于从事的社会职业，一个政治个体的经济收入、社会地位、权力大小、价值取向、生活方式和发展机会等变量就能较为准确地显示出来，据此也就能判断政治个体的阶级、阶层归属。迄今为止，理论界对中国社会阶级、阶层结构所做的各种调查与研究，对现阶段中国社会阶级、阶层的建构分析，大多数都是自觉或不自觉地以人们基本的职业划分为主要思路和重要前提的。

当然，依据职业来获取有关政治个体的经济收入、社会地位、权力大小、价值取向、生活方式和发展机会等方面的情况和状态，截取的只是一个类别的平均量。现代社会的职业结构非常复杂，不要说是不同职业之间的关系不断在变动，考察的各种变量的具体数据也会发生变化，就是同一个职业中的不同个体，其经济收入、社会地位、权力大小、价值取向、生活方式和发展机会也是不相同的。因此，依据社会职业这一维度，人们只能对某个职业群体的一些体现阶级、阶层属性的变量有一个大概的了解和定位,但无法靠这种方式来确定阶级、阶层中的成员具体的经济收入、社会地位、权力大小、价值取向、生活方式和发展机会。

由于研究者认识的角度不同、采用的方法不同、划分的标准不一样,对转型时期中国社会阶级、阶层结构进行总体概括的观点就比较多。归纳起来主要有两大类:一类是认为转型时期政治生活系统中的阶级、阶层结构基本上是"两个阶级一个阶层"模式或是其修正模式。有的学者认为同实行计划体制时期相比,转型时期的阶级、阶层结构没有变,依然是工人阶级、农民阶级加知识分子阶层。有的学者认为有一点变化,应该是工人阶级、农民阶级两个阶级加知识分子、个体劳动者和私人企业主三个阶层。有的学者则认为现在阶级、阶层结构已经是工人阶级、农民阶级加上相对独立的知识分子阶层,还要加上一些非基本的社会集团。

另一类是认为转型时期政治生活系统中的阶级、阶层结构已经突破"两个阶级一个阶层"的传统模式,是多个阶级加上多个阶层。有些学者认为转型时期的阶级、阶层结构是三个阶级加上三个阶层,即工人阶级、农民阶级、个体劳动者阶级,再加上知识分子阶层、雇主阶层、管理干部阶层。有的学者则认为应当是五个阶级加上十个阶层,即上层、中上层、中中层、中下层和底层阶级,再加上国家与社会管理者,管理人员,私营企业主,专业技术人员,办事人员,个体工商户,商业服务业员工,产业工人,农业劳动者,城乡无业、失业、半失业者等十个阶层。

也有些学者专门对阶层结构做了分析。他们认为现在阶层结构比较繁杂,主要是8个阶层内含30个集群。这是一种较为精细的阶层建构模式。原有的工人、农民两个阶级被改成两个阶层,再加上知识分子这一阶层,在此基础上,又增加了管理者、防卫者、私有私营者、边缘者、底部者五个阶层。同时又对每一个阶层增加了集群的细分。一是工人阶层,包含工人操作者、专业技术人员、服务性工作人员、城镇私有私营者、离退休人员、待业者、工人管理者等七个集群。二是农民阶层,包含农业劳动者、农民工、农村知识分子、乡村私有私营者、雇工、乡村管理者、企业经营管理者、家务劳动者等八个集群。三是知识分子阶层,包含专业技术人员、教学科研工作者和大中专院校学生等三个集群。四是管理者阶层,包含领导干部、一般干部两个集群。五是防卫阶层,包含军人、公安武警两个集群。六是私有私营者阶层,包含个体劳动者、私营企业主两个集群。七是边缘阶层,包含股民、中介组织从业者和自由职业者三个集群。八是底部阶层,包含贫困者、残疾人、罪犯等三个集群。对于上述的阶层和集群划分,也有不少学者提出疑异,认为阶层划分的标准不一,有些是以职业为标准的,有的则是以社会地位为标准的,同时,阶层中的集群之间也有重复。

正在进行的,还有待完善的现代的阶级、阶层群体建构的特点主要是三个:一是从生产力的角度来建构阶级、阶层。许多学者认为,不应当从生产关系,特别是从对生产资料的占有情况来划分阶级、阶层,而应当以在发展生产力中所起的作用为标准来划分阶级、阶层。二是从谋取利益一致、合作的要求角度来建构阶级、阶层。暴力革命结束后,在以经济建设为中心和发展民主政治的时代,阶级、阶层之间的关系更多的不是冲突、对抗,而是合作、一致。三是从社会发展和建设和谐政治的目标出发双向度地建构阶级、阶层。建构现阶段的阶级、阶层的目的,不仅仅是为了判别政治个体作为阶级、阶层的成员的政治立场、政治态度、政治价值取向,更多的还是为了了解阶级、阶层之间在利益、地位、生活方式方面的差别,以便采取相应的公共政策,来回应不同阶级、阶层的利益需求,逐步建立更为公平、公正的人类生活。

二、转型时期阶级阶层结构

社会阶级、阶层结构是一种社会分层结构,它是指政治生活系统中不同社会成员之间的构成方式与比例关系。阶级、阶层结构是依据某些特定的原则、标准和方法,对社会成员的阶级、阶层归属加以划分,从而确定各社会成员在社会结构中的位置以及相互关系。

转型时期的社会阶层结构

2002年1月,通过"当代中国社会结构变迁研究"课题组三年之久的努力,《当代中国社会阶层报告》出版。该书将中国现阶段的阶层划分为十个类别,并认为当今社会结构趋向多元化,各阶层正在走向合作共享,中产阶级正在成长,一个橄榄型的社会分层结构正在形成。

一是国家与社会管理者阶层。主要指在党政、事业和社会团体机关单位中行使实际的行政管理职权的领导干部,具体包括:中央政府各部委和直辖市中具有实际行政管理职权的处级及以上行政级别的干部;各省、市、地区中具有实际行政管理职权的乡镇科级及以上行政级别的干部。目前,中国的社会政治体制决定了这一阶层在趋于等级分化的社会阶层结构中居于最高或较高的地位等级,是整个社会阶层结构中的主导性阶层,是当前社会经济发展及市场化改革的主要推动者和组织者。这一阶层的社会态度、利益及行动取向和品质特性,对于正在发生的经济社会结构的变迁和将要形成的社会阶层结构的主要特征具有决定性的影响力。目前,这一阶层在整个社会阶层结构中所占的比例约为2.1%,在城市中的比例为1%—5%,在城乡合一的县行政区域中比例大约为0.5%。

国家与社会管理者阶层在现阶段的阶层结构中处于较高位置。由于国家与社会管理者阶层是执政党和政府意志的代表和体现,所以,各社会阶层同国家与社会管理者阶层之间的关系,与他们的合作或冲突,经常转而表现为对执政党和政府的支持或不满。

二是管理人员阶层。主要指大中型企业中非业主身份的高中层管理人员。这一阶层同国家与社会管理者（干部）阶层和私营企业主阶层之间的区分界线还没有完全明晰化，其阶层内部不同来源的成员，在社会政治态度和利益认同方面还有明显差异。这一阶层的社会来源主要是三部分人：第一部分是原来的国有和集体企业干部。随着现代企业制度的发展，这一部分企业干部逐渐从行政干部系列中脱离出来，成为职业经理人。第二部分来自较大规模的私营企业或高新科技产业领域中的私营企业，这些企业在20世纪90年代后期以来开始出现所有权与管理权分离的趋势，一些企业主聘用职业经理人来为他们经营管理企业；另一些业主则通过企业股份化而使自己从业主型的创业者转变为职业经理人。第三部分是三资企业的中高层管理人员。这个阶层还在发展之中，在目前社会阶层结构中所占的比例约为1.5%，但在地区之间的分布极不平衡。这一阶层的成员多数集中在大中城市特别是经济发达的城市。

经理人员阶层是市场化改革最积极的推进者和制度创新者，他们代表着先进生产力和现代经济体制的发展方向。这一阶层的成员支配着大量的经济资源，他们都有较高的学历和专业知识水平，同时，他们的政治社会地位也较高，被称为"老总"。许多大中型企业处于国有或产权不清的状态，实际上是经理人员在支配这些企业的生产资料和经济资源。同时，这一阶层的主导成分与国家权力和海外资本有着紧密的联系。经理人员阶层在当前的社会阶层结构中也是主导阶层之一，他们在社会经济政治生活领域中的影响力，特别是对政府经济决策的影响力，甚至要大于私营企业主阶层的影响力，而且这种影响力还在继续扩大。

三是私营企业主阶层。主要指拥有一定数量的私人资本或固定资产并进行投资以获取利润的人，按照现行政策规定，即包括所有雇工在8人以上的私营企业的业主。其成员最初主要来自于乡村和城镇社会的较低阶层，但在1992年以后，具有文化专业知识的原国有和集体企业的管理人员、专业技术人员和机关干部开始大量加入这一阶层，使这一阶层的社会形象和社会地位有了极大提高。在人数上，中小企业主构成了这一阶层的主体。就全国而言，私营企业主阶层在社会阶层结构中所占比例约为0.6%，但地区差异比较大。在私营经济较发达地区，这一比例可达3%左右；而在私营经济不发达的地区，该比例在0.3%以下。

由于传统意识形态的阻碍，私营企业主阶层的政治地位一直无法与其经济地位相匹配，他们对社会政治生活的参与受到很大限制。私营企业主阶层内部拥有资本规模大小不同，他们自身的政治文化素质也有很大差异，因而在社会上的地位和声望是很不相同的。在一个相当长的时期里，对他们的评价有很大的争议。

四是专业技术人员阶层。主要指在各种经济成分的机构中专门从事各种专业性工作和科学技术工作的人员。他们是现代工业社会中等阶层的主干群体,既是先进生产力的代表者之一,也是先进文化的代表者之一。而且,他们还是社会主导价值体系及意识形态的创新者和传播者,是维护社会稳定和激励社会进步的重要力量。在当代中国社会,专业技术人员阶层在推动科学技术发展和市场经济理念传播方面发挥了重要的作用。目前,专业技术人员在社会阶层结构中所占比例约为5.1%,但城乡差异很大,经济发展水平不同的地区差异也很大。在经济发达地区的大中城市中,专业技术人员阶层所占比例为10%—20%,而在城乡合一的县(市),其比例仅为1.5%—3%。

在改革开放以来的30多年中,中国的专业技术人员群体显现出从传统知识分子到现代知识分子的历史性的转型,即从以传统的人文知识分子为主导构成转变为以现代的专业技能性知识分子为主导构成。这种转变十分有利于专业技术人员阶层在市场经济发展中保持较优势的地位,并与掌握着组织资源和经济资源的国家与社会管理者阶层、经理人员阶层和私营企业主阶层保持良好的关系。

五是办事人员阶层。主要指协助部门负责人处理日常行政事务的专职办公人员,主要由党政机关中的中低层公务员、各种所有制企事业单位中的基层管理人员和非专业性办事人员等组成。这一阶层是社会阶层流动链中的重要一环,其成员是国家与社会管理者、经理人员和专业技术人员的后备军,同时,工人和农民也可以通过这一阶层实现上升流动。这一阶层也是现代社会的社会中间层的重要组成部分,他们在目前的中国社会阶层结构中所占比例大约为4.8%。在城市中,其比例为10%—15%;而在城乡合一的县(市)中,其比例在2%至6%之间。随着工业化和市场化水平的提高,将会有大量的体力劳动者上升流动进入这一阶层,在未来十几年中,这一阶层的人员比例将会有明显提高。

六是个体工商户阶层。主要指拥有较少量私人资本(包括不动产)并投入生产、流通、服务业等经营活动或金融债券市场而且以此为生的人,如小业主或个体工商户(有足够资本雇用少数他人劳动但自己也直接参与劳动和生产经营的人)、自我雇佣者或个体劳动者(有足够资本可以自己开业经营但不雇用其他劳动者)以及小股民、小股东、出租少量房屋者等。目前,个体工商户阶层在整个社会阶层结构中所占比例为4.2%,这一比例是根据国家工商部门的登记数计算出来的,但该阶层的实际人数比登记人数多得多。

这个阶层是吸纳下岗工人、失业待业人员和进城农民的一个重要渠道,也是社会主义市场经济的重要组成部分,是建设社会主义市场经济的一支很活跃的力量。随着社会主义市场经济特别是第三产业(服务行业)的发展,这一阶层还有扩充并吸纳劳动力的很大潜力;而且,他们中的一部分人还将由于有某种特长或因为经营得当而逐渐积累资本,扩大经营规模和范围,从而将上升到私营企业主阶层。

第五章　政治群体及其行为

七是商业服务业员工阶层。主要指在商业和服务行业中从事非专业性的、非体力的和体力的工作人员。由于中国目前的商业服务业还不发达,而且产业层次较低,这一阶层的绝大多数成员的社会经济状况与产业工人阶层较为类似。但在一些大城市中,在与国际较为接轨的商业服务业部门中,商业服务业人员的社会经济状况较接近办事人员阶层。随着工业化和市场化的推进以及第三产业的发展,这一阶层的规模将会进一步扩大。目前,商业服务业员工阶层在社会阶层结构中所占比例约为12%。但城乡之间的差异极大,因为这一阶层与城市化的关系最为密切。在小城市和乡村中,商业服务业还很不发达,而且产业层次较低,从业人员还很少,远远不能满足社会的需要。

与发达国家相比,中国商业服务业员工阶层在整个社会阶层结构中所占的比例还不够大。原因是多方面的,但主要是因为中国的城市化严重滞后,限制了第三产业的发展,也因为中国目前的服务业尚停留在餐饮业等传统服务业领域。可以预计,随着旅游业、体育事业、科技教育事业、文化产业以及社会服务事业的发展,这个阶层会迅速发展起来。

八是产业工人阶层。主要指在第二产业中从事体力、半体力劳动的生产工人、建筑业工人及相关人员。经济改革以来,产业工人阶层的社会经济地位明显下降,这使产业工人阶层的人员构成发生了根本性的变化,原工人阶层中一部分成员通过接受成人教育和技术培训离开了工人队伍,进入社会经济地位较高的其他社会阶层。目前,整个产业工人阶层在社会阶层结构中所占的比例为22.6%左右,其中农民工占产业工人的30%左右。城乡之间差异极大,不同经济结构的城市之间,不同发展水平的乡村之间,差异也都很明显。

20世纪90年代中期以后,国有工矿企业改革,实行减员增效等政策,导致大批工人下岗,从而在事实上改变了原来那种终身雇佣格局。有相当一部分人员,在"铁饭碗"被打破以后,处于就业无保障的状况。这使他们在心理上承受着很大的压力。应当指出,这种变化带来了正反两方面的影响:好的一面是,这促使大多数工人有了学习技术和专业技能并做好本职工作的积极性;不好的一面是,在传统的计划经济体制下,工人阶层长期没有就业压力,因而没有竞争意识,一旦他们的这种既得利益状况被改变,且一时又不能适应这种改变,他们便难免会有牢骚和不满。与此同时,进城的农民大批涌入产业工人阶层,他们成为产业工人阶层中的重要组成部分。

九是农业劳动者阶层。主要是指承包集体所有的耕地,以农(林、牧、渔)业为惟一或主要的职业,并以农(林、牧、渔)业为惟一收入来源或主要收入来源的农民。由于这个阶层几乎不拥有组织资源,所拥有的文化资源和经济资源往往也低于上述所有阶层,所以在整个社会阶层结构中的地位比较低。本来,按照现代社会阶层结构的要求,这个阶层的规模理应进一步分化并大规模缩小,但在目前,这种分化和缩小受到与经济社会发展水平不相适应的制度与政策(如户籍制度等)的阻滞。当然,不可否认,与中国改革开放初期相比,中国农民阶层的规模已经有了显著的缩小,纯粹的农业劳动者和以农业为主业的农民在劳动人口中所占比例,已经从1978年的70%以上减少为1999年的44%左右。但是,农业增加值在国内生产总值(GDP)中所占比重也从1978年的28.1%下降为1999年的17.3%,两种比例仍然是很不相称的,在经济落后的中西部地区,这种不相称状况更为明显。这种状况决定了农民阶层的较低收入水平和较低的社会经济地位。

尤其严重的是,在20世纪80年代中期以前,农业劳动者阶层是改革和发展的受益阶层,而在80年代中期以后,这个阶层便逐渐成为利益受损的阶层了;特别是1997年以后,由于大宗农产品从卖方市场转变为买方市场,销售困难,价格显著下降,乡镇企业不景气,进城打工变得更加困难,以农业为惟一收入来源和以农业收入为主的农民的收入,实际上是减少的,而各种税费负担却没有减轻,所以,这个阶层利益受损的状况表现得更为明显。

十是城乡无业、失业、半失业者阶层。主要是指无固定职业的劳动年龄人群(排除在校学生)。体制转轨和产业结构调整导致一批工人和商业服务业人员处于失业、半失业状态。就业机会不足使许多新进入劳动力市场的青年劳动力长期待业。城市大量征用农用地,则使大批农民无地可种,而这些农民在城镇一时还找不到合适的职业。另外,还有不少城乡居民因为残障或长期卧病的困扰而不能就业,他们多数也陷入贫困境地。失业、半失业人群的这些特征使他们构成一个过渡性的特殊阶层。这一阶层的许多成员处于贫困状态。目前,这一阶层在整个社会阶层结构中所占比例约为3.1%。

任何社会都会存在部分的失业者,但无业、失业、半失业者构成一个阶层,却是中国目前这一特殊历史阶段的产物。一方面,无业、失业、半失业人群数量比较大;另一方面,这些人具有类似的社会经济背景,比如大多是原国有、集体企业工人及其子女,以及无法依靠农业维持生计的中青年农民。值得注意的是,在这个阶层中,部分人的失业、半失业状态持续数年之久,给他们的生存带来了极大的威胁。[①]

转型时期的社会阶级结构

上述的这十大阶层又分属于五种社会地位等级:社会上层、中上层、中中层、中下层和底层。各社会阶层及地位等级群体的高低等级排列,是依据其对资源的拥有量和其所拥有的资源的重要程度来决定的。相关社会阶层的全部或部分均可归入五大社会等级中的某个等级。如处于第一阶层的"国家与社会管理者阶

---

① 参见陆学艺主编《当代中国社会阶层研究报告》,社会科学文献出版社2002年版。

层",因资源的占有程度不同,有的可归为"社会上层",有的则归为"中上层";"私营企业主阶层"则可能在"上层",也可能在"中上层"或"中中层"(见图5-1)。

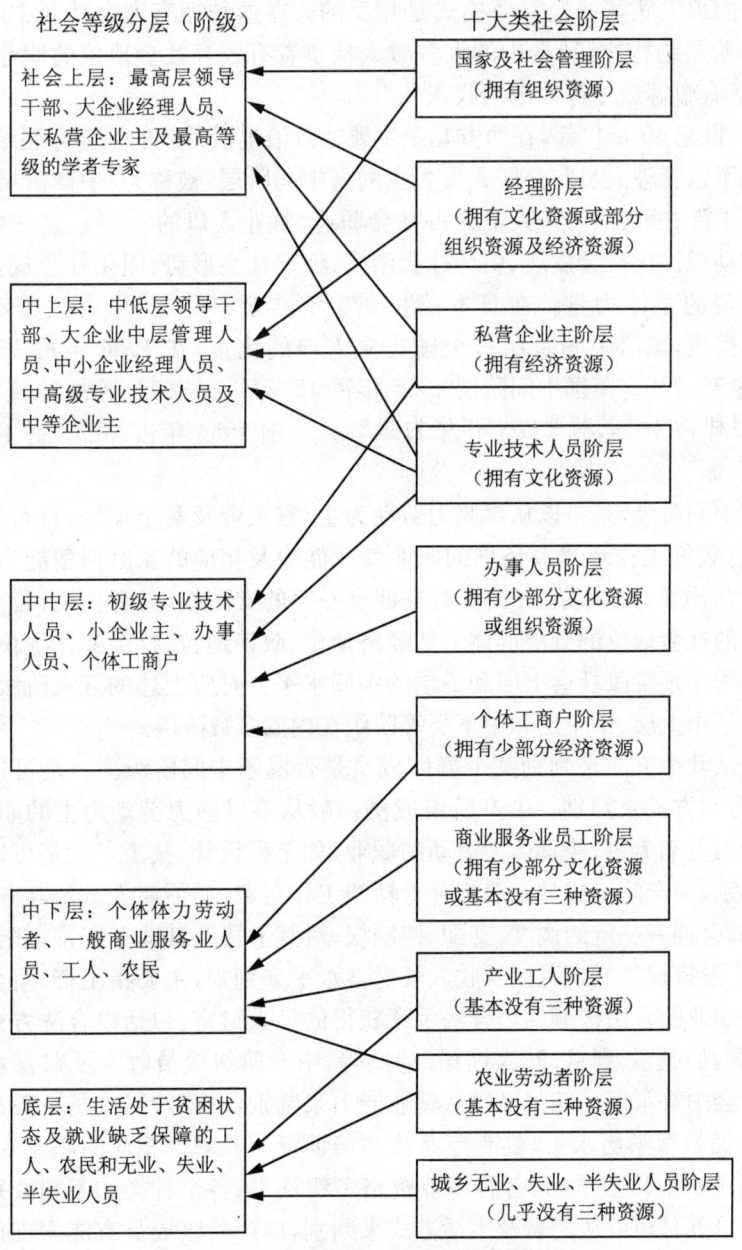

图5-1 新时期社会阶级与社会阶层关系

关于现代化的社会阶层结构或工业化的社会阶层结构,学术界有一种比较形象的说法,即两头小中间大的"橄榄型",它有庞大的社会中间层。这与传统社会阶层结构的顶尖底宽的金字塔模式是相反的。在这种拥有庞大社会中间层的橄榄型社会阶层结构中,社会中的大多数人从事着有较高社会地位的职业,如白领职业,并享有中等或中等以上的收入。

从20世纪40年代起,在西方几个主要的政治生活系统的社会分层结构中,都先后出现了以管理人员和公职人员为主的新中间阶层,被称为"中产阶层"、"新中产阶级"、"新中间层"。其数量约占社会职业、就业人口的40%。这一中间阶级已成为推动现代化社会发展、引导社会消费、稳定社会形势、固化社会规范及主流社会价值观的主体力量。在日本,到1975年,"新中间层"已占到劳动人口的34%。在美国,城市中间阶层占全国自立人口的比重,在1950年占16.9%,到1970年占18.2%。英国中间阶层1951年占15.3%,到1971年占19.1%。联邦德国1950年占16%,到1970年占16.1%。法国1954年占18%,到1972年占18.7%。

所谓中间阶级,是指以从事脑力劳动为主,靠工资及薪金谋生,具有谋取一份较高收入、较好工作环境及条件的职业就业能力及相应的家庭消费能力,有一定的闲暇生活质量,对其劳动、工作对象拥有一定的支配权,具有公民、公德意识及相应修养的社会地位的分层群体。从经济地位、政治地位、社会文化地位上看,中产阶级均居于现阶段社会上层和下层的中间水平。对应上述的五大阶级,中间阶级就包括了中上层、中中层和中下层等阶级在内的多数阶层。

可以从几个方面来判别某个群体成员是否属于中间阶级。一是可以从职业的工作、劳动方式来判别。中产阶级成员一般从事以脑力劳动为主的职业,包括那些以脑力劳动为主,兼具体力劳动的职业,如工程设计、技工。二是可以从职业权力来判别,中产阶级成员一般都有管辖的工作对象,如下属人员及其办公设备、工具等,都会拥有一定的调度、支配、控制权;对其上司及其业务安排,都会有一定的建议权、发言权。三是可以从收入及财富水平来判别,主要指工资、薪金等所从事的合法职业的合法报酬和经合法手续获得的私人财富,包括以合法方式拥有的收入、报酬,如股票、利息、私人馈赠、遗产等,中产阶级成员收入及财富水平都会保持在社会中等水平。四是可以从就业能力来判别,中产阶级成员一般都具有中等以上国民教育学历水平,具有专业技术培训资历及掌握相应的职业专业技能。如持有高中毕业以上学历、各种专业资格考级证书、各个种类的不同级别的专业技术职称。五是可以从消费及生活方式来判别,中产阶级成员有能力支付其中等水平的家庭消费;在解决温饱的基础上,能为满足家庭成员丰富的文化、精神需要,提供必备的物质条件,如购买私产房、私人汽车,定期旅游休假和相应的文化、社交消费等。六是可以从公民、公德意识及相应修养来判别,中产阶级成员一般都遵纪守法,举止文明,能够经常做一些如积极参与社区建设、保护环境、公益劳动等回报社会的事情。

在具体的政治生活系统中,中间阶级的社会功能应以能稳定一个社会所需要的协调发展、稳定、有序的社会结构为定位。就社会转型阶段而言,中间阶级具有下列功能:一是社会市场经济秩序的行为示范功能。在市场经济活动中,遵守交易规则,以促进"公平诚信竞争"的社会规范的形成。二是社会价值观及社会规范的创建、引导功能。在社会生活中,积极进取,勇于创新,遵纪守法;具有平和、开放的心态;在公共生活领域讲文明、讲秩序;积极参与有益于社会发展的社会公共事务;辅助弱势人群,尊重个性选择;以合法手段积累财富,并适时回报社会等等。三是社会利益矛盾的缓冲功能。在社会分化加剧、贫富差距日益拉大的社会分层结构中,中间阶级在经济、政治、文化等方面均居于中间状态,其一旦获得合法性地位及其社会认同,便有可能发挥该阶级的"中间价值"即预留社会政策调整空间,以缓解上、下两层的矛盾冲突。

三、转型时期阶级阶层结构特点

转型时期阶级、阶层分化与重组的根本动力来自改革、开放,特别是市场经济体制的建立和完善。持续深入的改革,不断扩大的开放,整个政治生活系统的所有制结构、产业结构、城乡结构、区域结构发生的变化,社会成员的流动加速,所有这些都猛烈地冲击着原先人为制造的单一化的金字塔型的社会结构,原有的阶级、阶层结构的构成方式与比例关系发生了根本性的变化。

致使这一社会分层结构变迁的触发机制是计划经济模式下形成并固化的城乡二元结构壁垒出现了缺口,阶级、阶层之间流动与分化的最大障碍被逐步破除。城乡二元结构是阻碍社会成员流动、重组的最大的制度性障碍,是造成各种社会矛盾和问题的根源。小城镇的户口放开和大城市的户口松动是重要的步骤。户籍制度改革的意义决不仅仅在户籍本身,而是带来了一系列巨大而深刻的变化:劳动力资源得到新的配置、城市化进程加速、农村劳动力出现转移、需求消费水平得到提升等等。

伴随改革、开放的深化,社会流动更加多样化。单向流动向多向流动、立体流动转变,阶层之间、群体之间的歧视有了很大改变。20世纪80年代社会成员的流动,基本上是一种单向流动,主要是农村向城市流动,社会声望低的向社会声望高的流动。近几年来,这种情况有了较大改变,不少城里人也到乡村落户和工作。同时,城市中的贫困市民和下岗职工已经不再把当个体户看做丢脸和难于启齿的事情,干部人事制度改革中优胜劣汰、能上能下的机制也在逐渐形成。改革的深入、观念的转变、职业歧视的改变和流动渠道的增多,有力地促进了中国社会阶层的结构性优化。

在社会转型时期,阶级、阶层的分化、重组出现了许多新的特点。首先,社会分化速度有所回落,但分化的范围正在扩大,分化的层面正在加深。改革开放初期,被长期封闭、压抑的人们开始走出家门,特别是被土地、户籍等束缚了几十年的农民,想方设法进入城市。在经过一段狂潮以后,社会成员的流动渐渐进入一个相对平稳、有序的时期,但分化的质量正在提高,主要表现在:一是分化组合的范围在扩大。20世纪80年代发生分化组合的主要是农民;之后是知识分子;到90年代,工人阶层的分化又明显起来,如国有企业改革和部分国企亏损带来的相当规模的工人下岗,使他们面临着角色转换和心理、行为调整问题,其中很多人流向其他阶层或群体。二是分化组合的层面在加深。从一般性的离散、分化,逐步发展到精细化的、追求自我价值实现的分化。如离城回乡农民开始增多,其中不少素质好的农民工用在外打工时获得的胆识和才干,在家乡办起了私营工厂,从而加入到了乡村私营企业主或个体工商业者的行列。

其次,阶级、阶层之间的贫富差距呈扩大趋势。城市贫困已成为新的社会问题。在高档饭店一掷千金,年底分红数万、数十万、数百万元的,大有人在。"穷者越穷,富者越富"的"马太效应"在不断扩张。特别是一些人用偷税漏税、贪污受贿、坑蒙拐骗等非法手段实现暴富,更是严重损害了社会公正、公平,造成一些阶层、群体之间的对立情绪。本来可以成为发展动力的差距,但各种非法和不合理因素的介入,使差别、差距反而成了激发矛盾的导火线。①

基尼系数是在全部居民收入中用于不平均分配的百分比。基尼系数是判断收入分配公平程度的重要指标,这个指数在0和1之间,数值越低,表明财富在社会成员之间的分配越均匀。国际上通常把0.40作为收入分配差距的警戒线。一般发达国家的基尼系数在0.24到0.36之间。由于基尼系数的计算过程比较繁杂,计算方法也不统一,目前中国国家统计局并不统计基尼系数这一指标。根据世界银行的报告,20世纪60年代,我国基尼系数大约为0.17至0.18,80年代为0.21至0.27,从2000年开始,中国基尼系数已越过0.40的警戒线,并逐年上升,2006年已升至0.496,2007年达到0.48。世界银行报告同时显示,最高收入的20%人口的平均收入和最低收入20%人口的平均收入,这两个数字之比在中国是

---

① 中国贫富悬殊超警戒线。根据联合国开发计划署的统计数字,中国目前占总人口20%的最贫困人口占收入或消费的份额只有4.7%,而占总人口20%的最富裕人口占收入或消费的份额高达50%。突出表现在收入份额差距和城乡居民收入差距进一步拉大、东中西部地区居民收入差距过大、高低收入群体差距悬殊等方面。

10.7倍,而美国是8.4倍,俄罗斯是4.5倍,印度是4.9倍,最低的是日本,只有3.4倍。这也就意味着,改革开放以来,中国由世界上居民收入最平均的国家之一,变成世界上居民收入差距较大的国家之一,城乡、区域、行业、群体之间的收入差距持续扩大。[①]

第三,各阶级、阶层之间的整体发展错位。社会成员的职业、收入、地位、声望、发展机会等几个方面应当是基本上统一和对称的。社会劳动的复杂性程度应成为决定社会成员收入多少、地位高低、声望大小等内容的至关重要的因素。现实的情况却并非如此,由不同社会成员组成的各个阶层的经济、政治与社会地位之间并不存在对应关系,而是处于一种错位状态。如知识分子从事复杂的脑力劳动,拥有较高的职业声望,但经济地位相对较低。私营企业者阶层有高出于其他阶层数倍的经济收入,但他们的社会地位、政治素质却不能与其同步。社会阶层或群体之间的这种错位使整个社会结构处于一种低稳定状态,同时表明中国的阶级阶层结构的分化与重组还将继续走向深入。

第四,出现了一些特别值得注意的新的阶层。主要有趋向有序流动的庞大的民工群体、不断壮大的自由职业者群体、中介组织的从业人员群体、腐败者群体和城市居民中的贫困人口群体。对于这些群体必须迅速采取有效措施,有的要积极引导,有的要促进发展,有的要依法惩治、消灭,有的则要及时扶持、救济。不断扩大的私有私营者阶层,也越来越多地被理论界所关注。

最后,社会阶层结构的整体框架基本形成,但其结构仍不稳定。目前中国正处在由农业社会向工业社会、由计划经济向市场经济、由人治向法治、由传统社会向现代社会的重要转型期。转型期的社会结构,在整体上也必然具有过渡期的一切特征。各阶层、群体之间的比例关系,将得到进一步调整;各阶层、群体的经济地位、社会声望等方面,将出现新的组合和变化;与社会发展、改革开放和社会现代化进程相适应的一些新的阶层、群体,将在改革进程中不断产生、壮大。这些情况表明,中国社会的阶层结构仍是不稳定和比较松散的,其内部富有弹性和吸纳能力。

第四节 民族族群及其政治行为

在政治群体中,民族是一个实体性的政治群体。要全面研究政治群体的政治行为,就必然要研究作为政治群体重要类别的民族的形成发展、行为特征和种种

---

① 参见2009年10月27日《澳门日报》。

与其有关的问题。民族问题和阶级问题一样,都是政治学研究和分析中长期被搞得混乱不堪的问题。阶级、阶层的传统建构模式和阶级斗争被非理性的利用,曾经酿成过让人们难以忘怀的历史动乱和悲剧。一些别有用心的个人和组织借用民族情感,推行狭隘的民族主义,大搞民族分裂,也曾经给政治生活造成了难以愈合的伤痛和危害。

要科学地认识和看待民族政治群体,就需要对民族、族群这一政治群体的形成、演化、行为特征加以客观的分析。同时,还需要对民族问题的历史演变进行梳理,对当代民族问题的类别和特点加以概括。另外还要对民族政治群体的发展前景做出预测。

一、民族政治群体演变和行为特征

作为政治群体的民族族群

人们在日常的语言中,经常将民族和国家联在一块使用。这种未加分析的日常用语也恰恰是造成民族问题上长期混乱的一个原因。汉语中的"民族"一词来自日语,在现实生活中有着广泛的含义。它兼有汉语"民"和"族"的基本内涵,指具有共性的一类人,即是一种群体。在中国,56个民族是作为历史文化共同体或群体,而不是作为政治实体被认定的。在中国有时民族还有一种习惯的用法,只指中国汉族以外的少数民族群体,如"民族学校"、"民族干部"。汉语中的"民族"基本上是一个历史文化概念。

民族一词通常是单独使用的,并不和国家联合使用。只有在两种情况下,民族和国家才会联合使用。一种情况是当指称某一国家的全体人民,如指称全中国人民、全法国人民、全美国人民时,才会用中华民族、法兰西民族、美利坚民族的概念。另一种情况是,当受到殖民统治或强势民族压迫的政治系统要推翻外来势力的殖民统治,获得独立,建立新的国家时,就会出现以建立"民族国家"为目标的"民族运动"。

即使是在上述两种情况下,民族和国家仍然是两个完全不同的范畴。国家是政治生活系统中指称具有空间范围、一定居民和主权的政治共同体。国家通常是抽象思维的产物,而将国家外显出来的则是政府。民族只是一种具有某些方面的同质性的个体的聚合,是实体性的政治群体。民族和国家呈现出复杂的关系。世界上只有极少数的国家共同体内只有一个民族,多数国家共同体内有多个民族。有时,同一个民族也会分别生活在两个甚至更多的国家共同体内。

和民族这一范畴有联系的是种族。种族和民族不同。在美国和南非,种族问题最有代表性的是有色人种和白人之间存在的矛盾。在这些政治生活系统中,一部分白人对包括黑人、黄种人在内的非白人人种采取歧视的立场,从而导致有色人种生活贫困,沦为社会弱势群体。这些有色人种对白人的种族歧视一直坚持斗争。今天生活在美国的有色人种,一部分是历史上从非洲贩卖来的黑奴的后代,有一部分是亚洲国家和拉美国家早期到美国的劳工和移民的后代,还有一部分是现在到美国留学、就业的世界其他国家的居民。美国本地居民,特别是白人居民与从其他国家和民族来的旅居美国的人形成两种种族。

与民族这一政治群体相联系但又有区别的政治群体是族群。在非洲一些国家,如索马里,存在许多部落。他们都是一个人种,也是一个民族,但因为是不同的部落,从而产生部落间的仇杀。这是族群之间的矛盾。在中国大陆和台湾、香港地区,还有在新加坡、马来西亚和世界其他地方生活着客家人。他们的民族是汉族,但是,由于地理条件、文化、风俗习惯的不同,形成了特有的客家语言、服饰、习俗。在大陆、台湾和世界其他地方,研究客家文化已经成为一种热潮。客家人就是汉族中的一个族群。

从族群这个概念演进历程看,早期族群具有歧视性内涵,指少数人群体,也有异教群体之义。在历史上,"少数人群体"通常是受歧视的。在欧洲,犹太人曾长期被视作宗教信仰上的"少数人群体"而备受歧视;在宗教信仰变得较为自由后,他们又作为"少数民族"受到不公正的对待。德国的波兰人、英国的爱尔兰人都曾经在某种程度上有过类似的经历。

今天,族群已经不限于指少数人群体。在现实中,"族群"一词已由原来仅指处于社会边缘的少数人集团和亚集团,扩展到泛指社会上因文化或血统关系而具有明显不同的所有集团,甚至包括在一国之内占人口多数的民族集团。现在,越来越多的人已认识到每一种文化都具有自身的价值和尊严。任何一种文化对于作为其载体的民族而言,都具有其他文化所难以替代的价值。种族歧视和民族歧视在当今世界大多数国家已为法律原则所不容许并受到人们的普遍反对,人们通常已不再接受、运用族群一词在早期使用时所带有的歧视性含义,这个已经变得中性化的概念在国际组织和各国政府文件中正在被广泛使用。

同汉语中的"民族"范畴相比,族群的含义更加宽泛,更具有伸缩性。它既可以表达历史文化群体概念,也可以表达种族群体概念,还可以表达按社会标准区分的社会-文化集团概念。在与民族的关系上,"族群"是一个由民族和种族自然集聚而结合在一起的政治集群。这种结合的界限在其成员中可能是无意识的,而在外界则是有意识的认为他们是同一体。据此,也可以将族群看做是民族政治群体中的具有内群体性质的政治集群。

因此,族群的基本含义是指在语言、文化、历史、血统、族源上具有共性的内群体或次群体。与西方理念中被注入了"国家地位"、"民族分立"的涵义,从而导致民族问题复杂化的"民族"概念不同,族群的含义虽然广泛,但是不具有"国家"、"国民"的内涵,未有"分立性"的含义。

正因为族群具有明确的政治群体的属性,当一些抱有民族分裂目的的组织和个体,利用民族感情、民族认同推行极端的民族主义,散布任何一个民族都要独立出来,建立自己的独立国家的主张时,为了弱化被民族主义歪曲了的、具有国家内涵的民族概念对国家统一的侵蚀和威胁,美国人率先用"族群"、"族性"来取代具有国家内涵的民族认同概念,将"族群"的内涵由原先仅仅表达种族而转向强调历史文化内涵,并强化了对"文化吸纳"的研究,以寻求"多元"与"一体"的"和谐"。斯大林去世后,苏联学术界也根据本国的实际情况,开始对具有国家含义的民族概念进行反思,首先从名词术语中将具有国家涵义的民族改为"族群"。这一变化虽然没有直接否定有关民族自决、独立成立国家的权利规定,但是弱化了民族政治群体与国家政治共同体的联系。

今天在中国有关同一民族中的族群研究,正在向更为细化的方面伸展。其中较为突出的是商群的研究。由于商品经济恢复和市场体制的构建,历史上的商贾文化开始成为人们研究的对象,出现了对地缘商人群体的分析。相继有研究晋商、徽商、浙商、苏商的文学和理论成果问世。历史上,一些在清末民初南来北往、穿梭于内地、远涉海外的商人到处建立会馆,形成一个个商群。但后来因为民族的蒙难和商品经济的夭折,这些昔日大放光彩的地缘商群,只能留下一个个深宅大院供今人参观和浮想,只能剩下一尊尊牌坊竖立在乡间让人回忆和叹息。当代市场经济的复苏和发展,又让往日的地缘商群有了价值,一些新的商会也开始纷纷出现。

另一种比商群还要细微的是对望族大户的研究,这也是一种族群研究。一些历史上出现过的各类政治精英个体或者是有过军功,在朝廷当过大员,或者退隐山林,筑园林、建豪宅,人丁兴旺,因有宗祠,有族谱,香火不断遂成为大户望族,但屡经战乱、变革,大多已经消声匿迹。在市场经济发展和民间社会发育的有利条件下,民间出现续写族谱、重修宗族祠堂的风气。一些大的家族也开始了从发掘传统到形成新的族群的尝试。而这些一旦和招商引资、发展地方经济联系起来,就会形成实质性的族群活动。

与族群相生相随的概念是"族性"。族性是一个比较新的词汇。它最早出现在20世纪50年代的美国,接着70年代在欧洲流行起来。1953年版的《牛津英文字典》首次记录了这一词汇。它的意义相当不确定,主要指"某个族群的本质",或者"属于某个族类共同体或集团的特性"。族性一词从20世纪70年代开始进入欧洲社会。当时欧洲(特别是西欧)国家领导人正在为移民问题伤透脑筋。因为西欧国家在二战后从土耳其、北非等地招募了很多外籍工人,这部分人大多愿意在欧洲定居而不希望重返故土，由此给当地政府带来了一系列问题，核心是如何对大批移民实现整合。于是，研究美国在处理移民问题方面的经验，为本国政府提供可借鉴意见，就成为欧洲社会科学家们的工作重点。"族性"一词在这个过程中也被从美国的有关文献中直接搬用到欧洲的出版物上。

族性的涵义具有动态性和多层次性。它有时可以被理解为民族性，有时应该从"群体认同"、"群体意识同一性"等方面来加以理解。一般来说，族群成员个体言行所体现的"族性"，难以脱离本族群的共性及其演进轨迹而随意存在。同样抛开组成族群的个体谈"族性"也没有意义。今天，世界许多地方都生活着那些散居在国外的族群，比如亚美尼亚人、希腊人、犹太人和海外华人，他们的命运可以清楚地为这一观点提供丰富的实证资料。但另一方面，也是屡见不鲜的是，海外游子们又往往会脱离其所属的族群，被其居住地的主流社会所同化。

与族群、族性相联系的是"族裔认同"，它是指族群内部成员个体对集团共性的识别。这是归属于某独特文化集团的个人意识的重要组成部分。族裔认同是很广泛的，具体内容包括从祖辈处传承下来的对祖先及其出生地的认知，对自己所属族群或文化怀有的与生俱来的优越感，到为保护和发展本族利益对外来敌对分子和入侵者所持有的斗争意识等等。

随着人类族际交往的日益频繁，人们的视野在不断扩大，跨文化现象与日俱增，族裔认同的层次和范围在逐步升级和扩大。从氏族、部落、部落联盟到民族、国家、区域联盟，人们的族裔认同类别越来越丰富和多重化。在全球化、科技化和信息化的当今世界，族裔认同的升级、认同范围的扩大、认同类别的多样化和多重化必将得到更加有力的推动，这也再一次清楚地表明人类正在走向成熟。

在人类社会成员对族裔认同的不断升级中，人们的民族观念、民族意识也必将经历一个从萌芽、强化、在部分群体中发展到极端，到人为地弱化、理性地弱化，直至演生出更符合人性的新的观念，人类共同利益和高度的人类文明最终将得到全体人类的认同。

民族政治群体的历史演变

民族政治群体有自己形成的历史和原因。马克思主义认为，作为一种社会历史现象的民族不是从来就有的，是人类社会发展到一定历史阶段的产物。人类最初并没有划分为民族。原始社会中以血缘关系为纽带的氏族和部落才是人群共同体的最早形式。民族则是在原始社会末期才逐渐形成的。民族的出现是多种原因在一个十分漫长的过程中相互作用的结果。

生产的发展无疑是民族形成的最基本的原因与动力。随着生产力的发展，剩余产品的出现，在自然分工的基础上产生了农业、畜牧业、手工业之间的社会分工。分工的逐步细化促成越来越频繁的商品交换。在经济活动的驱使下,氏族成员之间的流动性增强,并开始混杂居住。与此同时,剩余产品的增多和私有财产制度的确立,不仅使氏族、部落内部产生贫富分化,而且使物质利益的冲突逐渐演变成不同的氏族、部落之间的争战。为了掠夺他人的财富或防御他人对财富的掠夺,一些关系密切的部落联合起来,结成了日趋牢固的部落联盟。这一组织形式比个体成员的杂居更进一步地打破了部落之间的壁垒。于是,原始的血缘关系越来越松散,而在共同的生产和交换中形成的共同经济生活逐步占据主导地位,过去以血缘关系为基础的地域范围被以经济关系为基础的地域范围所取代。经济交往和社会交往的扩展与加深,产生出沟通各部落之间的方言的要求。适应这一要求,在吸收各部落方言有用词汇的基础上形成了一种新的公共语言。最后,随着共同地域、共同经济生活、共同语言文字的形成,各氏族部落成员通过日益密切的情感和思想交流,又逐步形成了共同的风俗习惯、文化传统和心理素质。至此,人群共同体的形式就发生了质变,民族就基本形成了。但这时形成的和以血缘关系为纽带的氏族胞族、部落、部落联盟有着本质区别的民族共同体仍旧是稚嫩的,构成民族的诸如共同的区域、共同的经济生活、共同的语言、共同的心理素质这些主要特征还没有完全具备。只有当这些稚嫩的共同体得到进一步发展,并借助于民族自身之外的国家力量,才能完成上述四个特征的统合。因此可以说,民族的形成过程是同氏族制度向国家过渡的过程相伴随、相一致的。

从氏族部落联盟发展出民族政治群体是民族起源的一般规律。但民族并不是一经形成就固定不变的。和任何历史现象一样,民族也"是受变化规则支配的"[①]。由于战争、迁徙、自然灾害、民族间通婚以及周围民族影响等方面的原因,在社会发展过程中,一些旧的民族消失了,一些新的民族又不断产生出来。这些新的民族不是由部落联盟发展而成的,而是在更高的社会生产力水平上,由原来的古老民族经过同化、分化与重新结合而形成的。这是民族形成的特殊规律。

民族政治群体在历史发展中,出现过不同的类型。从社会发展的水平和程度来衡量,民族在历史发展中大体可以划分为古代民族和现代民族两种基本类型。古代民族包括奴隶制时代和封建制时代的民族。这一类型的民族有着双重特征。一方面,同原始部族联盟相比,它摆脱了血缘纽带的束缚,在越来越大的程度上依赖共同经济生活、共同语言文字、共同文化传统和共同心理习性,形成了自己的民族意识。但另一方面,由于它们都生存于以自然经济为主体的社会结构之中,它同现代民族相比,又存在着种种局限。经济上的自给自足和分散经营,政治上经常性的割据和分裂状态,交通往来、信息交流、文化传播上的诸多障碍、隔阂与不

[①] 《斯大林全集》第2卷,人民出版社1953年版,第294页。

便,使古代民族得以自我聚合的经济联系、政治联系和文化联系发展得还很不充分。在分散和割据状态特别严重的政治生活系统中,人们对家族、村社、等级、领地等群体的认同与忠诚,常常被置于对民族的认同与忠诚之上。这不仅导致了民族视野的模糊,而且造成了民族意识的不统一和不完整。

现代民族政治群体主要包括资本主义制度和社会主义制度下的民族政治群体。资本主义用商品经济打垮了封建的生产关系,从而也改变了过去由于封建割据和闭关自守的自然经济所造成的分散隔绝状态。于是,原先居住于同一地域,并在经济生活、语言文字、文化传统、心理素质等方面具有共同性的人们,在更为经常、广泛、深入的商品交换和社会交往中,结成了更为稳定的民族共同体。这就是现代意义上的民族。从这个角度可以说,现代民族"不是普通的历史范畴,而是一定时代资本主义上升时代的历史范畴"[①]。但是,在资本主义条件下,生产资料私有制的经济基础造成了资本主义民族内部不可调和的阶级矛盾。占据统治地位的资产阶级不仅对内剥削民族中的无产阶级和其他劳动者,而且对外掠夺和压迫其他民族。与之相反,社会主义革命推翻了剥削制度,建立了生产资料公有制为主体的经济基础,无产阶级及其政党成了社会政治生活中的领导力量。在这种新的历史条件下,社会主义民族的经济、政治、文化联系不仅更加密切,而且获得了全新的内容。民族内部的阶级对立已从根本上消灭,各民族平等团结、共同发展,组成了和睦、友好的社会主义大家庭。

作为历史现象的民族最终会消亡,人类最终会走向民族融合。民族不会永远存在下去,它将随着社会发展而逐步消亡。所谓民族消亡或民族融合,是指全世界都实现共产主义以后,世界各个民族的经济、文化高度发展并趋于一致,世界各个民族的差别以及原有的特征逐渐消失,最终在世界范围内融合成一个没有民族界限的人类共同体。但民族的消亡与人类最终走向融合不可能是一个局部的过程,也不可能是在一个政治生活系统或几个政治生活系统内首先完成的过程。民族融合将是一个复杂的和极其漫长的过程。民族融合既不可能出现在资本主义社会,也不可能发生于社会主义社会。

在社会主义初级阶段,乃至在社会主义的整个发展时期,民族的最终融合都还不能实现。因为社会主义社会的经济、政治、文化、社会的发展还不可能达到足以使民族差别和特征完全消失的高度。从实践上看,社会主义社会的主要任务是以平等团结为基础,促成民族族群这类政治群体的共同繁荣发展,而不是取消民族差别,迅速实现民族融合。只有到了共产主义高级阶段,阶级政治群体消灭了,国家这类政治共同体消亡了,世界各民族的经济和文化高度发展并趋于一致,一

[①] 《斯大林全集》第11卷,人民出版社1955年版,第288页。

种世界范围内的新的共同语言代替了各民族语言,世界各民族才能最终融合为一体。

在研究民族融合时,必须严格区分它和民族同化的区别。民族同化是指一个民族丧失本民族的特性,过渡到另一个民族的现象和过程。历史上出现过的民族同化有自然同化,也有强迫同化。民族自然同化一般是具有先进生产方式的民族同化处于落后生产方式的民族。也有处于相同经济水平的民族通过长期密切的经济联系和文化交流,逐步同化为一个新的民族。这种民族的自然同化是历史发展的进步现象。对此,马克思主义采取支持、欢迎态度。但民族的强迫同化则是处于压迫地位的民族中的统治阶级依靠暴力和民族特权,强迫被统治民族改变语言文字、风俗习惯、宗教信仰,屈服于压迫民族,这实质上是民族压迫,对此马克思主义表示坚决反对。

民族政治群体的行为特征

到目前为止,人们比较认同的是斯大林提出的狭义的民族定义:"民族是人们在历史上形成的一个有共同语言、共同地域、共同经济生活以及表现在共同文化上的共同心理素质的稳定的共同体。"依据斯大林的定义,民族具有四个方面的一般特征。第一,民族群体具有共同的语言。这是民族群体形成的必要条件,也是民族统一性和继承性的重要表现之一。每一个民族群体都有自己的共同语言,这种共同语言是在经济交往和社会交往的基础上产生的。特殊的共同语言一经产生并在特定人群共同体中获得统一,反过来又会作为思想和情感的交流工具,扩展和加深人们的经济交往与社会交往,成为民族成员间彼此认同的象征和联结纽带。特定的共同语言对于民族政治群体保持内聚性、统一性以及历史文化的继承性等方面,起着十分重要的作用。

第二,民族群体具有共同的地域。这是民族群体生存的自然环境,也是民族群体形成的外部条件。长期分散居住在互不相连的地方,彼此没有共同生活地域的人们,是不可能形成一个民族的。人们只有长期生活在共同的地域之内,共同的语言才能产生,共同的经济生活才能发展,民族文化以及反映在这种文化上的共同心理素质才能形成。民族政治群体与氏族、部落组织的一个重要区别,就在于它不是以血缘关系为纽带,而是以地域关系为基础的社会共同体。

第三,民族群体具有共同的经济生活。这是民族群体形成和发展的物质基础。共同的经济生活主要指一个民族内部在生产和交换过程中建立起来的经济联系,它使民族群体的各部分相互依存,把民族成员结合为一个特别的整体。每一个民族群体都有自己的民族经济、经济技能以及在内部交换和同外族交换方面的特点。由于这种共同的经济联系体现民族利益的一致性,因而比其他任何关系都更加密切和重要。它是民族政治群体得以形成和存在的决定性条件,并且对民族群体的其他特征产生着决定性的影响。

第四,民族群体具有共同的心理素质。这是民族政治群体能够存在的不可缺少的条件和特征。在共同的经济生活、紧密的社会交往和统一的语言文字的基础上,各个民族逐步形成了独具特色的文化传统。凭借这种特殊的文化传统,各民族共同体一方面超越自发水平,自觉地提升和表达自己的基本价值观念;另一方面民族共同体又会通过不同途径进行连续不断的灌输和教化,将这些价值观念植入民族成员的内心融入他们的精神血脉,成为根深蒂固的行动准则与价值追求,最终形成为共同体中每个成员都具有的特定的心理素质。民族心理素质通常表现为个体特定的性格、气质、爱好、风尚、习俗以及行为方式和情感体验方式等。它培育着民族成员之间的认同感、一致感、亲密感,成为维系民族共同体的重要的精神纽带。

在民族共同体中不断传承和巩固的这四个方面的基本特征是相互联系、相互影响、相互制约的,形成了一个有机的统一整体,不能将它们割裂开来孤立地加以分析。一般来说,在民族政治群体的形成过程中,共同地域作为生存空间和自然环境,是民族政治群体的其他特征得以形成的前提条件。共同经济生活是形成民族的物质基础。正是在这一基础之上,才会有共同的语言、共同的心理素质,也才会维系共同生活与生存空间。共同语言对共同心理素质的形成有着重要影响,两者反过来又会促进共同地域的巩固和共同经济的发展,并突出地显示民族这一实体性政治群体的稳定性。

二、民族问题的类别和当代特性

民族问题的历史演变

近代世界上的民族问题是和战争、国际格局的演变联系在一起的。第一次世界大战和"凡尔赛体系"造成了大量复杂的民族问题。凡尔赛体系对欧洲地图的重新绘制,是在许多当事国不能参加,或者是参加了也无权发表意见的情况下进行的,因此不可能真正反映当时客观的民族因素和真实的历史因素。在列强支配划分下新建和重组的国家边界,给许多当事国留下了诸多的"民族碎片"和无穷的隐患。据统计,战后欧洲共有1681万人脱离了民族母体而成为它国的少数民族。"凡尔赛体系"创建人之一的劳合·乔治就承认,在欧洲原来只有一个阿尔萨斯-洛林问题。新的边界确定之后,反而出现了几十个类似的问题。在原苏联、东欧地区出现的尖锐复杂的民族问题,就是这个体系留下的恶果。

第二次世界大战是帝国主义发动的,是以非正义战争开始的,但战争的进程逐渐使正义压倒了邪恶,最后以民主正义力量的胜利而结束。第二次世界大战以后世界格局发生了重大变化。在国际政治格局中,随着苏联所控制的东欧地区的各个国家相继形成了共产党执政的局面,社会主义与资本主义的政治对抗事实上将欧洲分成东、西两个地缘政治区域。东西方冷战历史开始了。两极格局给民族问题带来影响。一是广大殖民地民族解放运动的蓬勃发展,建立了一系列独立的民族国家,殖民地与宗主国之间的民族矛盾有所缓和;二是有些民族问题、宗教问题,被美苏的霸权争夺所掩盖;三是两极格局还制造了一些新的民族问题,为以后民族问题的爆发埋下了很多隐患。因此两极格局被打破后,这些民族问题就一下子爆发出来,并且非常激烈、广泛和严重。

在冷战结束和后冷战时期,全球的民族问题不仅没有减弱,而且变得更加复杂、多样和怪异。首先,作为冷战对峙格局中一方的苏联,尖锐的民族问题促使其解体,苏联解体后,这一地区产生出更加复杂的民族问题。在苏联建国初期,苏联在列宁的领导下,制定和实施了基本正确的民族政策,联合各族人民,创建了世界上第一个多民族的社会主义国家。然而,后来苏联领导人逐渐背离马克思主义民族理论的基本原则,推行大俄罗斯主义,否定少数民族的特点,人为地加速推进民族同化进程,致使各民族之间关系十分紧张。到20世纪六七十年代,苏联进一步宣布自己"一劳永逸"地解决了民族问题,从根本上不再承认民族问题的存在。而在实际政策中又大力推行大民族主义,则严重地挫伤了各民族人民的感情,为日后民族问题的大爆发埋下了种子。戈尔巴乔夫上台后,在民族政策上从极左转向极右,结果助长了民族分离主义。当长期受压抑的民族问题"突然"爆发出来,执政者束手无策,苏联便在一夜之间宣告解体。

苏联解体、东欧剧变以后,该地区原先被掩盖的民族矛盾凸现出来,影响着新独立的国家之间的关系,威胁着地区稳定。如罗马尼亚谋求同前苏联的摩尔多瓦共和国实现合并和统一,同时还要求乌克兰归还1940年被苏联强行划过去的布科维纳和比萨拉比亚地区;阿尔巴尼亚则积极支持科索沃的阿尔巴尼亚族从塞尔维亚分裂出来,以便它将这一地区(包括黑山和马其顿境内)的所有阿尔巴尼亚人全部联合起来,建立一个"大阿尔巴尼亚共和国";哈萨克斯坦则号召全世界的哈萨克人回归哈萨克人的"祖国"——哈萨克斯坦,从而改变本国的民族人口比例,使哈萨克人在哈萨克斯坦占主体地位。

其次,在后冷战时期,西方国家从原先的冷战对峙格局中解脱出来以后,变本加厉地把手伸向发展中国家,不仅毫无顾忌地从那里掠夺大量资源,而且以各种借口插手这些国家内部的事务,挑起民族矛盾和种族仇杀。20世纪90年代,以美国为代表的西方国家以其强大的经济势力为后盾,以经济援助为诱饵,插手非洲事务,推行"民主化",致使非洲的边界冲突、部族仇杀、种族歧视等问题日益严重。

其中以卢旺达和布隆迪的事件最令人震惊。1994年4月6日,卢旺达和布隆迪两国总统遭袭击同机遇难,由此引发了卢旺达胡图族人和图西族人持续3个月的民族大仇杀,其后又引起布隆迪国内胡图族人和图西族人的流血冲突。胡图和图西两个民族共居于卢旺达和布隆迪,在这个国家是主体民族,在另一个国家则是少数民族。由于两国执政者不能很好地处理民族关系,卢旺达和布隆迪自20世纪50年代以来分别发生过数次大的民族冲突,造成大批难民逃亡国外。由于西方多党民主制风潮的影响、外部势力的插手,加上经济停滞的冲击,这次种族大仇杀的爆发成为必然。发生在卢旺达的种族仇杀致使这个只有750万人的国家有上百万人死亡,200多万人逃往国外,200万人流离失所。

当代民族问题的类别

第一类是全球性的民族问题。以美国为首的西方大国推行强权政治、霸权主义,侵害其他主权国家的民族利益,激起世界人民反强权、反掠夺的斗争,这是当代全球性民族问题的主要矛盾和突出表现。公元1500年是人类历史的一个重要转折点。在此以前基本上是东方强于西方,亚洲强于欧洲;在此以后则是西方冲击东方,欧洲冲击世界。公元1500年左右,随着新大陆的发现和新航路的开通,西欧主要民族开始了对外殖民扩张和统治。至20世纪初叶,世界已经被帝国主义列强瓜分完毕,在全球范围内,世界的各民族被划分为压迫民族和被压迫民族两个部分。压迫民族与被压迫民族之间的关系,构成了20世纪世界民族关系的主要内容,并对今天的世界民族问题依然产生着重要的影响。

经过两次世界大战,特别是"二战"以后,新独立的亚非拉国家成为维护世界和平的重要力量。进入20世纪90年代,两极对峙格局终结,世界力量对比发生严重失衡。以美国为首的西方国家对发展中国家的压力骤然加大。强权政治和霸权主义甚嚣尘上,广大发展中国家与以美国为首的西方国家的斗争成为世界民族问题的主要表现形式。具体包括两方面:一是东西矛盾影响世界民族问题。东西矛盾的核心是不合理的国际政治秩序,是世界和平问题。具体表现在民族问题上,是西方发达国家利用民族、宗教和领土问题推行霸权主义,由此构成了西方发达国家与发展中国家之间在社会制度、意识形态、人权观和价值观等方面的矛盾与对抗。对社会主义国家来讲,就是西方国家对社会主义的"西化"和"分化"。苏联解体后,西方发达国家明显加强了对中亚、西亚、东欧地区的渗透、控制,不断挑起新的矛盾,甚至进行直接的武力干涉。而这些地区恰恰又是历史上民族问题、宗教问题十分集中的热点地带。1991年,在世界格局剧变的时候,以美国为首的西方国家武装入侵伊拉克。这次战争的目标很明确:一是美国为首的西方国家,通过炫耀武力,企图独霸世界;另一个目的就是为争夺石油资源。1999年,以美国为首的北约以科索沃问题为借口,打着维护"人权"的幌子,对南斯拉夫狂轰滥炸。在这两次战争中,西方国家企图重新霸占世界的本质已经暴露无遗。

二是南北矛盾影响民族问题。南北矛盾是围绕着不合理的国际经济旧秩序展开的,其中的核心问题是不公正的国际经济秩序,关键是发展问题。西方发达国家对发展中国家的经济掠夺和经济制裁,是造成发展中国家经济落后和贫困的根源,是历史上列强侵略和殖民统治的继续,包含着极大的不公平和不平等性。西方国家凭借强大的经济势力,通过资本、技术等方面的优势,利用世界贸易组织和世界货币基金组织等各种形式,使用"经济制裁"等手段,最大限度地维护自身的利益。正是美国对古巴、伊拉克、伊朗、南斯拉夫等国的制裁,给这些国家造成了巨大的经济损失,也给这些国家人民的生产生活带来了巨大的灾难。

第二类是地区性的民族问题。地区性的民族主义主要表现在泛民族主义方面。这种现象出现有两方面的原因。一方面的原因是在面对冷战后出现的庞大的西方霸权势力压迫的情况下,一些民族或种族企图通过"泛民族主义",团结弱小的民族国家,形成一股势力,以改变民族命运和不合理的国际政治经济秩序。如在与西方对抗中产生的泛非主义,就主张非洲和散居世界各地的黑人共同反对种族歧视、殖民统治,实现民族独立和世界黑种人的大团结。

另一方面的原因是旧势力的代表企图重温过去封建帝国的美梦。这类"泛民族主义"主要集中在中东、巴尔干、西亚等地区,以及前苏联、东欧地区和非洲大陆。这些地区的一些民族在历史上曾经建立过庞大的帝国,如阿拉伯帝国、波斯帝国、奥斯曼帝国和沙皇俄国等。某些"泛民族主义"企图重温已经消失的帝国旧梦,如泛突厥主义,也叫"奥斯曼主义",提出这一主张的人是梦想建立一个奥斯曼苏丹统治下的、囊括从博斯曾鲁斯海峡到阿尔泰的一切操突厥语的各民族大帝国。

地区性民族矛盾的另一种表现是,超越民族、种族界限,以同一宗教信仰为基础,谋求建立政教合一的国家,表现为"宗教民族主义"。宗教民族主义在一些政教合一的宗教中表现突出,泛伊斯兰主义比较集中地体现了伊斯兰世界的民族问题。特别需要警惕的是其中的宗教极端主义。这是一种脱胎于泛伊斯兰主义的极端形式,主张"一切回到伊斯兰,一切回到《古兰经》"。它反对世俗文明,提倡输出伊斯兰革命,号召各国的穆斯林起来反对世俗政权,解放"被压迫"的穆斯林,蔑视既有的国际秩序,特别是以恐怖暴力作为实现自身目的的手段,直接冲击世俗政权,在伊斯兰国家内部造成动荡,也给国际社会造成了极大威胁,深刻地影响了世界民族关系,形成了诸多的热点问题。这种思潮也波及我国部分地区,影响着我国部分地区的稳定。

第三类是一国内部的民族问题。主要表现在大民族与小民族之间和各民族之间的矛盾,其实质是民族平等问题。综观世界上一些多民族国家,那里的民族矛盾激化,除历史的原因和外部势力干预的因素外,这些国家共同体在民族政策的制定和实施方面所犯的错误,是重要的内部原因。另外,外部势力的干预也使一些国家的民族政策脱离实际,引发严重后果。这种情况在冷战结束以后的非洲尤为突出。

西方国家也存在严重的民族问题。种族主义、种族歧视是西方国家无法根除的社会顽症,西方一些国家的民族问题突出表现在移民问题上。自我标榜为"人权卫士"的西方各国,由于他们的阶级本性,无法从根本上解决国内民族问题。这些国家在历史上曾经长期推行种族主义和同化主义政策,在民族之间播下了相互仇恨的种子。虽然自20世纪70年代以来西方标榜实行多元文化主义政策,然而,他们仍然没有脱离开在各民族、各种族之间制造相互"隔离"的旧轨道。种族主义、种族歧视的问题仍然广泛地存在于当今西方国家。

美国洛杉矶种族冲突是该国民族问题的突出反映。1992年4月在美国洛杉矶爆发了持续3天的暴力冲突,致使整个洛杉矶火光冲天,浓烟弥漫,全城陷入瘫痪和混乱之中。冲突的导火线是法院宣判残暴殴打黑人青年的白人警察无罪,但冲突却主要发生在黑人与亚裔美国人之间。从表面上看,似乎是很多黑人认为亚裔人抢走了他们的饭碗,因而对亚裔人产生不满和怨恨,但从根本上来说是由于美国当局实行的种族歧视政策,黑人长期以来遭受不公平待遇。黑人问题在美国不仅是一种含有强烈的肤色歧视现象的种族问题,也是近代以来对美国政治、经济和社会影响最大的民族问题。现在的美国宪法虽然取消了种族隔离制度,黑人在法律上也拥有与白人平等的权利,但是黑人依然处于被歧视的不公正地位,主要表现在黑人在教育、就业领域里仍然受到歧视和排挤,相对生活水平在下降。与种族歧视、隔阂相关的暴力骚扰事件进一步加剧着黑人与白人之间的矛盾。近几年来,美国三K党死灰复燃,迫害黑人的暴力恐怖事件屡屡发生。

在欧洲的西方国家中,虽然民族成份相对单一,但是民族问题并不少。如英国的北爱尔兰问题、比利时的语言纠纷、西班牙的巴斯克人问题和加泰罗尼亚问题等,都是这部分国家中具有一定代表性的民族问题。

当代民族问题的特性

当代民族问题具有五个方面的基本特性:一是民族问题具有普遍性。首先,人类社会自从进入文明社会形成民族以来,任何社会都存在一定的民族问题。古代社会有古代社会的民族问题,现代社会有现代社会的民族问题。在当今世界上,许多经济发达的国家里,民族问题依然存在,在已经建立社会主义制度的多民族国家里,民族问题也没有消失。也就是说,文明社会以来民族问题普遍地存在于人类社会的各个发展时期,存在于所有的多民族国家,即使是单一民族的国家中,也会产生民族问题。其次,民族问题不是单纯的政治、经济、社会、文化等某一方面的问题,而是普遍存在于人类生活的各个方面。这是因为民族关系汇集于人类生活的各个层面,因此当民族问题发生后,它可能会涉及政治问题,或者涉及经济问题,或者涉及文化问题,也同时涉及社会问题。第三,大凡民族问题都可能会危及到众多民族成员的社会生活,牵涉到民族的利益。一个地方发生的民族问题,可能会波及许多地方,彼此联结,相互呼应,成为普遍性民族问题。

二是民族问题具有长期性。首先,民族问题的长期性,是由民族的自身发展规律决定的。民族的产生、发展和消亡是一个漫长的历史过程,只要民族存在,民族问题必然存在,民族问题的解决要经历一个相当长期的过程。随着社会政治经济文化的发展,各民族相互学习、相互接近,共同因素在不断增多,但民族特点、民族差异将长期存在,民族问题也必将长期存在。其次,在社会主义时期民族间的差异和发展的差距也不可能在短时期内消灭,这是民族问题长期存在的重要原因。社会主义国家的政权建立起来以后,多民族国家内各民族在政治上、法律上的平等得到实现。但历史上遗留下来的各民族间经济文化发展上的差距还会在现实生活中显现出来。一些经济、文化发展相对落后的民族,如果不能在实际生活中充分享受政治上、法律上所规定享受的权利,就会产生民族之间的矛盾和摩擦,影响民族之间的团结与合作关系的发展。不消除民族间的差距,民族问题就不能得到彻底解决。而消除民族差距,求得民族共同发展繁荣,则是一个长期而又十分艰巨的任务。第三,思想观念的影响,也会导致民族问题的长期存在。在漫长的历史进程中形成的民族问题上的错误思想观念及偏见、歧视与隔阂,不可能在较短时期内消除干净。毛泽东指出:"历史上的反动统治者主要是汉族统治者,曾经在我们各民族中间制造种种隔阂欺负少数民族。这种情况所造成的影响,就在劳动人民中间也不容易很快消除。"这就是说,人们的意识总是落后于存在的。在社会主义条件下,尽管我们极力倡导民族平等、民族团结,但是极端民族主义思想的影响依然存在,它还在继续影响和腐蚀人们,这种状况势必影响社会主义民族关系的发展和巩固。要消除这些偏见和不良思想的影响,只能通过长期的、经常不断的马克思主义民族观教育才能达到。最后,社会主义时期阶级矛盾和斗争在一定时期一定范围内还存在,这些阶级矛盾和斗争有时还会反映到民族问题上来。国际上围绕民族问题的斗争还将长期存在。国际敌对势力为了他们的政治需要,往往利用民族问题,挑起事端。这种国际的阶级矛盾和斗争,只有到国家消亡、阶级消亡后才会止息。这就决定了社会主义时期民族问题的长期性。

三是民族问题具有复杂性。首先,民族问题的复杂性主要是由民族问题在社会问题中的特殊地位决定的。民族问题不是孤立存在的,而是社会发展和社会变革转型总问题的一部分。随着社会变革和社会转型的发展,它也不断地发生变化。民族问题反过来也会对社会的发展产生直接的影响。

其次,民族问题在社会问题中的特殊地位与作用表明了它的复杂性。民族问题的成因是复杂的,多方面的。民族是人类社会历史发展的产物,它是政治、经济、文化、社会的综合体,因此,某一民族问题的发生,很难说它就是单纯的政治问题,或是单纯的经济问题,或是纯粹的社会问题(狭义)和纯粹的文化问题。虽然它的出现可能是以人类生活的某一方面的问题为主,但都会涉及人类生活的其他的方面。在纷繁复杂的社会现实中,民族问题往往表现为政治问题与经济问题交织在一起,历史问题与现实问题交织在一起,民族问题与宗教问题交织在一起,国际问题与国内问题交织在一起。

第三,民族问题对民族生活的影响是复杂的,多方面的。当某种民族问题发生后,它将对当时民族的政治、经济、文化、社会等方面产生深远的影响,并且将成为一种历史的沉淀,一种伤痛永远地留在人们的心中,一代一代地蓄积而成为后世民族问题发生的历史背景。民族问题的影响不仅表现在物质层面,还会表现在精神文化层面。物质的东西可以销毁、重建,但精神文化层面的东西很难销之无形,甚至有时实际存在也不易觉察,但在适当的条件下都可能成为冲突的缘由。

四是民族问题具有国际性。民族问题的国际性,是指一国的民族问题会引起其他国家和国际社会的反应。民族问题的国际性,首先与民族的跨国分布相关。由于国家与民族的变化,原来生活在相同疆域的同一民族跨国而居。由于不同国家同一民族有相同的称谓,相同的民族文化传统,相同的语言和宗教信仰,民族成员间仍然相互往来,深厚的民族感情依然联系着生活在不同国度的人们,甚至有些依然保存着血缘的联系。这种情况所带来的结果必然是一个国家发生的民族问题,必定会引起另一个国家的同一民族的关注,并会做出种种反应。

当今时代全球化、信息化的潮流和趋势也推动了民族问题的国际性。当代国际经济的一大特点是经济全球化。冷战结束以后,联合国、世贸组织、世界银行等世界性组织的发展,以及跨国公司、跨国联盟、地区联盟的发展,全球性资本、货物流通和人口流动的急剧扩大,世界市场的扩大化与深化,信息网络化的形成与发展,大大推动和加快了经济全球化的进程。经济全球化导致了国际社会频繁和便捷的联动,一个政治系统内的民族问题,不仅会对其自身的经济发展和社会稳定产生影响,而且还会波及和影响周边政治系统、国家、整个地区乃至全球的稳定。当代世界的许多问题都演变发展成为世界热点问题,为国际社会普遍关注,并对国际关系产生着复杂的影响。俄罗斯的车臣问题、前南斯拉夫的科索沃与波黑问题、斯里兰卡的泰米尔人问题、中东的库尔德人问题以及塞浦路斯土、希两族南北分裂分治问题等,都已经对相关国家的安全、地区安全及全球安全构成威胁,并对国际社会的安全稳定产生了消极的影响。

民族问题的国际性还表现在国际社会对少数民族人权保护方面。当今世界,保护少数是国际社会人权保护的重要内容之一。少数民族问题往往被放在人权的议题下讨论,从而产生了国际社会中的少数民族人权保护问题。因此,民族问题自然也就具有了国际性,它通常会引起国际社会的关注,甚至会形成国际社会的干预与制裁。但是从国际社会关于少数民族人权保护的实践来看,以美国为首的西方发达国家,通常打着保护人权的幌子,干涉别国的内政,推行自己的价值观、社会制度和意识形态,遏制他国的发展。因此,在对待民族问题的国际性上,我们必须善于辩证思维,既要注意在处理民族问题时必须放到国际社会的背景下思考,又要提高警惕,谨防一些敌对势力利用民族问题以实现他们的政治图谋。

五是民族问题具有重要性。民族问题的重要性,是指在人类历史发展的长河中,民族问题对国家,对一个政治系统,乃至对人类社会的过去、现在和未来都具有重大的影响。

纵观人类社会发展史,民族问题的每一次浪潮都对世界格局和人类文明进程产生了深刻的影响。在欧洲,民族问题曾经催化了近代国家的形成,在20世纪四五十年代的民族解放浪潮中,诞生出一大批新生的独立国家。在当今世界,从俄罗斯车臣的战车到美国黑人教堂的大火,从所谓的"中东冲突弧带"到南亚次大陆的"热点群"等等,几乎地球上每个角落都可以感觉到与民族问题相关的斗争和摩擦。而正是这些民族问题又把人类已经经历的历史和现实的生活与未来的发展联结起来。

对国家而言,民族问题的重要性主要表现在:民族问题关系到国家的治与乱。生活在一个屋檐之下的各民族,大家和平共处,有利于统一的市场的形成与统一经济体系的构建,有利于各民族政治上的紧密结合,文化上的相互交流与进步,有利于国家综合实力的提升,增强国民的自尊与自信。反之,如果各民族不能和睦相处,蜂拥而来的民族问题将打乱国家的经济、政治秩序,从而造成国家的动荡不安。

民族问题关系到社会整体的进与退。社会整体是由众多民族组成的,没有具体民族的发展,也就没有社会这个有机整体的进步。而任何一个具体的民族,都是在与其他民族的交往联系中获得发展和进步的,任何一个民族都不可能孤立地封闭地发展。在各民族的交往联系中,必然产生各种问题,只有能够正确地处理民族问题,社会整体才会进步,因为人类社会的进步就是一个不断发现问题、解决问题的过程。如果民族问题处理不好,就可能导致社会的动荡,从而影响整体社会的进步。

民族问题关系到人民的福与祸。国家的治与乱,社会整体的进与退,都与民众的福与祸息息相关。在人类划分不同民族的世界里,民族包容了所有的人民,民族问题处理得好,国家大治,社会整体进步,就可能给人民以福祉,人民安居乐业。如果民族问题处理不好,将导致国家的混乱,社会发展的停滞,就会给人民带来灾难。

三、解决民族问题的途径与前景

解决民族问题的依据

民族问题作为普遍的、世界性的社会现象,历来是人们关注的焦点。由于阶级和历史的局限性,从总体上说,直到马克思主义产生前,人们都没有能科学地解释民族问题的本质,没有找到解决民族问题的正确道路。

马克思主义自诞生以来,始终十分关注世界民族问题的发展进程。《共产党宣言》明确指出,彻底解决资本主义社会民族问题的根本途径,是"必须消灭现存的所有制关系,因为现存的所有制关系是造成一些民族剥削另一些民族的原因",平等、团结是解决民族问题的基本原则。马克思和恩格斯还对不同历史时期具体的民族问题提出了解决的途径和手段。

列宁根据马克思主义的民族理论和学说,结合社会主义革命的实践,丰富和发展了马克思主义民族观,提出了解决民族问题的五条原则:一是决不容许对任何民族实行任何哪怕是极轻微的压迫,决不容许任何一个民族享有任何特权;二是要求政治意义上的民族自决的自由,即分离的自由;三是要求国内各民族绝对平等,并且要求无条件地保护一切少数民族的权利;四是要求广泛的自治并实行区域自治,自治区域也应当根据民族特征来划分;五是大民族要以对自己的不平等来帮助少数民族实现事实上的平等。除了第二条适用于个别无产阶级国家外,其他内容原则上适用于一切无产阶级国家。

马克思、恩格斯和列宁关于民族问题的基本理论,构成了社会主义国家民族理论和政策的基本框架。同时他们的一些重要观点也日益被世界的许多国家特别是亚非拉殖民地国家和人民所接受。马列主义关于民族问题的基本理论,体现了无产阶级的博大胸怀。中国共产党人在建设与治理社会主义国家时在解决民族问题方面,遵循马列主义的民族观,坚持三条原则:高度重视、实事求是、博大胸怀。1950年,在中共中央访问团到少数民族地区访问之前,就如何对待过去历史上存在的民族剥削和民族压迫的问题进行讨论时,毛主席、周总理就曾明确指示,到少数民族地区访问时,必须是以"赔礼道歉"和"还债心情"到少数民族地区工作。我们既然接受了整个国家这个"家业",还能不接受旧政权欠下的债务吗?老一辈革命家的生动比喻,充分体现了中国共产党人在民族问题上坚持民族平等的原则与宽广的胸怀和勇气。

坚持实行民族平等

民族平等首先意味着一切民族都有平等的地位。坚持民族平等必须反对任何民族特权。坚持民族平等必须逐步消灭各民族间存在的事实上的不平等。社会主义时期民族问题的实质是要努力消灭民族间事实上的不平等。所谓民族间"事实上的不平等",是指多民族国家在建设社会主义的过程中,各民族在政治上、法律上获得平等权利之后,由于历史上的原因,有些民族的经济文化发展水平较高,有些民族的经济文化水平则处于落后状态,落后民族由于受到自身经济文化发展水平低所带来的种种限制,不能与先进民族同样享受政治上、法律上规定的平等权利,从而造成事实上的不平等现象。

各民族间事实上的不平等问题并不是社会主义制度造成的,而是历史上形成和遗留下来的,是剥削制度和民族压迫造成的。在旧社会,先进民族中的统治阶级欺压少数民族和后进民族,迫使弱小民族不得不迁徙到自然条件艰苦、人烟稀少的深山老林、茫茫沙漠、空旷的草原和经济文化落后的边远地区去谋生。少数民族由于远离经济文化发达的中心地区,交通不便,消息闭塞,土地贫瘠,生产落后,发展极为缓慢,与先进民族的差距越来越大。另外,有些少数民族本来就生活在偏僻山区或原始森林,极少和发达地区发生联系,由于自然条件的不利,长期发展不起来,处于愚昧落后状态。

社会主义制度建立以后,虽然各民族在政治上实现了一律平等,但许多民族在经济文化方面的落后状况是不可能很快消除的,各民族之间事实上的不平等问题就会日益明显地表现出来。在消除这种不平等之前,社会主义时期的民族问题是不会消失的。因此,消灭民族间事实上的不平等,尽快让落后的少数民族富裕和繁荣起来,跨入先进民族的行列,实现各民族的共同繁荣和事实上的平等,就成为社会主义时期解决民族问题的根本内容和任务。早在1919年,列宁就指出:"在民族问题上夺得国家政权的无产阶级的政策绝不是像资产阶级民主制那样从形式上宣布民族平等……不仅要帮助以前受压迫的民族的劳动群众达到事实上的平等,而且要帮助他们发展语言和文字,以便清除资本主义时代遗留下来的不信任和隔阂的一切痕迹。"[①]后来,列宁又尖锐地指出,压迫民族的国际主义"不仅表现在遵守形式上的民族平等,而且表现在压迫民族即大民族要处于不平等地位,以抵偿在生活中事实上的不平等。谁不懂得这一点,谁就不懂得对待民族问题的真正无产阶级态度,谁就实质上仍持小资产阶级观点,因而就不能不随时滚

---

① 《列宁选集》第3卷,人民出版社1995年版,第760页。

到资产阶级的观点上去。"[①]俄国十月革命胜利后,列宁和斯大林领导苏联各族人民为消灭各民族之间事实上的不平等做出了艰巨而有成效的努力。新中国建立以后,执政的中国共产党和由它领导的政府十分重视这一各民族间事实上的不平等的客观事实,始终把逐步实现各民族之间在经济文化方面的事实上的平等作为一项长期的重要任务来加以落实和解决。各族人民认真贯彻和执行党和国家的民族政策,民族工作取得了很大成就,少数民族在走上社会主义道路以后,经济文化建设事业有了很大发展,缩小了同汉族的差距。

实行民族平等原则的最终目标是实现民族融合。在逐步消除民族间事实上不平等的基础上,通过各民族经济、政治、文化和社会的共同高度发展,最终各民族间的差别与原有的特征将会逐渐消失,民族最终会消亡,到那时全人类将会融合为一个没有民族界限的共同体。

本章小结

政治群体是重要的政治行为主体。政治个体是因为需要通过共同行动来实现自身的权益才和其他政治个体结成群体的。政治群体形成和维持的基本要素是凝聚力和集体心理。政治群体无论规模大小,都有内在结构。在政治群体内部有初级群体和次级群体,有内群体和外群体,还有大群体和小群体。对于政治群体的类别,可以先划分出统计群体与实体群体。在实体群体中,又可划分出独立群体和内属群体、正规群体与准群体。重要的实体群体有自发集群运动的政治群体,有动员式群众运动的政治群体,有新社会运动的政治群体。另外,阶层、阶级是值得人们认真研究的政治群体;民族和族群也是在当代政治生活系统中产生重要作用的政治群体。

作为公众运动的政治群体行动有自发性集群行动、民间社会运动、动员式群众运动和新社会运动。在这些不同形式的公众运动中,各种类型的政治群体的行动具有不同的特点。在改革、开放推动的社会转型时期,动员式的群众运动渐渐减少,为了应对突发事件,人们更多地采取科学、有效的社会动员方式。但社会转型所带来的新的利益矛盾和冲突,会导致更多的自发性集群行动和民间社会运动。

在中国这一政治生活系统中,人们对阶级、阶层这类政治群体特别敏感。多年来一直坚持的以阶级斗争为纲的政治路线,让多数政治个体、政治群体、政治团体饱尝了艰难,最终也让国家和政治党派付出了沉重的代价。实施改革、开放战

---

① 《列宁全集》第43卷,人民出版社1987年版,第352页。

略的一个重要内容就是要彻底结束以阶级斗争为纲的政治路线,将工作重心转移到经济建设上来。但今天人们仍然必须本着科学态度研究新的历史时期的阶层与阶级的建构模式。在原来长期坚持的"两个阶级一个阶层"的阶级、阶层的建构模式解体以后,人们需要努力建构新的符合实际状况的阶级、阶层模式。

民族和族群是政治生活系统中客观存在的,并且有着重要作用的政治群体。民族和国家是有根本区别的。民族只是一个政治群体,国家则是一个拥有主权的政治共同体。民族和国家关系的复杂性,使得极端民族主义会煽动民族情感,制造民族分裂,进而制造国家的分裂,导致政治生活系统的动乱。近代的民族问题是和殖民统治、帝国主义战争、冷战对峙、霸权主义联系在一起的。当代流行的各类民族主义都具有一些鲜明的特征。解决民族问题必须坚持马克思主义的民族理论,其核心问题是要实行民族平等。

关键概念

政治群体　群体凝聚力　群体集体心理　集体信念　集体态度　群体偏见　群体自豪　群体歧视　初级群体　次级群体　内群体　外群体　大群体　小群体　统计性政治群体　政治世代　实体性政治群体　独立政治群体　内属政治群体　公众运动　自发性集群行动　民间社会运动　新社会运动　后物质主义　阶级阶层建构模式　自在阶级　自为阶级　斗争哲学　阶级斗争为纲　中间阶级　民族　族群　族性　族裔　民族平等　民族同化　民族融合

研究与思考

什么是政治群体?能够让一个政治群体存在并持续下去的基本要素是什么?
什么是群体的集体信念和集体态度?
何为群体偏见、群体自豪和群体歧视?
政治群体中的初级群体与次级群体之间是什么关系?
何为政治群体中的内群体与外群体?它们对形成政治群体的凝聚力有什么影响?
统计性政治群体和实体性政治群体的区别何在?
什么是独立群体?什么是内属群体?
什么是自发性集群行动?有哪些特点,如何正确应对?
什么是民间社会运动?它和自发性集群行动的区别在哪里?
西方出现的新社会运动有哪些特点?

传统的阶级阶层建构模式有哪些?

改革、开放后,出现了哪些新的阶级、阶层建构模式?

对于中间阶级,你有什么看法?你认为中国会出现一个日益壮大的中间阶级吗?

什么是民族政治群体?它是怎样产生和演变的?

民族政治群体行为的基本特征有哪些?

何为族群、族性、族裔?它们和民族有何关系?

近代和当代世界的民族问题的根源是什么?

当代有哪些类别的民族问题?分别有哪些基本特性?

如何才能消灭民族事实上的不平等?

相关知识

1. 西方社会学家对集群行为的研究

集群行为的界定

美国学者亨廷顿(Samuel P. Huntington)在研究发展中国家的现代化进程时发现,转轨时期是社会容易产生动乱、集体行为会增多的不稳定时期。

集群行为由英文 collective behavior 翻译而来,我国有的学者也译作"聚合行为"、"集合行为"、"集群行为"、"群动"等等,指的是某种无组织、无计划、一哄而起、临时性、面对面的群众性的乌合行为。

勒庞(Gustave Le Bon)较早关注集群行为,对集群行为进行了开创性的分析。他把集群看成是具有集体意志的单一有机体,认为集群具有感染性、匿名性、暗示性三个要素。在集群行为中一些个人平时不易发生的行为在群体中能够完全显露出来。

美国社会学家凯勒(Suzanne Keller)和赖特(Donald Light)认为,所谓集群行为,系指一大群人以匿名方式从事不同寻常的活动。这种行为不同于惯常行为。惯常行为是指日常生活中所进行的遵守原有规范和模式的行为。另一名社会学家刘易斯·科塞(Lewis A. Coser)认为:集群行为"是指聚众者的活动,这些聚众者是由那些通过直接接触彼此有行为影响的人构成的,不应包括那部分不进行面对面接触而只是间接地通过电视、电影、广告等动因彼此影响的人。集群行为有两个明显特征:第一,它是在现场临时凑集起来的一群人,这群人缺乏持久的结构,没有固定群体的那种可预料性。第二,集群行为看上去常常是奇特的或反常的。还有些社会学家提出了集群行为的其他定义,如戴维·波普诺就认为:集群行为是指那些相对自发的、无组织的和不稳定的情况下,因为某种普遍的影响和鼓舞而发生的行为。尹恩·罗伯逊则认为,集体行为是指大批人相对的自发的和无结构的思维、情感和行为的方式。总之,集群行为是指许多人共同发生的,但却是无组织的、不受规范约束的行为。集群行为的主体是准群体,它是一种准群体的行为方式。

集群行为的种类

按集群行为的性质分,可分为政治性集群行为、经济性集群行为、社会性集群行为、文化性集群行为、自然性集群行为。政治性集群行为是指由于各种原因引发的最终指向政府的或涉及政治原则的一种集体行为。常见的形式主要有贴大字报、造反、游行、示威、集会、罢课、罢工、动乱、骚乱、暴乱等。其中,动乱是指一种非暴力的、破坏社会秩序和规范、影响范围较广的极端集群行为。骚乱,是指暴力的、破坏性的、但没有明确目标的一种极端集群行动。暴乱,是指使用暴力的、感情极其冲动的一种极端集群行动。

经济性集群行为是指由经济利益受到损害而引起的一种集体行为。主要的形式有现金挤兑、股票抛售、抢购风潮、哄抢农资物品、抬会(民间集资)、消极怠工、罢工、罢市等。

社会性集群行为是指由某些社会热点、重大事件引起的集体行为。主要形式有时尚(fashions)、传闻、谣言(rumor)、大众恐慌(crowds panics)、迷信活动等。

文化性集群行为是指由于文化活动没有组织好而引起的大规模的群体性混乱事件。主要的形式有歌迷、舞迷、球迷哄闹,大型灯会、庙会拥挤、踩踏等无序事件。

自然性集群行为是指由不可抗拒的突发性事件或突发性灾难引起的群体的无序活动。常见的有由地震、水灾、火灾、恶性交通事故等引发的群众性惊慌。

按集群行为组织结构的程度来划分,可以划分出三个等级的集群行为。第一等级的集群行为是无组织、最松散、无接触的集群行为,如传闻、散布谣言,行为的参与者是大众、公众。第二等级的集群行为是无组织、较松散、有接触的集群行为,如自发的游行、集会、罢工、罢课、骚乱、暴乱等,行为的参与者主要是民众。第三等级的集群行为是有组织、较紧密、有接触的集群行为,如有组织的游行、示威、罢工、集会等,行为的参与者主要是正式组织中的成员。第三等级的集群行为在性质上已经不属于集群行为而是社会运动了。

集群行为的特征

西方社会学家普遍认为集群行为具有无结构性、感染性、狂热性、匿名性、失范性等基本特征。无结构性特征是指参与集群行为的人们之间只存在某种松散的联系,这一行为从开始至结束的全过程中,没有明确的组织、计划、目标和领导。关键是无组织、无计划、无目标、无领导。

感染性特征是指集群行为中的人们采取特殊的互动方式,情绪上相互感染,行动上相互模仿,从而产生一致性的行动。关键是情绪感染和行动模仿。

狂热性特征是指集群行为中的公众带有强烈的情绪化倾向,情绪热烈奔放、恣意发泄直至达到失去理智控制的程度。关键是冲动性、极端性、短暂性。

匿名性特征是指处于集群行为中的人们没有明显的群体或个人标志,从而自我控制力和社会约束力显著降低。关键是失个性化、责任分散。

失范性特征是指集群行为中人们往常遵循的规范约束力降低,以某些临时产生的行为准则取而代之,以维持集体行为的进行。关键是日常规范瓦解、临时规范产生、产生强大心理压力、第一行动者的榜样作用。

集群行为产生的原因是多种多样的。有不可预料的事件构成的突发性原因,有社会经济结构混乱构成的经济原因,有政治腐败、政治参与受阻构成的政治性原因,有价值观念冲突、某些规范解体构成的思想文化原因,有相对剥夺感构成的社会心理原因。

另外,由于社会动荡不安,官方发布的信息权威性不足,权力组织透明度不高,对重大问题的态度模糊不清,在某些特殊环境下人们用以宣泄不满所导致的以传闻、谣言为主要形式的舆论人际传播,也会引发集群行为。

2. 新社会运动理论研究

20世纪60年代以后,对传统社会运动模型的失望促使欧洲社会科学界积极寻找新的理论解释,形成了新社会运动的理论视角。新社会运动的理论家们将社会运动的出现解释为冲突的社会基础转型的结果,这种转型产生了新的冲突并且改变了集体认同的建构进程。

图海纳(Alain Touraine)是建构新社会运动理论的主要人物之一。他认为社会运动不是一种来自边缘的对既有秩序的反抗,相反,它们是相互对抗以掌控社会生产的主要势力,也是为了形塑历史性格的阶级运动。哈贝马斯也运用政治经济学的观点来分析晚期资本主义的演变。他将社会分为系统和生活世界,认为系统整合主要由国家和大众媒介等驾驭机制产生,社会整合是从社会化和生活世界的意义创造中获得的。梅卢西(Alberto Melucci)在哈贝马斯提出的生活世界殖民化的基础上,把当代社会描绘为一种高度分化的体系。在这个体系中,行动主体的创造力受到鼓励,但与此同时又要求更紧密的社会整合,并扩大对人类行动动机的控制。奥菲(Claus Offe)也在合法性危机的情境中解释新社会运动的出现。他认为,这种合法性危机是由晚期资本主义国家与社会的新型关系所导致的。

资源动员理论

1965年,奥尔森(Mancur Olson)出版了《集体行动的逻辑》,认为集体行动(社会运动)提供公共产品,成员个体不会为了获得公共产品而付出代价,而宁愿坐享其成,造成集体行动的"搭便车"问题。在这一理论的影响下,1977年,麦卡锡(John D. McCarthy)和扎尔德(Mayer N. Zald)在范德比尔特大学组织召开的学术会议上,提出了资源动员理论范式。

资源动员理论的核心假设是:(1)行为需要成本,不满情绪或多或少经常存在,但社会运动却非经常发生,不满情绪或剥夺并不必然转化为社会运动,尤其是高风险的社会运动。(2)因而集体行动并非是非理性行为,而是对成本-收益的权衡。(3)动员参与是其关键,是否具备充分的资源将决定其行为成功与否。资源可以来源于群体内部,也可以来源于外部。由于群体在政治上缺乏影响力,往往依赖于外部的支持。(4)要有某种程度的组织以动员资源。

麦卡锡和扎尔德则认为,社会运动是社会上一群人的信念和主张,他们认为社会结构的某些要素或社会利益分配机制应当改变。而社会运动组织则是一个将自己的目标与某个社会运动相联系的并试图达致目标的正式组织。具有相似目标的社会运动组织集合形成社会运动行业(industry)。而不同的社会运动行业集结在一起,便形成了社会运动的部类或界别(sector)。社会运动界别和社会上其他界别无时无刻不在竞争着资源。资源或外力的注入,是社会运动形成的最主要因素。他们甚至认为,只要有足够的资源,社会运动的政治领导精英甚至可以操控、强化或创造出社会运动所需要的不满和怨气。

麦卡锡和扎尔德相信社会变迁增加了社会运动部门可利用的资源,造成了社会运动的兴盛发展。这些变迁的趋势包括:(1)社会富裕使得社会总体资源增加,其中流向社会运动部门的资源也相应增加了;(2)政府福利计划的投入,使得社会运动组织越能以社会工作的名义取得这些资源;(3)高等教育的扩张使得一部分高收入的社会成员有弹性化的工作时间安排,可以将更多的时间投入到社会运动中去;(4)新闻媒体的发展使社会运动获得了前所未有的支持手段,避免了由于缺乏紧密的联系基础而出现的动员困境。

资源动员理论的最大贡献就是指出了社会运动的兴起与外在资源环境的关系。这种强调资源、组织和理性选择过程的观点其后受到了批评。其一,该理论过于忽略了心理因素在社会运动中所扮演的角色,抹杀了思想冲突、不满以及其他形式的主观体验。即使将价值选择纳入该理论模型之中,它们也不是作为"元偏好",而是作为激励的产物,从而降低了心理因素的作用功效和持续作用时效。其二,该理论对民众抽象化并且忽略了一般民众支持基础的重要性。在资源动员理论中,民众是被当作一种空洞的资源来对待的。集体行动参与者的种族、文化、历史背景等对其毫无影响。其三,该理论对"资源"概念泛化,金钱、大众媒介、权力组织、决策者的支持、旁观者的支持、各种口号等都可以被视为资源。同时也忽略了外来资源是否会对社会运动产生不良影响。

政治过程理论

政治过程理论也接受了奥尔森的理性选择范式的基本假设,但同时认为政治权力关系是不对称的。这种理论指出,社会运动中的主要挑战者是在政治、经济、文化上受排斥的群体或被边缘化的群体。这样,社会运动就与政治体制联系在了一起。

艾辛格(Peter Eisinger)提出了政治过程理论中的核心概念——政治机遇结构(structure of political opportunities)。在他看来,不同城市会形成不同的政治机遇。在研究不同城市的种族抗议之后艾辛格发现,在极端开放与极端封闭的条件下,抗议发生的频率较少;相对而言,种族抗议最容易出现在一个开放性与封闭性混合的政治生活系统中。蒂利(Charles Tilly)将社会运动的政治环境由地方政府扩大到了国家,强调社会集体抗议与国家息息相关。他认为,国家的指令和要求也会影响到从税收到如何界定自由和法律等在内的所有事情,以及判定人们斗争手段的合法性。对于挑战者来说,各种政治条件有可能分别形成有利于或阻碍实现其诉求的机遇或限制。麦克亚当分析了美国民权运动的政治过程。他提出,决定社会运动能否崛起的因素包括以下三类:(1)扩大的社会政治机遇;(2)草根组织的力量;(3)认知解放。

3. 西方的民族主义研究

民族主义的性质

欧内斯特·盖尔纳认为:"民族主义主要是一种政治原则,它坚持政治与民族的单位必须一致。"甚至断言,没有现代的国家政权,就没有民族主义问题。[1]

汉斯、科恩则认为,民族主义是一种心理状态,即个人对民族政权的忠诚高于一切。这种心理状态是同生养他的土地、本地的传统以及在这块领土上建立起来

---

[1] 参见欧内斯特·盖尔纳《民族与民族主义》,康乃尔大学出版社1983年版,第1—5页。

的权威等等联系在一起的。①

哈维丁·凯却认为,民族主义主要是一种自上而下创造出来的产品,是国家政权在近代初期西欧地区特殊的环境下长期行使权力而产生的。②

安东尼·D.史密斯则认为民族主义是欧洲人渴望一个充满自由与正义的王国的产物,与千年王国运动有很密切的关系。③

著名诗人泰戈尔则认为,冲突和征服的精神是西方民族主义的根源和核心,它的基础不是社会合作,它已演变成为一种完备的权力组织,而不是精神理想。泰戈尔甚至认为民族的概念是人类发明的一种最强烈的麻醉剂,"在这种麻醉剂的作用下,整个民族可以实行一整套最恶毒的利己主义计划,而一点也意识不到他们在道义上的堕落。④

汉亭·昂格则持完全相反的看法,认为民族主义就如同自由的概念一样,并指出那些不合乎自由原则的所谓民族主义根本不是真正的民族主义。⑤

另一些学者则认为,民族主义的情绪虽然早就存在,但只是到18世纪末19世纪初,这种情绪才发展成为要求每个民族都建立本民族政权的政治原则,而每个民族政权,又应包括这个民族的所有成员。⑥

而按照马克思和列宁等人的论述,民族主义则是一种狭隘的民族意识,是一种对自己民族的偏爱。民族主义是可以分为进步和反动两种类型的,但从本质上讲,民族主义是资产阶级民族观的核心,因而作为一种历史现象,它会随着社会的发展和进步而逐步消亡。⑦

主要的民族主义

政治民族主义。政治民族主义就是把强调民族主义的政治属性放在第一位,这是民族主义中最具代表性的一个类别,实际上也是民族主义兴起的最显著的特征,其基本目标就是要求建立一个属于本民族的国家和政府,它与"追求国家身份"的政治实践紧密联系在一起,很多学者实际上也是将民族主义的这种政治属性放在第一位来进行论证的。"民族主义并不是简单地指民族情感,而是指旨在促进社会生活的一体化,并通过群众动员来决定现代国家政治发展的意识形态和

---

① 参见汉斯·科恩《民族主义:它的含义与历史》,纽约1961年版,第1—18页。
② 参见哈维丁·凯《历史、阶级与民族国家》,伦敦1988年版,第138页。
③ 参见安东尼·D.史密斯《20世纪的民族主义》,纽约大学出版社1982年版,第14—15页。
④ 参见泰戈尔《民族主义》,商务印书馆1986年版,第11、23页。
⑤ 参见菲利普·W.塞耶编《自由亚洲的民族主义与进步》,霍普金斯大学出版社1956年版,第93页。
⑥ 参见伊利·凯多尔《民族主义》,纽约1961年版,第1、15—18页。
⑦ 参见《马克思恩格斯全集》第1卷,第270页、《列宁全集》第22卷,第319页。

第五章 政治群体及其行为

社会运动。"①民族主义是"那种认为民族-国家具有伟大价值的群体意识,这一群体意识保证完全效忠于民族-国家。这一群体赞同民族-国家保持统一、独立和主权,以及追求某种广泛的相互可以接受的目标"②。这些观点,都反映了将民族主义的政治属性放在第一位,而将其他的属性放在其次来考虑的倾向。由于政治民族主义追求着具体的建立主权国家的目标,所以很自然地带有分裂和暴力的倾向,在各类民族主义中,政治民族主义也是最有破坏力的一种。

经济民族主义。经济民族主义是与政治民族主义相对而言的,一般认为,经济民族主义是指发展中国家尤其是拉美国家在50—60年代倡导的以经济独立为主要内容的民族主义。"那些尚未取得'现代化'或发达地位的国家,对于控制本国自然资源和经济命运的企图越来越警觉,并认识到这种必要性。这一现象的特点就是经济民族主义,它直接反映了这些国家经常抱怨的那种看法:它们虽然取得了政治主权与独立,但在经济上仍然是殖民地。"③更为偏激的观点则是,经济民族主义是"某一政治制度对其地理疆界范围内的经济资源的开发,实行国家或私人控制的过程。它是国内资源由本国经济控制取代外国或多国经济控制的过程"④。实际上,经济民族主义是一种在发展阶段上各个国家取得政治独立后必然产生的结果,即一个民族在完成自己取得独立的历史任务后,必须进一步发展自己的经济才能使自己真正地站起来。由于迄今为止,从宏观上看,现代民族主权国家仍是世界各国公民各种资源和财富分配的基本单位,因此,即便是西方发达国家,经济方面的民族主义也仍然十分强烈。但与政治民族主义略有不同的是,它一般不会引发暴力和战争,而多数以贸易战或经济摩擦之类的形式出现。

文化民族主义。文化民族主义是指民族主义中那些强调要保持和发展本民族文化的因素,它主张以同质性的文化传统为纽带,力图建立民族认同的文化空间单位,并进而达到巩固或分解政治实体的结果。一些学者认为文化民族主义有如下三个特征:文化民族以文化整合、文化标志而显形;文化民族是一种非暴力非军事扩张的民族;文化民族具有"推崇文化"的内涵。由此而衍生的文化民族主义"反映了一种认为本民族文化和历史传统精神高于优于别人的居高临下的态度"⑤。文化民族主义在不同发展程度的国家中往往有不同的反映。一般而言,处于发展的低级阶段的文化民族主义,往往带有很强烈的防卫心理,由于在经济和

---

① 参见 C. 梯利《欧洲革命(1492—1992)》(C. Tilly, Europen Revelution *1492-1992*),牛津大学出版社1993年版,第47页。
② 参见 E. B. 伯恩斯《简明拉丁美洲史》,湖南教育出版社1989年版,第250页。
③ 参见 S. 坦塞《拉丁美洲的经济民族主义》,商务印书馆1980年版,第8页。
④ 参见詹姆斯·帕崔斯《拉丁美洲从依附到革命》,纽约1973年版,第197页。
⑤ 参见王逸舟《当代国际政治析论》,上海人民出版社1995年版,第117页。

政治等方面无法与更为发达的国家进行比较,只能以一种文化方面的"优越感"来保持或恢复民族自尊心。所以,落后国家的文化民族主义在脆弱的心理防线后面掩盖着的往往是一种自卑,是一种无法在其他方面与发达国家进行较量的自卑。相反,发达国家的文化民族主义则是以另一种方式出现,那就是利用自己的经济和政治优势进行各种形式的文化"输出",即所谓的"文化殖民"。因此,文化民族主义在不同国家的表现形式与前两种类型的民族主义相比,具有很大的区别。但总的来讲,文化民族主义一般也不会引发暴力和战争。只有当它与政治民族主义结合在一起时,才会具有破坏性的威力。

当然,无论何种民族主义,都具有民族主义最基本的一些特性,但由于所强调的层面不同,因而其产生的社会和政治后果也有很大的不同。也可以这样认为,一个民族的民族主义在不同的时期有不同的重点,而围绕着这些重点,民族主义也就往往强调自己不同的层面。也正因如此,我们在分析和预测民族主义的发展前景时,把握各类民族主义的既相互联系又有所区别的特点,就显得十分重要。

建议进一步阅读的文献

要对阶级理论做进一步批判性研究,可阅读马克斯·韦伯的《经济与社会》(上卷,商务印书馆1997年版)中"第一部分社会学范畴理论"、"第四章等级与阶级"部分的内容,还可阅读西摩·马丁·李普塞特的《政治人:政治的社会基础》(上海人民出版社1997年版)中"第四章工人阶级的集权主义"、"第七章选举:民主式阶级斗争的表现"、"第八章选举:民主式阶级斗争的表现——连续性和变化"部分的内容。

要对民族主义做进一步批判性研究,可阅读埃里·凯杜里的《民族主义》(中央编译出版社2002年版)中"第5章民族自决"、"第6章民族主义与政治(1)"、"第7章民族主义与政治(2)"部分的内容,还可阅读厄内斯特·盖尔纳的《民族与民族主义》(中央编译出版社2002年版)中"第7章民族主义的类型"、"第8章民族主义的未来"、"第9章民族主义与意识形态"部分的内容。

第六章 政治团体及其行为

【学习要点提示】
政治团体的特征和基本类别
　　政治团体及其存在的条件
　　政治团体的产生途径
　　政治团体的类别特征
制度性政治团体的政治行为
　　机构型团体及其行为
　　职业型团体及其行为
社团性政治团体的政治行为
　　社团的发展和管理及合法性
　　准机构性社团及其功能
　　专业性社团及其作用
　　民间性社团的特点及问题
利益性政治集团的政治行为
　　利益集团及其性质
　　利益集团的功能与影响因素
　　利益集团的行动策略
　　利益集团的行动模式

　　虽然政治群体在某些方面和某种程度上能够缓解集体行动的困境,即能够解决政治个体需要有行动自由而政治事务的解决却又需要有限制个体行动自由的集体行动这两者之间的矛盾,但是,政治群体明显具有内部组织结构松散的特征,它既不能够很好地将参与到政治活动之中的政治个体的权益有机地综合起来,又不容易形成超越于个体之上的较为明确的群体权益,因而也就不太可能产生出真正有效的、有意义的集体政治行动。不仅自发的集群行动、自发的民间公众运动是如此,就是日常的阶层、阶级和民族的政治活动也是如此。除非是在那些存在着对抗性的阶层、阶级的政治生活系统中,当发生大规模的、严重的、对抗性的阶级矛盾和冲突时,整个的阶级、阶层才有可能产生出统一的行动;或在一个民族整体遭受到外族的侵略,从而民族的生存面临巨大危机时,整个的民族才会积极行动起来,显现出坚强的、统一的民族意志和民族精神。而在通常情况下,在多数的政治生活系统中很难具备让整个的阶级、阶层、民族一致行动起来的条件。正是出于这方面的思考,人类在不断的政治生活实践中,又创造出新的既不完全是属于国家设施和政府机构的,也不完全是政治群体的,由个体集聚而成的政治行为主体的新形式,这就是社会政治团体,其中包括政治利益集团。无论是在西方发达的政治生活系统中,还是在社会主义初级阶段的政治生活系统中,社会团体、利益集团的政治行为、行动和产生出来的影响,都已经构成了现实的微观政治生活的重要组成部分。分析这一类政治行为主体的基本类型、结构方式、活动特点和实际政治功能,已经成为微观政治学研究中不可忽视的重要课题。

第一节 政治团体的产生和基本类别

一、政治团体及其存在的条件

作为政治行动主体的政治团体

作为现代微观政治生活中的活跃因素,也是反映其重要特征的是,政治生活系统中具有自身权益的、并且具有行动自由的政治个体,会在一定条件下结合成政治团体。所谓政治团体,是指客观上政治权益、身份、兴趣相同或相近,并且在主观上也意识到相互间的这些共同权益、身份与兴趣的政治个体,通过相互联系、相互作用而形成的相对紧密和稳定的有机组合。

首先,同一个政治团体中的成员总是具有大体相同的客观政治权益、身份和兴趣,这是形成政治团体的必要条件。政治个体要能够较为稳定地聚合起来,必须基于某些相对稳固的共同点。虽然缺乏共同的政治权益、身份、兴趣的个体,有时也能走到一块,但产生的终究只能是短暂的、不稳定的集群性或动员式的群体性活动。要能形成长期的、稳定的政治团体,聚合在一起的个体必须在客观的政治权益、身份和兴趣方面有较大的相似性。

其次,要能让政治个体稳固地聚合起来,还需要一大批个体在主观上产生出"我们是一起的"的观念。仅仅具有共同的政治权益、身份、兴趣这些相同的或类似的客观条件的若干个体也不一定会结合成团体。政治团体形成的另一个充分条件则是政治个体要意识到自己和加入到团体中的其他成员之间具有共同的政治权益、身份和兴趣。政治个体只有具备了主观上的认同性,才会产生相对持久的"共同体"的观念。

第三,要让分散的个体聚合到一起形成政治团体,还需要在主客观上具有相同政治权益、身份、兴趣的政治个体之间经常发生相互联系和相互作用,并且在这些相互联系和相互作用中团体成员事实上能够获取个体在单独行动时所不能获取的政治利益。①

政治团体存在的条件

政治团体的存在需要有一定的现实的经济社会条件。一是要有相对独立的、发育良好的民间社会。二是要有一定的客观、现实的利益分化。在西方发达的政治生活系统中,政治团体特别是其中的政治利益集团很早就作为弥补代议制民主不足的一种有效手段而得到发展和壮大。在多数以社会为中心,从而公民社会或民间社会有较为坚实基础的政治生活系统中,政治团体包括利益集团的出现都是以原先就比较发达的社会团体的存在为基础的。在西方现代政治生活系统中,政治团体不过是一些社会团体深度政治化的结果。由于公民社会或民间社会的发展,加上现实利益的分化,各种维护自身利益的社会团体就会应运而生。但在通常情况下,社会团体不一定就是政治团体或政治利益集团。但有时,一些社会团体中的领导者因选择了某种政治行动策略,适逢有外部赞助者的支持,再加上具有利用既有的政治体制机制的技巧,从而就有可能影响到政府公共政策的制定与实施,并从中获取到特殊的利益。一旦这类行动反复出现并成为某个社会团体的集体行动逻辑时,这一社会团体也就转化为政治团体,甚至成为政治利益集团了。因此,从某种意义上可以说政治性较为突出的政治团体或政治利益集团只不过是一般社会团体的一种特殊的存在状态而已。

但在社会主义的政治生活系统中,由于政治革命和社会革命的特殊性,公民社会或民间社会普遍都不够发展,甚至极端狭小,加上计划经济模式的作用,社会成员的利益趋于平均化。因此,在社会主义人民民主的政治生活系统中,在推行传统的计划经济模式的阶段,存在并活动着的真正民间的、非政府的团体就非常少。在计划经济时期的中国大陆,在新中国建立以后的很长时期大体上只有三大类政治团体。一类是由在执政党组织和政府机构中担任公职的个体因党务和政务工作的需要而形成的机构性团体和职业性团体。一类是为了加强执政党组织、政府部门与不同职业、性别、年龄的政治个体的联系,由执政党和政府将革命年代

---

① 政治团体是一个比利益集团外延更大的概念。有些学者则把两者混淆起来。比如,阿尔蒙德就认为,所谓利益集团,我们仅仅是指因兴趣或利益而联系在一起,并意识到这些共同利益的人的组合。其实这只是对一般政治团体的恰当规定,而不是对政治利益集团的准确界定。政治利益集团需要有更多的规定性。参见加布里埃尔·A.阿尔蒙德、小G.宾厄姆·鲍威尔:《比较政治学:体系、过程和政策》,东方出版社2007年版,第180页。

建立起来的作为革命党助手、后备队和联系纽带的群团组织经转变而成为新的政治系统中的群团机构。还有一类是由执政党和政府支持并批准的新组建起来的官方的专业性社会团体。

由于市场经济体制的建立、执政党执政方式的转变、政府机构的改革,包括民生社会在内的公民社会或民间社会,开始由小到大地发育、壮大和发展起来。加上人们客观现实利益的分化,所有这些都使得处在初级阶段上的社会主义政治生活系统中的社会团体的中介性地位更为清晰地凸现出来。社团已经变成人们熟悉的事物,社团也已经成为社会转型时期政治生活中使用和流传得最为广泛的用语。不仅原有的已经多年处于"瘫痪"状态的官办社会团体重新复活起来,而且新的社会团体也逐步建立并迅猛发展起来。

在社会主义转型社会中,这些中介性的社团还非常不成熟,它们需要到政府有关部门登记备案并要接受定期审批,其中有一小部分具有明显的官方性质,其余的也具有半官方的性质,但它们终究是与执政党组织和政府机构有着明显区别的社团。它们活跃在政党、国家、政府与市场、民间社会之间。相当多的社团在原先半官方、半自治状态的基础上,正在逐步增添民间的、自治的、独立的成分。还有一些社团则朝着完全民间的、自治的、非政府组织的方向发展。许多社团通过政策咨询、政策听证、政策论辩,已经和正在发挥出一定的政治影响力。民间社会中政治社团的发展有利于打破传统的政治行为主体一元控制型结构,有利于促进政治行为主体结构向着多元自治型的方向发展。

在探讨社会转型时期的政治行为主体结构类型变化时,人们也对中国是否会出现利益集团的问题感兴趣。在实际的政治生活中,无论是政治家、政治学家,还是普通政治行为个体,都已经注意到在社会利益事实上已经发生明显分化的现实条件下,有不少社会团体或利用现行体制的缺陷,或采取制度外的手段,影响着政府的政策制定和实施,为本团体内的一帮人获取着特殊的利益。虽然这些正在起作用的特殊利益团体,无论从其组织的规模、运用的手段,还是从其产生的效果方面来审视,都不能和活跃在美国政治生活中的压力集团、院外集团相提并论,但是有一点是清楚的,即中国式的、仍然处在稚嫩阶段的利益集团的存在的确是一个不容置疑的客观事实。

对于一个现实的政治生活系统来说,政治团体包括利益集团的产生、存在和活动,既有其可能性,也有其必要性。从可能性来说,在政治群体的行动和活动中,只要成员中有一部分个体的利益更加趋于一致,关系更为紧密化,他们就有可能从松散的群体中分离出来,在相互的联系和作用中结成结构较为紧密的政治团体。另外,执政地位一直稳固的政党总需要设立相应的组织,由执政党领导的政府适应治理的需要还要建立相关的部门,这两方面的组织和机构都需要录用更多的从事党务和政务工作的公职人员,从中也会产生出制度型的社会政治团体。

从必要性来分析,政治团体的出现和发展,表明一个政治生活系统中公共政治权力配置的重心下移,民间的组织化程度相对地提高。在政治生活系统的运行和发展中,仅仅有政治个体的、群体的行动,仅仅有政治党派的行动,是远远不够的。从政党政治到群体和个体政治之间还会存在一个较大的需要有特定类型政治行动主体活动的空间。只有社会团体不断地成长、发育,从中产生出相应的团体政治,政治生活才可能变得更为多元化、均衡化。社会政治团体的成长和其中一部分转变为利益集团是形成政治行为主体多元自治型结构、催生出多样性政治生活所不可缺少的。

从个体政治、群体政治中,有可能产生出团体政治,而现代政治生活的民主化、多元化和均衡化的发展趋势,也必然要求一个政治生活系统应当有由个体紧密聚合而成的政治团体的存在和运行。但是,对于一个现实的政治生活系统来说,只有实行政治体制机制的改革,做出合理的制度安排,社会团体的产生和存在才能从逻辑上的可能性和理论上的必然性转化为客观现实性。要实现这种转化,关键是要创造出某些前提条件,形成让政治团体包括利益集团顺利产生和健康发展的途径。

二、政治团体的产生途径

西方政治团体的产生途径

在经济发达的西方政治系统中,促使社会团体产生的前提是比较多的。首先,在西方存在着强调个人独立和以社会自治为中心的政治文化。在西方的经济生活和社会生活中,人们倾向于个体独立,也倾向于团体自治。自治性的社会团体繁多,并且经常和政府打交道。比如在美国的企业界就有许多和政府有密切联系的社会团体。既有像企业活动理事会、经济发展委员会、企业活动圆桌会议这类最高级的企业协会,也有像锅炉制造、液化煤气、玉米精炼、火鸡行会等较为专门化的行业协会。很多企业还设有专门为政治选举筹集经费的政治行动委员会。

这种社会团体林立的现象在很多方面是源于美国人信奉的一类特殊的政治文化。他们害怕政府过大会侵犯个人利益,不愿意让政府独揽一切。他们觉得许多事情应该由社会团体来办。当美国人在19世纪下半叶赶走英国殖民主义者,决定建立自己的国家,设立政府时,他们不希望政府变得强大而全能,否则就会侵蚀个体和社团的利益。而且,西方文化也认定任何政府都会有自己的特殊利益。因此,建立起来的美国政府必须是有限的政府。社会大量的公共事务则应由个体和个体组织起来的社会团体来管理。

其次,在西方存在着需要用其他手段来弥补其缺陷的片面的民主制。在西方人看来,建立政治团体是人们为了弥补代议制民主存在缺陷所不可缺少的举措。在西方的政治生活系统中,人们发现由古希腊学者所描述的作为城邦选举与议事规则的,后来又被许多研究民主理论的思想家和学者们确定为最理想的、真正具有民主真谛的直接民主制,却是一种无法在实际生活中运作的模式。仅仅局限于狭小的城邦而被当时的政治学者们过分夸大的简陋的直接民主体制,一旦在大得多的国家共同体中得到放大时,其局限性、简陋性就明显暴露出来了。作为直接民主制的替代物,人们创造了代议制民主。政治个体们先投票选举出反映民意的代表,再由他们代表民众去参与政府的日常事务决策。但人们很快就发现,这种民主的模式其实也是有问题的。

代议制民主在实际运行中逐渐暴露出它固有的缺陷。在这一制度实行的初期,因为选区范围比较小,当选的政治家和作为投票人的选民之间还有一定的直接联系,当被选上的政治家们不履行自己选举中的承诺时,选民们就可以直接批评和揭露他们。但随着选区的扩大和议员之间联系的加强,选举者与被选举者间的关系更加间接化,政治个体的作用日趋微弱。为了维护自身的权益,政治个体就需要聚合为更为紧密的团体,以便有力量、有能力对选举出来的政治家们加以限制和监督,并在具体的政策制定和执行中施加影响。在人们试图建立政党的同时,大量的利益团体也就产生出来。

在西方的政党政治中,政党的作用主要是取得组织政府的权利。但是政府一旦组织起来,对政府的行动能够形成有效影响和控制的是公共政策过程。利益集团正是在选举投票之前或之后,主要利用对议会的和政府的公共政策过程施加影响,从中获得特殊利益的社会团体。其实,在多数以社会为中心的政治生活系统中,各种社会团体早就发展起来了。当这些社会团体需要通过政治的行动来获取利益时,他们就变成了利益集团。因此,利益集团并不是社会团体之外的什么特殊的个体聚合体,而只是社会团体政治化了的一种存在形态。

这种由众多社会团体包括其中被高度政治化了的利益集团在内所形成的多元政治主体成为拯救西方代议制民主的重要力量。在西方现代政治系统中,社会团体、利益集团已经成为国家与社会之间的重要媒介。美国学者施瓦茨曼特(Schwarzmantel)就指出,"在多元主义作为其起点的一个具有不同利益的现代社会中,人民的权力是通过团体行为,通过政党和压力集团或利益集团的工作实现的"。

第三,在西方多数政治生活系统中存在着政策竞争和政策替代的传统。致使西方政治生活系统中充斥政治团体、利益集团活动的另一个原因是不断延续着的公共政策竞争和公共政策替代的传统一直在发挥着作用。只要考察一下西方的政党政治和选举政治,人们就会发现在西方众多的政治生活系统中,都有着围绕公共政策展开社会论辩的风气。虽然在前台上演的和表演的是政党以及政治联盟为争夺对政府的控制和追求政治席位而展开的激烈政治角逐和竞选,但在背后存在的和起着作用的却是透过政党或政党联盟竞选的纲领所包含的不同的公共政策设计。政治角逐和职位竞选实质上是围绕公共政策而展开的竞争。这就给政治团体、利益集团影响政党、立法机构和政府的公共政策制定和调整提供了机会。一些政治团体、利益集团发现,只要团体的领导者有好的行动策略,有赞助者支持,再加上具有运用体制渠道发挥作用的技巧,就可以在一定程度上影响公共政策的制定和调整,从而就能从中获取特殊的利益。正是在这样的背景下,政治团体和利益集团应运而生。

在西方大量存在政治团体和利益集团的背景下,人们不仅把政府视为一个最大的利益团体,也把政府官僚组织中的公职人员看做是一种特殊的社会团体。不同政府部门的工作人员在语言、着装和仪表等等方面都有某些特殊的规定。比如情报部门、警察部门、军事部门的官僚就是在社会活动中具有特殊身份的社会团体成员。有些政治生活系统还允许从事不同公共治理职业的公务人员组成自己的职业工会,保护其成员的合理权益,制定职业行为规范,维护职业的形象。但是,由于西方多数政治生活系统强调官僚机构的人员必须保持价值中立,甚至有些政治生活系统还规定政府公职人员不得在公开场合参与党派活动,不得公开表明自己的党派立场,因而这类由官僚机构的成员所组成的社会团体,很少能成为对政策制定过程施加压力的利益集团。

中国政治团体的产生途径

在社会主义人民民主的政治生活系统中,社会团体的出现和利益集团的产生则有着与西方非常不同的前提和途径。在中国,社会团体的成长发展经历了一个十分特殊的过程,这也决定了在现时的中国政治生活系统中各类社会团体的类型与特征。在中国有一些全国性的社会团体早在中国共产党领导的新民主主义革命时期就成立并开展活动了。比如全国总工会就是在20世纪20年代中国工人运动发展的基础上诞生的。1921年7月中国共产党成立后不久,就成立了中国劳动组合书记部,作为全国工会的通信联络机关。1925年正式成立了中华全国总工会。抗日战争时期成立了陕甘宁边区总工会和各抗日根据地总工会。1948年恢复中华全国总工会。作为革命政党重要助手的中国工会组织在革命年代为维护工人阶级的利益,带领工人进行了各种形式的经济斗争和政治斗争,在革命中发挥了重要作用。

中国共青团的历史则更长一点。它是1920年在上海创建的社会主义青年团的基础上发展起来的。1921年7月中国共产党正式成立后,立即着手正式建立中国社会主义青年团。1925年中国社会主义青年团改名为中国共产主义青年团。1936年共青团组织改造成为民族解放性质的抗日救国的青年团体。1946年建立民主青年团。全国妇联作为革命政党与妇女联系的纽带,也是在1949年就建立起来,其最初的名称是"中华全国民主妇女联合会"。

在社会主义人民民主的政治生活系统形成和运行的最初阶段,由于新的政治制度和新的政治国家共同体是由革命政党领导人民建立起来的,新的国家共同体建立以后,革命政党就顺理成章地转变为执政党。由于领导建立新国家的革命党也是按照自己的面貌和结构方式来建立政治国家共同体和政府的,因此,政党和国家共同体也就自然地融为一体了。而且在社会主义政治生活系统的运行中,执政党的地位事实上也是稳定的、不变的,因而,由执政党组成并控制的政府并不需要周期性的选举来重新确定。再加上执政党和政府所坚持的行动宗旨都是代表最广大人民的最根本的利益,因此,对于这样的政治生活系统来说,只需要执政党和政府来管理就足够了,进而社会也就可以和政党、国家共同体、政府合为一体。尽管如此,多数社会主义政治生活系统在探索和实行早期建设模式的尝试中,在建立作为无产阶级专政的国家机器时,仍然坚持既注意建造齿轮,也注意锻造螺丝钉。前者指的是加强执政党组织和国家共同体、政府组织的建设,后者则是指建设和发展必要的群团组织。这类组织大多是从革命时期作为革命政党的工具、后备队和维系革命群众的纽带的社会团体转变而来的。

在社会主义政治生活系统的运行中,在很长的时间里,实行的是党委的归口管理。工会、共青团、妇联等社会团体归属在党群口。在政府的机构中,它们又是实体性的群团部门。这类纯属官方的群团组织,虽然名义上是作为政党组织和政府机构的一部分,但地位却一直不高,其职能主要是反映工人、青年和妇女的意愿和要求,并保证工人、青年和妇女听从政党、国家和政府的号令。其工作的流程是政党、国家、政府把对社会主义建设的政策和部署传达给这些群团组织,再由它们利用遍布于全国的组织网络分别去组织和发动各自的成员。在"文化大革命的"浩劫中,随着执政党组织和政府机构的正常活动遭到破坏,官办的群团组织也基本上处于"瘫痪"状态。

到20世纪70年代后期"文化大革命"结束后,执政党组织和政府部门经过整顿,恢复了正常职能。与此相适应,作为执政党和政府一部分的全国性的和地方性的群团组织也恢复了活动,重新履行起政府机构的职能。改革开放和社会转型,促使效率低下的计划经济模式瓦解。市场经济体制的构建,既创造了公民社会成长的条件,提供了社会利益分化的前提,也提出了改革政治生活系统结构和政府体制的要求。这就为中国社会产生真实意义上的社会团体准备了条件。首先是一大批全国性和地方性的官办官管的群团组织,从执政党组织和政府机构中分离出来,成为名义上的非政府组织,或名义上的社会团体。其次,一大批原先是管理社会微观生活事务包括微观经济职能的政府机构,也从政府体制中分离出来,迅速组建成新的社会团体。第三,相当多的专业人士,出于对专业管理和发展的需要,建立了带有专业性的社会团体。最后,伴随市场经济发展,一大批原先由政府和政党管理的社会公共事务,则由以中介性、服务性、非营利性为特征的地方和基层的社会团体来管理。这部分社会团体的数量极大,与民间社会贴得较紧,一般称为民间社团。

据有关统计资料显示,20世纪50年代初,在中国大陆,全国性社团只有44个;60年代也不到100个,地方性社团大约6000个。到了1989年,全国性社团剧增至1600个,地方性社团达到20多万个。从总体上来考察,在1988年之前中国社团的管理一直处于职责不清的状态。各个政府部门都有权审批和管理社团,甚至有些社团自己也在审批和管理更小的社团。还有一些社团未经任何部门审批就擅自成立并开展活动。1988年国务院进行机构改革,发布了《社会团体登记管理条例》,将社团管理职能明确地交给了民政部门,并建立了社团的"双重分层管理"体制。1998年该条例经过修改,进一步完善了社团管理体制。经1989、1998年两次对社会团体进行重新登记和清理,取缔了一批非法社团,注销、合并了一批业务相同或相近的社团,社团总体数量有所减少。截至2002年底,全国共登记的社会团体有13.3万个,其中,全国性社团1712个,省级社团20069个,地级及县以上社团52386个;民办非企业单位11.1万家。

与此同时,制度性的社会团体也发生了变化。在社会主义政治生活系统实行计划经济模式时,执政党组织和政府机构中的工作人员享受的是供给制待遇。衣食住行、生老病死,统统由国家和政府一手包揽。在各级执政党组织和国家机构中工作的干部、职员的工资都比较低,生活水平仅仅比一般的城市居民高一点。由于强调国家工作人员要当好人民的勤务员,要艰苦奋斗,努力工作,因此在政党组织和政府机构中工作的公职人员构成了一个比较受公众尊敬和信任的特别的社会团体。

在市场经济迅猛发展,政府的微观经济职能有所强化,政府垄断了日益增多的行政资源的情况下,行政权力部门化、部门权力利益化的趋势日益严重。整体的公共行政权力被不同的政府部门所分割垄断,不同的政府部门利用手中控制的公共权力,从社会中获取了更多的部门利益。原先只是分工履行不同职能、承担不同责任的不同的政府部门,开始变成为与额外利益相联系的社会团体。在整个政府系统中,从事着不同的公共职业的政府公职人员,因为掌握着相同的权力,运用着大体相同的手段,获取着公职收入以外的种种灰色的收入,享受着一般平民享受不到的特殊福利,从而也变成为常常受到普通民众非议的特别社会团体。

当政府的不同部门和为社会服务的不同职业,事实上已经成为从社会控制和管理中获取好处的手段和途径时,在政府中工作的、具有一定地位的公职人员,特别是中高层领导者,就会利用规制惩罚、项目审批、税收调节等环节,不正当使用公共权力。而某些社会团体,聚合起来的个体,就会利用这种体制的缺口,影响政策的调整,从中谋取不正当的、不合法的、不合理的特殊利益。在这样的条件下,特殊的利益集团也就会产生出来,也正是从这些渠道中,滋生出严重的执政党成员和政府公职人员的腐败行为。

三、政治团体的类别特征

政治团体的分类

从上述的有关政治团体、利益集团产生途径的考察中,我们发现现实的政治生活系统中事实上存在着不同类别的政治团体。但是,以往无论是官方的文件还是公开的宣传都有意回避这些问题,而传统的政治学又不把这些政治团体作为研究的对象,从而也就形成了所谓政治生活中不存在政治团体的假象。在日常政治生活中,人们似乎也把政治团体给"忘记"了。从政治生活系统的生态结构来审视,政治团体是介于政治群体、政治党派之间的政治行为主体层次。与政治群体相比较,政治团体内部的组织化程度要高于政治群体;与政治党派相比较,政治团体内部的组织化程度又要比政治党派低得多。政治团体最重要的特征是团体成员在某个或某几个要素上具有极高的同质性。比如,妇女联合会中的成员必须是女性,科协中的成员必须是从事科学研究和科技管理工作的人员,等等。

要认识政治生活系统中众多的政治团体,就需要将它们加以分门别类的研究,概括出每个类别的主要特征。对政治团体分类的标准很多,一种分类的办法是依据其官方或民间的归属,将政治团体划分为官方的政治团体、半官方的政治团体与民间的政治团体。这是人们日常采用的一种分类方法。如果一个政治团体在成立时,需要在政府指定的部门登记,并且要挂靠在某个政府部门,受它管理、监督,团体的成员列入政府编制范围,团体具有相应的行政级别,团体活动的费用由政府财政拨付,团体履行部分政府职能,这样的政治团体就是官方政治团体。如果某个政治团体在建立时虽然需要到指定的政府部门去登记备案,但不需要挂靠在某个政府部门或事业单位之下并受它管理监督,团体的成员不列入政府编制范围,活动经费也完全依靠自身筹集,团体通过政府购买财务的方式或自愿的方式参与公共管理,这样的政治团体就是民间团体。如果一个政治团体在成立时,需要在政府指定的部门登记,并且要挂靠在某个政府部门或事业单位之下,接受其管理、监督,团体的成员部分列入政府编制范围,团体活动的费用部分由政府财政拨付,团体虽不列为政府机构,但却履行着部分政府职能,这样的政治团体则是半官方团体。

将政治团体划分为官方、半官方和民间三种类型的好处是,能非常清楚地了解它们和政府及民间社会的关系。官方政治团体的特征是合法性充足、编制和经费有保障,但独立性较差。民间政治团体的特征是合法性不充分、编制和经费缺乏保障,但独立性较强。介于这两者之间的半官方政治团体,其主要特征是具有一定的合法性、部分编制和经费有保障,但也缺乏独立性。上述分类的一个缺点是没有将团体的具体活动展示出来。

为了弥补前一种分类的不足,我们可以以政治团体和制度结构的关系为标准,将政治系统中的政治团体分成三大类别:制度性团体(institutional groups)、社团性团体(associational groups)和利益性团体(interest groups)。

制度性政治团体则是指处在执政党组织和国家、政府正式机构内部的,或是在制度结构之内的政治团体。依据公职人员所属的政党组织和国家政府机构,或者依据其从事的党务和政务工作所做的职业分类,从而形成具有大体相同的政治权益、身份和兴趣的成员构成的社会团体。如果加以细分,也可以区分出机构性团体和职业性团体。这两者的界限也并不是十分清晰的,有很多方面是重合的。

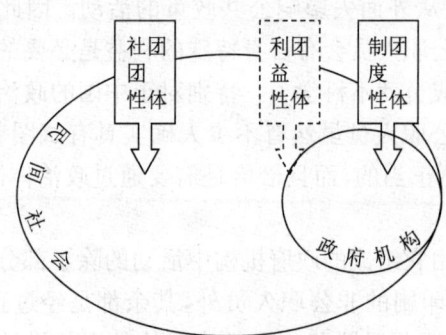

图 6-1　政治团体的类别

作为政治制度结构外的政治团体,则有社团性政治团体和利益性政治团体。所谓制度结构外的政治团体,是指处于执政党组织和国家、政府正式机构外部,具有大体相同的政治权益、身份和兴趣的政治个体所构成的政治团体。如果加以细分,可以区分出社团型团体和利益型团体。这两者的边界也是较为模糊的,也有交叉渗透的地方。

在一些具体的政治生活系统中,制度结构内的与制度结构外的政治团体的区分往往是含糊的。有许多利益型的政治团体,可能与政党组织、国家和政府机构有密切的关联,成为横跨在制度结构内外的政治行为主体。要对这些在类型上呈现交叉重合因素的利益型团体加以研究分析,就必须将上述两类划分政治团体的方式结合起来思考。

对于政治团体的类别划分还有其他的方式。比如以其营利性为标准来划分,则有营利性的政治团体、非营利性的政治团体。如果以自治程度为标准来划分,则有自治性政治团体、依附性政治团体。

制度性政治团体的特征

制度性政治团体是指存在于政党组织和政府机构网络之中的、本来就属于政党组织和政府机构一部分的、不具有或很少具有自主性和独立性的政治团体。在西方政治学中,有不少学者认为人们经常容易忽视的一个事实是官僚体系是最大和最有力量的利益集团之一。[①] 如果将利益集团广义地规定为是将具有某些共同利益的一群人组织起来,目的是为了影响公共政策,从而来满足自身的利益要求的政治团体,那么在政党组织和政府机构中从事公职活动的所有公职人员似乎都是利益集团的成员。的确,在政党组织和政府机构内活动的公职人员一定有自身的利益,也会影响公共政策。但是这一有关利益集团的定义也实在是太过宽泛了。作为政党组织和政府机构内的公职人员,他们每天从事的就是和公共政策直接相关的活动,而不是从外面去影响公共政策的活动。因此,提醒人们注意政党组织和政府机构内的公职人员会有自身特殊的利益是必要的,但一定要将他们说成是政治利益集团的成员就不科学了。特别对于中国的政治生活系统来说,政党组织和政府机构内的公职人员虽然有不少人确实具有试图获取特殊利益的倾向和趋势,但这不仅是不正当的,而且恰恰是需要通过政治体制和行政体制的改革来加以制止和防范的。

在执政党组织和由它组成的政府机构中活动的除了部分从事后勤供给、清洁卫生、安全警卫、文字印刷的非公职人员外,其余都是经过正规的考录、委任、调任、聘任的公职人员。根据政党组织和政府机构的岗位设计和各自的专长,他们被录用、指派和安排在一定部门的一定职位上,从事着专门性的、职业性的公共管理工作。每个成员既拥有一定的权利,也承担着相应的责任。

现代政党组织和政府机构都会依据党务工作和政务工作的需要划分出不同的部门和职业。政党组织和政府机构中的公职人员是按照部门和职业组织起来

---

① 参见迈克尔·罗金斯《政治科学》,华夏出版社 2001 年版,第 199 页。

的。凡是在政党组织和政府机构的同一部门或在不同层级但是对口的政党组织和政府部门工作的公职人员,或从事同一种类或同一性质的公共职业的公职人员,由于其工作性质、任务、内容、要求、行为规范、知识应用、技术手段等方面大体类似或相同,他们就会经常交流业务、参加培训学习、互相沟通联谊,从而形成一个同质性的公职人员团体。按照部门归属和公共职业分工,我们又可以进一步将制度性的政治团体细分成机构型的制度性政治团体和职业型的制度性政治团体两个小的类别。

制度性政治团体因为是在正规的政治制度结构和体制机制内组成并活动的团体,因此,它们具有规范的行为特征。首先,凡是在政党组织和政府机构的一定组织和部门工作的公职人员一律都是组织和部门政治团体的成员。当然,只要不违反公职人员任职和管理的法规,原则上,任何一名在一定组织和部门任职的公职人员都可以在公职之外选择参加某个社会团体。但是,他们既然作为政治制度结构和体制机制内的组织和部门的成员,就必定首先是,而且主要是这一组织和部门或这一公共职业的政治团体的成员。他们的行为、行动,必须符合这一政治团体的要求。他们在公职活动之外参加的社会团体,以及在其中的活动,都不得与他们的机构性或职业性的团体成员的身份、行为相冲突。在现代政治生活系统中,人们非常关注公职人员的职业操守和公共形象。每一个公职人员不仅要时刻记住自己供职于某个政党组织和政府机构部门,而且还要时刻清醒地意识到自己是政党组织和政府部门的政治团体的成员,必须恪守和维护制度型团体成员所要求的职业操守和公共形象。

其次,制度性政治团体只有透过政党组织和政府部门的力量才能发挥其影响力。制度性政治团体是公职人员依据政党组织和政府设置的组织、部门和安排的公共职业才聚合而成的。维持制度型团体存在并发挥作用的基础是政党组织和政府机构部门的共同身份、法定的义务和责任。因此,制度型政治团体成员要能发挥作用,主要不是依赖团体成员个体的素养、能力和关系,而是依托于整个政党组织和政府机构的法定权力、权威和资源。在改革开放中,经常会碰到两种现象。一种现象是一些公职人员原先在政府部门中干得不错,但总是以为这是为政府干的,心想如果能走出政府,就能凭个人的才能合伙为自己干。出于这种想法,不少公职人员联手从政府部门中走出来。原想在离开政府部门后照老样子发挥作用,但后来却发现缺少了政党组织和政府机构这一基础,或者自己失去了资源,或者是别人不理睬,原先的作用发挥不出来。也有一些"下海"的公职人员,为了继续利用制度型团体成员的身份和权威,或者打出政府机构的旗号办事,或者与原来的政府机构联手干事,前者是招摇撞骗,后者则是官商勾结,结果走上错误的道路。

另一种现象是,在政府机构的精减分流中,一些部门既想让机构从表面上得到精减,又想只改个名份还按老一套机制行事。一些机构分离出政府部门后,政府还想让这些机构照样承担原先的职能。结果发现这种试图一举两得的想法最终是要落空的。要想让分离出去的机构照样发挥其政府部门的作用,除非采用前门分离出去后门再请回来的做法,否则既然机构已经分离出去,机构中的人员已经不是政府部门的公职人员了,他们没有了往日的身份、权力,不可能再像原来的机构型或职业型团体成员那样去行事。这些都说明制度性政治团体及其成员一旦离开了政党组织和政府部门,就失去了制度性政治团体的属性,也失去了制度型政治团体赖以发挥作用的基础。

第三,制度性政治团体对政党组织和政府部门的依存性。从制度性政治团体只有透过政党和政府的权力、权威、资源才能发挥其影响力的特征中还可以引申出制度性政治团体的另外一个重要特征,即制度性政治团体是只有依存性而没有独立性的团体。无论是机构型的,还是职业型的政治团体,一旦离开政党组织或政府机构,它们是无法单独存在,也不能独立行动的,更不存在所谓的独立的组织和部门利益。任何想撇开或脱离政党组织和政府机构的力量去谋取组织和部门或职业团体的特殊权力和利益的做法都是不允许的。这就要求任何政党组织和政府部门的公职人员必须时刻认真地辨识和对待自己的双重身份。一方面他是普通的民众,另一方面,他又是政治生活系统中的公职人员。在非党务和政务活动中,他必须牢记自己只是普通的公众,是一个老百姓,决不能拿公职职务做筹码和资本,到处为自己或亲戚朋友谋取利益。当他进入公职岗位时,他又不能将自己混同于普通老百姓,必须遵守法律,坚持政治规则和政治原则,履行政治义务,承担政治责任。

社团性团体的特征

社团性政治团体(associational groups)是指在具体的政治生活系统中,存在于政治国家或政府与民间社会之间的,具有中介性的,属于非政府机构的社会团体。1998年国务院修订的《社会团体登记管理条例》第2条明确界定,社会团体是指"由中国公民自愿组成,为实现会员共同意愿,按照其章程开展活动的非营利性社会组织"。社团型团体存在并发挥作用的基础是成员的共同利益、公共目标、共同期望、共同态度。这种民间性的社会团体的成员大多数是自愿加入的,社会团体内部也具有较为紧密的组织结构。

与制度性政治团体不同的是,社团性政治团体不在正规的政党组织、政府机构之内,而在政党和政府的组织结构之外存在和运行。从政党组织和政府机构到民间社会这一广大的空间都是它们活动的范围。如果说,制度性的政治团体只能在政党组织和政府机构划定的有限的政治空间中存在和运行的话,社团性团体则具有一个大得多的政治活动空间。

正因为政治社团的活动空间巨大,因而分布在这一空间中的不同团体与政党组织和政府机构的距离,和民间社会的距离就不一样。从中国目前的现实出发,如果将政党、政府置于一个坐标系横坐标的左端,而把民间社会置于这一坐标的右端,从左至右排列出来的社团性政治团体就有三个亚类:靠近政党、政府的是准机构性政治社团;靠近民间社会的则是民间性政治社团;介于这两者之间的则是专业人士政治社团。

对于具体的政治生活系统来说,它能够提供给政治社团存在和活动的条件是不一样的。一些政治生活系统的公共政治权力集中在中上层,政党和政府的控制力相对较强;民间社会比较弱小,甚至趋于萎缩;整个社会的利益较为平均化,没有太明显的分化。在这样的政治生活系统中,政治社团的数量是极其有限的,而且其功能主要在于代替政党和政府行使某些和特定群体保持联系的政治职能。而在另外一些政治生活系统中,一旦公共政治权力的配置开始向下层推移,民间社会就会发育成长。当整个社会利益出现了较为明显的分化,民间社会发展到一定程度时,政治社团就会通过各种不同的途径建立和发展起来。

与制度性政治团体相比较,社团性政治团体也有一些基本特征。首先是政党、政府对政治社团的控制性。任何政治生活系统都会对活动着的众多政治社团采取规范和控制。这类规范和控制无论在方式上还是在程度上都是多样的。政党、政府可以要求社团在成立时必须挂靠一定的政府部门或事业单位,必须按规定到相应的民政部门登记备案,可以要求社团定期重新登记,也可以对没有按章程活动或偏离原定宗旨活动的社团加以整顿,甚至可以对某些管理混乱、有不法活动的社团加以处罚,直至撤销,乃至加以取缔。在控制和规范的程度上,当政治社团处在迅猛发展的时期,政党、政府的控制力度要相对大一点,以防止因数量上的过度膨胀带来的普遍质量下降的现象发生。当政治社团的建立、发展进入平稳期时,政党、政府的控制要相对宽松一些。对于活动范围广、规模大的全国性政治社团,政党、政府的控制、规范要强一点;而对于活动范围较窄、规模也较小的政治社团,政党、政府的控制力度要小得多。

其次是政治社团活动内容、方式上的繁杂性。政治生活系统一旦给政治团体以广阔的活动空间,也就不可避免地让这一政治个体的聚合模式包含太多的内容和方式。特别是在实行社会转型的政治生活系统中,当自发性集群行动、自发性民间运动因遭到层层防范而无法出现,动员式群众运动因为劳民伤财,容易引发政治个体、群体的狂热,甚至会造成政治精英的个人崇拜而不再发动时,政治个体的聚合热情只能通过组织社团得到抒发。因此,在建立社团的狂潮背后,不可避免地会潜藏着各种各样的动机,有试图借助社团集聚财富的,有企图借助社团实现个人政治抱负的,也有期望借助社团干预政治决策的。这种繁杂性必然带来管理和规范上的复杂性。

第三是政治社团活动的相对独立性。在社会转型中社团的迅猛发展会造成一定的混乱,这也是政治生活系统强化对社团控制和规范的现实理由。但是,这种控制必须保持适度。社团一旦被烙上官办的印记,其社会中介性的特征就会被侵蚀,严重的会丧失,至少也要大打折扣。政治社团作为政治个体自愿参加,以共同利益为纽带的个体聚合方式,其存在和活动的生命力恰恰在于其活动具有一定的相对自治性和独立性。只有具备了相对的自治性和独立性,政治社团才能聚合其成员的力量,有秩序地表达部分民众的利益诉求,也才能作为政党、政府与民间社会相联系的中介纽带发挥出应有的作用。

利益性政治团体的特征

利益性政治团体(interest groups)最为显著的形式就是人们通常所讲的利益集团、压力集团。不能将利益集团视为有利益的团体。因为在任何政治生活系统中,凡是由个体组合而成的团体,都是有利益的。如果有利益需要的团体就是利益团体,那么大家都成了利益团体,那样,微观政治学中专门对利益集团加以研究也就失去了意义。可见利益性集团只能是政治团体中的一种特殊的部分。因此,可以将利益集团界定为:"具有特定共同利益的人们,为了共同的目的而结合起来,并试图通过影响政府的公共政策实现自身利益的社会团体。"[①]因此,研究政治利益集团,最重要的是要关注两个要素:一是这一社会团体具有特定的共同利益;二是这一社会团体最为重要的活动是试图影响而不是主导制定和执行公共政策过程。政治利益集团的主要活动是在立法和公共政策过程中与广义的政府打交道,通过对立法、行政、司法过程的影响,来保护或倡导某种特定的共同利益。正因为西方的利益集团常常对议员、政府官员、法官、检察官的活动和观点施加影响,形成某种程度的压力,所以在西方人们又称这种利益性政治团体为压力集团。

利益集团或压力集团通过沟通游说、提供资料、提出建议来影响广泛意义上的政府决策,并以此来间接地维护和倡导团体本身所坚持的某些特定利益,因而利益集团的活动只是一种间接的压力政治活动。这和政党运用竞选,直接取得对政府的控制权的政治活动不同,也与某些运用直接行动来干扰、反对国家政权、政府机构和宪政制度的政治组织及其政治活动有根本的区别。

利益性政治团体并不是简单地指某些政治集团具有自身的利益追求,而是特

---

① 参见王浦劬主编《政治学基础》,北京大学出版社1995年版。

指那些通过特殊的权术和政治技巧谋取特殊利益的政治团体。对于任何一个政治团体来说，无论是制度性的团体，还是民间社团，它们都有自身的利益，但是，并不是所有具有自身利益的政治团体都是利益集团。

利益集团的出现常常和特殊的政治规则变化联系在一起。当社会发生改革、转型，政治运行的规则出现变动时，某些社会团体的领导者、组织者会思考新的行动策略，如果能够获得支持者，并且运用有效的政治技巧，就可以组织新的政治行为主体的聚合，利用既有的政治体制机制和渠道，或影响重要政治职位的任命，从而提升一批行为主体的地位，或影响重大政策的规划和调整，在公共资源配置发生改变时，从中获取特殊的利益。在这些变动的过程中，利益集团就会应运而生。

利益性政治团体的组织形态并不是单一的，而是多种多样的。比如在美国特别有名的利益集团——"疾病游说集团"，就是由纽约富商的遗孀、慈善家玛丽·腊斯克出面将国会议员、知名科学家、患病活跃人士和病友组织、制药公司、影视界大腕、体育明星和新闻界人士找出来组成的团体。这种利益集团就是一个围绕特殊利益而构建的巨型网络。但也有一些利益集团是从某个社会团体的基础上发展出来的，行为主体就较为单一。

对利益集团可以作进一步分类。一种分类是以利益集团活动的目的为标准的划分。如果利益集团的活动目的是为了维护、促进某些物质利益，这类集团就是部门性或功能性集团(sectional groups, functional groups)。它们关心的不是社会普遍的利益，而是某部分成员的特殊利益。因此，也称为私利团体。有些功能性利益集团的利益诉求是单一性的，但许多利益集团的利益诉求则是多方面的。如美国劳工联盟(AFL-CIO)的政策议题就涵盖社会安全、医疗保险、教育、进口与关税等等方面。

在美国，政治行动委员会是一个特殊的功能性利益集团。大多数实行普选和竞选的国家都存在"用金钱买来总统、超级国会"的现象。在德国则一直采取公款补助竞选的方法，即依政党得票的多少及赢得的国会席位数获得国家补助。美国一直不愿意用公费补助竞选，原因是人们认为金钱也是言论，言论是自由的，为发出声音捐钱也是一种自由。而且美国竞选耗费的时间长、金钱多，需要用来补助的公款数目太大。更为重要的是美国国会至今未能找出一个真正适用的公款补助竞选的办法。

在1971年和1974年，美国国会对竞选加以改革，减少"巨额政治献金"(big money)的影响，限制个人和企业直接给候选人的政治献金的数量，规定一次不得超过1000美元。但对个人、企业捐款给选举委员会则未加限制。一个劳工工会立即想出成立政治行动委员会来接受选举捐款的创见。此后，政治行动委员会

(political action committee，PACS)在美国雨后春笋般地出现。1974年这类委员会为600个，至2002年上升为5000多个。现任的众议员平均可从政治委员会获得25万美元的捐款，约为竞选经费的一半。参议员则能获得200万美元的政治捐款，约为他们竞选经费的一半。

如果利益集团活动的目的是为了推行或坚持某种共享的价值、立场、观念，这类集团就是倡导性集团(promotional groups)。它们维护或提倡的是社会的普遍利益，因此，又称为公益团体，如保护动物协会、保护环境团体，等等。比如有一些利益集团的诉求并不是维护某些物质利益而是坚持某些道德观念或权利。1973年美国最高法院裁定不得任意限制妇女堕胎的权利。天主教徒认为这是谋杀，组织了"反对堕胎"派(Pro-life)。女权运动和堕胎权利者则组成"支持堕胎"派(Pro-choice)。两大集团一直就同意还是反对堕胎而论争。

对利益集团的另一种分类是以对政府政策影响的程度为标准的。如果某些集团享有特殊权利，可以定期参加政府的政策辩论、咨询，能够经常接近和利用政府制度化的渠道，对政府政策的影响较大，这类利益集团就是核心集团(insider groups)。

如果某个集团并不是定期地、经常性地参与政策咨询，不能经常接近和利用政府的制度化渠道，因而对政府政策的影响力也较小，这类集团就是核心外集团(outsider groups)。比如一些抗争性的团体，由于其关心的议题和目标长期与政府不一致，只能处于政府政策过程之外。

虽然利益性政治团体形形色色，但它们都有一些共同的基本特征。首先，利益集团总是和政治决策者有某种勾结性。不管利益集团运用何种手段，通过何种渠道去接近和影响立法、司法和行政部门，如果立法、司法和行政部门中有权做出决策的人行为行动公正，利益集团的干扰和影响是起不了作用的。关键就在于，凡是利益集团活动起劲的地方，必定是政治决策者与利益集团之间存在某种程度的勾结性。事实上，有许多利益集团早在展开政治游说、施加政治压力之前，就已经将某些政治决策者拉入、"绑架"到自己的团体之中。甚至有时利益集团的游说、施压，只不过是做给其他政治行为主体看的，暗地里他们早已和某些政治决策者达成了私下的、肮脏的协议。

其次，利益集团在政治活动中总是具有强势性。不少人希望通过利益集团的活动来使政治利益诉求均衡化，这是假定所有的利益集团的活动在相互博弈中都会达到不同时间和空间中的均势状态。这种想法是过于天真的，因为利益集团存在的事实就说明政治力量本身是不均衡的。只有在竞争中特别有能力和能得到特别支持的集团，才有可能成为立法、司法、行政部门的座上客，成为核心集团，它们一直保持着强势，从而垄断着某些干扰和影响政治决策的权利。拥有和保持强势,正是利益集团的根本属性。

第三,利益集团在政治活动中总是具有权术性。不管利益集团自身怎样吹嘘标榜,也不管某些政治学家如何积极正面地评价利益集团的公平竞争,所有利益集团在达到成功时,都或多或少地玩弄了政治权术。只是他们把这套权术用合法的制度和研究成果巧妙地遮掩起来。明明政治献金、银弹攻势是腐败和贿赂的代名词,但有些政治生活系统却用一套政治行动委员会的合法制度将其包装起来。明明是为了私利造谣惑众,却用展示研究成果的方式将其披上科学的外衣。利益集团从政策的变化中获取的好处正是其玩弄政治权术的报酬。

第二节 制度性团体及其行动

一、机构型团体及其行为

在具体的政治生活系统中,除了集中掌管公共政治权力,具有某些方面和领域的政治决策权,从事政治领导的政治领袖、部门首脑这一类政治精英外,为了更好地实施政治统治、政治领导、政治管理,都需要录用和配置一定数量的从事政治事务管理的咨询、参谋、执行、操作的公职人员。

在微观政治生活的研究中,人们通常并不把这类数量较多的政治个体所从事的政治行动列入政治参与活动。因为,这类政治生活系统中的公职人员,除了日常的个人及其家庭生活外,他们所从事的、参与的政治活动都是职业性的活动。显然这与一个普通的并不属于政治生活系统公职人员的政治个体所参加的政治选举、政策对话等活动是不一样的,后者是政治参与行为。虽然人们在研究政治参与行为时将政治生活系统中的普通公职人员的行动排除在外,但是,他们也有自己的作为机构型的、职业型的政治行为,他们聚合起来,也具有相同的政治权益、身份和兴趣,从而也是一种政治团体。

按照现代政治组织的设计和建立的原则,每个政治组织都有特定的政治职责职能和任务目标。政治职责职能和任务目标被分解成细小具体的要素,再组合成政治运行的具体步骤和环节,在每一个行动的步骤和环节上再设立相应的政治职位。若干的职位组合成一个机构。政治生活系统中的公职人员被安排在具体机构的具体职位上,既拥有一定的政治管理的权利,也承担着相应的政治责任。因此,在政治生活系统的微观层面上活动的公职人员都是在一定的组织和机构中活动的、具有具体职业的政治个体。从这一意义上来说,政治生活系统中的普通公职人员所从事的职业与他所在的组织和机构是不可分离的。

为了更好地对这类特殊的政治团体做细致的研究，一些学者主张将在政治生活系统中既定的政治制度结构、体制机制内管理着党务、国家政务和社会公共事务的公职人员组合而成的政治团体分成两个类别。一种是以供职的机构、部门来划分的，一种是以从事的职业来划分的。前者是机构型制度性政治团体，后者则是职业型制度性政治团体。这种对政治生活系统中公职人员政治团体归属的划分带有较大的相对性。其目的完全是为了更好地研究在政治体制机制还不规范和顺畅的状态下，某些政治公职人员行为上的消极和负面的影响，以便在未来的政治体制机制的改革中，对政治公职人员的行为提出更为合理、规范的要求。

所谓机构型团体，是指在广义政府机构，特别是在领导、参谋等部门和在从事计划、协调、组织、宣传等职能部门工作的公职人员所构成的团体。他们是政党组织、政府机构中人数最多、掌握着公共权力和资源、维护着体制机制的规范和原则的制度性团体。他们行为的合规性、合理性、创造性是政治体制机制得到持续维系、正常运行和变革创新的重要保证。

由于具体的政党组织和政府部门都有相对明确的分工，在不同的政治机构中工作的公职人员在正常的政治沟通、协调中，会与政治机构内和政治机构外的人员结成相对稳定的政治关系，有相对稳定的办事程序和办事规则，甚至会使用较为一致的工作用语。比如长期在组织人事部门工作的公职人员，他们通常联系的大多是上级和下级组织和部门中从事组织人事工作的人员，他们都依据大体相同的规则、程序办事，甚至他们日常的用语都带有组织和部门的色彩。因此，在特定的政党组织和政府部门中工作的公职人员，因具有相同的政治职责、职业操守，共同的行为规范，甚至相同的亚政治文化，他们自然组成同一个政治团体。

在通常情况下，政治生活系统中的机构型政治团体不会有特殊的团体利益。而且，长期在一个具体的机构团体中活动的公职人员，还会通过内部学习，交流工作经验，从而使自己对从事的工作更有兴趣，更加忠于职守，也更有成就感。但是，当政治体制机制僵化、运行发生障碍时，特别是当政府机构拥有特殊的资源，而这些资源又被垄断性占有并且被用来不是为公众而是为机构服务时，政治生活系统中机构性政治团体就会滋生出特殊的、不正当的、不合法的利益。

在西方的政治生活系统中，由于通行权力的相互分立和相互制衡原则，加上党派竞争、利益集团纷争，政党和政府中的机构性团体的特殊利益并不太突出。人们经常讲美国各级政府和部门就是一个利益集团，那只是一种潜在的、打上引号的利益集团。政府部门中的首脑和公职人员经常做的就是要求更多的预算，让机构具有更多好处，并使机构中的成员有更多的额外利益。政府部门多数不是以机构为工具从公众身上获取更多的好处。但也有例外，在艾森豪威尔当总统时，他就谴责了美国政府中存在一个由议会中的某些议员、五角大楼中的某些部门官员和军工企业相互勾结,骗取大量军费以中饱私囊的"军工复合体"(military-industrial complex),他们常常在议会和政府军费预算的政治决策中相互勾结形成"铁三角"。

和西方的资本家占统治地位的政治系统相比,在中国的现行政治体制机制下,政党组织和政府部门中机构型团体的特殊性则相当突出。虽然中国公务员并没有组织同业工会,也很少见到某个政府部门的公职人员集体组织上街游行,更难见到同一机构的公职人员举行集体抗争行动,但是,中国的行政权力和资源是被政府和国有单位高度垄断的,并且出现了非常严重的公共权力部门化、部门权力利益化的趋势。

在中国现行的政治、经济文化和社会的制度结构与体制机制下,政党组织和政府机构直接掌管着所管辖的国有企业的重要人事安排,插手投资、生产和分配等微观经济活动;政府部门还直接招商引资,介入地方项目投资;许多本应该由社会自治管理的事情甚至连一些慈善项目,政府也独揽在手中,从而造成政企不分、政资不分、政事不分和政社不分的状态。由于政府机构庞杂、重复设置,职能交叉,因而政出多门,为维护各个部门利益,相互扯皮的事情,层出不穷,司空见惯。比如中央几大部门都管理水利,号称"九龙治水",结果不是年年洪水漫天,水漫大地,就是到处旱情不断,缺水断水。农业、商务、卫生、质检等几大部门都抢着管理奶业,结果从劣质奶粉到毒奶粉,造成多起震惊全国乃至世界的食品卫生危机案件。据不完全统计,在国务院实施大部制改革以前,国务院各部门之间就有80多项职责交叉。仅建设部就与发改委、交通部、水利部、铁道部、国土资源部等24个部门存在严重的职责交叉现象。另外,许多政府部门还将决策权、执行权和监督权集于一身,导致职责不清,无法相互制约。决策周期长,执行不得力,协调沟通难,导致政府运行成本太高、效率太低。甚至还有不少政府部门以各种名目乱收费、乱罚款,公然把部门利益凌驾于公众利益之上。

正是上述的种种制度结构、体制机制上的缺陷和弊端,使得某些政府部门随时有利可图。原本就具有自利性的政府部门,一旦出现制度缺失和制度约束不严,各类组织和机构趁机分割权力,以权谋利,不可避免地会滋生"权力部门化,部门利益化,利益集团化"的恶劣倾向。一些部门和机构利用对公共资源的垄断,部门谋利,机构贪钱,个人聚财。一些掌管能源、通信、交通、金融的政府部门,利用手中掌控和垄断的公共资源,成为最富有的部门,他们管辖下的国企中的经理、技术人员甚至普通职工,都成为高收入群体的成员。著名经济学家宋晓梧指出,按照国家发改委分配司编写的《中国居民收入分配年度报告(2007)》所列举的18个行政性垄断行业的工资总额推算,以2000年行业平均工资为基数,节省下来的工资基金可以多容纳700万人就业。如果把行业差距缩小到多数市场经济国家通行的合理范围,达到最低与最高比为1∶2左右,节省下来的工资基金可以多容纳900万人就业。垄断行业凭借对关键资源的独自拥有或政府赋予的排他性生产某种产品的权利,既享受投资、信贷、税收等方面的政策扶持,又垄断生产要素、经营范围或产品价格,垄断利润通过各种途径转化为该行业管理者和职工工资福利,导致垄断性行业平均工资过高。如果把中国国家垄断行业平均收入差距降到合理的比例,节省下来的工资福利基金至少可以扩大几百万人就业,并有利于大学生扩大择业范围。①

对于政治生活系统中因政治制度结构和体制机制存在的不当和缺漏,从不合理的公共资源的占有和掌控中滋生出来的,打上组织和部门烙印的机构性团体的不正当的、特殊的利益,必须通过政治体制机制改革与公共行政体制改革来加以破解、削弱和限制。一是要破除少数政府机构垄断公共政治和行政资源的现象。二是要破除小部门制,实行大部门制,实行决策、执行和监督的分立与制衡。三是在规范政党组织、政府部门公职人员的利益分配的同时,还要加强公职人员在不同部门、组织之间的流动,防止形成既得利益团体。

二、职业型团体及其行为

在政党组织和广义的政府部门中还有一类是职业型的制度性政治团体。所谓职业型团体,是指在政党组织和政府部门中,由于从事某些特殊的职业,从而需要有特殊的专业知识、技能训练,并且要从着装上能够加以辩识的公职人员所构成的团体。如警察和海关、税务、工商工作人员所构成的团体就属于这类职业型团体。由于这类公职人员组成的团体从事着和国家的安全和秩序有关的公共管理工作,因而具有运用职权之便,从中获取不应当有的好处和便利条件和机会。这里所讲的特殊的职业是指运用公共权力直接管理与国家的安全与秩序直接有关的社会事务,需要个人或群体使用行政裁量权的职业。比如工商、公安、交警、海关、税务人员,他们所从事的就是一些与利益直接相关、在具体管理中需要公正、合理地使用行政裁量权的特殊公共职业。

在西方国家,政府公职人员可以依据他们所从事的职业成立相应的公务员工会。在要求提升工资或增加福利时,西方的公务员常常以职业工会的名义与政府有关部门谈判。有时在西方的媒体上也能见到从事某些职业的政府公职人员集体罢工或上街示威的消息。在许多西方的电影、电视连续剧中,从事某些职业的公职人员被描写成有特殊利益的团体成员。比如西方的警察在执法中常常与黑

---

① 参见 http://finance.ifeng.com/news/20091114/1464380.shtml.

社会相勾结,欺压平民百姓。海关人员则与走私集团串通一气,包庇、掩护甚至直接参与毒品走私。这也从一个侧面反映了西方一些公职人员利用职业的方便,为自己和同行捞取好处的现象。西方国家在公务员的管理中,也特别重视对利用职务谋取私利的行为强化监督和惩处。

在中国,直接和公众、企业打交道,从事着行政执法和公共事务管理的职业主要是指工商管理、海关管理、税收管理、交通管理和治安管理。在一般公众眼里,在这些部门工作的公职人员和在政党、政府的领导、办公、参谋、组织、宣传部门中工作的公职人员不一样。后者主要是从事指挥引导、制定法规、规划政策、审批报告、干部培训、舆论控制等等方面的工作,虽然有时也会有利用职务之便,让个人和部门获取特殊好处的事情发生,但这种情况大都发生在上级政党组织和政府部门与下级政党组织、政府部门发生关系的环节上,或发生在政党组织、政府部门与直接管理的企业发生关系的过程中。而前者则不一样,此类不规范的甚至犯法的行为常常发生在从事行政执法和公共事务管理的公职人员个人、部门与普通百姓、一般的企事业单位的直接关系之中。

在一般情况下,政党组织和政府部门都会对从事这些特殊职业的公职人员提出在从事行政执法和公共事务管理时应当遵循的行为规范和工作纪律,要求相关职业的公职人员严于律己,大公无私,不允许利用职业之便,谋取个人或部门的私利。而且为了让公职人员维护自己和职业的形象,也为了让公众对公职人员的行为加强监督,都要求从事这类特殊职业的公职人员在工作时统一着装,以便让人们非常清晰地辨认。

虽然在中国多数从事上述特殊职业的公职人员都忠于职守,严格要求自己,自觉地维护良好的职业形象,但是,由于政治和行政的制度结构和体制机制方面存在的不合理和疏漏,加上某些个人和部门放松道德修养和纪律约束,在公安执法、工商管理、海关关检、税收管理等领域,不少公职人员行为不轨、态度恶劣、吃拿卡要、贪赃枉法的事情时有发生。以至于在许多地方的万人评议政府活动中,上述部门的群众评议得分总是排在后面几位。有些老百姓直接认为某些地方的工商管理人员、公安执法人员、税收人员已经成为特殊的利益团体。

对于某些公职人员和部门利用职业之便获取非法的好处和利益的现象,必须坚决加以制止和消除。要让从事某些特殊职业的公职人员个体和群体都能遵守职业道德,仅仅依靠个人的道德修养是不行的,重要的是必须进行政治和行政体制机制方面的改革。一是要彻底地破除政府至上、官位至上的陈腐观念和恶习,任何政党组织、政府部门和在其中工作的公职人员都要以民为本,放下官架子,老老实实、踏踏实实地为人民服务。二要加大对利用职业之便捞取个人和部门好处的行为加以处罚和惩办的力度,让从事特殊职业的个人和部门在履行职能时严守职责,如履薄冰,不敢越雷池半步。

在考察上述职业型团体时必须记住,一是有关官方文件上规定的职责、权利和功能,和这些团体在实际运行中所具有的、发挥出来的职责、功能和行为并不是一样的。二是即使是相同的职业型团体,在不同的层级上,在不同的区域中,它们的差别性也是很大的。三是对制度性团体做机构型和职业型区分是相对的,有时这两者可能是重叠的。

第三节 社团性政治团体及其行为

社团性政治团体简称为社会团体或社团,这是在当代中国正在演变发展的现实政治生活中发挥影响作用的重要政治主体。进入社会转型时期以后,伴随个体政治权益观念的加强和社会利益分化趋势日渐明显,政治个体聚合起来建立社会团体的愿望不断上升。一些带有专业性质、维护权益性质和民间互助性质的社团和组织纷纷建立起来。

最初社团和民间组织的建立随意性较大,政府部门对此也缺乏统一的管理。在20世纪80年代末发生的一系列事件中,不少地方出现了少数社团和民间组织同政府部门紧张对抗的现象,这就促使和推动政府下决心着手建立一个统一的社团监管体系。1989年10月,国务院颁布了《社会团体登记管理条例》,这标志着中国社团监管体系的正式建立。1998年10月,国务院再次修订了《社会团体登记管理条例》,并且同时颁布了《民办非企业单位登记暂行条例》,为非社团型民间组织的建立确立了基本法律框架。

一、社团的发展和管理

社团性政治团体的发展

新中国一建立,社团性团体就被纳入到政治生活系统的管理之中。从1950年9月中国政务院发布《社会团体登记暂行办法》开始,"社会团体"就曾一度是中国有关这方面的法规、规章、行政命令、决定中的最主要用语。1989年10月国务院发布的《社会团体登记管理条例》的第2条则以列举的方式对此项法规的规范对象作了规定:"在中华人民共和国境内组织的协会、学会、联合会、研究会、基金会、联谊会、促进会、商会等"都是社会团体。

但从20世纪90年代初开始,随着经济体制改革,尤其是事业单位制度改革的深入,过去完全由国家兴办的事业单位开始部分地转向由私人或社会兴办。在政府与市场组织之间开始出现一种有别于"社会团体"的"民办事业单位"。1996年中共中央办公厅、国务院办公厅发出《关于加强社会团体和民办非企业单位管理工作的通知》,开始正式把这一类型的组织称为"民办非企业单位",将其与"社会团体"相并列。

1998年国务院颁布的《民办非企业单位登记管理暂行条例》第2条,明确界定民办非企业单位是指"企业事业单位、社会团体和其他社会力量以及公民个人利用非国有资产举办的,从事非营利性社会服务活动的社会组织"。1998年国务院修订的《社会团体登记管理条例》第2条规定,社会团体是指"由中国公民自愿组成,为实现会员共同意愿,按照其章程开展活动的非营利性社会组织"。与此同时,民政部原社会团体管理司改为"民间组织管理局"。地方民政部门也新设或者将社会团体管理部门改名为"民间组织管理局"、"民间组织管理办"、"民间组织管理股"。"民间组织"就成为与"社会团体"并用的概念。

在学术界,有关这方面的用语更为混杂。不仅有"社会团体"和"民间组织"的用语,而且还增加了许多外来的概念。尤其是20世纪90年代初在对西方"市民社会"理论的纵深引进与热烈探讨过程中,诸如"非营利组织"(NPO)、"非政府组织"(NGO)、"第三部门"等概念也纷纷出现在各种正式与非正式的学术研讨场合和正式的学术刊物上。① 从西方引进的上述诸多概念,虽然和中国本土的某些用语有相近或相似的地方,但是,所指称的对象并不具有相似性。因此,在研究"社团"时,最好不要随便地和"非营利组织"、"非政府组织"、"第三部门"这些概念相互替换。而在中国目前政治和社会发展的现实情况下,"民间组织"似乎比"社团"更能概括众多存在并活动着的各类不属于政府机构的团体。我国目前的民间组织既包括通常所讲的社会团体,也包括众多的民办非企业单位和正在发展的各种基金会。

按照《社会团体登记管理条例》和《民办非企业单位登记管理暂行条例》规定,成立社会团体必须提交业务主管部门的批准文件。业务主管部门是指县级以上各级人民政府有关部门及其授权的组织。社会团体实际上附属在业务主管部门之下。因此,我国目前的社会团体都带有准官方性质。

依据《民政事业发展统计报告》,1999年,中国登记的社团总数为13.6万个。从2000年到2002年,社团总量出现下降趋势。自2003年始,全国的社团

---

① 根据在百度网站上的搜索情况统计,2009年之后以"民间组织"作为主题词的相关网页约有998万篇;以"社会组织"作为主题词的相关网页约有2340万篇;以"非政府组织"(NGO)为主题词的相关网页约为1220万篇;以"公民社会"为主题词的相关网页约为468万篇;以"第三部门"作为主题词的网页约为176万篇;以"非营利组织"(NPO)作为主题词的网页约为495万篇。参见黄晓通主编《中国民间组织报告(2009—2010)》,社会科学文献出版社2010年版,第14—15页。

总数又出现上升势头。到 2009 年底,这一数字增加到 23.9 万个。虽然 2009 年的社团总量比 2008 年增长了 3.9%,但从整体上来审视,中国社团继续呈现低速增长的态势,2009 年度的社团增速是民间组织三种类型中增速最慢的一种(见表 6-1)。

表 6-1 1999—2009 年全国民间组织   单位:个,%

年份	总体		社会团体		民办非企业单位		基金会	
	数量	增长率	数量	增长率	数量	增长率	数量	增长率
1999	142665	—	136764	—	5901	—	—	—
2000	153322	7.47	130668	−4.46	22654	283.90	—	—
2001	210939	37.58	128805	−1.43	82134	262.56	—	—
2002	244509	15.91	133297	3.49	111212	35.40	—	—
2003	266612	9.04	141167	5.90	124491	11.94	954	—
2004	289432	8.56	153359	8.64	135181	8.58	892	−6.50
2005	319762	9.49	171150	11.60	147637	9.21	975	9.30
2006	354393	10.83	191946	12.15	161303	9.26	1144	17.33
2007	386916	9.18	211661	10.27	173915	7.82	1340	17.13
2008	413660	6.91	229681	8.51	182382	4.87	1597	19.18
2009	431000	4.10	239000	3.90	190000	4.40	1843	15.40

资料来源:1999—2009 年《民政事业发展统计报告》。

从社团自身的发展轨迹来看,2009 年度的社团增速则是自 2003 年以来最慢的一年(见图 6-1、图 6-2)。

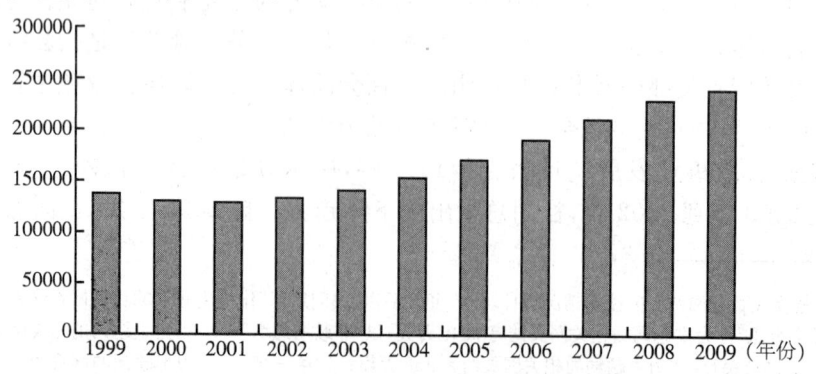

图 6-1 1999—2009 年全国社团绝对数时序变化
资料来源:1999—2009 年《民政事业发展统计报告》。

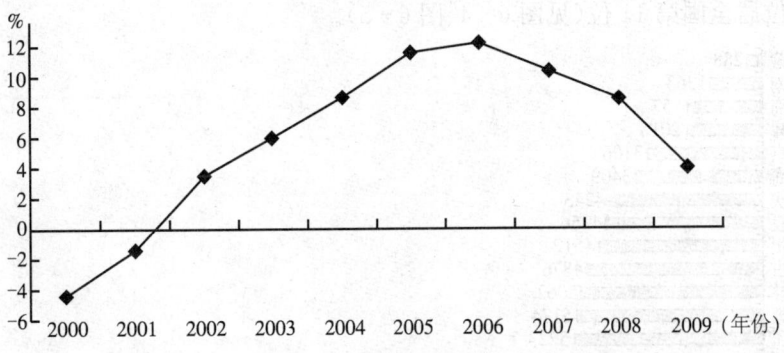

图6-2 2000—2009年全国社团数增长率时序变化
资料来源:2000—2009年《民政事业发展统计报告》。

按活动的范围来区分,中国的社团可以划分为全国性及跨省社团、省级社团、地级社团和县级社团。依据《2009年民政事业发展统计报告》,2009年度,全国性及跨省社团为1800个,占全部社团总数的0.75%;省级社团为23364个,占全部社团总数的9.79%;地级社团为63043个,占全部社团总数的26.41%;县级社团为150540个,占全部社团总数的63.05%(见图6-3)。

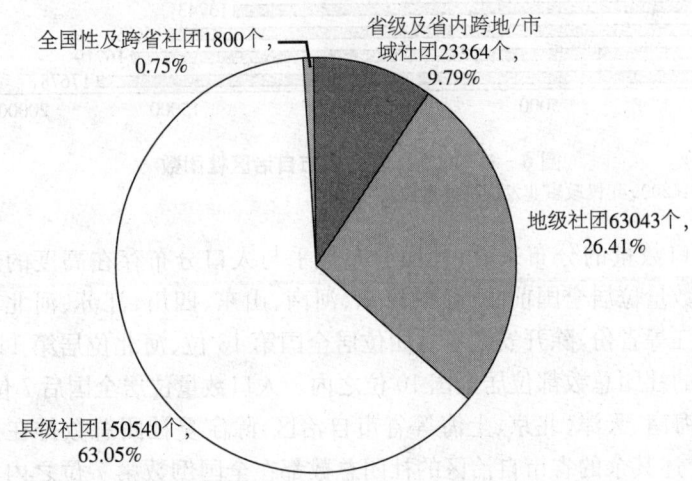

图6-3 2009年度按活动范围划分的社团数与比例
资料来源:《2009年民政事业发展统计报告》。

从全国来看,社团的省域分布与经济总量的分布并不均衡。一些经济总量高的省份社团数量并不多。如经济总量排位靠前的上海、北京、天津,社团总数却名列全国倒数第4至第6位之内,河北省经济总量2009年度位居全国第6位,社团数量却位居全国第 11 位(见图 6-4、图 6-5)。

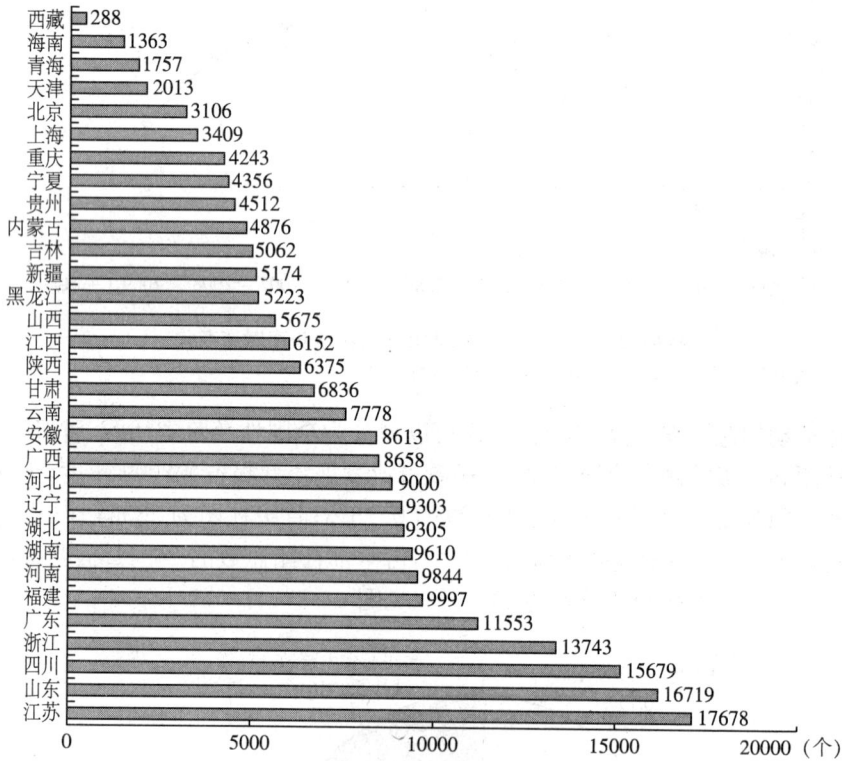

图 6-4　2009 年度各省市自治区社团数

资料来源:《2009 年民政事业发展统计报告》。

但从人口数量的分布来看,社团分布似乎与人口分布存在高度的正相关关系。如人口数量位居全国前 10 位的广东、河南、山东、四川、江苏、河北、安徽、湖南、湖北、浙江等省份,除开安徽省社团位居全国第 13 位、河北位居第 11 位外,上述其余省份的社团总数都位居全国 10 位之内。人口数量位居全国后 7 位的西藏、青海、宁夏、海南、天津、北京、上海等省市自治区,除宁夏社团总数排在全国倒数第 8 位外,上述其余的省市自治区的社团总数都在全国倒数第 7 位之内(见图 6-4、图 6-6)。

社团的业务范围和服务领域日益扩展,从 2009 年的统计资料来看,属于农业及农村发展类的社团为 45367 个,占全部社团总数的 18.98%;属于社会服务类的社团为 30818 个,占全部社团总数的 12.91%;属于工商服务类的社团为 22847 个,占全部社团总数的 9.57%;属于文化类的社团为 19687 个,占全部社团总数的 8.25%;属于科技研究类的社团为 19786 个,占全部社团总数的 8.29%;属于教育

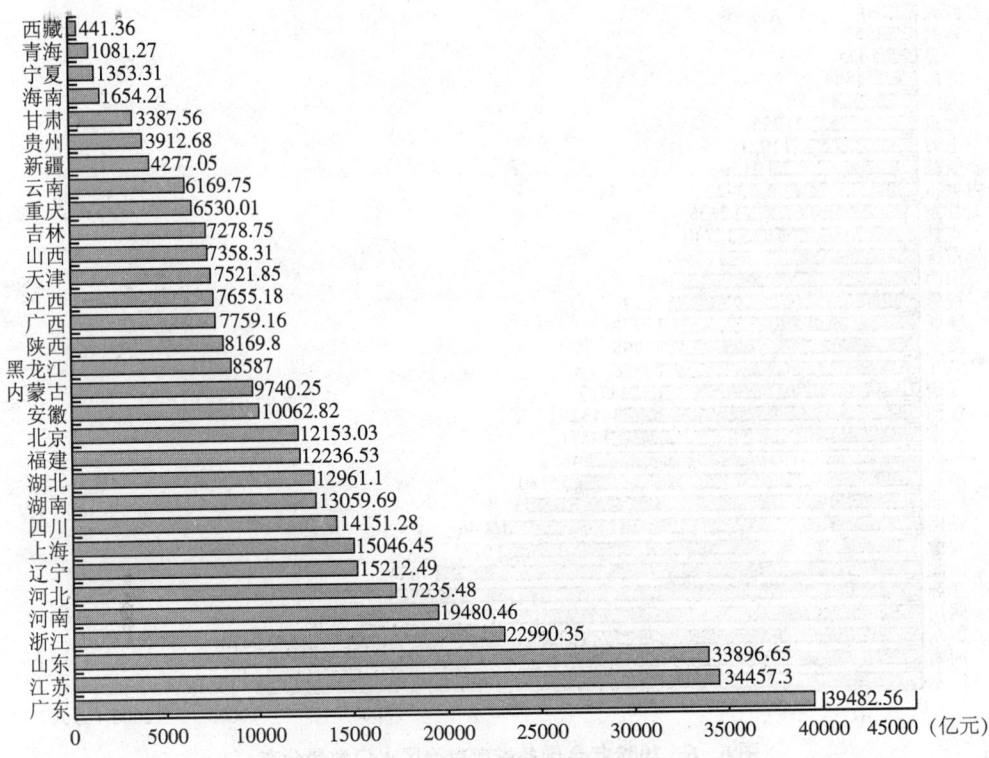

图6-5 2009年各省市自治区经济总量分布

资料来源:《中国统计年鉴2010》。

类的社团为12943个,占全部社团总数的5.42%;属于卫生类的社团为11521个,占全部社团总数的4.83%;属于体育类的社团为12623个,占全部社团总数的5.29%;属于生态环境类的社团为6702个,占全部社团总数的2.81%(见图6-7)。

在数量众多的社团中,有一部分是从政府机构中分离出来的。它们原先属于各级政府部门,在政府机构精简中离开了政府。其中有些恢复了社团的性质,但仍然沿用原先的名称,如工会、共青团、妇联,等等。有些则进行了组织改革,成为新的社团。这些从政府机构中分离出来的社团,虽然名义上不再是政府的具体部门了,但仍旧履行着原先就担负着的部分政府职能,因此可把这类社团称为准机构性社团。在改革开放后,一些专业人士聚合起来建立了一大批从事科学研究、政策咨询和社会服务的社团,我们称这部分社团为专业性社团。另外,还有许多和经济生产、市场服务、公共事业管理联系在一起的,带有经营性的、又不以营利为目的的社团,这些社团和民办非企业单位基金会的界限很难清楚地区分,一般称为民间性社团。

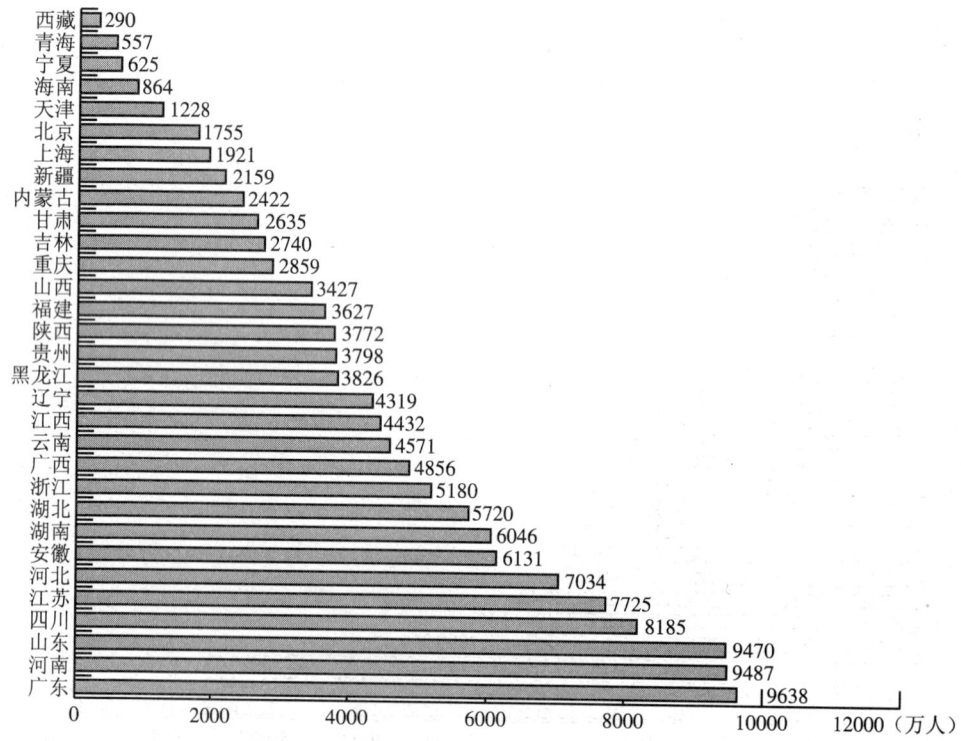

图6-6 2009年全国各省市自治区人口数量分布

资料来源:《中国统计年鉴2010》。

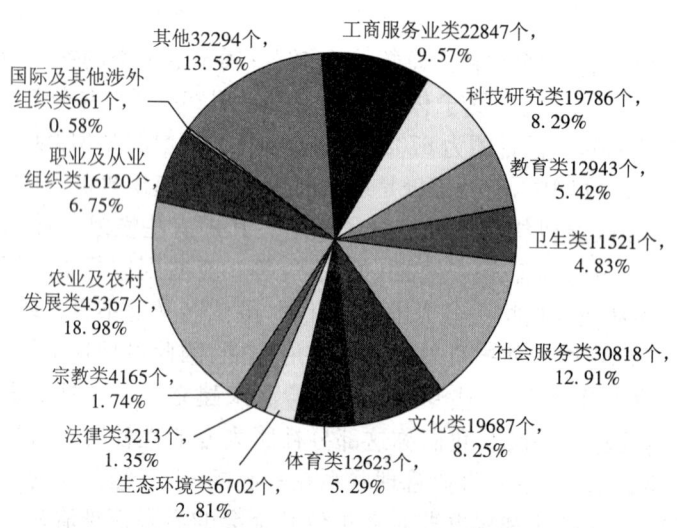

图6-7 2009年度按服务的主要领域划分的社团数及比例

资料来源:《2009年民政事业发展统计报告》。

社团性团体的管理

按照现行法规,我国民间组织管理制度(包括社会团体管理制度)可以概括为"归口登记、双重负责和分级管理"。"归口登记"是指,除法律、法规明确规定免予登记的外,所有社会团体都由民政部门统一登记,在其他国家机关、政府部门进行登记的,不被视为有效的民间组织登记。"双重负责"是指,社会团体管理由登记管理机关和业务主管单位分工合作,共同实施对社会团体的管理监督。"分级管理"是指,依据社会团体的规模,全国性社会团体由国务院的登记管理机关及相应的业务主管单位负责管理监督,地方性社会团体由地方各级登记管理机关及相应的业务主管单位负责管理监督。

根据《社会团体登记管理条例》、《民办非企业单位登记管理暂行条例》,社会团体管理的执法部门主要是各级民政部门中的社会团体管理机构和社会团体的业务主管单位。具体地说,国务院民政部门和县级以上地方各级人民政府民政部门,是本级人民政府的社会团体、民办非企业单位和基金会登记管理机关,国务院有关部门和县级以上地方各级人民政府有关部门、国务院或者县级以上地方各级人民政府授权的组织,是有关行业、学科或者业务范围内社会团体和民办非企业单位的业务主管单位。[①]

《社会团体登记管理条例》、《民办非企业单位登记管理暂行条例》规定了登记管理机关的监督管理职责:负责社会团体的成立、变更、注销的登记或者备案;对社会团体实施年度检查;对社会团体违反条例的问题进行监督检查,对其违反条例的行为给予行政处罚。

《社会团体登记管理条例》、《民办非企业单位登记管理暂行条例》规定了业务主管单位的监督管理职责:负责社会团体筹备申请、成立登记、变更登记、注销登记前的审查;监督、指导社会团体遵守宪法、法律、法规和国家政策,依据其章程开展活动;负责社会团体年度检查的初审;协助登记管理机关和其他有关部门查处社会团体的违法行为;会同有关机关指导社会团体的清算事宜。

---

① 2011年,广东出台社会团体管理新规定,降低社会组织登记门槛。从2012年7月1日起,除特别规定外,将社会组织的业务主管单位改为业务指导单位,社会团体直接向民政部门申请成立,无须业务主管单位前置审批后再向登记管理机关申请登记。同时,行业协会将允许一行多会。http://news.163.com/11/1124/02/7JJG13UM00014AED.html。

2011年,北京市社会管理也推出一项重大创新制度。工商经济类、公益慈善类、社会福利类、社会服务类等四大类社会团体按照"一口审批、分类管理、政府监督、扶持发展"和"宽审批、严监管"的指导方针,实行登记审批,社团可以到民政部门直接登记,解决了原先社团"找业务主管单位难"的问题。http://www.fs0757.com/gongyi/11/0301/2011319513750.shtml。

社会团体要在日常活动中保持合法性,就必须履行下列手续。一是由发起人向登记管理机关申请筹备。发起人持筹备申请书(内容包括:成立该社会团体的必要性及可行性;社会团体的宗旨和业务范围;社会团体的活动地域及活动方式;活动资金和经费来源渠道;社会团体拟发展的会员及分布情况)、业务主管单位的批准文件、验资报告、场所使用权证明、发起人和拟任负责人的基本情况和身份证明、章程草案等,向登记管理机关申请筹备。登记管理机关收到全部文件之日起60日内,对这些文件进行审查,做出批准或者不批准筹备的决定。获得批准筹备的,在召开第一次会员大会或会员代表大会后,向登记管理机关申请成立登记。登记管理机关在收到登记申请书及相关文件30日内,对其再次审查,符合条件的,准予登记。登记事项包括:名称,住所,宗旨,业务范围和活动地域,法定代表人,活动资金,业务主管单位。获得批准成立的,自批准成立之日起60日内向登记管理机关备案。登记管理机关自收到备案文件之日起30日内发给《社会团体法人登记证书》。备案事项包括所有登记事项、业务主管单位批准文件以及印章式样和银行账号等。

二是接受业务主管单位的审查批准。社会团体的业务主管单位的审查内容一般包括:成立该社会团体的必要性和可行性;审查筹备的社会团体拟定的会长、副会长、秘书长等负责人的政治情况及在本行业、学科、专业的权威性和代表性;审查申请筹备的社会团体的业务范围、活动地域及活动方式;审查申请筹备的社会团体的经费来源渠道是否合法、稳定;审查申请筹备的社会团体是否具备规定的社团法人的几项条件。

三是登记事项、备案事项需要变更的,需要报请业务主管单位审查同意,自业务主管单位审查同意之日起30日内,向登记管理机关申请变更登记、变更备案。社会团体修改章程,应当自业务主管单位审查同意之日起30日内,报登记管理机关核准。

四是每年3月31日前向业务主管单位报送上一年度的工作报告,经业务主管单位初审同意后,于5月31日前报送登记管理机关,接受年度检查。工作报告的内容包括:本社会团体遵守法律法规和国家政策的情况、依照本条例履行登记手续的情况、按照章程开展活动的情况、人员和机构变动的情况以及财务管理的情况。年度检查需要提交的材料一般包括:《社会团体年检报告书》;上一年度财务决算报告;上一年度工作总结和本年度工作计划;《社会团体法人登记证》副本;以及其他需报送的有关材料。登记管理机关根据提交材料并通过其他措施进行审查,确认其遵守法律、法规和有关政策规定,依照章程规定的宗旨和业务范围开展活动,无违法违纪行为,财务制度健全,收入和支出符合国家的有关规定,及时办理有关变更登记及机构设置备案手续,在规定时限内接受年检,所有各项条件均符合的,确定为年检合格;发现其存在一年中未开展任何业务活动的,经费不足以维持正常业务活动的,违反章程规定开展活动的,违反财务规定的,内部矛盾严重,重大决策缺乏民主程序的,违反有关规定乱收会费的,无固定办公地点一年以上的,未办理有关变更登记或机构备案手续的,无特殊情况,未在规定的时限内接受年检的,年检中弄虚作假的,或违反其他有关规定的等情形之一的,确定为年检不合格。

当前中国社团在发展与管理上存在两方面看上去似乎相互矛盾但事实上又都是客观存在的问题。一方面的问题是从整个发展规模来评估,社会团体的猛涨在一定程度上超越了社会发展的实际需求。据有关统计资料显示,1965年中国内地有全国性社团将近100个,地方性社团6000多个。"文革"期间,各类社团几乎都陷入"瘫痪"状态。1976年以后社团逐渐开始"复活"。截至1996年,20年间经过合法登记的全国性社团就一下子增加到1800多个,地方性社团总量接近20万个,社团出现了"爆发式增长"。这种因长期的禁锢突然解除而引发的冲动和狂热,会造成社会团体数量上的暴涨和质量上的低下。再加上利益的驱动,社会团体的发展不可避免地会出现偏向。另一方面的问题是从总体发展的条件来评估,政治系统则明显缺乏必要的、合理的制度安排,从而又在很大程度上并没有能够满足社团存在与正常发展的需要。

二、准机构型社团及其作用

准机构型社团的特征与功能

相对于制度性团体,不在政党组织和政府部门范围内的社会团体可以大体上分为三类:与政府机构联系最为紧密,带有显著的官方性质的准机构型团体;与政府机构关系较为紧密,具有半官方性质的专业型团体;与政府机构关系较为松散,带有自治性质的民间团体。这种分类只是基于当前中国公民社会或民间社会还不发达,社会团体尚处于发育阶段情况的一种相对粗糙的划分。

所谓准机构型社团是指那些虽然形式上不属于政府机构,但依然履行着某些政府职能的特殊性社团。目前在中国存在并活动着的准机构型社会团体大部分是经由下列两种途径产生的。第一种途径是经过脱机构化,还原为社会团体的。这部分社团在20世纪50年代由政党组织和政府机构对其调整重建,通过脱社团化程序,赋予其机构化的特征,成为政党组织和政府部门的一部分。从20世纪80年代开始实行的政府管理体制改革,又让这部分已经是政府部门的社团再一次经过相反的去机构化程序,再度复原为特殊的社会团体。

第二种途径是经过脱机构化新建为社会团体的。有一部分原先在政府体系中担负着对经济、文化、社会的微观管理职能的部门，在从20世纪80年代开始的政府行政管理体制改革过程中，通过脱机构化程序，先后从政党组织和政府部门中分离出来，经过重建，成为履行某些政府职能的社会团体。

无论是还原的还是新建的这类特殊社会团体，它们都有过归属于政党组织和政府部门并担当政党组织和政府部门职能的历史。从形式上来说，这类社团现在已不再是政党组织和政府部门了。它们的共同特征是：在人事上，依然占用国家的行政编制；在经费上，依然依赖国家的财政拨款；在功能上，依然担当着原先它们是政府部门时所承担的部分政府职能。也正是在这一意义上，它们被划归为准机构型社团。

所有这一类依然和政府机构紧密联系在一起的准机构型社团，除了其中少数社团不需要按社会团体登记管理条例的要求去民政部门定期登记外，它们都有相关的政府部门来充任主管。如果以社团实际上所依托的业务主管部门是属于中央的还是地方的为标准，中国的准机构型社会团体又可以进一步分成两大类：一类是全国性的准机构型社会团体，另一类则是地方性的准机构型社会团体。

中国目前有全国性或跨省市自治区的准机构性社会团体近1800个。其他绝大部分的准机构型社团都是地方性的。在全国性的准机构型社团中，也只有一部分是使用行政编制或事业编制，使用的经费是由国家财政拨款的。这样的特殊准机构型社团约有200个。在这近200个团体中，又有19个特级全国性社团。其中全国总工会、共青团、全国妇联政治地位更加特殊，社会影响特别广泛。还有16个社会团体的政治地位虽然不及上述三个社会团体，但也比较特殊，也有较广泛的社会影响。它们分别是：中国文联、中国科协、全国侨联、中国作协、中国法学会、对外友协、贸促会、中国残联、宋庆龄基金会、中国记协、全国台联、黄埔军校同学会、外交学会、中国红十字总会、中国职工思想政治工作研究会、欧美同学会。以上19个社会团体的主要任务、机构编制和领导职数均由中央机构编制管理部门直接确定，它们虽然是非政府性的组织，但在很大程度上行使着政府的职能。

从近年来的发展来看，大量的准机构型社团正从"政府的助手"演变为"政府的合作者"。准机构型社团具有参与公共决策的条件和途径：

一是准机构型社团的主要负责人都有行政级别。工会、妇联和共青团的全国性机构负责人的职位都是国家级的，中国文联、中国科协、全国侨联、中国作协、中国法学会、对外友协、贸促会、中国残联、宋庆龄基金会、中国记协、全国台联、黄埔军校同学会、外交学会、中国红十字总会、中国职工思想政治工作研究会、欧美同学会的负责人的职位都是部级的。省一级的工会、妇联和共青团的负责人的职位都是厅级的。省一级的社联、科协、作协、记协负责人也都享受厅级待遇。

二是准机构型社团的负责人直接参与政治机构如人大和政协的活动。这种参与最典型的表现就是与政府特别接近的一些社团,尤其是工商联、共青团、妇联、工会、计生协会、老年协会都有代表成为从中央到地方的各级人民代表大会和政协的成员,而作为一种惯例,工商联的会长在与其对应的各级人民政协中通常兼任副主席。另外各级工会负责人通常也是涉及职工利益的各项重大改革的领导机构的成员。

三是准机构型社团负责人或代表参与重要政治活动。利用这种机会他们可以代表本组织向决策部门反映问题,提出要求,呼吁支持;对地方经济社会发展计划及政府工作发表意见,提出批评;参与政治选举等等。消费者协会的代表有权参与各级政府价格政策的听证会;工会、共青团、妇联的负责人和代表可以参加各级政府的经济和社会发展计划以及重大方针政策的研究和制定。

四是准机构型社团负责人或代表直接参与公共政策制定。有些政府部门允许准机构型社团代表参与政策的制定,如工会可以参加物价、工资改革等临时性工作小组,对物价和工资等方面的政策发表意见;有些政府部门邀请有关社团对专门政策的制定和实施发表意见,如九届人大一次会议在修改宪法之前,曾就修改条款中涉及非公有制经济的定性问题,特别听取了各级工商联的意见。

我们着重对地位特别特殊的工会、共青团、妇联三个社会团体和地位也非常特殊的中国残联这一社会团体加以分析,从中了解中国目前准机构型的社会团体的组织结构、担负的使命和行为方式。

中国工会的职能、结构和活动

中国工会是中国共产党领导的职工自愿结合的工人阶级群众组织,是执政党联系职工群众的桥梁和纽带,是国家政权的重要社会支柱,是会员和职工利益的代表。中国工会是在中国工人运动发展的基础上诞生的。在社会主义初级阶段,中国工会遵循以经济建设为中心,在维护全国人民总体利益的同时,更好地表达和维护职工群众利益的指导原则,履行以下社会职能:维护职工群众的合法利益和民主权利;吸引职工参加改革,努力完成经济与社会发展任务;代表职工参与国家和社会事务的管理,参与企业、事业单位的民主管理;引导和教育职工提高自己的思想道德和文化技术素质。

中国工会工作的方针是:以经济建设为中心,立足改革全局,把发展社会生产力和维护职工具体利益结合起来,增强基层活力,实现工会的群众化、民主化,团结教育广大职工为建设有中国特色的社会主义而奋斗。工会改革的目标是:把中国工会建设成为中国共产党领导的,独立自主、充分民主、职工信赖的工人阶级群众组织,在国家的社会生活中发挥重要作用的社会政治团体。工会改革的主要内容是:进一步明确工会的社会职能,理顺工会与共产党、工会与政府、工会与企事业方面的关系,以增强基层工会活力为中心环节,密切工会与群众的关系,改革工会的组织制度和活动方式,实现工会的群众化、民主化。

凡在中国境内的企业、事业单位、机关和其他社会组织中,以工资收入为主要生活来源或者与用人单位建立劳动关系的体力劳动者和脑力劳动者,不分民族、种族、性别、职业、宗教信仰、教育程度,承认工会章程,都可以加入工会成为会员。会员享有以下权利:选举权、被选举权和表决权;对工会工作进行监督,提出意见和建议,要求撤换或者罢免不称职的工会工作人员;对国家和社会生活问题及本单位工作提出批评与建议,要求工会组织向有关方面如实反映;在合法权益受到侵犯时,要求工会给予保护;享受参加工会举办的各种服务活动等优惠待遇;享受工会给予的各种奖励;在工会会议和工会报刊上,参加关于工会工作和职工关心问题的讨论。

中国工会的组织建设实行民主集中制,主要内容是:个人服从组织,少数服从多数,下级组织服从上级组织。工会的各级领导机关,除它们派出的代表机关外,都由民主选举产生。工会的最高领导机关,是工会的全国代表大会和它所产生的中华全国总工会执行委员会。工会的地方各级领导机关,是工会的地方各级代表大会和它所产生的总工会委员会。工会各级委员会,向同级会员大会或者会员代表大会负责并报告工作,接受会员监督。会员大会和会员代表大会有权撤换或者罢免其所选举的代表和工会委员会组成人员。工会各级委员会,实行集体领导和分工负责相结合的制度。凡属重大问题由委员会民主讨论,做出决定,委员会成员根据集体的决定和分工,履行自己的职责。工会各级领导机关,经常向下级组织通报情况,听取下级组织和会员的意见,研究和解决他们提出的问题。下级组织向上级组织请示报告工作。

中国工会实行产业和地方相结合的组织领导原则。同一企业、事业单位、机关和其他社会组织中的会员,组织在一个工会基层组织中;同一行业或者性质相近的几个行业,根据需要建立全国的或者地方的产业工会组织。除少数行政管理体制实行垂直管理的产业,其产业工会实行产业工会和地方工会双重领导,以产业工会领导为主外,其他产业工会均实行以地方工会领导为主,同时接受上级产业工会领导的体制。各产业工会的领导体制,由中华全国总工会确定。

省、自治区、直辖市,设区的市和自治州,县(旗)、自治县、不设区的市建立地方总工会。地方总工会是当地地方工会组织和产业工会地方组织的领导机关。全国建立统一的中华全国总工会。中华全国总工会是各级地方总工会和各产业工会全国组织的领导机关。企业、事业单位、机关和其他社会组织等基层单位,应当依法建立工会组织。社区和行政村可以建立工会组织。有会员25人以上的,应当成立工会基层委员会;不足25人的,可以单独建立工会基层委员会,可以由两个以上单位的会员联合建立工会基层委员会,也可以选举组织员或者工会主席一人,主持基层工会工作。

中国工会经费的来源:会员缴纳的会费,企业、事业单位、机关和其他社会组织按全部职工工资总额的百分之二向工会拨缴的经费或者建会筹备金,工会所属的企业、事业单位上缴的收入,人民政府和企业、事业单位、机关和其他社会组织的补助,其他收入。工会资产是社会团体资产,中华全国总工会对各级工会的资产拥有终极所有权。根据经费独立原则,建立预算、决算、资产监管和经费审查监督制度。实行"统一领导、分级管理"的财务体制,"统一所有、分级监管、单位使用"的资产监管体制,"统一领导、分级管理、分级负责"的经费审查监督体制。工会经费、资产的管理和使用办法以及工会经费审查监督制度,由中华全国总工会制定。

截至2008年6月,全国工会会员总数达到2.09亿人,相比2003年的1.23亿人,5年中净增8600万人。其中农民工会员人数为6674.6万人。全国职工入会率达到77.2%。目前,全国97.8%的乡镇(街道)都建立了工会组织。有2010家乡镇(街道)建立了总工会,乡镇(街道)专职工会干部总数达24160人。在一些经济发达地区,80%的村和社区也建立了工会组织。全国工会基层组织达到170.2万个,覆盖单位达355.5万个。中国工会已经成为世界上最大的工会组织。

中国青年团的任务、结构和活动

中国共产主义青年团即共青团是中国共产党领导的先进青年的群众组织,是广大青年在实践中学习共产主义的学校,是中国共产党的助手和后备军。现在的中国共产主义青年团是在20世纪20年代创建的社会主义青年团的基础上发展而来的。1949年4月,召开了新民主主义青年团第一次全国代表大会,最后完成了青年团组织的重建工作。1957年5月召开的中国新民主主义青年团第三次全国代表大会决定把团的名称改为中国共产主义青年团。大会还决定把改名以后团的全国代表大会和中国社会主义青年团、共产主义青年团和新民主主义青年团的历次代表大会衔接起来,依照次序加以排列。但是此后曾经一度出现曲折。从1957年开始截至20世纪末,共青团在43年中只召开了6次全国代表大会。1998年6月召开的共青团第十四次全国代表大会,标志着中国共青团已经进入跨世纪的历史征程。

共青团现阶段的基本任务是:团结带领全国亿万青年投身全面建设小康社会的伟大实践,为实现我们党推进现代化建设、完成祖国统一,维护世界和平和促进共同发展的三大历史任务,在中国特色社会主义道路上实现中华民族伟大复兴而奋斗。

共青团章程规定,凡年龄在14周岁以上、28周岁以下的中国青年,只要承认团的章程,愿意参加团的一个组织并在其中积极工作、执行团的决议和按期交纳团费的,都可以申请加入中国共产主义青年团。团员享有下列权利:参加团的有关会议和团组织开展的各类活动,接受团组织的教育和培训。在团内有选举权、被选举权和表决权。在团的会议和团的报刊上,参加关于团的工作和青年关心的问题的讨论,对团的工作提出建议,监督、批评团的领导机关和团的工作人员。对团的决议如有不同意见,在坚决执行的前提下,可以保留,并且可以向团的上级组织提出。参加团组织讨论对自己处分的会议,并且可以申辩,其他团员可以为其作证和辩护。向团的任何一级组织直至中央委员会提出请求、申诉和控告,并要求有关组织给以负责的答复。团的任何一级组织或个人都无权剥夺团员的权利。

共青团是按照民主集中制原则组织起来的统一整体。团员个人服从组织,少数服从多数,下级组织服从上级组织。团的全国领导机关,是团的全国代表大会和它产生的中央委员会。地方各级团的领导机关,是同级团的代表大会和它产生的团的委员会,团的各级委员会向同级代表大会负责并报告工作。团的各级领导机关,除它们派出的代表机关外,都由选举产生。团的各级领导机关应当经常听取并认真处理下级组织和团员的意见;团的下级组织既要向上级组织请示、报告工作,又要独立负责地解决自己职责范围内的问题。团的各级组织要使团员对团内事务有更多的了解和参与。团的各级委员会实行集体领导和个人分工负责相结合的制度。共青团在地方和军队设立组织。

在企业、农村、机关、学校、科研院所、街道社区、社会团体、社会中介组织、人民解放军连队、人民武装警察部队中队和其他基层单位,凡是有团员三人以上的,都应当建立团的基层组织。团的基层组织,根据工作需要和团员人数,经上级团的委员会批准,分别设立团的基层委员会、总支部委员会、支部委员会,在基层委员会、总支部下建立支部。如果工作需要,在基层委员会下也可以建立总支部。在一个支部内可以分若干个小组。支部委员会、总支部委员会由团员大会选举产生,每届任期两年或三年,其中大、中学校学生支部委员会每届任期一年。基层委员会由团员大会或代表大会选举产生,每届任期三年至五年。

截至2006年底,全国共有共青团员7349.6万人,基层团委20.5万个,团总支22万个,团支部256.1万个,专职团干部19.3万人。其中,学生团员总数为3663.5万人,约占团员总数的49.9%。全国各学校中共有基层团委5.5万个,团总支7万个,团支部94.3万个。采掘业、制造业、电力、煤气及水的生产和供应业以及建筑业共有团员565.7万人。这些行业中,基层团委达3.2万个,团总支3.1万个,团支部27.6万个。在农、林、牧、渔业中,共有团员2082.1万人,基层团委5.1万个,团总支6.1万个,团支部84.5万个。第三产业及其他行业中,团员总数为 1038.3 万人,建立了基层团委 6.7 万个,团总支 5.9 万个,团支部 49.6 万个。

中国妇联的任务、结构和活动

中华全国妇女联合会是中国共产党和中国政府联系妇女群众的桥梁和纽带,是国家政权的重要社会支柱之一。妇联成立于 1949 年 3 月,原名为"中华全国民主妇女联合会"。1957 年改名为"中华人民共和国妇女联合会",1978 年又改名为"中华全国妇女联合会",简称全国妇联。它的基本职能是:团结、动员广大妇女参与经济建设和社会发展,代表和维护妇女利益,促进男女平等。

中华全国妇女联合会的任务是:团结、动员妇女投身改革开放和社会主义现代化建设,促进经济发展和社会全面进步;教育、引导广大妇女,增强自尊、自信、自立、自强的精神,全面提高素质,促进妇女人才成长;代表妇女参与国家和社会事务的民主管理、民主监督,参与有关妇女、儿童法律、法规、规章的制定,维护妇女儿童合法权益;为妇女儿童服务。加强与社会各界的联系,协调和推动社会各界为妇女儿童办实事、办好事。巩固和扩大各族各界妇女的大团结,加强同港澳台地区及华侨妇女的联谊,促进祖国统一大业。积极发展同世界各国妇女的友好交往,增进了解和友谊,维护世界和平。

妇女联合会实行地方组织和团体会员相结合的组织制度。按照国家的行政区划建立地方各级组织。它的全国和地方各级领导机构,由全国和地方各级妇女代表大会选举产生。机关和事业单位建立妇女委员会,厂矿企业的基层工会女职工委员会及其以上各级工会女职工委员会均是妇女联合会的团体会员。其他在民政部门注册登记的全国性和地方性的妇女团体,各行业妇女自愿组织的为社会、妇女服务的协会、联谊会、宗教团体和其他群众团体的妇女组织,自愿申请,经全国妇女联合会或当地妇女联合会同意,可作为妇女联合会的团体会员。

中华全国妇女联合会的最高权力机构是全国妇女代表大会,每五年召开一次。全国妇女代表大会的职权是:讨论、决定全国妇女运动的方针、任务;审议和批准妇女联合会执行委员会的工作报告;修改妇女联合会的章程;选举全国妇女联合会执行委员会。大会确定中华全国妇女联合会五年期间的主要任务和工作计划,修改章程并选举执行委员会。执行委员会选举常务委员会并选举、决定全国领导机构成员。常务委员会是执行委员会闭会期间的领导机构,下设书记处,由常务委员会推选第一书记和书记若干人组成,主持日常工作。

全国妇联机关的主要工作任务:根据党的中心任务,指导各级妇联依据《中华全国妇女联合会章程》和妇女代表大会的决议,开展妇女儿童工作;联系团体会员,并给予业务指导。调查研究全国不同地区妇女和儿童的情况、问题,及时向党和政府反映,提出建议。指导和推动全国农村妇女的"双学双比"活动及城镇妇女的"巾帼建功"活动。组织、动员妇女投身改革开放和社会主义现代化建设。指导地方各级妇联的宣传舆论工作。教育、引导广大妇女,开展妇女职业技术培训和多层次的妇女干部培训,全面提高素质,促进妇女人才成长。代表妇女参与国家和社会事务的民主管理、民主监督,促进妇女参政,参与有关妇女儿童法律、法规、规章的制定,维护妇女儿童的合法权益。为妇女儿童办实事、办好事。建立与各族各界妇女的联系,巩固妇女的大团结。积极开展同港澳台地区及华侨妇女的联谊,促进祖国统一大业。发展同世界各国妇女的友好交往,增进友谊,加强合作。承办党中央、国务院交办的有关事项。根据上述主要工作任务,全国妇联机关设7个职能部门和机关党委。国务院妇女儿童工作委员会办公室作为妇联机关内设机构,不定规格,不配专职领导职数。

中国残联的任务、结构和活动

中国残联是经国家法律确认、国务院批准的各类残疾人的全国性统一组织,代表残疾人的共同利益,维护残疾人的合法权益,推动和发展残疾人事业,为残疾人服务。残联设立全国代表大会。全国代表大会代表由残疾人和残疾人工作者选举产生。每五年召开一次全国代表大会。代表大会的职权为:选举产生中国残疾人联合会主席团;审议主席团工作报告,确定工作方针和任务;修改中国残疾人联合会章程。残联设立执行理事会。执行理事会为中国残联的常设执行机构,由理事长、副理事长、理事组成,负责日常工作。理事长由主席提名,主席团选举产生;副理事长由理事长提名,主席团通过。执行理事会下设若干办事机构,总部及直属单位工作人员2000余人。残联设立评议委员会,作为中国残联的监督、咨询机构。

中国残联的任务是:密切联系残疾人,听取残疾人意见,反映残疾人需求,全心全意为残疾人服务。团结教育残疾人遵守法律,履行应尽义务,发扬乐观进取精神,自尊、自信、自强、自立。宣传残疾人事业,沟通政府、社会与残疾人之间的联系,动员社会理解、尊重、关心、帮助残疾人。开展和促进残疾人的康复、教育、劳动就业、文化生活、福利、社会服务和残疾预防工作,改善残疾人参与社会生活的环境和条件。协助政府研究、制定和实施残疾人事业的法规、政策、规划和计划,发挥促进、综合、组织、咨询、服务和监督作用,并对有关领域的工作进行管理和指导。开展国际交流与合作。残联资金主要来源于社会各界包含国内外组织机构和个人的捐赠,政府资助,国际合作项目,创收和其他收入。

中国现有6000万残疾人,其中听力言语残疾2057万人,智力残疾1182万人,肢体残疾877万人,视力残疾877万人,精神残疾225万人,多重及其他残疾782万人。中国大陆各省、地、市、县、区、乡、镇、街道普遍建有中国残联的地方组织,其中:省(含自治区、直辖市)级残疾人联合会31个,地、市残疾人联合会396个,县、区残疾人联合会2750个,乡、镇、街道残疾人联合会45133个。

中国残联参加残疾人国际组织的活动,多次承办残疾人领域的各类会议;支持和协助北京市举办2008年第29届奥运会和第13届残奥会;与60多个国家及其残疾人组织进行残疾人领域的交流,增进了相互了解,借鉴了经验,发展了合作,促进了各自残疾人事业的发展。

为表彰中国残联在保障中国残疾人权利,促进残疾人"平等·参与"所做出的努力和取得的成绩,联合国和有关组织授予中国残疾人联合会及其领导人"联合国和平使者奖"、"联合国残疾人十年特别奖"、联合国亚太经社会"亚太残疾人十年特别奖"、扶轮国际"保罗·哈里斯人道主义奖"、康复国际"亨利·凯斯勒奖"、残疾人国际亚太区委员会"亚太区奖"、美国社会心理康复协会"格拉尔尼克纪念奖"等嘉奖。

上述的准机构型社会团体,虽然在名义上和在统计报告中不再算在政府机构中,但和一般的社团不同,用不着去民政部门登记也不用寻找主管部门,保留着半官方的性质,其人员编制、经费开支都是由政府给予的,而且还有行政级别,继续行使着原先作为政府部门所担负的政府职能。这种类型的社团事实上是不计算在政府机构数量中的政府机构。

三、专业型社团及其作用

在研究准机构型社会团体的同时,有一部分学者提出了专业型社团的概念。由于中国相当多的社团是由政府有关部门出面组织建立的,并且在编制和经费方面得到政府的支持,因此,人们都把这类社团统称为准机构型社团。其实,有些具有上述特征的社团还具有某些其他方面的特殊性。比如它们更多地体现出专业性和半独立性。所谓专业型社团是指多半由中央和地方政府的主管部门出面,选择主要领导人,但主要由专业人士参加所组成的带有半独立性的社会团体。

经过30多年的改革开放,在社会经济文化等许多领域,中国的专业人士正在聚合成数量逐渐增长的半独立性的社会团体。专业型社团也已经成为正在建设的中国民生社会的重要组成部分。1999年至2003年期间,虽然全国正式登记注册的社会团体总数有起有落,但是专业型社团的数量却年年有增无减,其总量在全国社团总数中所占比重从1999年的25.4%上升到2003年的28.4%。

专业型社团具有下列的特性。首先这类社团官办的气味依然极浓。有80%以上的专业型社团并不是由会员自发成立的,而是由挂靠的组织即"业务主管机构"出面组建的。在基层注册的专业性团体中,由政府出面组建的比重

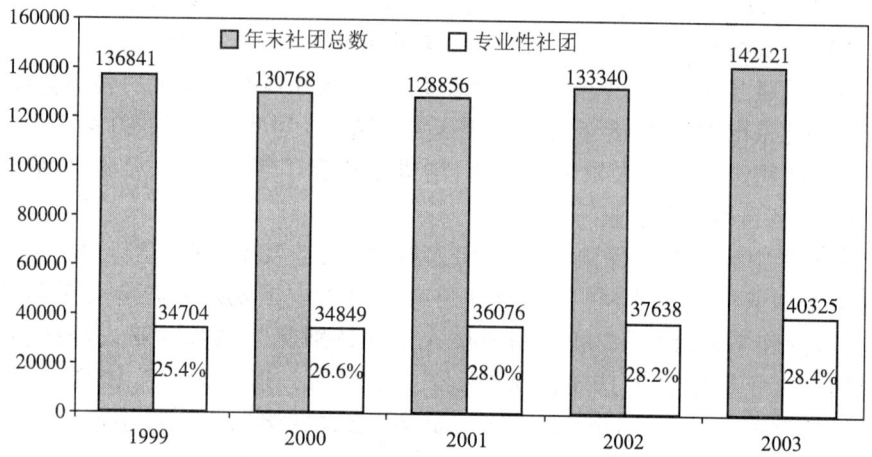

图 6-8 注册社团总数及专业性社团总数(1999—2002)

资料来源：2000—2004 年《中国民政统计年鉴》。

说明：在专业性社团的条形柱中显示的是专业性社团占社团总数的比重。

更大一些。大部分专业型社团领导人的提名权控制在政府部门手中。在专业型社团的运作过程中，会长掌握众多实际权力，而秘书长则主持社团运作的日常工作。以会员自由竞选的方式提名会长和秘书长的专业型社团比重都非常低，由业务主管机构即挂靠单位直接推荐的比重都很高。一些研究发现，中国 77% 的专业型社团的领导位置由主管部门或"挂靠单位"的领导所占据。尽管这种做法后来受到政府的批评，中央甚至明确规定现职处长以上党政机关干部不得担任社团的主要领导，希望以此来从制度上保证社团的自主与自治，但是几乎所有重要的社团的主要领导都由从现职领导职位退下来或由机构改革后分流出来的原政府机构的党政官员担任。专业型社团的成员也普遍欢迎具有"官方"背景的人士进入专业社团的领导层，许多人认为"一个社团的状况通常取决于参与的单位领导的分量"。

其次，这类专业型社团依然带有准机构型社团的色彩。除了和其他所有社团一样，都必须履行规定的登记手续，必须有某个政府部门担任业务主管外，许多全国性和地方性的专业型社团的专职工作人员的编制大多是由政府批准的行政编制或事业编制。有不少专业型社团的全部或部分活动经费也是由政府公共财政拨付的。同时，这些社团履行着相应级别的政府委托的或交办的职能。

第三，专业型社团的合法化程度日益提升。专业型社团与政府机构在组织层面的交叉，以及它们对体制资源的依附，也决定了它们不会代表某些独立的社会群体而与政府相对立或冲突，相反还渴望得到政党组织和政府领导的肯定。多数专业型社团大都自觉地使自己兼具一种国家政治机构的功能，担负一定的政治责

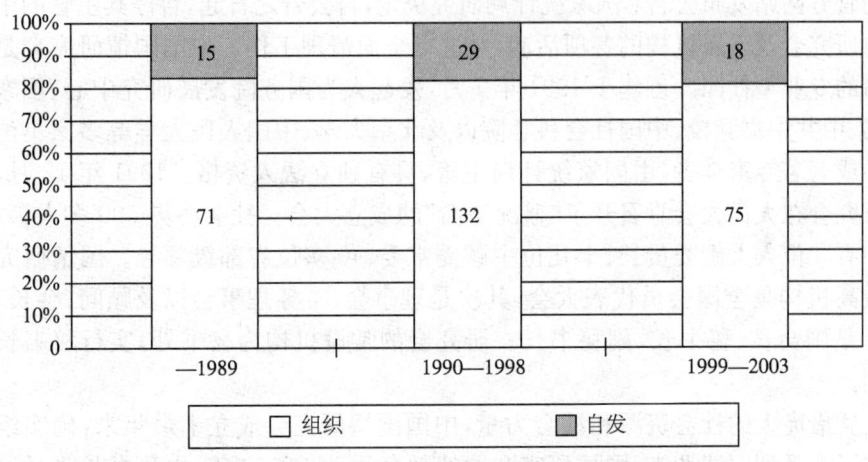

图6-9 专业性社团组建的发起者（以成立时间来划分）
资料来源：北京大学公民社会团体研究中心"中国社会团体调查"数据库。

任。比如北京大学校友会章程就把宗旨定为："加强校友之间的联系，发扬北京大学的优良传统，为母校的发展、为祖国的社会主义现代化建设、为祖国统一、为振兴中华贡献力量。"中国民俗学会的章程把宗旨确定为："坚持四项基本原则，贯彻'百花齐放，百家争鸣'的方针，团结全国广大民俗学工作者，调查、搜集、整理、研究我国各民族的民俗，为建立具有中国特点的马克思列宁主义新民俗学，为移风易俗、促进社会主义物质文明和精神文明建设，加强对外文化交流和丰富世界文化宝库，做出贡献。"更典型的是，"希望工程"揭露大量失学现象和有关儿童的悲惨处境的目的并不在于公开批评政府工作的失误，而是借以广泛宣传执政党和国家领导人对这项工程的关心以及工程本身对国家各种正面的政治价值。结果，人们广泛接受的是其正面的政治意义，而它也从党政部门获得了充分的政治合法性。事实说明，专业型社团在开展活动时，越是能够成功地规避国家的力量，就越是容易顺利地开展活动；越是能够成功地利用国家的力量，就越是容易发展。其中的有效方式就是使自己行为、行动合法化。

第四，专业型社团运用自身的专业知识影响政治决策。北京三个著名的环保组织自然之友、地球村和绿家园近年来就一直通过开展环保宣传、参与环保行动、批评破坏环境的行为来主动地与政府合作，提出种种环保建议来促进政府重视环保问题。自然之友、三味书屋等知识分子集中的专业型社团，近年来在关于中国的经济、政治、外交、环境问题上发表了大量的具有专业性的政策建议，为执政党和国家大政方针的确定贡献了专业方面的知识，在社会上产生了重大影响。

在专业型社团的成长发育中，也暴露出不少问题。2004年3月30日，国家统计局官方网站发布公告：国家统计局研究决定，自公告之日起，暂停其主管的中国国情研究会及下属机构的各项活动，并进行全面清理工作。中国国情研究会是高规格的专业型社团。创建于1991年7月，发起人为国务院发展研究中心、国家统计局、中共中央党校、中国社会科学院以及北京大学、中国人民大学等多家单位的领导或著名专家学者，由国家统计局主管，具有独立法人资格。1991年12月，国情研究会在人民大会堂召开了"盛况空前"的成立大会。社会各界500多人参加。其中有5位人大副委员长、十几位中顾委常委、40多位省部级领导。国情研究会的最高机构是全国会员代表大会，其次是理事会、常务理事会以及顾问、会长，再往下是副会长、秘书长、副秘书长。研究会的常设机构为秘书处，实行秘书长负责制。

凭借庞大的社会资源和社会力量，中国国情研究会成立十余年来，确实组织开展了一系列国情调查、国情研究和国情教育活动。2000年，由秘书长张泽厚任主编，出版了大部头著作《1949—1999中国国情报告》。翻开扉页，每一位作者都是社会各界的重量级人物。国情研究会创办的杂志《中国国情国力》也是社会各界就中国当今的各个领域进行研究探讨的阵地。该杂志2003年刊登的文章包括中国经济前瞻、政府机构改革、农村义务教育、制造业的位置、大学生就业问题研究、纳米技术等等，探讨的范围十分广阔。而撰文的作者既有著名专家，又有政府调研小组，其背景各不相同。

这些活动使国情研究会一度取得不错的社会效益。但这种良好的效益却因具体管理者的疏漏，恰恰成为了部分研究会内部人员和社会不良分子疯狂追求"经济效益"的最佳幌子。按章程规定，中国国情研究会主要职能是对中国的国情等具体问题进行研究，属于非营利性机构，可以展开适当的商业行为，但不以营利为目的。事实上，国情研究会在民政部登记时，业务范围只有5项：学术交流、国情调研、业务培训、书刊编辑和咨询服务。围绕这些业务范围，国情研究会却成立了十几个部门，如国际合作部，教育培训中心，情报信息部，社会调查部，人事保卫部，实业发展部，对外联络部，图书发行部，咨询服务部，学术研究部，会员管理部以及外事办公室和办公厅等。在这些部门之下又有若干个处或分部，他们开展了大量的业务活动。国情研究会还有难以统计的驻各地的分会和联络机构。有河北分会、重庆分会，还有驻上海的华东联络机构等。华东联络机构还举办了国内企业赴巴黎服饰展。

2001年下半年，出于经济利益考虑，中国国情研究会和《经济消息报》社合作，双方设立"国情内参社"，出版征订发行《国内参考》、《国际参考》和《国内参考特刊》。但这项合作很快被新闻出版总署查处，"国情内参社"被认定为"擅自设立"，所出版的刊物为"非法出版物"，并"有严重问题"。

2004年民政部宣布了对某些全国性社团审查的结果。这些社团因"违反了《社会团体登记管理条例》的相关规定"而不予重新登记。其中包括中国孙子与齐文化研究会、中国国际质量认证咨询促进会、中国西北经济协会、全国报纸理论宣传研究会、中国广场鸽国际交流促进会和中国投资环境学会等6家专业型社团。

四、民间型社团的成长与特点

中国的民间型社团主要指非营利性、非政府性、志愿性、自治性、正式性的社会团体，又称为NGO。中国NGO的发展起步比较晚。1995年世界妇女大会在北京举行，同时在怀柔召开了世界妇女NGO论坛，随后NGO的概念才逐渐被人使用。而在此之前我们习惯使用的是社会团体、民办非企业单位等概念。

截至2009年我国社会团体、民办非企业单位和基金会共计43万家，但这些并不完全是真正意义上的NGO。NGO有五项基本指标：非营利性、非政府性、志愿性、自治性、正式性。目前我国没有捐赠机制，相当一部分民办非企业单位和社团只能靠自己营利，非营利性表现得不充分；他们跟政府的联系很密切，是政府的一个附属机构，非政府性表现得不充分；真正动员志愿者的能力很有限，志愿性表现得不充分；在组织运作方面，受政府和企业的影响比较大，自治性也不充分。总而言之，中国的NGO的发育应该说还处在一个很不成熟，属于启蒙和摸索的时期。

中国NGO在1990年代中期以后发展比较快，特别是最近一段时间，有很多年轻人开始独立开辟一些新的领域。他们原来为国际NGO组织打工，现在他们开始独立地创办一些NGO。这是一个艰难的过程，但是这个过程已经开始了。一批经过摔打的年轻人，具有很强的活动能力，他们靠自己的闯劲，自己的观念、思想、行为去吸引一批志同道合的人参与到活动中。这样的NGO组织往往形成内部民主的运作模式。

以中国环保民间团体为例，环保民间组织是以环境保护为主旨，不以营利为目的，不具有行政权力并为社会提供环境公益性服务的民间型社团。其发展经过了三个阶段。一是诞生和兴起阶段。1978年5月，中国环境科学学会成立，这是最早由政府部门发起成立的环保民间组织，属于专业型社团。随后，1991年辽宁省盘锦市黑嘴鸥保护协会注册成立，1994年"自然之友"在北京成立，从此，我国环保民间型社团相继成立。二是发展阶段。1995年，"自然之友"组织发起了保护滇金丝猴和藏羚羊行动，这是我国环保民间型社团发展的第一次高潮。这一时期，环保民间型社团从公众关心的物种保护入手，发起了一系列的宣传活动，树立了环保民间组织良好的公众形象。1999年，"北京地球村"与北京市政府合作，成功进行了绿色社区试点工作。中国环保民间型社团开始走进社区,把环保工作向基层延伸,逐步为社会公众所了解和接受。三是**成熟阶段**：2003年的"怒江水电之争"和2005年的"26度空调"行动,让多家环保民间型社团开始联合起来,为实现环境与经济发展目标一致而行动。中国环保民间型社团已由初期的单个组织行动,进入相互合作的时代。环保民间型社团活动领域也从早期的环境宣传及特定物种保护等,逐步发展到组织公众参与环保,为国家环保事业建言献策,开展社会监督,维护公众环境权益,推动可持续发展等诸多领域。

中国现有各类环保民间型团体2768家,其中活动比较好的有野生动物保护协会、北京地球村、绿色和平·中国、绿色江河、绿色力量(港)、绿网、世界自然基金会、中国环境科学学会、中国环境文化促进会、中国野生动物保护协会、中华环境公众信息网、自然之友·中国文化书院绿色文化分院等。

环保民间型社团的分布主要集中在北京、天津、上海、重庆及东部沿海地区；其次是湖南、湖北、四川、云南等生态资源丰富的省份；其他地区的环保民间组织相对较少。中国的环保民间型社团主要有四种类型。一是由政府部门发起成立的环保民间组织,如中华环保联合会、中华环保基金会、中国环境文化促进会,各地环境科学学会、环保产业协会、野生动物保护协会等,共1382家,占49.9%；二是由民间自发组成的环保民间组织,如自然之友、地球村,以非营利方式从事环保活动的其他民间机构等,共202家,占7.3%；三是学生环保社团及其联合体,包括学校内部的环保社团、多个学校环保社团联合体等共116家,占40.3%；四是国际环保民间组织驻华机构,共68家,占2.5%。

中国环保民间型社团具有以下五个基本特征。一是民间性,不拥有任何行政权力；二是非营利性,不以谋求利润为目的；三是自治性,在国家法律规定范围内独立开展环保活动；四是志愿性,在组织建立、管理和开展活动中充分体现自愿参与原则；五是公益性,为社会公众提供环保公益服务。环保民间型社团通过为社会公众提供环境公益性、互助性服务,反映和兼顾不同社会群体的环境权益,缓和社会矛盾,维护社会稳定,为实施国家可持续发展战略,起到了社会"调节器"和"稳定器"的积极作用。

中国现行《社会团体登记管理条例》规定,民间组织"应当经其业务主管单位审查同意","有50个以上的个人会员或者30个以上的单位会员"方可在民政部门注册登记。限于上述条件,我国环保民间型社团在各级民政部门正式注册登记率较低,仅为23.3%；有63.9%的在单位内部登记(学生环保社团在学校登记)或在工商注册为民办非企业；仍有部分环保民间型社团未办理任何注册登记手续。

中国环保民间型社团成员年轻人多、学历层次高、奉献精神强、影响面广。在22.4万环保民间型社团从业人员中,80%左右为30岁以下的青年人,70%的环保民间型社团负责人年龄在40岁以下。环保民间型社团人员中,50%以上拥有大学以上学历,13.7%拥有海外留学经历,拥有大学以上学历的环保民间组织负责人达90.7%。95%以上的从业人员是为了环保事业而不是谋生选择了从事环保民间组织工作。参与环保活动的志愿者中有91.7%的不计任何酬劳。从湖南岳阳环保志愿者协会朱再保、武汉绿色环保服务中心范良珍、重庆绿色志愿者联合会吴登明等一大批环保民间组织人员身上,集中体现了为中国环保事业发展的奉献精神。

85.8%的环保民间型社团实行的是会员制,会员代表大会是最高权力机构,通过民主选举产生理事会、常务理事会、理事长等。2005年,97.7%的环保民间组织至少召开过一次理事会。88.4%的环保民间型社团有成文的章程。当出现意见分歧时,由政府部门发起成立的环保民间组织大多数由理事会做出最终决策,而民间自发组织、国际环保组织驻华机构和学生环保社团更倾向于由核心成员做出决策。

环保民间型社团资金最普遍的来源是会费,其次是组织成员和企业捐赠、政府及主管单位拨款。76.1%的环保民间型社团没有固定的经费来源。有45.5%的国际环保组织驻华机构、32.9%的政府部门发起成立的环保民间型社团拥有相对固定的经费来源,而民间自发组织和学生环保社团中拥有固定经费来源的仅为20%左右。2005年,全国2768家环保民间型社团共筹集资金29.77亿元,有22.5%的环保民间型社团基本没有筹到经费,81.5%的筹集的经费在5万元以下。

中国环保民间型社团已经成为推动中国环保事业发展的不可或缺的重要力量。他们通过组织环保公益活动、出版书籍、发放宣传品、举办讲座、组织培训、媒体报道等方式进行环保宣传教育,为提高中国公众的环境意识做出了突出贡献。

环保民间型社团积极倡导环境保护,提高全社会环保意识,开展环境宣传教育,倡导公众参与环境保护,提高全民环保意识。2000年,"自然之友"启动了中国第一辆环境教育流动教学车——"羚羊车"。几年来,环境教育流动教学车已经深入200余所学校,与2万多名中小学生共同感受自然、关注环境。由多家环保民间型社团联合会发起的"26度空调"活动也得到了政府部门、企业和社会的认可与支持。2005年,79%的环保民间组织发起过志愿活动,共动员志愿者857万人次,平均每个环保民间型社团吸引2500多人次的志愿者参与活动。"保护母亲河行动"、"索南达杰藏羚羊自然保护站服务"、"北京动物园志愿者导游"等已经成为环保志愿者服务的知名品牌。

环保民间型社团积极开展社会监督,为国家环境事业建言献策。环保民间型社团主张环境友好,与国家和人民的根本利益相一致。作为一种民间力量,对政府与企业的环境责任开展社会监督,参与环境决策,积极建言献策,为实现国家的环境目标起到了积极的促进作用。2004年9月,圆明园湖底防渗工程开始施工。国家环境保护总局举行听证会,"自然之友"、"地球纵观"、"地球村"等环保民间组织在听证会上发言,建议实施圆明园防渗整改工程。最终,圆明园防渗进行整改,恢复了水面。

环保民间型社团还积极参与扶贫解困,推动发展绿色经济。近年来,中国环保民间型社团深入农村,积极帮助贫困农民发展绿色经济,在保护环境中实现扶贫开发。湖南省岳阳市环保志愿者协会组织退耕农户植树造林,每亩付给农户100元补贴,成林后全部效益归农民所有,极大地调动了退耕还林农民的积极性。

环保民间型社团还努力关注弱势群体,维护社会公众的环境知情权、参与权、监督权和享用权等法律赋予公众的基本环境权益。1999年11月1日,中国政法大学污染受害者法律帮助中心开通污染受害者法律咨询热线,无偿为污染受害者提供法律服务。热线开通以来,已经为1万多名污染受害者提供法律服务,帮助50多起环境污染案件的受害者向法院起诉或通过行政途径加以解决。2005年,该中心支持的"福建省屏南县1721位农民诉福建省(屏南)榕屏化工有限公司环境污染侵权案"胜诉,为当地居民挽回经济损失68万余元,此案被评为2005中国十大影响性诉讼之一,这是十大影响性诉讼中的唯一一起环境诉讼案件。

环保民间型社团还为保护生物多样性,为子孙后代留下更大的发展空间不懈努力。1995年,"自然之友"发起了对滇金丝猴的保护行动,并把相关情况及时向国务院反映,并组织媒体对滇金丝猴的困境进行了广泛、详细、持久的报道。2002年,环保民间型社团"绿网"成功阻止了北京顺义湿地开发高尔夫球场的商业计划,使得北京平原地区唯一的一处湿地得以保护。

在开展活动中,45.8%的环保民间型社团对环保项目效果进行绩效评估。74.7%的环保民间型社团有年度工作报告。其中,向主管单位提交报告的占47.6%,向组织内部工作人员提交报告的占45.5%,向社会公众公开报告的占47.6%。

环保民间型社团注意发展与政府、企业、媒体和公众的关系。在与政府的关系方面,95%以上的环保民间型社团遵循"帮忙不添乱、参与不干预、监督不替代、办事不违法"的原则,寻求与政府合作;61.9%的环保民间型社团认为拥有与政府直接沟通的正常渠道;选择与政府合作的环保民间型社团有64.6%,选择既非合作亦非对抗的有32.1%,认为存在一些矛盾的有3.3%。

在与企业的关系方面,大多数环保民间型社团愿意和环境形象较好的企业开展合作。一些环保民间型社团的活动和污染企业的利益会发生冲突。24.4%的环保民间型社团认为偶尔与企业利益发生冲突;2.3%的经常与企业利益发生冲突。在和污染企业进行交涉时,环保民间型社团最常用的方式是向政府部门反映,占68.6%;其次是与企业协商、谈判,占40.0%;采取诉讼等法律途径或集会、抗议等方式的很少。

在与媒体和公众的关系方面,借助媒体扩大影响力进而得到社会公众的支持已成为中国环保民间型社团的共识。有79.4%的环保民间型社团被媒体正面报道宣传过,90%以上的环保民间型社团经常组织公众参与环保活动;63.4%的环保民间型社团与学校有合作关系;41.7%的与研究机构有合作。我国社会公众对环保民间型社团的支持率已达69.5%。

环保民间型社团为推动环保事业的发展发挥了积极作用,做出了突出贡献,但也面临很多问题,制约了环保民间型社团的健康有序发展。一是政府的支持不够。由于对环保民间型社团了解不够,特别是对民间自发组成的环保组织的类型、数量、作用、社会影响、生存和活动状况等情况不清楚,一些政府部门对环保民间型社团的发展缺乏热情和支持。"政府包揽一切"、"怕添乱、怕麻烦"等思想观念,是抑制环保民间型社团发展的重要原因。与此相关联的是目前保障中国环保民间型社团发展的法律与政策环境还很不健全,社会和公众的参与度不高,环保民间型社团也因此在开展活动、吸引人才、筹集资金、招募志愿者等方面遇到很多困难和阻碍。

二是活动经费不足。经费不足是民间型社团共同面临的压力和挑战。中国正处于经济转型期,相对市场经济成熟的发达国家而言,政府对民间型社团的资助极少,国家对公益捐助缺乏必要的财税鼓励政策支持,社会公益捐助意识淡薄,以环境公益事业为主旨的中国环保民间型社团生存和发展的费用问题尤为突出。中国76.1%的环保民间型社团没有固定经费来源。由于经费不足,超过60%的环保民间型社团没有自己的办公场所;96%的全职人员的薪酬在当地属中等以下水平,其中43.9%的全职人员基本没有薪酬;有72.5%的环保民间型社团没有能力为其职员提供失业、养老、医疗等福利保障。费用问题是困扰中国环保民间型社团生存和发展的主要问题之一。

三是对政策影响不大。由于对政府部门相关环境信息了解不够或不及时,对政策制定的背景不清,没有介入前期工作的机制和渠道,大多数公众和环保民间型社团参与制定环境政策十分困难,一些部门和企业出于自身利益考虑,对环保民间型社团实施社会监督心存疑虑。环保民间型社团在参与环境政策制定和实施社会监督上,大多是从单一视角提出意见和建议,往往缺乏综合情况、专业理论和基础数据方面的支持。由于专业性人才匮乏、基础薄弱,环保民间型社团参与环境政策制定和实施社会监督的能力不足、成效不高。

民间型社团的生存与发展还存在许多困难。在计划经济体制下,民间型社团的发展空间非常有限;进入社会转型期,民间型社团的建立和运行又受到了来自政府和市场两个方面的影响,造成民间型社团发展的畸形状态:民间型社团既不能独立于政府,也不能独立于市场,只能是在夹缝中生存。

首先,民间型社团的存在与发展遇到政策法律上的障碍。民间型社团即NGO的存在和发展需要有一定的法律政策保护。准机构型和专业型的社团形式是现行政策法律认可的基本形式,这就使NGO的发展受到很多的限制,特别是在登记管理、注册、年审等方面的限制就比较明显。国内社团注册条件很高,其中一个很重要的条件就是要有业务主管单位,民间型社团注册的时候必须由一个政府的机构向民政部担保,一般的政府机构不愿意做这个担保,因为担保有一些责任要求。很多民间型社团因不可能通过登记成为机构型、专业型社团,只能采取工商注册的形式,但这样一来,在减税免税上就很难获得合法的待遇。

其次,民间型社团的存在和发展遇到观念上的障碍。社会对民间型社团普遍缺乏信任,比如老百姓一般不放心把钱捐给那些没有影响的民间型社团。实际上民间型社团是一种有利于社会稳定的因素。如果人们有更多的渠道参与社会管理,在社会结构和社会关系中就不会形成太大的张力,矛盾、冲突就能得到缓解,这对于社会稳定有积极作用。

当然,民间型社团自身的能力也需要提高,包括筹集社会资源的能力、动员志愿者的能力、内部管理运作的能力以及向社会提供服务的能力的提升。民间型社团自身的水平提高了,社会才能看到民间型社团的好处,民间型社团的发展就会具有更坚实的社会基础。

第四节 利益性政治团体的政治行为

一、利益集团的性质与产生的条件

利益集团的性质

美国政治学家阿尔蒙德说过,"利益集团一词一直是政治学家激烈争论的对象"[①]。如何界定政治性利益集团或利益性政治团体(interest groups),怎样确定它们的性质,是我们在研究政治利益集团时需要首先解决的问题。虽然在政治学

---

① 参见加布里埃尔·A.阿尔蒙德、小 G.宾厄姆·鲍威尔《比较政治学:体系、过程和政策》,东方出版社 2007 年版,第 180 页。

领域中已经积累起研究西方特别是美国的利益集团的丰富成果,但是,美国并不是世界上唯一存在政治利益集团的政治生活系统,其他的政治生活系统中也有政治利益集团。而且,更为重要的是,在中国社会转型时期,围绕着中国有无政治利益集团的问题,人们发生了激烈的争论。因此,我们必须从大多数政治生活系统出发,特别是从中国政治生活系统的实际情况出发,去客观科学地认识和评价政治利益集团。

当然,研究政治利益集团还是要特别关注美国的利益集团,这不仅是因为许多有名气的政治利益集团活跃在美国的政坛上,还因为我们已经走出国门,而且首先需要打交道的就是美国。在中美有关外交、经贸政策的辩论、冲突和协调上,美国国内的政治利益集团已经介入进来,他们的政治行为、行动已经涉及我们的现实利益。因此,对美国政治利益集团做研究,就不仅仅是为了了解西方政治生活系统运行的过程和特点,更重要的是为了保护中国政治、经济、文化和社会的现实利益。因此,我们有必要从美国和中国政治行为主体的比较中来认识政治利益集团。

在美国,利益集团存在和发挥作用已经有很长的历史,但对利益集团进行规范的研究,则是近代的事。许多学者都同意将美国政治学家杜鲁门的《政府过程》(David B. Truman, The Government Process)一书作为对政治利益集团加以认真研究的开山之作。也正是这位美国学者对政治利益集团做出了带有普遍性的界定。杜鲁门认为,凡是有不同利益的地方,就会有利益集团存在的空间,各种各样的利益集团能形成影响政府决策的压力系统。他认为利益集团是通过政府的体制,"对社会上的其他团体提出诉求"的,"抱有共同态度的团体"。①

在美国的政治学教科书和中国人研究美国政治利益集团的著述中,利益集团常常被看成是在具体的政治系统中处于中上层的政治个体组织起来的,通过游说、捐款、示威、宣传等一系列途径、方法和方式,向政府、政党、立法机构施加影响,进行非选举性的鼓动和宣传,用以促进或阻止立法机构和政府部门的某方面公共政策的制定或改变,以便在政治的决策中,维护和提升其成员利益的政治团体。这是一个处于高端的政治利益集团定义。

如果再把发生在1995年7月的美国两党竞选时利益集团的表现拿出来对照,要成为这种类型的政治利益集团绝不是一件容易的事。美国民主党为了赢得1996年总统竞选,就向可能捐款的对象即利益集团开出清单:只要肯花钱,总统、副总统、第一夫人和第二夫人都能见到。按花钱多少,可以享受不同程度的礼遇:捐10万美元,可以分别同克林顿总统和戈尔副总统吃两顿饭,可以加入民主党去

---

① 参见戴维·杜鲁门《政治过程:政治利益与公共舆论》,天津人民出版社2005年版,第37—43页。

国外的贸易代表团;捐5万美元可以应邀参加克林顿总统的酒会,并与戈尔副总统共进晚餐;捐1万美元可以参加克林顿总统的酒会等。清单一出,果真有许多集团公开声称要捐款给克林顿和戈尔。1996年,克林顿为了募集竞选经费,前后参加了237次这类募捐活动,有时他甚至在同一晚上要在华盛顿同一家旅馆里参加两个晚餐会。当然利益集团的代表并不仅仅是为了同总统、副总统和他们的夫人同进美餐,而是为了日后在总统和副总统位置上的人能够制定和实施对他们有利的公共政策。

如果再把旨在为美国国立卫生研究院(NIH)争取研究经费的"公共卫生利益集团"又称"疾病游说集团"这一美国特殊利益集团中的一个"实战标兵"亮出来作为政治利益集团的评判标准的话,那么天下还能称得上是政治利益集团的恐怕就寥寥无几了。"疾病游说集团"是由一些个人、民间组织和私人企业构成的松散网络。其中最具代表性的成员是纽约富商的遗孀、慈善家玛丽·腊斯克(Mary Lasker,1990—1994)。她是"疾病游说集团"名副其实的"教母",又是几任总统和许多参、众两院议员的朋友。作为为NIH力争研究经费的"黄金时代"的核心人物,她频繁出入于国会山庄,带着各种图表和报告,专门做有影响的国会议员的工作。自20世纪50年代以来,她一直是为美国国会两党议员竞选捐献资金最多的20个人之一,得到她捐款最多的恰恰是负责给NIH国立癌症研究所拨款的国会两个拨款委员会的主席,该委员会的其他成员也均得到玛丽·腊斯克不同程度的资助。这些国会议员几乎完全被玛丽·腊斯克所控制,被外界称为"玛丽的羔羊"。

不少政治学的研究者正是以美国利益集团公开进行政治献金的形式和"顶尖"级的利益集团的"顶级"表演方式为尺码来衡量中国有没有政治利益集团的。衡量的结论当然是中国政治生活中现在还没有严格意义上的利益集团。用这种比较的方式实际能获得的认识应当是中国目前还没有严格的美国政治系统意义上的利益集团。因为按照美国的标准,利益集团必须有三大特征:一是有组织,二是纯民间,三是有足够资源。现在中国大部分的社团必须挂靠一个行政主管部门,接受其监督和领导,因而这些社团都不是纯民间的。或者有些社团是民间的,但并没有足够的资源,因此,在我国目前尚未承认利益集团地位合法化的背景下,有作为权力附着物的半官方社团,就是没有纯民间、组织化、有资源的利益集团。

上面提到的有关利益集团性质的研究都把衡量利益集团的标准定得过高和过严了。也有一些学者正好相反,又把衡量政治利益集团的标准放得太宽了。他们认为从利益结构变迁的角度来衡量,改革开放以来社会群体可分成四种利益集团。第一种利益集团是特殊获利者集团。这个集团在改革中是获利最大的,比如民营企业家、老板、经理、各种工程的承包人、市场上的各种经纪人、歌星影星等明星,以及与外资、外企结合的外企领导层等等。第二种利益集团是普通获益者集团。这个集团非常大,它包括各个阶层的人,其中有一般干部、一般工人、农民、职工等。随着失业下岗问题的严重,普通获益者集团中一个大的群体落入第三个集团。第三种利益集团是利益相对受损的集团。1995年以前,这个集团的数量不是很大,1995年以后由于大量失业下岗职工进入,这个集团的数量就比较大了。第四种利益集团是社会底层集团。底层社会不光是城市居民,还有很大部分是从农村到城市来的流动人口、民工群体,这部分人对社会的威胁比较大。用这种标准来衡量利益集团,利益集团就变成了和利益有关系的集团了。如果这样来定义,在中国也就不存在不是利益集团的任何团体和群体了,或者说所有的团体都是利益集团了。

还有一些学者认为,中国从单一性社会向多样性社会转型过程中,一个令人瞩目的现象是整个社会利益结构发生了分化与重组,原有的社会利益格局被打破,新的利益群体和利益阶层逐步形成,并分化组合成特定的"利益集团",他们不同程度地对地方政府决策施加影响。中国现有社会利益集团,大多没有完备的组织形态,也没有固定的组织架构,只是松散地、自发地、临时性地"结伙",以协同方式行动,表达其特定的利益诉求。部分有规范组织形式的利益集团,多以社团、协会、商会、联合体(会)、委员会等形态存在;也有的以帮派、行会等形态存在。

这部分学者认为,西方社会利益集团一般具有自发性、对抗性等特征,并且强调均衡和相互制约。但相比较而言,中国的利益集团则有着不一样的特征:中国利益集团发展不平衡,代表社会弱势群体利益的利益集团比较薄弱;合法利益集团绝大多数由政府主导产生,官办色彩较浓;中国利益集团无论是组织结构还是职能角色都还不成熟,具有明显的过渡性;利益集团之间存在着非对抗性矛盾;许多非法利益集团借合法外壳存在或寄生在合法组织之中。

这种看法有值得考虑的地方。在中国现实的政治生活系统中存在行动着的利益集团,其特征的确不一定和西方的特别是美国的利益集团相同。但是,这种研究的不足之处,仍然是将利益集团的范围定得太宽、标准定得过低了。虽然杜鲁门没有给利益集团附加太多的限制,认为只要有不同利益的地方,就有利益集团的空间,但并不是所有的利益集团的研究者都认同他的这一定义,很多的西方学者也并不完全赞同所谓在所有的地方、所有的个体都能够组成利益集团的说法。因为如果真是这样,穷苦人就能够随便地集结在一起,采取集体压力行动,也就可以影响政府的政策过程并维护自己的利益了。但事实上,能够加入和组织利益集团的恰恰是在政治生活系统中具有一定资源和能量的政治个体。在美国,一些试图解决贫困问题的政策议案,多数并不是直接由穷人提出来的,而是那些在穷人圈子外面的、有较高教育水平的、具有能量和资本参与政治论辩和博弈的政治人物组成的利益集团倡导的。在西方发达的政治系统中,人们能够见到的事实是,穷困阶层通常只能是采取自发性群体运动来发泄对现有政治生活系统的不合理的制度结构、体制机制的愤怒和对不公平的政策表示不满。他们还无力组成维护自己利益的、能对政策产生影响的利益集团。

另外,在考虑界定利益集团时,需要特别注意利益集团行为的复杂性和多样性。西方学者在规定利益集团的性质时,也并不认为某些团体就一直在进行着政治博弈,一直保持着政治行动者的姿态。在现实的政治中,有些利益集团一直关心着政府的公共政策,有些利益集团只是时断时续地对某些政策表现关注。有些利益集团直接和政府交涉,有些利益集团只是通过对司法、立法和民意的影响来表达其利益需求。这说明,有许多利益团体,它们平日从事其他方面的工作,关注着经济的、文化的、宗教的等方面的利益,只是到了他们的那些利益可能要被侵害,或者他们还想得到比现在还要多的利益时,他们才特别关注政治决策,才去影响立法、行政、司法和政党,从而成为政治利益集团。

同时,即使是在美国,也不是所有的团体都在同一时间,使出相同的手法来给政府部门、官员、政治家施加压力的。有的利益集团擅长制造舆论,他们可能通过左右民意来保护和争取自己的特殊利益。也有的集团通过帮助某个政党竞选,或者捐款,或者动员选民投票,通过这种付出换来政党获胜后组成的政府给他们特殊的利益。不同的集团,在他们需要展开政治行为、行动时,他们会使用多种多样的方法和手段。但有一点却是相同的,即利益集团的所有行动都是为了一个目的,那就是为了获得如果他们不行动,就有可能得不到的特殊利益。他们与立法机构、政党、政府打交道,其目的就是为了提升他们那个集团的现实利益。

从中国的现实来看,现在无论是普通的公众政治个体,还是政治精英,无论是社会团体,还是政府官员和执政党的领导,都清楚地看到经过几十年的改革开放,人们已经在名正言顺地追求利益了,并且现实利益也已经分化了。人们现在已经切身地感受到在现实的政治生活中存在着利益集团,也存在着利益集团之间的矛盾,存在着某些特殊利益集团绑架政府、绑架政府的公共政策的现象。

那么,如何给出一个合理的既能反映中国现实的政治生活状况,又能和美国学者的有关界定不矛盾的关于利益集团的定义呢?关键就在于要把两种发育程度不等,又在两种不同的阶层结构、现代化发展阶段、政治制度结构和体制机制背景下存在和活动着的利益集团的共性找出来。这种共性至少有两个:一个是这种政治团体必定是有能力、有手段,能凭借现有的制度结构和体制机制去影响政府的公共政策的。二是这种政治团体必须是通过对政府的政策制定和运行施加作用而从中获取特殊利益的。依据这两个共性特征,既可以把各种利益集团包括在内,又可以把政治个体的政治参与、政治集群的行动、制度性的政治团体、社团性的政治团体、政治党派排除在外。

根据上述的分析,可以对政治利益集团进行界定:在现代政治系统中,政治利益集团就是指具有一定能力和手段,利用现有的政治制度结构和体制机制去影响政府政治决策,从而获取特殊利益的政治社会团体。

利益集团产生的条件

在西方的政治生活系统中,美国的利益集团是利益集团中最具代表性的。虽然美国宪法的起草人因害怕政治团体和政党会妨碍民主政治的运行,他们故意没有在宪法的文本中给它们留有位置,但是,历史似乎开了一个玩笑,今天美国恰恰是世界上政党和利益集团最为兴盛的政治系统。美国的政治基本上被政治党派和有组织的、势力强大的利益集团支配着。政府基本上成了它们争吵的裁判者,甚至连政府自身也作为一个利益集团参与到他们之中。那些客观上具有共同利益基础、主观上又意识到这种共同利益的存在、现实中则以联合的方式自觉追求和维护这种共同利益的社会团体就是美国政治生活中到处可见的利益集团。在美国,利益集团的活动最引人注目。它们无处不在,已深深地渗入美国行政部门、国会机构和司法系统之中,甚至与政党、政府共同成为美国政治的三大支柱。利益集团既是美国资本主义政治制度的产物,又是维护美国资本主义制度的有效形式。

美国利益集团的这种极端形态是在特定的基础上造就出来的。美国多样化的经济结构为利益集团的产生和发展提供了经济土壤。美国地大物博,气候多样,自然资源丰富,有利于各种经济形式的产生、存在和发展。美国建国初就形成了农业、手工业、商业等国民经济的各个部门,随着美国经济和工业化的不断发展,经济的多样性、专业化愈益明显,国民经济各部门及各行业分工越来越细,这些专门化的行业各有其特殊利益,促成了单一行业利益集团的大量涌现。这正是美国利益集团丛生的经济根源。这是其一。其二,美国是一个开放的激烈竞争的阶级社会,面对这种严酷的现实,社会各类成员为了维护自身的权益,需要组成集团,以壮大自己的力量。这是美国各种利益集团竞相生长的特殊的阶级基础。其三,美国是多移民、多种族之邦,从殖民地时期开始,世界各地的人就向北美移民,美国种族成分相当复杂,民族来源极为分散。因此,美国常被人们比喻为"比萨饼"、"杂烩锅"、"色拉拼盘"。这种多元化的民族、种族结构为利益集团的存在和发展奠定了坚实的社会基础。其四,美国联邦宪法第一条修正案规定:国会不得制定关于下列事项的法律:确立国教和禁止信教自由;剥夺言论自由或出版自由;或剥夺人民和平集会和向政府请愿申冤的权利。宪法的这一修正案正是利益集团得以合法存在和开展活动的法律依据。最后是美国利益集团兴盛的思想基础。

美国人对民主、自由、平等的追求促成了各种利益集团的产生和发展。在殖民地时期,北美就不存在传统的封建特权,没有等级制度,政治、经济生活中也存在一些民主的因素,如代议制、地方自治等等许多小有力的经济、政治势力组织起来,便能结成利益集团,对美国的国内外政策施加更大的影响。

但是,并不是所有的政治系统中的利益集团都是在相同的条件下产生、发展和发挥作用的。作为一个正处在社会转型时期的政治生活系统来说,中国不仅经历着深刻的政治制度结构上的转型,中国社会的变革和进步,也促使社会利益分化和社会组织化程度的提高。随着市场经济体制的发展,中国社会利益集团的形成和发展呈现出不规范、稚嫩化的特征。

和西方发达的政治生活系统相比,中国政治生活系统中的利益集团大多数尚处在稚嫩阶段,利益集团政治尚未成型。改革开放前的中国是一个二元结构下的相对均质化的社会系统。随着市场经济体制的建立和发展,个人利益得到了肯定,个人权益受到了保护,拥有共同利益的个体就会逐步组织起来,形成社团。其中有些社团就会进一步发展为利益集团。中国的利益集团,除了在传统体制中和在市场化改革初期不规范体制中已经形成的"既得利益集团"外,还有正在生成、成长的,代表相关社会群体利益的自发的"社会利益集团"。这与美国的情况不同,因为美国建国以后未经历重大改革,所以这种在中国特殊的社会改革和社会转型时期的利益集团形成的方式在美国是不多见的。

由于历史原因,中国的利益集团,无论是其开展的活动,还是其存在本身,都面临着严重的政治合法性问题。中国是社会主义国家,中国的社会性质决定中国应该是集体主义的国家,或者说中国理应只有一个将全体人民包括在其中的共同利益集团,理应没有任何在人民共同利益之外的利益集团。但目前的社会主义仍处在初级阶段,在相当长的时期中中国的政治生活系统中也会像美国那样存在各种各样的利益集团。

目前中国已有的利益集团应提高其代表能力,这样才能发展壮大自己;应提高自己的沟通能力,才能与行政、立法、司法部门建立良好的关系;应强化自己的学习能力,才能更好地吸取经验与意见;应提高自己的政策研究倡议能力,才能有效地参与和影响政府的政策过程。中国利益集团要加强自身的监督作用,督促政府廉洁、高效;中国利益集团还要加强国际化,积极参与世界竞争。在中美交往中,可以看出中国的利益集团不如美国利益集团团结,其战斗力也不如美国利益集团大。在中美贸易争端中,中国的利益集团常常处于下风。总之,中国正在形成和产生作用的利益集团尚不成熟,还有很长的路要走,无论是在与利益集团合作,或是对其加以监管等方面,我们都应吸取和借鉴利益集团十分发达的美国的教训和经验。

二、利益集团的功能及其影响因素

利益集团的功能及其评价

从表面上观察,似乎利益集团与政党有相似之处。但是,政治利益集团无论在目标、构成和数量上都和政治党派不同。首先,政治党派的目标是通过政治竞选或政治协商取得组织和控制政府的权力。利益集团的目标则是关心和自身利益有关的特定的议题和政策。在美国很少有利益集团的代表人物去直接加入竞选,或谋取进入政府的正式机构。利益集团只是试图影响政治党派和政府公职人员,让他们倾向于支持或反对某些特定的政策。利益集团极少是自己去提出和制定公共政策。其次,政治党派为了在选举中获胜,需要广泛的支持,因此,政党的成员通常是许多具有不同利益的政治个体。为影响具体议题和政策而行动的利益集团,加入的成员则是有选择性和过滤性的,通常加入利益集团的一定是在利益上具有相同性或相似性的个体。第三,在一个政治生活系统中,政治党派的数量是有一定限制的,即使是在实行多党制的政治系统中,主要政治党派也只能有10个左右。利益集团的数量则没有限制。美国为众多利益集团存在和运行提供了肥沃的土壤,利益集团也多如牛毛,只要打开美国的电话号码簿,仅冠以"全国"字样的"委员会"、"联盟"就不下好几百。

利益集团的领导人并不是由民众选举产生的,因此,其行动和决策不会对民众负责。利益集团都专注于自身的利益,因而,其行动也不会去维护公共利益。虽然利益集团对多数民众、对公共利益并不负责任,从而不具备相对于整个政治系统范围而言的广泛的功能,但是,就其自身范围来说,利益集团仍旧具有超越集团成员个体的团体性功能。其一是经济功能。利益集团是由利益相同或相似的个体组成的,集团行动的重要目标就是通过内部集聚起来的超越个体的力量,并借助于和集团相联系的外部力量,运用各种手段,来维护本集团成员的既得经济利益,并力求获得更多新的经济利益。其二是信息功能。利益集团通过内部成员的交流,并借助于和行政机构、政党组织、司法部门、立法部门的沟通,从而能够获取和积累专门的与特定议题及政策相关的资料、信息,利用这些集团所掌握或垄断的信息,能够更好地展开争取更多利益的行动。其三是意识形态功能。利益集团为了维护和增进成员的利益,并在利益竞争中取得成功,就需要形成和维护某些让集团成员相信并坚守的政治主张、价值取向、道德规定。这就是集团内部的意识形态。正是根据这些包含政治主张、价值取向和道德规定的集团意识,利益集团才能对内对外证明自身行动的合理性和正义性。

虽然利益集团具有上述方面的功能,但在不同的政治生活系统中,由于政治制度结构和体制机制方面的差异,以及利益集团发育程度的不同,具体利益集团实际发挥出来的作用是很不一样的。总体上来看,像在美国这类政治生活系统中活动的利益集团,其功能相对就要齐全一些,而且水平也要高一点。对于在中国政治生活系统中活动的利益集团来说,从总体上看,其功能不仅不够完备,而且水平也要低一点。

对于利益集团功能的评价一直是充满争议的话题。一些人认为利益集团的功能有积极的方面。但也有人认为利益集团的功能基本上是消极的、负面的。肯定利益集团功能具有正面、积极性质的观点认为:利益集团能够表达被政治党派所忽视的观点,在上一次大选和下一次大选之间,利益集团能够影响政府决策并强化代议功能;利益集团能够促成辩论和讨论,提升公共政策的品质,培训选民;利益集团能够给草根阶层提供政治参与的机会;利益集团能够确保国家和政府的权力受到公民社会的制衡;利益集团能够提供政府与人民之间沟通的管道,有助于维护社会稳定。

强调利益集团功能具有负面、消极性质的观点认为:利益集团会加大有钱有势者的声音,导致政治上根深蒂固的不平等;利益集团只关心特定的、少数人的利益,导致政治系统中社会和政治的分裂;利益集团缺乏公共责任感,造成不具有法定竞争力的权力;利益集团会借助不受公众监督的谈判和交易方式来产生影响力,从而使政策过程神秘化;利益集团会阻碍政府活动,使很多政策无法推行。

影响利益集团功能的因素

对利益集团活动及其功能产生影响的因素是多方面的,从社会环境的角度来分析,主要有政治文化传统、政府的权力结构、政党制度与政党组织结构、国家机构对社会干预的程度等等因素。政治文化传统对利益集团的功能有重要影响。政治文化传统决定着利益集团是否合法和人们加入利益集团的愿望。在一元化的政治文化传统下,因缺乏言论和结社自由,人们普遍认为团体的存在会削弱整体利益,因而利益集团的活动只能地下化,人们不愿意公开加入利益集团活动。在多元化的政治文化下,人们有言论自由和结社自由,利益集团则较为活跃。政府的权力结构对利益集团的功能也有影响。单一且实行中央集权的政府,在公共政策过程中会设置各种关卡,缩小团体政治的范围。有时只将利益集团的活动限制在行政机构的周围。在另外一些政治生活系统中,政府结构是松散的并且是分权的,利益集团就可以在像联邦与州等不同层级的政府,在立法、司法、行政等不同领域参与政治过程,其功能相应的就要大一些。同时,政党组织结构对利益集团也产生一定的影响。对于政党组织结构松散,存在多党竞争或合作,或在政党内部存在派系的政治生活系统来说,利益集团的活动就较为频繁,多党制则是利益集团活动的沃土。而在通行一党或一党独大制的政治生活系统中,则不会给利益集团留下太多的活动空间。在一些国家机构对社会生活、经济运行干预较强的政治生活系统中,利益集团不但难以出现,即使产生了,也很难发挥作用。而在国家、政府对社会生活和经济活动较少干预的政治生活系统中,利益集团活动频繁,且作用较大。

从利益集团自身的角度来分析,利益集团功能的发挥,主要取决于集团的规模、集团成员的状况、集团的聚合力、集团领导人的才能、集团的立场,等等。利益集团的规模与集团的影响力是成正比例关系的。在通常情况下,一个成员众多的利益集团,其对选票和选举结果的掌控力,内部能够积聚的财力,对立法、司法、行政机构游说的效力,都要比成员较少的利益集团来得大。比如美国规模最大、也是成长最快的利益集团是美国退休人员协会(AARP)。该协会的会员1995年时已经超过3000万。当美国退休协会发表意见时,国会都要惧怕几分。正是由于该协会坚决反对削减医疗保险预算,克林顿总统否决了1995年共和党提出的相关法案。但是一个利益集团仅仅人数多也不一定能够发挥出功能,集团成员的状况也很重要。如果一个集团是由经济宽裕、受过良好教育并且在其专业领域和富裕的社区中具有影响力的人员组成的,其功能就能够充分展现出来。比如在美国,由于美籍犹太人的社会经济地位都比较高,美国"以色列公共事务委员会"(AIPAC)的影响力就比较大。而当20世纪六七十年代日裔美国人在美国教育和专业上奋力拼搏时,"日裔美国公民联盟"(JACL)就开始在美国政治生活中发挥出较大的影响力。在20世纪末21世纪初,华裔美国人在教育、科技、商业和政治领域发挥出才华时,华裔美国人团体则在美国政界的作用日益增大。

虽然利益集团往往只为本集团的成员谋取利益,从而并不具有公益性,但是,一个利益集团能否在政治生活系统内产生影响,又和它们所坚持的立场与公众的主流价值观念相吻合的程度有关。当某个利益集团所宣扬的立场与政治生活系统中普遍流行的立场、观念不一致时,它就很难得到社会支持,影响力就会减小。美国的禁酒协会就是一个例子。在19世纪时,该协会影响很大,活动也很频繁。但随着工业化和城市化的飞速进展,美国公众的道德观念已经改变,早先那种以清教观念为主的伦理价值已经让位给尊重私人选择、容忍异己行为的立场。现今人们虽然仍然反对过度饮酒,但也不赞成用公共权力来管制和干涉属于个人的私生活的行为。依然坚持旧的价值观念和立场的禁酒协会日趋孤立,其结果必然会走向没落。

利益集团的凝聚力大小也影响着其功能的发挥。正如杜鲁门所说:"凝聚力问题是政治利益集团的一个重要问题。其他的因素对社会中的利益集团和制度产生程度不等的影响,但集团的团结程度可能是决定集团成功的最重要因素。"[①]利益集

---

① 参见戴维·杜鲁门《政治过程:政治利益与公共舆论》,天津人民出版社2005年版,第181页。

团的内部团结和集团成员的多重身份有关。当一个集团的成员同时属于其他集团时,集团的同质程度,从而团结程度就会降低。但成员的多重身份不一定就是内聚力削弱的唯一原因。集团内部的分裂或宗派活动也是瓦解集团团结的重要因素。如果集团的领导者有较强的协调能力,能够在不同的政策和立场方面进行"内部妥协",使集团成为用"整体说话的集团"①,集团的内聚力就会得到强化。

三、利益集团的行动策略

西方利益集团的行动策略

利益性政治团体主要的活动是在立法和公共政策过程中与广义的政府打交道,通过对立法、行政、司法过程的影响,来保护或倡导某种特定的利益。正因为利益集团常常对议员、政府官员、法官、检察官的活动和观点施加影响,形成某种程度的压力,所以又称为压力集团。利益集团或压力集团都是通过游说、提供资料和建议来影响政府的公共决策的,并以此来间接地维护和倡导团体本身所坚持的某些特定利益。利益集团的活动只是一种间接的压力政治活动。这与某些运用直接行动来反对国家政权、政府机构和宪政制度的政治组织不同。

利益集团发挥影响力通常借助的渠道有：政府行政机构、立法机构、法院、政党组织、大众传播媒介、跨国界的组织。利益集团接近立法机构有一套策略。一是巨额政治献金。除了在竞选中进行政治捐款外,还在日常通过提供各种优惠给具有决策权力的当事人以好处。美国大烟草公司为保证反对吸烟的新法令不通过,对共和党人尤其慷慨,让他们乘坐公司的飞机出游。二是游说。利益集团派出人员充当各种政策论坛、政治活动的联络员以便与立法机构建立友谊、提供资料,进行公开游说。有的利益集团成员则当监察人紧盯立法、司法机关,观察和了解政治决策的动向。经评估,与立法人员直接沟通,告之"研究成果",出庭作证是利益集团最有效的接近立法机构的行动手段。评价较低的接近立法机构的策略是社交聚会、捐款。最无效的接近立法机构的手段是以密友方式,信件、电报往来。

前面提到的"疾病游说集团"名副其实的"教母"玛丽·腊斯克,在游说议会方面的行动策略真可谓令人叹为观止。她频繁出入国会山庄,带着各种图表和报告,专门做有影响的国会议员的工作。她把包括国会议员、知名科学家、患病活跃人士和病友组织、制药公司、影视界大腕、体育明星和新闻界人士在内的有关团体和个人组成了一个统一阵线,为NIH争取更多的联邦政府医学研究经费。作为"疾病游说集

---

① 参见戴维·杜鲁门《政治过程：政治利益与公共舆论》,天津人民出版社2005年版,第199页。

团"骨干的玛丽·腊斯克、专栏作家安·兰德斯以及影星琼斯等人都是国会拨款委员会的座上客。在全美大约有 60 个组织和一批有影响的个人都虎视眈眈地盯着联邦政府医学研究经费的分配,但"疾病游说集团"几乎每年都能成功地保证国会批准的金额超过总统所提交的 NIH 预算。玛丽·腊斯克把"疾病游说集团"的游说活动变成了一门高超的艺术。美国《迈阿密先驱报》指出,玛丽·腊斯克的座右铭似乎是:"千万不要低估极少数富裕和有特权的社会精英把自己的意志强加给其他人的能力。"以她为首的"疾病游说集团"的活动,导致了民主的死亡和科学的腐败,诚实的科学家只能靠从桌上掉下来的残羹剩饭去做研究。

利益集团也有一套接近行政部门的策略。主要有:利用官员腐败给予金钱,与官员私下接触,给官员提供研究资料以及实施其他的公关和宣传活动。利益集团利用行政部门最好的策略是挑选出来的得到竞选支持的候选人被委派到政府高层担任职位。由于利益集团政治的需要,美国产生了一种新机制——政治活动委员会,简称 PAC。PAC 是由各行业团体、商会、贸易商会、工会等组成的组织。他们向利益集团收取会费,统筹捐款给议员候选人,换取其在当选后通过支持对利益集团有好处的政策来回馈捐款团体。由于总统选举同样需要大量的捐款经费,对行政当局的游说和渗透也就变得十分重要,因而在美国总统接受非法政治捐助的事件时有发生。小布什总统 2001 年 1 月就任之初,就任命了一批在 2001 年总统竞选期间对他捐款较多的人担任美国政府要员。一些批评美国政治的人指出,共和党为 2001 年总统竞选募捐时向可能捐款的对象开出清单,只要肯花钱,就能和总统、副总统、国务卿、驻外大使会面交谈。利益集团的老板只要捐 10 万美金,就可以同小布什总统吃两顿饭,切磋政治。其实,民主党在竞选总统过程中,也使用了同样的手段。小布什本人就代表着共和党大资产阶级中的诸如洛克菲勒石油财团、杜邦军火财团、梅隆钢铁工业财团、得克萨斯石油财团等集团的利益。由于这些利益集团对小布什进行了大量政治捐助,所以小布什上台后通过发动阿富汗战争、伊拉克战争,让杜邦财团这个军火商大发横财,也给了其他的与石油、钢铁制造、买卖有联系的利益集团大量好处。

利益集团接近司法部门的策略主要有以下几种:一是组织"集团诉讼"。由利益集团出面组织法学家、律师,替一群人或某个阶层的人提出诉讼,以此来接近司法部门,让法官和检察官看到利益集团的巨大能量。二是组成"法院之友"。利益集团经常组织一批与诉讼案件无关的人给法院提供声明。当与某个利益集团有共同目标的官员或议员受到法律的指控时,它们就组织"法院之友",以此来支持与利益集团有共同目标的、有决策权的个人或群体。

当然,利益集团还有其他的行动策略和战术。比如诉诸大众,不惜重金进行公开宣传。不少利益集团,常常采取私下操作的方式,或让有利于利益集团的新闻报道见报，或阻止不利于集团的消息被披露。有时利益集团还特别资助对自己有利的相反研究，如烟草集团就资助对吸烟有害的反例证研究。另外组织示威游行也是利益集团经常使用的重要策略。一些抗议建立核能电厂的集团则组织其成员在工厂前面静坐，制造不良影响，阻碍对他们不利的政策的实施。更有甚者是利益集团发动暴力抗争，选择一些口才好的人在闹市区发表演说，从而激起集团成员和从众者的愤恨，继而再采取暴力行动，干扰政府的政策制定，以阻止政府做出对利益集团不利的决策。

中国利益集团的行动策略

虽然在中国目前的政治制度结构和体制机制下，利益集团不仅数量少，而且能力有限，但是已经活动的利益集团则采取种种手段影响政府部门的决策。相当多的利益集团经济实力雄厚，无须施压或游说，即可让地方政府俯首听命，出现利益集团"绑架"政府部门、行政部门的"领导傍大款"的现象。地方政府公共决策的公正性和合理性受到严重影响。有些利益集团进行"权力寻租"、"钱权"交易或其他违法活动。一些经合法组织异化而形成的利益集团，则以企业、事业单位等组织的合法外衣为依托，以经济、政治利益为纽带，运用合法组织的资源，欺压、剥削普通民众，瓜分集体财产，谋取其成员的非法利益。

利益集团运用多种行动策略对政府的决策施加影响。一是贿赂。利用金钱、美色及其他有价物券"买通"相关决策者。这一行动策略大多是"暗箱"操作，形式隐蔽。一些利益集团往往通过请客送礼、拉关系、走后门以至贿赂政府官员，使之成为自己的代言人，以便将小集团的利益取向纳入到行政决策中，从而获取政策可能带来的潜在收益。

二是利用关系网络。以家族血缘、同学情谊、老乡情结和其他社会关系等等为纽带，直接接触相关决策者。这是利益集团最常用，也是最直接、最有效的行动策略。利益集团有时会通过正式的制度渠道如汇报和报告制度，将本集团的利益诉求输入地方政府决策体系之中。但更多的则是通过非正式的形式如家族血缘、同学、老乡或私人情谊，直接接触相关决策者，表达其特定的利益诉求。

三是借助沟通劝说。采用书信、电话电报、递交研究报告乃至直接造访等方式，对相关决策者进行劝说。劝说的策略很巧妙，往往不直接表露劝说者自身的利益，而是投其所好，分析如此这般对各方的好处，将集团的利益夹杂在其中。利益集团的说服活动常常是通过正式渠道、"公事公办"的方式进行的。

四是求助"精英人物"。让本集团中的执政党的代表、人大代表、政协委员、政府成员或集团内有广泛社会影响力的成员，代表本集团的意愿，直接有效地接近相关决策者，影响地方政府决策。或者通过各种手法，将本集团期望的利益渗透到人大、政协提案之中,保证本集团的利益诉求能够直接输入地方政府的决策体系。

五是借助主管部门打招呼。这是目前中国合法利益集团较常用的行动策略方式。一方面,合法存在的利益集团,一般都有其业务主管单位或上级主管部门,它们之间存在一种事实上的上下级关系;另一方面,政府决策机构和人员又实行分管制度,分管领导既可以直接有效地接近、影响相关决策者,也可能直接参与制定相关政策。这样,利益集团在通过正式的制度渠道,或非正式、非制度化的渠道与方式,将本集团的利益诉求输入政府决策体系后,主管部门及其领导,既可以通过批示、批复、召开现场会、协调会、列入会议议程等形式,也可以通过"打招呼"、"写条子"等非正式形式来回应利益集团的利益诉求。

六是借助媒体呼吁。有些利益集团通过舆论间接向政府施加压力,他们向当地、外地甚至境外包括报刊、广播、电视等形式的大众传媒主动提供信息,请求其向社会广泛公开,以争取尽可能多的民众的关注、支持或同情,从而对相关决策者形成强大压力,使本集团所面临的问题被提上决策日程或由政府重新考虑。一个值得注意的趋势是,利用互联网网络将成为利益集团向决策者表达利益诉求的重要方式。

七是采取施压性集体行动。某些利益集团组织其成员在政府机关及其主管部门门前聚集、静坐、请愿、集体上访、游行示威、非法举行集会,甚至安排其成员围堵和冲击党政机关,扰乱政府工作,以此来逼迫政府制定对利益集团有利的政策。

四、利益集团的行为模式

由于西方特别是美国的政治生活系统中利益集团较为发达,因而那里的政治学者们对利益集团行为模式的研究也较为深入。从已有的研究成果来看,西方学者所概括的利益集团的行为模式是多种多样的。第一种是多元主义行为模式。这种行为模式建立在对政府权力的分割性和分散性的假设基础之上。本特利在《政府过程》一书中就认为利益团体是政治过程的基本板块,当政治团体的行为被充分阐明时,任何事情也就被阐明了。[①] 伊斯顿、达尔等人则认为,政策过程是众多利益集团对政府提出政策需求的博弈过程,政府作为守门人则是需要对这些不同的政策进行过滤和回应。另外像加尔布雷斯等人则认为众多相互竞争的团体会自然产生政治利益的生态均衡。

---

① 参见 Arthur Bentley, *The Process of Government*, Evanston, IL: Principia, 1908, p208.

作为多元民主方法的提倡者和代表者的公共政策学家达尔认为,一个国家中构成权力基础的资源是在社会中的个人和团体之间广泛分配的,并且这种分配是不均等的。但是像金钱、信息和专业知识等等都是非积累性的,即这类资源中没有哪一种始终是被某些少数集团所支配和控制的。而且所有的资源和利益也并不具有相同的影响力。因此,即使那些权力最少的团体,也能够在决策过程的某个阶段有自己的声音,没有任何个人和集团在所有的政策过程中是完全没有权力的。

在运用多元民主的方法分析公共政策过程时,多元民主的信奉者们遇到一个问题,即在公共政策过程中,政府究竟扮演何种角色。一些多元主义者认为,政府是多个利益集团冲突的仲裁者,在价值上是中立的。但是在达尔这些多元主义者看来,公共政策虽然是以政府为主来制定和实施的,但在政策制定和实施过程中,政府并不是中立的。虽然在多元利益冲突中政府担当着一系列重要的协调功能,但是政府机构也是一个利益集团。政府在对各种社会利益作出反应的同时,也在追求政府自身利益的偏好。

对多元民主模式提出批评的学者认为:"多元主义天空的缺陷是,天空合唱团的演唱,有很强的上层阶级的腔调。"① 利益集团行为的多元主义模式受到最大的质疑是,利益集团并不是均等的,它们在资源的控制、占据的社会地位和接近政府的渠道等方面存在较大差异,因此会出现强势集团,并享有特权。在20世纪70年代,达尔和林德布罗姆等人充分考虑到"越南战争、水门事件、'帝王般的总统'、都市衰败和社会经济不平等等一系列因素的影响",对多元主义行为模式进行了反思。1961年达尔出版了阐述其多元主义的著作《谁统治?》,承认在谁统治的问题上,他们的观点已经发生了改变。②

第二种是统合主义行为模式。这种行为模式强调国家和社会的关联。统合主义是将组织性利益纳入政府过程的手段。统合主义分为两种:一种是威权统合主义,这实际是集权主义;一种是自由统合主义或社会统合主义、新统合主义。统合主义强调组织性利益被授予特权并能接近政策制定的渠道。但是统合主义同样受到质疑。首先,统合主义相当程度地限制了团体享有接近政府的数量和范围。其次,统合主义倾向于将团体看成是由团体领导者支配的层级式的组织。

第三种是新右派行为模式。这种行为模式是由奥尔森提出来的。奥尔森对这种模式作出了典型的论述。在《集体行动的逻辑:公共物品和团体理论》一书中,奥尔森认为人们参加利益集团只是为了享受公共物品。这一行为模式也受到质疑,因为个人享受好处并非要像团体成员那样付出代价,他完全可以"搭便车"

---

① 参见米切尔·黑尧《现代国家的政策过程》,中国青年出版社2004年版,第34页。
② 参见米切尔·黑尧《现代国家的政策过程》,中国青年出版社2004年版,第39页。

(free riders)。因此公共利益的存在并不一定保证会形成利益集团。①

本章小结

政治团体是在政治个体、政治群体与政治党派之间政治主体展开政治活动的一种结构方式。伴随公民社会或民间社会的成长发育,政治团体越来越成为政治生活中重要的行动主体。在一些与国家设施相对应的公民社会或民间社会发展较为充分的政治生活系统中,政治团体的类别较多,而且从中还发展出作为政党政治补充的利益集团政治。而在一些政党政治和国家力量强大,公民社会或民间社会发育不够的政治生活系统中,除制度性的政治团体有较为充分的发展外,其他类别的政治团体,特别是没有官方色彩的民间性社团的力量就非常薄弱。

市场经济的发展、实际利益的分化,加上全球非国家行动主体力量的增强,促使一些政治生活系统在从传统走向现代、实行急剧的社会转型的过程中,注意创造条件,让公民社会或民间社会迅速发展。这就为政治团体的多样化提供了基础。中国经过几十年的改革、开放,各种政治社团逐步出现,并且在现实的政治生活中日益发挥出重要作用。

中国的制度性团体,无论是机构型的还是职业型的,都有自身的特征。目前这些团体所表现出来的某些不规范的行为,也正是政治和行政体制机制改革的重要内容。从行政体制改革中分化出来的准机构性团体依然保留着行政级别,虽然从某种意义上说,这有利于这些团体履行其职能,但也对其独立地展开工作造成了不便。一些半官方性质的专业性团体虽然发挥了较大作用,但官方色彩过浓,也不利于这类团体的发展、壮大。虽然学术界对于中国是否有利益集团存在较大的分歧,但类似于利益集团的团体不仅是存在的,而且在现实的政治生活中产生着作用。规范这些团体的行为,使其正面的功能得到发挥,依然是微观政治学研究的重要课题。

关键概念

制度性团体　机构型团体　职业型团体　社团　准机构性社团　专业性社团　民间性社团　公民社会　第三部门　非政府组织　利益集团　压力集团　新右派行为模式　多元主义行为模式　统合主义行为模式

---

① Mancur Olson, *The Logic of Collective Action: Public Goods and the Theory of Group*, Cambridge, MA: Harvard University Press, 1968.

✳✳✳✳✳✳✳✳✳✳
　研究与思考
✳✳✳✳✳✳✳✳✳✳

　　西方政治团体产生的途径有哪些?
　　中国政治团体的产生有哪些具体途径?
　　政治团体有哪些主要类别?它们的基本特征是什么?
　　你对存在政治制度结构和行政体制机制疏漏条件下,中国的机构型团体和职业型团体的行为有什么看法?
　　如何通过政治和行政体制机制改革来消除机构型团体和职业型团体的不规范行为?
　　中国有哪些主要的准机构性社团,它们的行为有哪些特征?
　　中国半官方性的专业性社会团体发展的状况怎样?
　　如何发展民间性社会团体?
　　西方利益集团是如何接近立法、行政和司法机构的?
　　中国有没有利益集团?他们对政府决策是如何施加影响的?
　　利益集团存在和运行的正面作用有哪些?其负面影响有哪些?

1. 西方公民社会研究

　　从20世纪80年代以来,"公民社会"(Civil Society)理论再度在西方流行起来,并成为当代西方学术研究的一个热门话题,在西方政治家和公众中也产生了强烈的反响。"Civil Society"一词在国内有三种不同的译名,即"公民社会"、"市民社会"和"民间社会"。这三种不同的中文译名之间存在着一些差别。"市民社会"是最为流行的术语,也是Civil Society的经典译名,它来源于马克思主义经典著作的中文译名。但这一术语在实际使用中带有一定的贬义,传统上人们往往把它等同于资产阶级社会。而从知识的沿革和传承来看,在某种意义上也可以说,现在流行的公民社会理论其前提或学术渊源是市民社会理论。"民间社会"则是中国台湾学者的译法,它是一个中性的称谓,但不少人认为它过于边缘化。"公民社会"则是一个褒义的称谓,它强调公民对社会政治生活的参与和对国家权力的监督与制约,因而有越来越多的青年学者喜欢这一新的译名。

　　市民社会、公民社会的研究原先都是和第三部门、非政府组织的研究是分开的,但是到了20世纪90年代,许多西方研究者在两者之间寻找理论和实践上的契合点,甚至有人将第三部门、非政府组织的研究作为现代公民社会理论的一个重要组成部分。

西方市民社会理论研究

西方古典市民社会理论研究。"市民社会"这一概念来自西方。城市最早出现在古希腊和古罗马。古希腊和古罗马的学者常常用"市民社会"概念来描述城市或城邦的生活状况。古希腊政治学家亚里士多德在《政治学》一书中首先使用了"Politike Koinonia"(Political Society/Community)的概念。古罗马的政治理论家西塞罗则是在市民社会、政治社会和文明社会三重意思上使用了市民社会概念。他认为,市民社会是作为一种城市的文明政治共同体而与野蛮人的社会或野蛮状态相区别的。市民社会作为一种城市文明,它有着自己的都市文化、工商业生活。作为一种政治文明,它有着自己的法律和政府,这些都是人民的共同财产,共和国乃是"人民的事业"。作为一个道德的集体,它的目的在于实现公平和正义的原则,用道德的纽带把人们联系起来。

但到了13世纪,随着基督教在罗马帝国中的力量日渐强大,政治思想家们的注意力逐渐从研究作为一种文明社会的城邦或共和国转向研究教会与国家的关系,试图解决这二者各自的权限问题。教会理论家和帝国理论家分别为教会和王国所应拥有的权力进行论证。比如托马斯·阿奎那就承认国家是由于人们天然的要过社会生活的需要而产生的,但同时他又认为人和人性都是上帝的创造物,因此上帝才是国家权威的真正来源。阿奎那也承认国家或政治社会的目的是引导公民过上最美好的生活,但他也认为,最美好的生活不仅包括物质上的丰裕、和平与安宁,而且也包括与上帝共享天伦之乐,而这一点只有通过神权的高扬才能做到。在这两位中世纪的政治学家那里,原来用来描述城邦或共和国生活状况的市民社会概念就被抛弃掉了。

从公元17世纪至18世纪,当洛克、卢梭、康德等代表新兴思想的政治理论家,试图借助契约论来反对君权神授思想,为专制王权提供理论依据时,市民社会的概念被再次提出来。在契约论思想家那里,市民社会和政治社会是同义词,与之相对应的则是自然状态或自然社会。虽然契约论思想家们对自然状态的描述和评价大不相同,但他们都认为自然状态或自然社会是缺乏和平、安全、人身保障的,它必然要过渡到市民社会或政治社会。而这种过渡是通过处于自然状态中的人们用订立社会契约的方式自愿让渡自己的部分或全部权利给国家以换得后者的保护来实现的。

古典市民社会的理论家们,是在强烈的道德判断意义上使用市民社会概念的。他们认为处于野蛮状态的人们,只有家庭、村落乃至部落这样的社会共同体而没有政治共同体,因此无法过上快乐和有道德的生活。只有当人们自愿组成政治共同体时才能过上最美好的生活。政治共同体的出现标志着人类进入了文明社会。同时,古典市民社会的理论家们又是在政治社会的意义上使用市民社会概念的。他们认为家庭、私有财产、工商业生活等还不是构成市民社会的主要因素,市民社会是文明社会,作为其构成要素的是政府和法律。另外,古典市民社会的理论家们是在公民社会的意义上使用市民社会概念的。他们认为通行父系权威及其体现的专制王权是自然状态或自然社会,市民社会是建立在共和政体基础上的一种社会。只有在以共和政体为基础的社会中,个人才能作为公民而存在,只有参加到政治共同体的生活中去才有意义。公民角色在道德上要高于个人在家庭中扮演的角色,个人所参加的政治生活也要高于个人的工商业生活。

西方近代市民社会理论研究。近代意义上的市民社会概念主要是由黑格尔提出并由马克思加以完善的。1821年出版的《法哲法原理》被公认为黑格尔关于现代市民社会理论的代表作。正是在这本书中,这位德国的思想家明确地将政治国家和市民社会区分开来,提出了现代意义上的市民社会概念。黑格尔认为具体的、特殊的个人构成市民社会及其活动的基本要素。市民社会是各个成员作为独立的单个人的联合。这种联合的使命正是为了保证和保护所有权和个人自由,因此具体的、特殊的个人,他们的利益和需要,他们的权利和自由便成为市民社会的最终目的。

黑格尔认为自治性团体(同业公会等)是构成市民社会及其活动的另一个要素。如果说国家代表着普遍的利益,个人追求的是私人的利益,那么自治性团体维护的则是特殊的利益。自治性团体是将个人与国家、私人利益与普遍利益联结起来的中介,它有助于克服个人主义,培养公共精神。

黑格尔强调"需要的体系"是构成市民社会及其活动的主要内容。个人需要可以分为三类:直接的或自然的需要、观念的精神需要以及把二者联系起来的社会需要。生产劳动和理论教育能满足前两类需要。而只有具有相同社会地位的人们所构成的普遍性集团的等级,才能作为一种社会共同体把人们联系起来,使个人在其中具有其权利、功绩和尊严,从而满足第三种需要即社会需要。

同时,黑格尔认为,在市民社会中伦理精神还处于特殊性的阶段,因而必须要由警察和法院使用强制性力量从外部建立起秩序。在市民社会中,个人的特殊性获得了全面发展和伸张的权利,但特殊性本身又是没有节制的,没有尺度的,如果听任其独立发展,势必会导致道德沦丧和社会混乱,从而使市民社会处于瘫痪状态,因此,国家的干预是必不可少的。

最后,黑格尔认为,作为普遍性原则之体现者的国家乃是伦理精神发展的最高阶段,家庭和市民社会的法规和利益都必须从属于它。在黑格尔看来,国家和市民社会作为伦理性的实体,其组织原则是不同的,市民社会以个人利益为其结合的最后目的,而国家则是以结合本身、以普遍利益为目的的。国家在伦理上包含了家庭和市民社会,同时又高于它们。

马克思吸收了黑格尔市民社会概念的合理内核,同时又纠正了其理论的局限性,创建了自己的市民社会理论。马克思的市民社会理论具有以下三个特征。首先,马克思是从政治国家和市民社会的相互关系角度来把握市民社会的发展演变规律的。他认为,在阶级社会中,随着阶级利益分化为公共利益和私人利益而产生了政治国家和市民社会,随着阶级社会的消失,政治国家和市民社会也将一道消失。同时,在阶级社会中,政治国家和市民社会的关系也不是一成不变的。在中世纪的市民社会中,政治国家和市民社会是同一的,市民社会直接地具有政治性质。在专制权力所依靠的封建主义社会中,市民社会淹没于政治国家之中。像法国的政治革命,则把市民社会从政治国家中解放出来,消灭了市民社会的政治性质,完成了政治国家和市民社会的分离过程。

其次,马克思精辟地分析了市民社会和政治国家相分离的政治意义。在市民社会和政治国家相分离的情况下,市民社会必须通过立法权的机关来参与政治国家的事务,政治国家则要通过执行权的机关来干预市民社会的事务。前者要通过立法机关实现自己特殊的私人利益,后者则要通过行政及司法机关维护普遍的共同的利益。要完成上述任务,只有建立起权力分立的体制才能达到目的。它确立了人权和公民权的原则。在市民社会失去政治性质而变成纯粹私人生活领域之后,国家事务也提升为普遍事务即人民的事务而不再是少数人的特权,人民在政治上获得了平等的地位。

第三,马克思指出了在市民社会诸领域中"物质生活关系的总和"或经济关系的领域具有决定性意义。马克思认为在"需要的体系"中,个人的物质利益、物质需要居于首要的地位,其他利益和需要都是以它的满足为前提的。为了满足这种物质利益和需要,人们必须从事一定的物质生产活动,包括工商业活动。同时,人们并不是孤立地从事物质生产活动的,他们必然要在生产和交换中结成一定的关系即经济关系或交往形式即"物质生活关系的总和"。

西方当代市民社会理论研究。20世纪以来,帕森斯、葛兰西、哈贝马斯以及柯亨和阿拉托等人提出国家-经济-市民社会的三分法来代替国家-市民社会的二分法。他们主张把经济领域从市民社会中分离出去,认为市民社会主要应该由社会和文化领域构成,同时强调它的社会整合功能和文化传播与再生产功能。这一时期市民社会理论研究与现代公民社会理论研究具有一定的重合性。

美国著名社会学家塔尔科斯·帕森斯为市民社会研究提供了新的视角。他认识到在社会从传统向现代转变过程中,由社会共同体(Social Community)执行的社会整合功能对整个社会系统生存和持续的重要性。他在1951年出版的《社会体系》和1956年出版的《经济与社会》等著作中,将现代社会划分为四个子系统即经济、政治、文化、社会子系统,并把市民社会主要理解为社会子系统(或社会共同体),它的主要功能是将文化价值加以制度化来达到社会整合的目的。社会子系统主要是通过各种社团或协会来完成社会整合的任务的。在社团或协会中,通过社会化机制和社团控制机制(如人际制裁和仪式活动等),个人将会自觉或不自觉地把现行的文化价值观作为一种行为规范接受下来。

意共前领导人安东尼奥·葛兰西在其代表作《狱中札记》中,反对把国家等同于专政机关或强制性机器(他称之为政治社会),也反对把国家职能仅仅归结为暴力职能。他认为国家是政治社会和市民社会的统一体,并且特别强调国家的伦理或文化职能。他认为市民社会是制定和传播意识形态特别是统治阶级意识形态的各种私人的或民间的机构之总称,包括教会、学校、新闻舆论机关、文化学术团体、工会、政党等。

当代德国最有影响的思想家J.哈贝马斯在1962年出版的《公共领域的结构转换》和1973年出版的《合法性危机》中指出,市民社会是一种独立于国家的"私人自治领域",它包括私人领域和公共领域。其中私人领域是指由市场对生产过程加以调节的经济子系统,"公共领域"(public sphere)则是由各种非官方的组织或机构构成的私人有机体,它包括团体、俱乐部、党派、沙龙、报纸杂志书籍等。公共领域实际上是社会文化生活领域,它为人们提供了讨论和争论有关公众利益事务的场所或论坛,在这里理智的辩论占主导地位。他认为市民社会的结构在当代发生了重大变化。一是政治子系统和经济子系统从分离走向结合,经济子系统不再作为独立于国家的私人领域而存在。二是公共领域受到商业化原则的侵蚀。随着商业化原则对社会文化生活领域的渗透,文学艺术、新闻出版、广播电视把追求商业利益摆在了首位,大众文化变得低级庸俗。三是技术统治论意识的扩张压制了公共领域的自由讨论。国家权力膨胀起来,官僚机构力图把各种政治问题限定为只能由专家来解决的纯技术问题,反对交由公众去讨论和争论,公共领域日益萎缩。上述变化产生了严重后果。它使国家成为各种矛盾、冲突和斗争的中心,国家所承受的来自民众的压力空前增大。它使大众文化失去了阐明社会生活的意义和价值的作用,人们因此变得孤独、冷漠而出现了"动机危机"。由于人们日益远离政治讨论和政治事务,政治子系统失去其合法性基础而出现了"合法性危机"。哈贝马斯认为,解决上述危机的根本出路在于公共领域必须挣脱商业化和技术统治论的影响获得复兴。

西方公民社会理论研究

西方公民社会理论兴起的背景。市民社会理论以公民社会理论的面目在20

世纪80年代后在全球范围内的再度流行,与当代世界各国所发生的深刻的社会变革及学者们对此的理论反思有着密切的关系。西方民主政治的畸变,凯恩斯主义的失灵,福利国家的危机,促成一些学者进行理论反思。二战后西方民主政治出现了一些畸形的变化。国家权力日益向行政部门集中,权力分立、地方自治等传统体制和观念发生动摇。一些大的利益集团或社团组织的政治影响力日益增加,普通民众由于缺乏组织手段而被排斥在政府决策过程之外。行政官僚有向专家治国、信息垄断方向发展的趋势,普通的民众的知情权、参政权受到侵害。在经济方面,凯恩斯主义力图通过国家干预刺激有效需求来缓解经济危机的努力遇到了严重的挫折。20世纪70年代后西方国家先后出现了经济停滞和通货膨胀并发症,凯恩斯主义失灵了。在社会政策方面,西欧各国社会民主党或社会党推行的社会福利政策因财政危机难以继续推行,现代福利国家陷入严重的危机之中。面对严峻的现实,一些理论家对单纯依靠国家来解决社会经济问题的效能产生了严重的怀疑,同时对国家权力膨胀和国家干预扩张的政治后果开始有所警觉。西方古典、近代和现代的市民社会理论为这些理论家从哲学层面上批判现实提供了有力的武器。

在东方,斯大林模式的社会主义受到批判,随后进行的改革努力刺激了一些学者进行理论反思。在斯大林模式社会主义体制中,公民社会为国家所淹没,国家在人们的生活中处于支配地位并享有充分的行动自由。随着时间的推移,这种体制的弊端日益暴露。它使普通民众养成对国家的依赖感和懒惰思想,来自民间的积极性和首创精神受到窒息,同时政治权力滥用的现象也愈演愈烈。斯大林模式的社会主义先后受到前苏联东欧各国执政党的抵制和批判,以民主化为方向的政治改革在这些国家逐步推行开来。一种独立于国家的公民社会在这些国家不断发展壮大,公民社会研究在这些国家也就应运而生了。

在西方现代的公共理论中,有关公民社会的定义,学者们众说纷纭,意见不一,归纳起来主要可分为两类:一类建立在国家和社会的二分法基础上,公民社会主要是指独立于国家但又受到法律保护的社会生活领域以及与之相关联的一系列社会价值和原则。另一类则建立在国家-经济-公民社会的三分法基础之上,公民社会主要是指介于国家与家庭或个人之间的一个社会相互作用领域及与之相关的价值或原则。

进入20世纪90年代以来,以三分法为基础的公民社会定义逐渐为大多数学者所接受。戈登·怀特的定义颇具代表性。他指出:"当代使用这个术语的大多数人所公认的公民社会的主要思想是:它是国家和家庭之间的一个中介性的社团领域,这一领域由同国家相分离的组织所占据,这些组织在同国家的关系上享有自主权并由社会成员自愿结合而形成以保护或增进他们的利益或价值。"他主张将企业或经济机构同公民社会分开来对待,前者作为经济社会或经济系统构成了公民社会的基础。

西方公民社会理论的要素与价值。就西方学者已形成共识的观点来看,公民社会的结构性要素及特征主要有以下四个。一是私人领域。第一类定义的公民社会论者认为,私人领域是指私人自主从事商品生产和交换的经济活动的领域。其中市场机制和私人产权构成这种私人领域的两大要素,它们保证个人能够自主地从事经济活动和追求特殊的私人利益。马克思主义经典作家著作中关于公民社会的论述主要是在这个意义上使用的,因此将其译为"市民社会"是比较准确的。持第二类定义的公民社会论者则主要在个人私域意义上使用私人领域这一术语的,他们认为个人私域(个人的家庭生活或私人生活领域)构成个人自我发展和道德选择的领域,个人在这一领域应享有的充分的隐私权。

二是志愿性社团。这种志愿性社团不是建立在血缘或地缘联系的基础上,成员的加入或退出是自愿的,并且不以赢利为目的。它是团体成员基于共同利益或信仰而自愿结成的社团,是一种非政府的、非营利的社团组织。志愿性社团为公民提供了参与公共事务的机会和手段,提高了他们的参与能力与水平,因此,当代公民社会论者多把志愿性社团看做是公民社会的核心要素,有人甚至在二者之间划等号。

三是公共领域。当代关于公共领域的思想主要得益于哈贝马斯这位伟大的思想家。他认为,公共领域是介于私人领域和公共权威之间的一个领域,是一种非官方的公共领域。它是各种公众聚会场所的总称。公众在这一领域对公共权威及其政策和其他共同关心的问题作出评判。自由的、理性的、批判性的讨论构成这一领域的基本特征。

四是社会运动。西方左翼学者一般都把社会运动或新社会运动看做是公民社会中一个非常重要的结构性要素。他们把反叛现实社会和实现理想社会的希望寄托于此。其他公民社会论者则不太强调这个要素。

公民社会不仅包括上述结构性要素,还包括与之互为表里和相互支持的基本价值或原则,后者构成公民社会的文化特质。关于文化特质的内容,公民社会论者的认识也不一致。大体有以下五种基本的社会价值或原则。一是个人主义。个人主义的假设一直是公民社会理论的基石。它假定个人是社会生活的基本单位,公民社会和国家都是为了保护和增进个人的权利和利益而存在的。二是多元主义。它要求个人生活方式的多样化,社团组织的多样化,思想的多元化。维系这种多元主义的是提倡宽容和妥协的文化。三是公开性和开放性。政务活动的公开化和公共领域的开放性是公众在公共领域进行讨论和进行政治参与的前提条件,因此当代公民社会论者无不坚持公开性和开放性的原则。四是参与性。强调公民参与社会政治生活和制约国家权力,是公民社会理论的一个重要内容。五是法治原则。公民社会论者强调要从法律上保障公民社会与国家的分离,在三分法的情况下还要保障它同经济系统的分离。他们认为倡导法治原则的目的是为了划定国家行动的界限,反对国家随意干预公民社会内部事务,从而保证公民社会成为一个真正自主的领域。

西方公民社会与国家关系模式。公民社会与国家的关系是公民社会理论研究的一项重要内容。公民社会理论家提出的公民社会和国家的关系的模式多种多样,但概括起来有五种:公民社会制衡国家、公民社会对抗国家、公民社会与国家共生共强、公民社会参与国家、公民社会与国家合作互补等。

一是公民社会制衡国家模式。现代自由主义认为国家是"必要的邪恶",国家之所以必要是因为公民社会需要国家调停其内部利益冲突,保护其安全及完成公民社会所无力承担的公益事业。国家是邪恶的,若无外力制止,国家权力和国家活动范围将无限制地扩张下去,从而危及个人的自由和权利。因此,自由主义者主张以公民社会来制衡国家,划定国家行动的界限(不得侵犯个人的自由和权利),限制国家权力的扩张。当代公民社会论者继承了自由主义的思想并已形成一种共识,即一个活跃的和强有力的公民社会乃是民主必不可少的条件。他们认为,只有通过独立的公民社会的民主实践(政治参与和舆论监督等),才能有效地控制国家权力的滥用并使国家易于对民众的要求作出反应。

二是公民社会对抗国家模式。托马斯·潘恩首次提出这一命题。他认为,公民社会和国家是一种此消彼长的关系。公民社会愈完善,对国家需求就愈小。理想的国家是最低限度的国家。潘恩还认为,反抗那些随意剥夺公民的自由和权利的非宪政国家是正当的、合法的行为。当代少数激进的公民社会论者继承了这一观点。东欧公民社会研究者把前社会主义政权下国家和公民社会的关系描述为一种支配和被支配、控制和被控制的关系,二者相互对立,因此他们主张反对国家对公民社会的压制,扩大公民社会的自主活动空间。美国学者阿拉托也将波兰的社会运动描述为"公民社会反抗国家"的兴起。

三是公民社会与国家共生共强模式。还有些公民社会论者认为,在民主体制下,公民社会和国家的关系的理想格局是强国家和强公民社会和谐共存。以研究东欧问题见长的美国学者迈克尔·伯恩哈德即持这种观点。他认为,民主体制下惟一良好的权力配置就是强国家和强公民社会共存。在这种实力格局下,国家有能力有效地工作,公民社会又足够强大以防止国家过分自主而不对社会的要求作出反应。双方中任何一方力量过强或者都很弱小,都会产生严重的问题。只有双方各自相对于对方的自主性得到了充分的保证并彼此处于势均力敌的状态,双方各自的功能才能得到最好的发挥。

四是公民社会参与国家模式。对于公民社会参与国家的模式公民社会论者并没有统一的看法,主要有两类:一类是多元主义模式。许多美国学者认为,公民社会中的各种利益集团享有平等地参与政治事务的权利。另一类模式是社团主义的模式。许多瑞典学者认为,国家认可某些大的社团组织的行业或职业利益的代表权力并为它们提供了制度化的参与渠道,其他利益集团则被排除在政治过程之外。对这两种模式的优劣,公民社会论者内部意见很不一致。

五是公民社会与国家合作互补模式。持这种看法的学者反对那种把国家和公民社会对立起来并认为它们之间存在内在冲突的观点。他们认为,在提供公共产品和对集体需要作出反应方面,公民社会和国家可以相互补充,这二者之间可以建立起很好的合作关系。不少公民社会论者指出,由于"政府失效"、"市场失效"和"第三部门失效"同时存在,这三者之间必须建立起很好的合作互补的关系。萨拉蒙等人进而认为,只有在公民社会、国家以及商业领域之间建立起相互支持、高度合作的关系,世界范围内的民主和经济增长才有望实现。公民社会和国家的关系的这五种模式并不是彼此排斥的关系,它们各自在某些方面包含着真理。但这些模式也远未穷尽公民社会与国家的关系的全部内容,它们只是对复杂的现实的一种高度抽象的理论概括,而且这种概括还带有强烈的理想化色彩。

西方第三部门理论研究

第三部门性质与构成。以非政府组织和非营利组织为对象的"第三部门"(Third Sector)研究兴起于20世纪80年代,它起初和公民社会理论的关系并不密切。但进入20世纪90年代后,这种情况发生了很大的改变。公民社会理论家开始转向从政治社会学的角度对作为一个社会实体的公民社会进行实证的研究,而第三部门研究者也开始关注诸如非政府组织或非营利部门的作用及其与国家和市场的关系等更加一般的理论问题,双方开始找到理论的契合点。

"Third Sector"一词在国内也有两种不同的译名,即"第三域"和"第三部门"。这两种译名之间的含义没有太大的差别。所谓"第三域",指的是和公共领域(公域)、私人领域(私域)相对而言的另一个领域;第三部门指的是和公共部门、私人部门相对而言的另一个部门。它们所指称的都是各种非政府、非营利性的民间组织。相比之下,第三部门的用法更加通俗易懂一些。第三部门又被称为"独立部门"、"非营利部门"、"志愿部门"、"利他的部门"等。第三部门是指除了政府部门、以营利为目的的企业之外的组织,包括志愿团体、社会组织或民间协会等。根据加利福尼亚大学NGO(非政府组织)研究中心提供的数字统计,1997年美国有160万个非营利机构,这些非营利机构的财产总额达到2万亿美元,年收入为1万亿美元,占国民收入总额的11%左右,其中约30%的款项属于政府择优资助的拨款。

第三部门在市场经济国家相当发达,它的价值是多方面的。首先,它弥补了政府在公共品供给方面的不足。政府在提供公共品方面受财力、机制等方面的制约，不可能及时、普遍地满足人们的多样需求，在这种情况下，第三部门以其快速、多样性满足了人们的需求。在美国，第三部门运作的一部分经费就来自于政府的拨款。政府这样做是一举两得，既减轻了政府"管得过多，疲于奔波"的压力，又调动了人民自己管理自己事务的积极性（第三部门的大部分经费还来自社会的捐赠等）。因此从某种意义上可以讲，第三部门是政府与民众合作解决公民社会经济问题的产物。

美国著名经济学家熊彼特说过，市场经济是一种损益经济。在市场经济条件下，有人成功，有人失败；有企业兴旺发达，也有企业破产。美国经济学家奈特说过，市场经济的实质不是风险，而是不确定性。市场经济在给人类社会带来很大好处的同时，也带来了不少问题。这些问题的解决仅仅有企业和政府是不够的，尤其是政府不可能事无巨细地解决市场中所有的问题。第三部门以其非营利的身份大大地缓解了社会矛盾，这些组织来自于民间，又有信息优势，是最能有效解决民间问题的。从这个意义上讲，第三部门是社会的安定剂。

在市场经济条件下，追求盈利、追求收益最大化是不可避免的一种现象，在这种情况下，大量非营利组织的存在无疑是对"向钱看"社会倾向的一种"矫正"。第三部门组织作为一个载体，它极大地淡化了人们之间的金钱关系，以非营利组织的方式把人性中相互帮助的一面充分地体现出来。第三部门大部分运作费用来自于民间，在这种捐赠的背后是那些成功者对遇到问题的人们的一种帮助。

NGO是"Non-governmental organization"的首写字母缩写，中文叫"非政府组织"，指的是那些独立于政府之外、不以营利为目的、志愿性的社会组织。

NGO关注的往往是社会公共性的问题和人类共通性的问题，比如贫民救助、贸易公平、环保、反战、反核等等，这些问题所涉及的一般不是个人利益、组织利益或者国家利益，而是社会的公共利益或者人类的共同利益。

NGO出现得很早，早在市场经济初期就出现了一批关注穷人、救灾、福利的民间社会组织。20世纪中叶在联合国成立的时候，其文件中正式使用了NGO的概念，强调联合国事务也需要那些除了政府和企业之外的其他社会组织的参与。1980年代以后，NGO一方面在国际事务中的影响越来越大，在包括妇女问题、环境问题等各种全球性问题上，可以越来越多地看到NGO所发挥的主导性作用；另一方面NGO在国家范畴乃至社区范畴内越来越扮演重要的角色，成为社会治理结构变革的中坚力量。

除了NGO之外，还有一个NPO的概念，也是从英文转用过来的，叫"非营利组织"。这个概念出现得晚一些。大致是从1980年代开始流行。它的背景是美国联邦税法有关非营利组织的免税规定。其实这个概念与NGO在内涵上是一致的，都把政府和企业排除在外，指那些非政府、非营利的社会组织。

NGO 的法律表现形式主要有两种体系：在大陆法系中，NGO 依据私法设立法人，分别按照以人的集合为基础或以特定目的财产集合为基础，表现为非营利性社团法人和财团法人。其中社团法人是会员制 NGO 存在的主要法律形式，如各种协会、联合会；财团法人包括基金会和特定类型财团法人如私立学校、医院、服务机构等。英美法系不区分公法人与私法人，NGO 可以选择以下列法律形式存在，即非营利公司、协会和公益信托（Trust），公益信托的受托人最主要的是基金会。

如果从活动领域来看的话，NGO 包括环保 NGO、扶贫 NGO、人权 NGO。现代政府的决策是程序性的，在面对非常态性问题时，政府的反应往往比较迟缓，因为突发事件超出了政府官僚体系正常的决策范畴。而 NGO 没有那种严格的程序，面对突发性的社会事件能很快地作出反应。

第三部门组织的评价。为了对公民社会中的组织的发育状况进行实证描述，一些西方学者尝试建构公民社会评价指标体系。在这方面做出了成绩的学者有莱斯特·M. 萨拉蒙教授和安海尔教授。从 1990 年开始，萨拉蒙一直主持 CNP 项目研究。他采用能力、可持续性、影响三个统一维度对全球五大洲 49 个国家的 CSOs 进行了比较研究。《崛起的部门》(1994)、《全球公民社会：非营利部门视界》(1999)、《全球公民社会：非营利部门国际指数》(2004) 是三阶段研究成果的集中体现。在后两阶段，CNP 项目创建了统一的定义体系和方法论，投入大量人力在世界范围内开展调查工作，在获得 36 国数据的基础上得出全球公民社会发展的概况，并且完成不同地区、不同地域的国别分析。

CNP 项目将公民社会的核心含义归纳为"社会中的基本私人结社生活"，将核心外延具争议性、未达成统一性认识的定义内容舍弃，得出界定公民社会的五大特征：正式的或非正式的组织或结构式关系、私人的、没有利润分配、自行管治、志愿地构成和靠自愿支持的。此界定维度覆盖了项目国家中被视为公民社会组织的绝大多数实体。同时，形成了一套国际非营利组织分类法（见表 6-1）。

表 6-1 国际非营利组织分类法

编号	领域	编号	领域	编号	领域	编号	领域
1	文化和娱乐	4	社会服务	7	公民和倡导	10	宗教活动
2	教育和研究	5	环境	8	慈善中介	11	商业和专业联合会
3	健康	6	发展和住房	9	国际	12	其他

表格来源：莱斯特·M. 萨拉蒙、S. 沃加斯·索可洛斯基等：《全球公民社会：非营利部门国际指数》，北京大学出版社 2007 年版，第 15 页。

表 6-2 维度和指标

维度	指标			
能力	受薪雇员占经济活跃人口比重	志愿者占经济活跃人口比重	从业人员多元分布指数	私人捐赠占 GDP 比重
可持续性	政府支付占总收入比重	收益和收费占总收入比重	志愿者参与占成年人口比重	法制环境：需求 / 供应 / 政府绩效 / 法治
影响	附加价值占 GDP 比重	服务类非营利雇员占就业总数比重	表达类领域从业人数占成人总人口比重	机构会员指数

表格来源：莱斯特·M.萨拉蒙、S.沃加斯·索可洛斯基等：《全球公民社会：非营利部门国际指数》，北京大学出版社 2007 年版，第 96—100 页。

安海尔教授主持的 CIVICUS-CSI 研究项目是由全球公民参与联盟（World Alliance for Citizen Participation）发起的一项国际联合行动，从 2000 年开始启动。CIVICUS-CSI 研究项目创建了非常具体细化的公民社会评价指标体系，包括四个维度（结构、环境、价值和影响）、25 个亚维度和 73 个具体指标，并采用统一的数据收集方法对各国公民社会进行评价打分，目前已有近 60 个国家参与了此项研究。

西方公民社会理论研究的特点

一是公民社会概念的内涵不断丰富和深化，呈现多义性和模糊性的特征。从思想史上看，公民社会概念本身就有多个源头，复兴后又按不同的路径发展。学者们从不同的视角和研究目的出发，对其进行不同的界定。源于西方市民社会理论传统的公民社会概念在传播到文化背景不同的世界各地后，产生各种文化版本的公民社会概念，它们反过来也影响了西方学者。而西方学者在将源于西方的公民社会概念运用于世界各种文化区域时，也会强调其不同的构成因素。从而形成了公民社会概念歧义重重的局面。B.巴伯（Benjamin Barber）曾经指出，从近些年的情况来分析，公民社会术语使用的越来越多，人们对它的理解却越来越少。有的学者将当代公民社会定义归结为"二分法"（two-part-model）和"三分法"（three-part-model）两种。所谓"二分法"即国家与社会二分法，公民社会在此指独立于国家的社会相互作用的领域及与之相关联的一系列社会价值或原则。所谓"三分法"即国家-经济领域-公民社会三分法，公民社会在此指介于国家和家庭或个人之间的一个社会相互作用的领域及其与之相关的价值或原则。两者的区别在于，前者继承了从亚当·斯密到马克思的思想传统，将非国家性质的私人经济关系包括在公民社会之中，后者则将其作为独立的领域从公民社会中剥离出去，更突出志愿性社团组织在公民社会的中心地位。自20世纪90年代以来，以三分法为基础的公民社会定义成为主流。晚近的学者如肯尼(John Keane)、科亨(Jean L. Cohen)、阿拉托(Andrew Arato)、沃泽尔(Michael Walzer)、哈贝马斯(Jurgen Habermas)等都将公民社会理解为独立于国家机构和市场结构的公共领域。当代思想家哈贝马斯对"公共领域"的研究成果为公民社会理论所吸收，一些学者将介于私人领域和公共权威之间的非官方的公共领域纳入公民社会的结构。一些左翼学者特别强调社会运动或新社会运动，将其视为公民社会中一个重要的结构性要素。还有很多人强调与公民社会结构性要素相耦合的作为基本价值和准则的公民社会的文化因素。一些人认为，只有以个人主义为基础，由独立的个人在平等和民主的原则下志愿组成的社团才属于公民社会；另一些人则反对这种限定，将其他一些类型的社团特别是传统型的社团也归为公民社会。

二是在公民社会与国家关系或公民社会的作用问题上，人们形成了更全面的认识。公民社会与国家的关系是公民社会理论的核心。在17—18世纪的市民社会理论中，理论家们一般都持古典自由主义观念，侧重于揭示市民社会与国家的消极对立关系。当代公民社会研究者在继承这一思路的同时，已经能够更全面地认识两者的关系。人们的共识是，公民社会具有相对于国家的独立性和自主性。在这个大前提下，有的学者侧重于强调两者关系的消极性或负相关性，即公民社会对国家的监督、制约、限制、平衡甚至对抗关系。这些学者认为，在权威主义国家里，公民社会与国家之间是一种压制与反抗的关系。公民社会要想获得自己的生存空间，只能同权威主义国家斗争，在其被击退后留下的领域里，才能建立公民社会的家园。在民主国家里，如果没有适当的平衡与约束，它也有走向专制的危险，所以公民社会要作为一种制衡国家权力的力量而存在。另一些学者更多地强调两者关系的积极性或正相关性，即公民社会与国家共生共强（即认为强公民社会与强国家和谐共存）、合作互补、相互渗透、相互参与（即公民社会参与政治事务，国家对公民社会进行监护、规范、管理和调适）。公民社会不但不是对抗和制约国家，也不是取代国家，而是要渗透和参与国家。公民社会不再纯粹是公民自由的庇护所，国家也不再是纯粹的消极工具。公民社会作为公民与国家的中介，它组织和教育公民参与政治，致力于改善国家制度和公共政策，推动国家的有效治理以及民主、自由、平等等基本价值的实现。

三是从研究方法上看，在发展规范性研究的同时，更重视实证性研究。传统上，公民社会理论一直是政治哲学的研究对象。它努力树立着一种价值，坚守着一种社会政治理想，具有强烈的社会批判功能，所以，规范性研究在公民社会研究中处于主导地位。当代公民社会理论也重视规范性研究，在这方面，公民社会概念凝聚了不同的甚至互相冲突的理想和期望，它既被右翼人士视为各种国家主义

第六章 政治团体及其行为

意识形态的替代品,也被左翼人士作为改造社会的途径。但更多的学者把公民社会纳入政治科学视野,将重心放在实证性研究上。公民社会概念被作为一种研究方法和分析性概念来使用。有的学者指出,作为一种研究方法,公民社会理论强调以公民社会为中心来研究问题。它一方面反对以国家为中心的研究方法,另一方面也反对以经济为中心的研究方法。公民社会概念既可以当作一个抽象的总体性概念来运用,以便更加宏观地把握它与国家之间的关系;又可以当作一个可以细分的实体性概念来对待,以便能解析其内部结构。作为一种分析性概念,公民社会主要被视为一种社会实体或历史实体,人们致力于从不同学科分析其起源、发生发展过程及未来的前景。

四是从研究范围上看,公民社会理论走出泛理论研究的状态,开始对不同国家和地区的公民社会,对公民社会的各个层面、各个领域和各构成要素进行分门别类的微观研究,以及对公民社会与社会发展、经济发展、民主化的关系等问题的专门研究,从而大大地拓宽了研究视域。这一点是与实证研究的展开联系在一起的。进入20世纪90年代,公民社会理论研究已经超越了一般性的纯理论探讨,开始运用公民社会理论,深入到具体国家和地区的公民社会的层面,进行个案研究。学者们在承认公民社会理论的普适性的前提下,致力于探讨公民社会这种普适性话语介入各国、各地区的亚文化圈时所面临的一系列问题,研究各个公民社会的个性特征,分析其与国家的独特关系、对政治民主化和社会发展的影响等。这种具体而微的研究是市民社会理论走向深化的一个表现。当前分国别、分地区性研究的论著涉及前苏联东欧地区、东亚、非洲、拉丁美洲、伊斯兰文化地区等广大范围,人们力图发现不同政治文化、经济发展水平,不同的历史渊源以及不同的宗教背景下公民社会的差异性,并试图从这种差异性中透析出一种具有普适性的原则。各国学者对本国公民社会问题的研究成果及其所反映出的各个国家和地区公民社会的特点也引起西方学者的关注。例如肯尼(John Keane)在一项最新研究中,就介绍了日本公民社会理论的源起、历史发展和现状。同时他也注意到中国学者对 civil society 概念的不同翻译("公民社会"、"民间社会"、"文明社会"、"市民社会"等),韩国学者对韩国公民社会的形成及其与国家关系特点的研究,伊斯兰国家的学者对公民社会理论的独特理解等。

五是公民社会的全球化趋势日益引起人们的重视,全球化公民社会的前景及其影响进入学者们的视野。早期公民社会理论完全是在民族国家的范围内思考公民社会及其与国家的关系问题,但当代迅猛发展的全球化进程却给公民社会理论提出一个新的课题。伴随着全球化进程,公民社会本身也开始走向全球化了,实际上,公民社会的全球化本身就是全球化进程最生动的表现之一。一些学者已经开始注意到独立于主权国家权力的"世界公域"以及"全球公民社会"(global civil society)的出现。全球公民社会以跨越国家界限的非政府组织为核心。它形成了研究国家与公民社会的新维度。因为公民社会不是仅仅存在于国家界限以内,也不再仅仅是本国公民与国家的中介,每个主权国家在面对国内公民社会的同时,还需面对全球公民社会。一些公民社会理论研究者认识到全球性公民社会对国家带来的挑战,以及在建立新千年的世界新秩序中的作用。世界日益联为一体,人类的某些共同性问题不仅需要主权国家间的合作,还需要世界非政府组织的参与。

2. 西方法团主义研究

法团主义的思想渊源

法团主义(Corporatism),也有人译为合作主义、组合主义、社团主义等。这一术语来自19世纪末、20世纪初拒绝自由主义与社会主义理论前提的社会思潮。它一方面谴责资本主义的个人主义和竞争,另一方面批评阶级冲突及其导致的社会主义运动。法团主义理论家认为,阶级和谐与有机统一对社会是必不可少的。两次世界大战时期,这个概念长期与法西斯政权联系在一起,有人认为它与当时的独裁体制有关(因而"名声"欠佳),直至最近的十几年里,法团主义才恢复了它在政治理论中的地位。对法团主义进行定义的学者不少,但最有代表性的还是菲利普·施密特。他认为法团主义是一个利益代表的系统。"法团主义可以被界定为利益代表的体系,在此体系中,构成单位被组织成一些单一的、义务性的、非竞争的、层级有序的、功能有别的有限团体,这些团体由国家认可并被赋予在其同行中的垄断代表权,以此为交换,国家对其领导人选择、需求和支持的表达实行一定程度的控制。"从施密特的界定中,我们可以发现,法团主义不是关于行动,而是关于结构的学说,它的目的是要提供社会结构的若干理念类型,这些类型特指社会不同部分的制度化关系,其重心在集团行为和体制的关系。

法团主义作为一种独特的理论视角,其研究范围已逐渐从欧洲向拉丁美洲、非洲及亚洲扩散。尽管屡经波折,几落几起,但它始终保持着顽强的生命力,并不断得以丰富和发展。从世界范围来看,不仅发达国家(如德国、奥地利、瑞典等)推行法团主义体制,而且许多发展中国家(如巴西、阿根廷、墨西哥、坦桑尼亚、尼日利亚等)也积极采纳法团主义体制。这一现象汇成了一个疑问:法团主义何以具有如此强大的吸引力?要回答这一问题,就需要了解支撑它的思想背景到底是什么,其理论主张有哪些。从历史来看,法团主义思想渊源主要有三种:欧洲天主教教义、民族主义和社会有机论。

欧洲天主教特别强调人的群体性,崇尚"爱你的邻居如同爱你自己"的博爱精神。天主教认为,这种博爱与牺牲精神,体现在个人与个人、个人与群体、群体与群体之间关系的各个层面。1891年,教皇列奥十三世(Leo XIII)首次发表了著名的社会通谕——《新事物》(Rerum Novarum)。后来的历任教皇又发表了一系列相关的通谕,主张实现社会正义,消除经济与社会发展中的危险因素和不确定性;社会各阶级或阶层应和睦相处;国家要积极促进共同利益;正确看待私有财产,捍卫基本的道德底线。

民族主义从另一个角度为法团主义提供了精神支撑。本尼迪克特·安德森认为,"(民族)是一种想象的政治共同体——并且,它是被想象为本质上有限的,同时也享有主权的共同体"。英国学者盖尔纳认为:"民族主义是具有一些非常重要的特征的爱国主义:这种爱国主义即民族主义认可的单位,在文化上是相同的,它的基础是一种努力成为高层次(识字)文化的文化;这些单位的规模,足以使人们可以期望维持一个能够使识字文化不断继续下去的系统;这些单位内部的次生群体缺少灵活性;它们的成员没有个性特征;个人按照自己的文化风格,而不是按照自己所属的次生群体而直接从属于单位。"在以赛亚·伯林眼里,民族主义具有四大特征:坚信民族要求的至高性;民族所有成员的有机联系;某个民族价值之有价值就是因为它是该民族的;最后,在诸多权威或忠诚的竞争者中,民族诉求是至高的。作为法团主义理论渊源的民族主义,尤其强调民族共同体个体成员利益对整体利益的贡献和服从。

社会有机论涉及整体与部分、部分与部分之间关系的调适,从亚里士多德到黑格尔,到社群主义者都秉持社会有机论的观点。亚里士多德认为,作为社会最小构成分子的单个人无法独立生存,应当过群体生活,城邦就是群体生活的载体。"城邦(虽在发生程序上后于个人和家庭),在本性上则先于个人和家庭。就本性来说,全体必然先于部分;以身体为例,如全身毁伤,则手足也就不成其手足,脱离了身体的手足同石制的手足无异,这些手足无从发挥其手足的实用,只在含糊的名义上大家仍旧称之为手足而已。我们确认生成的城邦先于个人,就因为(个人只是城邦的组成部分),每一个隔离的个人都不足以自给其生活,必须共同集合于城邦这个整体(才能大家满足其需要)。"社会有机论强调社会构成有如下特征:整体性,统一性,复合性,确定性,自我平衡性,开放性。

法团主义的基础与演变

法团主义认为,"自由主义把所有的事都简化为个体行为,个体竞争和理性选择的假定,使它们看不到在国家和市场之间,存在着大量的个体行为模式。对于法团主义来说,集体保护了个体交易的安全和预期稳定,降低了信息成本,为个体提供了心理上的共同性"。从这一立场出发,法团主义认为,"当代社会出现的问题不是个体自由不足,而是组织化的不足造成的"。为了弥补这一缺憾,法团主义认为,只有建立一种与多元主义体系迥然相异的利益团体结构,才可以有效防止冲突强于整合的不平衡局面。具体来说,就是应作下列改革:(1)减少社会中利益团体的数量;(2)确立它们垄断性的代表地位;(3)增强其成员的内聚程度;(4)扩大它们的代表广度;(5)提高它们秩序化行动的水平;(6)促进它们与制度背景的进一步吻合。在法团主义看来,这种利益团体结构的改变,是组织化利益团体充分发挥其正面作用的关键。它既是一个更为有效的代表形式,也是一个更完善的社会政治结构,它体现组织、理性、控制和协商等原则,可以使政治过程免除混乱和冲突,在现代社会建立文明竞争的政治秩序。在这种状态下的利益团体具备了双重涵义:通过组织代表成员利益,同时它规范成员及组织间的协商与互动。法团主义结构下的利益团体虽受到一定程度的国家控制,但它也代行了部分公共权力的职能。通过这一全新的排列组合,公共领域与私人领域之间建立了结构性的互动机制和对话渠道,国家与社会的关系逐渐由对立转向融合。

国家将部分公共权力向组织化利益团体转移,一方面减轻了国家的压力,另一方面,它不仅没有削弱国家的传统权力,国家始终"在立法、税收,最重要的是在合法使用武力的终极裁定上拥有不容挑战的垄断权力",而且进一步强化了国家的作用,使国家获得了控制社会冲突的主动权。具体地说,国家作用的强化主要体现在其扮演的双重角色上,即干预社会生产的角色和福利事务的角色。国家作为中立的裁判者,就可以在经济与社会发展中有效协调以组织化团体为单位的利益分歧,制定和执行由各方谈判协商达成的公共政策,促成互惠共赢的权力和利益分配格局。

由此可见,法团主义政制的蓬勃发展并非人为强加,而是有其深刻的理论依据。同时,历史发展带来的结构变迁也是法团主义政制迅速扩展的重要因素。二战后,资本主义社会出现了一个重要发展趋势:公民权责(Citizenship,它主要包括公民权利、政治权利与社会权利三个部分)出现并迅速发展。它导致了资本主义社会的个体依赖向国家层次集中,缓解了阶级冲突,促进了公共权威与公民权益的直接联系,使社会认同与依赖结构趋于集中化,个体逐渐脱离局部性的组织单位(例如家庭、宗族、种族、地方共同体、社团、阶级等)而转向更大的政治单位——国家。建立法团主义结构体系,正是对这一发展趋势的回应。

当代西方的法团主义在历史上经历过演变。法团主义的初期阶段是所谓"传统性法团主义",各种源于身份的社群(例如贵族团体)同国家建立各种特殊关系。在现代化的过程中,新兴的以职业为基础的社会团体兴起,尤其是产业工人组织,如工会,向国家争取对其代表性的承认。国家在应付这些新"社会问题"时,一开始往往采取压制政策,之后基于各种理性考虑,开始采取胡萝卜加大棒的政策。

国家在承认新兴社会团体的合法性的同时,也把它们纳入到既有的体制之中。随着整个体制走向自由化和民主化,国家与社会的伙伴关系变成法团主义的常规形态。

法团主义的基本思想

法团主义试图提供关于社会结构的若干理想类型,用来描述国家和社会不同部分的体制化关系,它的重心在功能单位和体制的合法化关系上。法团主义关注的不是个人的或非制度性的关系。

"法团主义,作为一个利益代表系统,是一个特指的观念,模式或制度安排类型,它的作用是将公民社会中的组织化利益联合到国家的决策结构中去","这个利益代表系统由一些组织化的功能单位构成,它们被组合进一个有明确责任(义务)的、数量限定的、非竞争性的、有层级秩序的、功能分化的结构安排之中。这些功能单位得到国家的认可(如果不是由国家建立的话),它们被授予本领域内的绝对代表地位,作为交换,它们的需求表达、领袖选择、组织支持等方面的行动受到国家的一定控制"。

表6-3 两种法团主义的比较

特 征	社会法团主义	国家法团主义
数目有限性或单一性	通过社团建立政治卡特尔或者通过竞争性淘汰形成	通过政府施加的限制来实现
强制性参与	通过社会压力、劳动合同、基本服务提供、专业资格凭证和执照的垄断性发放权力来实现	通过政府明文规定来实行
强制性参与	通过社团内部寡头趋势及社团之间自愿达成协议实现	通过不断实施的国家中介、仲裁甚至压制来实现
等级化组织构架	通过社团内在的官僚化扩张和巩固过程来实现	通过国家明令的集中化或行政依附过程来实现
职能分化	通过自愿性协议安排来实现	通过国家明确的行业或专业领域类别来实现
国家承认	基于自下而上的政治需要	基于社团形成与运作的前提
代表性的垄断	通过自下而上的努力形成	依赖于国家的同意
领导人选择与利益表达的控制	基于上下对于程序和目标达成的共识	基于国家的强制

资料来源:参见张静《法团主义》,中国社会科学出版社1998年版。

根据这一界定,法团主义可以被视为一种对国家和社会间常规互动体系的概

括。这个体系包含以下要点:

(1) 有国家参与,社会参与则以功能团体的形式,它们互相承认对方的合法性资格和权利;

(2) 它的中心任务是将社会利益组织、集中和传达到国家决策体制中去,因而它代表着国家与社会的一种结构(制度化)联系;

(3) 进入体制认可的功能团体对相关的公共事务有建议、咨询责任;

(4) 进入体制认可的功能团体数量是限定的;

(5) 进入体制认可的功能团体间是非竞争的关系;

(6) 体制内的各功能单位以层级秩序排列;

(7) 功能团体在自己的领域内享有垄断性的代表地位;

(8) 对功能团体的领袖选举、利益诉求和组织支持等行动,国家有一定程度的掌握,以国家掌握的限度区分为"国家法团主义"或"社会法团主义"两种最基本的形态。

法团主义的理论试图在传统的极权主义和多元主义框架之外寻求对利益整合的解释,它抛开了体制内外的分野,提供了一种不同于"国家-社会"分化的视角,引起了研究者的广泛讨论。它帮助研究者观察到了"国家-社会"框架容易忽略的问题。解决社会结构问题背后的理论假设,或者是"国家法团主义",或者是"社会法团主义",但已经不是"极权主义"或"多元主义"。

建议进一步阅读的文献

要对政治团体作进一步的批判性研究,可阅读曼瑟尔·奥尔森的《集体行动的逻辑》(上海人民出版社1996年版)中"第1章集团和组织理论"、"第2章集团规模和集团行为"部分的内容。还可阅读西摩·马丁·李普塞特的《政治人:政治的社会基础》(上海人民出版社1997年版)中"第四篇民间机构中的政治"中"第十二章工会中的政治过程"部分的内容。

要对政治利益集团作进一步的批判性研究,可阅读加布里埃尔·A.阿尔蒙德、小G.宾厄姆·鲍威尔的《比较政治学:体系、过程和政策》(东方出版社2007年版)中"第七章利益表达"中"第一节利益集团的类型"、"第二节利益集团次体系的类型"、"第三节接近的渠道和施加影响的策略"部分的内容。还可以阅读戴维·杜鲁门的《政治过程:政治利益与公共舆论》(天津人民出版社2005年版)中"第四章集团的起源和政治取向"、"第六章内部政治:内聚力问题"、"第十一章立法过程的接近途径:动态考察"、"第十四章行政过程的关系网"、"第十五章利益集团与司法机关"部分的内容。

第七章 政治党派及其行为

【学习要点提示】
政治党派的变量与实质
　　政治党派的变量
　　政治党派的性质
　　政治党派的类型
政治党派的产生与类别
　　政治党派的产生
　　政治党派的类别
政党行为的特点与功能
　　政治党派的行为特点
　　政治党派的行为功能
政党政治与政党的建设
　　政党政治及其发展
　　政党内部组织建设
中国共产党的自身建设
　　认识自身建设重要性
　　总结执政基本经验
　　建设学习型政党
　　积极发展党内民主
　　惩治预防党内腐败

　　对政党的重视是现代政治学的传统。政党政治几乎是现代政治的同义语。但是，正像其他的科学研究一样，越是人人熟知的现象，越是特别重要的现象，人们似乎越不想下工夫去思考和分析。在中国政治学的研究中，政党就是属于这类因为过于熟悉和重要，反而没有能得到认真、透彻研究的课题。

　　中国是一个富有政党政治传统的国度。在中国近代史上，曾经出现过短暂而激烈的、本质上是搬用和仿效欧美政治的、但最终是毫无结果的创立政党和进行政党政治试验的时期。而真正意义上的中国现代政治，从某种意义上可以说,是从革命先行者孙中山创立现代资产阶级政党开始的。这一曾经推翻了封建帝制的政党,并没有能沿着孙中山临终前所嘱咐的"联俄、联共、扶助农工"的路线走下去,它从20世纪20年代开始就成为在中国实行帝国主义、封建主义、官僚资本主义政治统治的工具。在马克思主义指导下创建起来的中国共产党才是这一时期真正代表劳苦大众利益,追求民族和国家的独立、解放,领导中华民族走向民主、富强、繁荣、和谐的伟大政治力量。从20世纪20年代至50年代的国共两党的合作与冲突,构成了这一时期的中国政党政治,也是现代政治的主要内容。

新中国成立以后,曾经是革命党的中国共产党转变为在一个幅员广阔、人口众多的新兴政治生活系统中掌控国家政权的执政党。这是一个巨大的历史飞跃。但是,对中国共产党地位的这一历史变化,以及由此产生的革命党和执政党两者的区别,还有执政党的执政方式等一系列重大问题,直到中国通过改革开放,进入新一轮的社会转型时期才被逐步地提出来。要回答和解决这些重大问题既需要有大量实践经验的支撑,也需要有政治家和政治学家长期的、坚持不懈的理论研究来支持。

第一节 政治党派的变量与性质

一、政治党派的变量及其分析

现实政治生活中存在着的并且发生着作用的政治党派是多种多样的,而且它们自身也是不断变化的,再加上不同的人又总是带着各自的主观目的和兴趣来观察和描述它们,因此会产生出各种各样的有关政党性质的看法。以往不少人将有关政党的不同界定视为人们在政党认知上的混乱,这种见解是值得推敲的。其实,政治党派作为政治生活系统中的行动主体,它们自身是由不同的因素或属性构成的,这些因素或属性作为认识政党性质的变量,被人们不断地发现出来并逐步得到研究。我们今天能见到的有关政党的不同类别的定义,其实正是对政党自身不同变量的描述和分析。因此,要真正完整地掌握政党的实质,首先就需要了解构成政党这一政治活动主体的一些基本变量。

理解政治党派的变量

政党的第一个属性也是它的重要变量就是组织政治选举。政党总是被视为与竞选、选举有关的政治组织。美国政治学家卡普兰在《政治诉求的架构》一书中认为:"政党是一个阐述复杂问题并在选举中提出候选人的集团。"①美国《新时代百科全书》的政党词条做了这样的解释:"政党,是为争取选民选票支持它所提名的候选人而高度组织起来的集中统一的团体。"②

政党的第二个属性也是其重要的变量是获取政治职位。政党总是被视为为谋取官职而建立的政治组织。美国政治学家哈维·沃克认为:"政党是一个对于公共问题极富理想的选民所组成的团体,他们企图通过各种公职的提名与选举以实现其共同理想。"③以研究政党而著称的美国政治学家萨托利则明确指出:"政党是被官方认定在选举中提出候选人并能够通过选举把候选人安置到公共位置上去的政治集团。"④《国际社会科学百科全书》也认为,选定将政党看做是为谋取官职而建立的政治团体这样一个定义,就能把政党与其他政治组织区别开来。大量的证据表明,谋取官职这个目标,在一切热衷于官职的政党中都占有主导地位。⑤

政党的第三个属性也是最为重要的变量是争取掌控国家政权。政党总是被视为力求取得并控制国家权力的政治组织。在《大英百科全书》中,政党被看做是在政治体制内为取得和行使权力的目的而组织的集团。日本学者冈泽宪芙也正是这样描述政党的:政党是这样一种政治集团——在竞争与对抗中发现存在的根据和生命的源泉,在统一与联合中寻求明天的远景。不能开展斗争的政党不能获得今天的力量,拒绝联合的政党不能进入明天……他们吸引和动员游荡于政治领域的各种利益和思想,并试图以这种力量为依托去夺取政治过程的持续支配权。⑥

政党的第四个属性也是较为重要的变量是制定实施政策。政党总是被视为影响和控制政治决策的政治组织。《日本大百科全书》认为:"政党是以取得国家权力为目标而基于共同的政策组织和动员国民、开展一切政治活动的持久性的政治团体。"⑦法国学者罗伯特·赫·布朗克也是这样定义政党的:"政党的概念由三个因素构成。首先应该是一个由男人和女人组成的集团,这个集团具有某种组织形式,有能力表达集团的共同意志和采取行动。其次,这个集团必须提出一系列治理国家的建议,这些建议的提出基于对整个社会都有影响的思想和利益。最后,这个集团必须进行旨在取得政权或行使政权的活动。"⑧在上面提到的《新时代

---

① 乔·萨托利:《政党与政党体制》,剑桥大学出版社1976年英文版,第3章第1节。
② 王惠岩主编:《政治学原理》,高等教育出版社1999年版,第179页。
③ 哈维·沃克:《立法过程》,1948年英文版,第78页。
④ 参见乔·萨托利《政党与政党体制》,剑桥大学出版社1976年英文版,第3章第1节。
⑤ 参见王惠岩主编《政治学原理》,高等教育出版社1999年版,第179页。
⑥ 冈泽宪芙:《政党》,耿小曼译,经济日报出版社1991年版,第3—4页。
⑦ 参见王惠岩主编《政治学原理》,高等教育出版社1999年版,第179—180页。
⑧ 弗朗索瓦·博雷拉:《今日法国政党》,上海人民出版社1977年版,第7页。

百科全书》中，政党也被描述为人们为了取得对政府的控制以制定政策，从而在观点和行动上或多或少统一起来的团体。

政党的第五个属性也是基本的变量是确定的社会阶级基础。政党总是被视为展开政治斗争的阶级、阶层的先锋队组织。列宁曾经指出："在通常情况下，在多数场合，至少在现代文明国家内，阶级是由政党来领导的；政党通常是由最有威信、最有影响、最有经验、被选出担任最重要而被称为领袖的人们所组成的比较稳定的集团来主持的。"① 政党是阶级的先进觉悟阶层，是阶级的先锋队。各阶级政治斗争的最严整、最完全和最明显的表现就是各政党的斗争。②

政党的第六个属性，也是一个不可忽视的变量是鲜明的意识形态。政党总是被视为有理论和纲领的政治组织。马克思在《哥达纲领批判》中曾经说过，虽然一打纲领抵不上一个具体的行动，但是对于一个政党来说，纲领就是一面竖立起来的旗帜。毛泽东结合中国共产党的经验，指出政党必须有自己的理论："没有一个按照马克思列宁主义的革命理论和革命风格建立起来的革命党，就不可能领导工人阶级和广大人民群众战胜帝国主义及其走狗。"③

对政治党派变量的分析

要对政治党派的实质有正确的理解，就需要对上述的政党的主要属性或变量加以分析。我们先分析政党的前四个重要变量。第一个变量强调了政党的一类活动即竞选、选举活动。虽然在现代国家中，特别是在西方发达国家中，政党最显眼的，也是在微观政治生活中最经常的活动，甚至是最为重要的政治活动就是组织和参加政治选举，但是，积极参与竞选和选举的还有其他的利益团体，而且政党参加选举的最终目的是要掌控国家政权，组建管理政府，制定公共政策。为了实现这一目的，有些政党不仅要参加竞选，必要时还需要发动革命。仅仅把政党的性质与竞选活动联系起来，对政党性质的理解就显得过于狭窄，也无法将它与其他的政治组织区分开来。

政党的第二个变量把政党的性质与一定的政府官职位置联系起来。这种看法突出了一个事实，即政党中的精英人物的确在具体的政治生活系统中担任着各种重要职位。但是，在政治生活系统中担任职位的不一定就是政党成员，也不是所有的政党精英都能在政治生活系统中担任职位的。而且政党中的精英分子担任政治职位的目的是为了掌控国家政权，制定和推行某些公共政策。可见仅仅将

---

① 《列宁全集》第39卷，人民出版社1986年版，第21页。
② 参见《列宁全集》第12卷，人民出版社1987年版，第127页。
③ 参见《毛泽东选集》第4卷，人民出版社1991年版，第1357页。

政党与政治职位相联系,并不能十分精准地说明政治党派的性质。

第三个变量即政党力争掌控国家政权,这一变量触摸到了现代政治党派的根本性质。在现代政治生活系统中,凡是存在和发挥着作用的政党,无论是已经独掌国家政权的,还是参与执掌国家政权的,抑或是在立法机构和其他国家主要机构中根本就没有席位和政治职位的,它们的根本目标都是为了力争掌控政治生活系统中的国家政权。政党组织竞选,支持成员取得某些官职,制定和实施某些政策,所有这些都是为最终取得掌控国家政权或维护已经取得的国家政权服务的。在一些政治生活系统中,存在着这样一些政党,它们从建立到现在,名称和成员已几经改变,却从来没有能掌控国家政权,一直只能作为在野党或反对党而存在,但并不能因此就否认它们的根本性质是为了掌控国家政权。尽管掌控国家政权这一变量抓住了政治党派的根本属性,但是,它仍旧有不足的地方,即没有进一步指出政党的成员构成和政党的价值选择。

第四个属性或变量更多地将政党与公共政策的制定与实施联系起来。这似乎更为接近政党的性质。因为组织和运作一个政党的目的是为了掌控国家政权,为此就需要依赖它所组建和管理的政府去制定和推行一定的公共政策。但是,这种见解仍然不能精确地反映政党的性质。杰弗里·庞顿和彼得·吉尔曾经对此作过专门的论述。他们认为在现代政治生活系统中,有"两类组织都试图影响或控制国家决策:政党和有组织的集团(通常被称为压力或利益集团)。政党因其意图控制政府的主要机构而区别于其他集团。因而政党常常提出一系列政策,而这些政策涵盖了国家生活中具有政治意义的所有方面,其中包括对外事务。另一方面,有组织的集团的目的只限于为其组织成员获取利益,或更进一步的说是为了实现特定目标;它们既没有全面的政治纲领,也不会寻求去控制政府的主要机构。他们的目的就是对政府施加影响以促使政府采取有利于他们的政策。"[1]

一般地说,欧美国家的、通常是站在资产阶级立场上的政治学者们对于政党具有上述四个变量都会表示同意。但是相当多的政党或者是为了标榜其全民性,或者是为了掩盖其真实的阶级身份,故意回避政党的社会阶级基础。有些政党或者因为极少注重内部结构的整顿和纪律建设而缺乏组织性,或者因为没有确定的理论,在意识形态上也摇摆不定,缺乏稳定而明确的纲领,从而对政党的理论和纲领也避而不谈。正因为如此,在谈到政党和阶级的关系、政党的基本价值选择、政党的组织结构时,为现代资产阶级政党存在的合理性和合法性作辩护的西方政治学者们就会含糊其辞,躲闪回避。而恰恰是在这一方面,马克思主义的政治学者们有着自己鲜明的立场。他们坚持认为现代政党还有一些不可忽略的甚至是更

---

[1] 参见杰弗里·庞顿、彼得·吉尔《政治学导论》,社会科学文献出版社2003年版,第123页。

为重要的属性或变量,这就是明确的阶级基础和鲜明的政治意识形态。

政党的第五个属性或变量是表明政党具有鲜明的社会阶级基础。现代社会中的政治党派都有其特定的阶级基础。特别是无产阶级政党,除了要坚持将夺取、控制和维护政治生活系统中的国家政权作为自己的根本变量外,还敢于向世界公开宣布自己鲜明的阶级性质。马克思、恩格斯对此作了专门的论述。他们认为,为了实现无产阶级在民主革命中的领导权,有效地反抗资产阶级的背叛行为,应当建立"一个秘密的和公开的工人政党组织",这个党要以科学的世界观武装自己,并教育工人群众认清自己的阶级利益,尽快地采取自己独立政党的立场,一时一刻也不要由于受到民主主义的小资产者花言巧语的诱惑而忘记无产阶级政党要保持独立组织的道路。[①]

政党的第六个基本变量是鲜明的意识形态。现代政党总是具有包含在政党纲领之中的鲜明的意识形态取向和严密的纪律要求。特别是无产阶级政党,总是坚持自身特殊的理论基础和完整明确的奋斗纲领。也正是由于具备了鲜明的阶级属性、科学的理论基础和完整坚定的奋斗纲领,无产阶级政党才和其他的任何政党区别开来。

二、政治党派的性质

依据对现代政党本身具有的重要属性和变量的分析,我们可以对现代政党的性质或实质做出如下规定:政党是特殊的政治历史现象,它不是从来就有的,是人类生活发展到一定历史阶段,特别是出现了阶级和阶级斗争的产物。在现代政治生活系统中,政党是代表一定阶级、阶层或集团的根本利益,由其中一部分最积极的分子组成的,具有通过一定的理论和纲领表现出来的共同政治主张,采取包括竞选、革命、获取职位、制定和推行政策在内的各种行动,为夺取、维护和巩固国家政权而联合起来的有结构、有纪律的特殊政治团体。

首先,现代政党是一种结构较为紧密的、特殊的社会政治团体。从现代政治生活系统来审视,政党只是社会整体政治结构中的一部分。它不是国家政治组织,而只是作为非国家的政治组织而存在和运行的。现代社会是高度组织起来的社会,在现代政治生活系统中,存在和运行着多种多样的政治组织。有些政治组织是属于国家体系的,如立法组织、行政组织、司法组织、军事组织等等。但有些政治组织则不属于政治国家的范围,是非国家或非政府的政治组织。政治党派就是这类政治组织。政党作为非国家的政治组织,其目的是为了通过组织政治选

---

① 参见《马克思恩格斯全集》第7卷,人民出版社1959年版,第293—299页。

举、争取政治职位,或采取革命等各种途径和手段,获得对国家政治权力的控制和行使。正因为政党是非国家的政治组织,政党和国家、政党和政府之间就构成一定的关系。任何政党都必须在国家法律的范围内活动,即便一个政党取得了执政地位,也不能无视法律更不能凌驾于法律之上。

其次,现代政党都有其特定的社会阶级基础。马克思在起草《国际工人协会共同章程》时就明确指出:"工人阶级在反对有产阶级联合权力的斗争中,只有组织成为与有产阶级建立的一切旧政党对立的独立政党,才能作为一个阶级来行动。"①列宁也认为:"在以阶级划分为基础的社会里,敌对阶级之间的斗争在一定的发展阶段上势必变为政治斗争。最严整、最完全和最明显的表现就是各政党的斗争。"②

有人认为,马克思主义的这一分析似乎过时了。但是事实恰恰说明社会阶级基础这一重要变量并没有从政党身上消失。西方研究政党理论的学者李普塞特、罗凯、英格勒哈特等人通过对20世纪西欧社会分化与政党形成之间关系的研究,指出正是社会革命所导致的社会分化,特别是阶级、阶层的分化,提供了各种政治党派形成和发展的条件和时机。他们客观地指出,在20世纪的西欧大众政治生活中,人们表现的是基本偏好,选民对阶级、阶层的传统忠诚似乎也减弱了。但是,西欧国家大多数既有政党仍然在特定的社会阶级分层中拥有许多核心的认同因素,正是这些为它们提供了稳定的、长期的支持基础。政党和社会群体之间的这类联系通常是在本国历史冲突的关键时刻形成和发展起来的;这些重要的历史时刻造就了新的社会分化或裂痕,正是从这些社会分化中形成了政党,政党反过来又加强了这些社会分化或裂痕。

他们的这些结论是建立在对20世纪西欧经历的三次社会革命所造成的社会阶级分化,和由此而导致的西欧政党分化现象的基础之上的。在民族革命中,西欧出现了新兴区域与边远区域的分化,与之相对应,西欧的政治生活系统中产生出代表边远区域的地区性政党与代表正在崛起的区域的核心政党的抗衡,如英国的自由党对保守党;还产生出代表传统都会控制的天主教政党与世俗政党如社会党的抗衡。在工业革命中,西欧出现了立足于制造业的城市社会与资源抽取型的或农业社会的分化,与此相对应,则出现了力图捍卫农民利益的农民党,还产生出代表新兴城市工人阶级利益的社会主义政党与代表雇主利益的政党之间的分歧。在后工业"革命"中,西欧出现了制造业社会与以教育和知识成为关键资源的社会的分化,与这种分化相适应,则产生出绿党,一些"社会主义"政党的意识形态也转

---

① 《马克思恩格斯选集》第2卷,人民出版社1972年版,第138页。
② 《列宁全集》第12卷,人民出版社1987年版,第127页。

向后物质主义。①

政党自身具有的阶级基础变量是由政党活动的目的规定的。世界各国的政党总是要借助竞争性选举或者是通过革命的方式，力图掌握国家政权。其实这仅仅是政党政治的起点，而不是其全部。政党要组织选举，获取政治职位，掌控国家权力，但它们绝不是为选举而选举，为官职而官职，为权力而权力。职位、权力总是与现实的阶级、阶层、集团的利益紧密相关的。现代政党总是和一定的阶级、阶层联系着的，其成员是由阶级、阶层或集团中最有觉悟、最积极、最活跃的一部分人组成的，是阶级、阶层中的先进分子的集合。由这部分人组成的"先锋队"决定了现代政党拥有一定的和较为稳定的社会基础。

西方国家的政治家和政治学家喜欢将政党区分为左派、中派、右派。比如法国政坛上的两派四大政党，社会党与共和党属于左派，法国保卫共和联盟和法国民主联盟属于右派；再如日本各主要政党，依照从"保守—革新"的排列顺序为：自民党、新自由俱乐部、民社党、公明党、社会党、共产党。自民党是右派势力，自由俱乐部、民社党、公明党是中间派，共产党和社会党则是左派势力。这种对政党的政治倾向做出左、中、右的区分，并不能消解现代政党的阶级阶层基础。虽然政党左、中、右的划分从表面上看似乎只是依据它们坚持的意识形态，但毫无疑问这种区分不可避免地分别联系着一定的阶级、阶层或集团，代表着一定阶级、阶层和集团的利益，正是这些构成了政党的选民基础或社会基础。当政党能够真正代表一定阶级、阶层或集团的利益并反映其政治倾向时，政党的社会基础才能是持久的和稳固的。

再如在墨西哥执政的革命制度党尽管表面所主张的是左翼意识形态，但是在自己的选举阵营中却包括了经济上的特权阶层、工会成员和工人、农民联盟以及广大农业人口。在过去的70多年里，革命制度党一方面作为一个市场趋向的政党赢得了城市商业和职业阶层的支持，另一方面作为一个福利趋向的政党又体现了无产者阶层和农民的部分利益，正是这些阶级基础而不仅仅是其所标榜的左翼意识形态倾向，才使革命制度党成为墨西哥政坛上的基本政治力量。

第三，现代政党总是通过自己的纲领、宣言表达鲜明的意识形态。政党要维护某个阶级、阶层和集团的利益，就需要运用思想、理论、观念，特别是关于未来美好社会的向往，将其成员组织起来，形成强大的力量。这些思想、理论、观念和关于未来美好社会的向往就构成了政党的意识形态。许多政党的意识形态又集中地体现在其对外公开的宣言和纲领中。正如马克思所说："制定一个原则性纲

---

① 参见罗德·黑格、马丁·哈罗普《比较政府与政治导论》，中国人民大学出版社2007年版，第274页。

领……这就是在全世界面前树立起可供人们用来衡量党的运动水平的界碑。"①

在西方政党政治发展的早期阶段,西方的政治学家们还能承认近代政党身上所具有的意识形态变量。比如英国保守党政治家博林布鲁克(Bringbroke,1678—1685)在其《论政党》一书中对辉格党和托利党党员的观念作了如下的描述:人民的权利和权威、一个新的契约、议会的权力和自主、自由、反抗、拒绝、弃权、罢免,那时这些观念联结成一名辉格党党员的观念。而且每一名辉格党党员认为自己的观念与托利党党员的观念是不可交流、相悖的。神圣的、世袭的和不能废除的权力、直系的继承、特权、不反抗、奴役,同时也包括罗马天主教,被慢慢联结为一名托利党党员的观念。同样,他们也认为这些是和辉格党党员的观念不可交流并相悖的。②

但是,在现代条件下,西方的政治学家似乎要将意识形态从政党中消除掉。"在美国历史上相当长的时期中,政党一直是表达政治观点的基本工具。……一个人抛弃他的政党,就像抛弃他的宗教一样痛苦。但是,这种情况已开始发生变化……到了70年代,兼投两党候选人票的现象已司空见惯。无党派选民的投票正遍及各地,尤其在年轻人中间。对党的忠诚从来没有这样薄弱,党员和党的关系从来没有这样变化不定,党的各级组织从来没有这样松散。"③这种现象不仅在美国政党政治中存在,在许多国家的政党活动中也存在。但这些现象只能说明政党内部的思想意识发生着变化,却不能作为在政党中意识形态变量已经终结的证据。

在现实的政治生活中,现代政党的意识形态这一变量不仅没有消失,而且变得更为复杂多样了。欧洲政党中左翼开始了宣传新的社会价值观的历程。1994年,伦敦经济学院院长安东尼·吉登斯出版了《超越左与右:激进政治的未来》一书,提出了"第三条道路"的概念。1995年,英国工党领袖布莱尔在公开场合使用了"第三条道路"来描绘自己的政治哲学,表明工党要超越旧的社会民主主义和新自由主义。1997年英国工党重新执政后,"第三条道路"成为新政府的口号。为了阐释"第三条道路"的内涵,吉登斯本人在1998年5月又出版了《第三条道路:社会民主主义的复兴》以及稍后的《第三条道路及其批判》等著作,从理论上完善了工党的新思路。同年9月布莱尔出版了《第三条道路:新世纪的新政治》一书,使"第三条道路"理论在英国开始成为人人皆知的政治口号。第三条道路的目标是实现"进步和正义之间的联盟",最终实现一个生机勃勃的、社会民主主义的社会。

---

① 《马克思恩格斯选集》第3卷,人民出版社1995年版,第296页。
② 参见赫伯特·斯宾塞《国家权力与个人自由》,华夏出版社2000年版,第4—5页。
③ 参见瓦尔特·蒙代尔《掌权者的责任》,商务印书馆1978年版,第183页。

"第三条道路"的思想迅速得到了欧洲许多国家领导人的追捧。目前,世界上有许多国家的社会党、社会民主党或工党都借用"第三条道路"来表明政党的创新意识,从而获取更多选民的支持。

在亚洲国家中,一些国家的政党也非常善于推动全社会形成核心价值。例如,新加坡人民行动党强调国家法团主义(National Corporatism),并作为一种意识形态予以宣传。国家法团主义提倡以人民行动党为核心的国家意识形态,倡导多元的利益表达与利益传输,并在与国家利益相冲突时号召社会组织在合作的基础上放弃部分利益;作为一种治理方式的国家法团主义,其最重要的制度特征是执政党或政府凌驾于各种势力之上,不受各种社会势力的干涉,成为各种势力和组织的仲裁者和平衡者;国家法团主义并不是一种封闭的意识形态,允许接受各种观点和思想的挑战。

第四,现代政党总是通过一定的组织结构和组织纪律来维护其存在和更好地发挥其功能。任何一个现代政党,要想实现其特定阶级、阶层和集团的利益,更好地组织选举,争取政治职位,掌控国家政治权力,就需要有较强的政治运作能力。这种能力除了来源于其成员的规模、意识形态的吸引力,主要依仗于政党的凝聚力和行动的一致性。而这些又依赖于政党的组织结构和组织纪律。一个政党内部组织严密,纪律严明,必定有较大的凝聚力,也有强大的政治运作能力。

毛泽东曾多次指出,"纪律是执行路线的保证,没有纪律,党就无法率领群众和军队进行胜利的斗争",要在全党加强纪律教育,因为统一纪律是革命胜利的必要条件。[①] 在总结中国共产党执政的经验与教训时,邓小平指出:"文化大革命期间,党的纪律废弛了,至今还没有完全恢复,这也是党不能发挥应有作用的一个重要原因。由于纪律相当废弛,许多党员可以自行其是,对党的路线、方针、政策,党的决定,党规定的任务,可以不执行或不完全执行。一个党如果允许它的党员完全按个人的意愿自由发表言论,自由行动,这个党当然就不可能有统一的意志,不可能有战斗力,党的任务就不可能顺利实现。所以,要坚持和改善党的领导,必须严格地维护党的纪律,极大地加强纪律性。"[②]

世界上许多政党都强化了内部组织和纪律方面的建设。一般地说欧洲的政党是自下而上的政治组织,有明确的党纲和较严密的纪律,有稳定的党员队伍和社会基础,政党领导人受党组织制约。如在上个世纪,英国议员出席会议是由议会内各政党的督导员来管理的,他们向本党议员发布通知。如果是在议员签名下划一条横线,表示议会讨论的是普通事件,由议员本人自由决定是否出席,因故未

---

① 参见中国共产党十一大《关于修改党的章程的报告》(1977 年 8 月 18 日)。
② 邓小平:《目前的形势和任务》(1980 年 1 月 16 日)

能出席也须于事后说明原因。如果在签名下划了两条横线,说明有提案需要表决,议员因故不能出席时必须请假,以免影响表决;如果在签名下划了三条横线,说明此次会议上要讨论极重要的事件,议员不能请假,否则即被视为脱党。

政党内部的组织纪律建设是政党内部实行民主的重要方面。因此,政党内部的组织纪律并不是单纯由上而下的,而应当是上下相互约束的。卢森堡在谈到无产阶级政党的纪律时,曾指出:"社会民主党的纪律决不意味着 80 万有组织的党员必须服从一个中央机构、一个党执行委员会的意志和决定,而是相反,党的所有中央机关要执行 80 万有组织的社会民主党人的意志。"[①]

依据上述有关现代政党的重要变量和根本性质的论述,我们可以知道,中国共产党是当今时代的全新的政党。中国共产党是中国工人阶级的先锋队,同时是中国人民和中华民族的先锋队。中国共产党是中国特色社会主义事业的领导核心,代表中国先进生产力的发展要求,代表中国先进文化的前进方向,代表中国最广大人民的根本利益。中国共产党坚持对人民解放军和其他人民武装力量的领导。

中国共产党以马克思列宁主义、毛泽东思想、邓小平理论和"三个代表"重要思想作为自己的行动指南。中国共产党的最高理想和最终目标是实现共产主义。在社会主义初级阶段,中国共产党的基本路线是:领导和团结全国各族人民,以经济建设为中心,坚持四项基本原则,坚持改革开放,自力更生,艰苦创业,为把中国建设成为富强、民主、文明的社会主义现代化国家而奋斗。同时,中国共产党是坚持民主集中制原则,有着严密的组织纪律的政党。

第二节 政治党派的产生与类别

一、政治党派的产生

研究政治党派产生的目的有两个。一个目的是为了说明和验证政党是一种历史现象。政党并不是与人类政治生活共存亡的。在人类的政治生活中,有过相当长的时间并没有政党活动。政党只是人类社会政治生活发展到一定历史时期的产物,而且政党政治也不会一直延续下去。在西方的当代政治生活中,政党的作用已经开始消退。它预示着在人类未来的发展中,政党会随着社会阶级、阶层的消失而慢慢退出历史舞台。正因为政党是一种历史现象,我们就需要将它的演

---

① 参见《卢森堡文选》下卷,人民出版社 1990 年版,第 310 页。

变与消亡的过程讲清楚。而首先需要弄清楚的则是政党的产生。从政党的产生中，可以了解其后来的演变发展，也可以大体预测其衰退与消亡的途径。

研究政党产生的另一个目的是为了对现存的政党做深入分析。在政治生活系统中现存的并发挥着作用的政党，不论是从其产生就一直延续到如今的，还是后来从其他的政党中分化出来存活到今天的，都有其产生的过程。而且，某些在创建时形成的、标示和规定着政党性质的主要变量的状况，在政党的演变和发展中，会以多种方式保留或延续下来。研究政党的著名政治学家潘尼比昂科（Panebianco）在1988年出版的《政党：组织和权力》一书中，将这种在政党产生时所形成的内部组织的诸种成分之间的权力分布，后来又以多种方式延续下来，制约着甚至几十年后政党的组织生命的现象，称之为政党发展中的"遗传学"因素。其实，潘尼比昂科对政党身上所具有的这种"遗传学"因素的数量估计得太少了。能够从产生时一直"遗传"下来的因素除了内部权力分布外，还有政党的社会阶级基础、意识形态取向等等因素。①

在研究政党产生时，我们特别需要关注的是现代政党的创建和形成过程。在前资本主义时代，在一些政治生活系统中就出现了标有政党字样的政治派系，但是并不是所有挂上政党或党派名称的政治团体都是现代意义上的政治党派。最早的有政党称号的团体或集团是宫廷式的（court）。一些志同道合的贵族和群臣为了在封建专制政权内部争取更多的影响力而构建起各种派系（faction）。如在英国就出现过辉格党（the Whigs）和托利党（Tories）这样一类浮动的、非正式的派系组合。在中国明代也出现过"东林党"，它是一批知识分子为反对宦官在封建朝廷之中操纵和玩弄权力，秘密组成的以对付和打击宦官为目的的政治团体。从严格意义上说，它们都不是真正意义上的政治党派。

在资本主义发展的初期，出现了一些与上述的政治派系有区别的议会政党。它们大部分是在议会狭小的范围内活动，很少甚至不和整个社会发生联系。我们把这类政党称为近代政党。它们只是现代政党的前身。相当多的学者将现代政党产生的模式分为两大类：一类是原生型产生模式，另一类是次生型产生模式。在实际的现代政党的创建和形成过程中，这两种模式常常是兼而有之。

政党原生型产生模式

政党产生的原生型模式是指政党的形成、发展是由本国内部社会经济政治条件发生变化所导致的结果。在一国范围内，当社会生产力有了相当程度的发展

---

① 参见罗德·黑格、马丁·哈罗普：《比较政府与政治导论》，中国人民大学出版社2007年版，第269页。

时，人们因经济利益的差异和分化就会形成不同的社会群体，并逐渐产生阶层、阶级分化，随之导致政治上的矛盾和冲突。具有不同经济利益的人们一旦具有了明确的政治主张，就会为实现自己的经济利益而积极参与政治生活，从而导致政党组织的产生。西欧、北美国家的多数政党的产生与演变，较为符合原生型模式。这些国家中的政党大多在体制内产生，先有国家机构而后有政党组织。这样产生的政党一般是议会民主型政党，其目标是争取更多的选票，获取组织政府的资格，取得重要的政治职位，以便掌握控制国家治理和制定执行公共政策的权力。这些国家共同体中政党之间的关系通常是和平、合法的竞争性关系。

西方现代意义上的政党首先出现在美国，而德国的现代政党的产生和发展也较有典型意义。我们以美国、德国为例来考察研究北美、西欧国家现代政党的产生与演变过程。美国现代政党的产生与发展是美国政治生活系统内民主扩展的结果。在1787年，当美国的开国元勋们起草《合众国宪法》时，政治精英们因为对封建朝廷中出现过的只是政治派系的"政党"有厌恶之情，认为这种政治组织将刺激冲突，毁坏社会团结，因而有意没有预设政党在政府管理制度中的位置。他们试图通过三权分立，制约与平衡，联邦主义，以及选举人团间接选举总统等各项宪法规定来实现民主政治，而将政党及政治派别排除在新生的共和国之外。

尽管美国的开国元勋们用心良苦，但是现代政党还是在美国产生出来。虽然乔治·华盛顿也曾告诫他的国民要警惕党派思想的恶劣影响，然而，也就是在华盛顿政府内开始形成了以亚历山大·汉弥尔顿为代表的联邦党人和以托马斯·杰佛逊为代表的反联邦党人两大党派。支持杰佛逊的人称为民主共和党，该党曾一党执政长达24年之久。后来民主共和党发生分裂。1828年，安德鲁·杰克逊另立民主党，反杰克逊的人则成立了国家共和党，1834年改组成辉格党，由此形成民主党与辉格党对峙的局面。但这时的政党只是"精英党"，最多也只能称为近代意义上的政治党派。

19世纪20年代以后，美国各州相继取消选举资格的财产限制，总统选举也由原来的州议会选举改为选民直接选举（南卡罗来纳州除外）。总统选举成为全国性的一项重大政治活动。这些变化促使民主党与辉格党在各州迅速建立起自下而上的政党组织，两党终于发展成为全国性政党，或称之为"大众成员党"。至此，现代意义上的政党也就出现了。

美国南北战争前后的形势再次促使政党的分化组合。大部分辉格党人、部分民主党人和部分反对奴隶制的自由党人联合起来，于1854年成立了共和党。初始共和党是民主党和辉格党之外的第三党，1860年共和党候选人亚伯拉罕·林肯当选总统，共和党才逐渐取代辉格党，从此开始了民主党与共和党垄断美国政治生活的历程。

随着美国选举权的不断扩张,政党开始向议会之外的选区支部和地方政党支部发展。当社会运动、利益集团的活动日益频繁时,一些代表阶级、宗教、种族和语言团体的政党也先后产生出来,在这种情况下,美国的现代政党才发展成为议会型政治党派。其目的在于赢得选举,获得执政地位。至此也就最终出现了现代意义上的政党政治。

在西欧国家中,德国政党的产生与演变有其特殊性。德国尽管从大约 1830 年开始,各个州就已经有政党形式的联合,但此时的"政党"只是指称某种团体。真正的现代政党的概念则是随着 1861 年自由德国进步党(Liberalen Deutschen Fortschrittspartei)的建立才出现的。1848 年国民大会的召开标志着近代意义的德国政党的产生。近代以前的德国政党并非是宪政意义上的政党,而只是纲领意义上的政党。从纲领的意义上来说,近代的德国政党仅是一个社会团体,被称为党团。它有自己的目标,有以纲领形式体现的公共政治概念作为国家政治内容,并通过议会的工作来实现。而 1848 年伴随国民大会召开产生的政党,也只是宪政意义上的政党,它是政治和议会实践的产物,仍然只是一种"精英党"或"骨干党"。

近代以前的议会党团或近代的宪政政党与今天的现代政党所具有的共同方面是它们都致力于实现其政治地位和利益,但两者之间却存在着明显的区别,即它们的组织结构及活动仅限于议会。虽然有不少政党是议会的产物,但现代政党的影响已经远远超出议会的范围,它不再是"精英党"或"骨干党",而是转向"大众党"。从这个意义上说政党发展史上的转折点或者近代政治党派和现代政党的分水岭的出现,恰恰是从政党的影响超出议会范围时开始的。而近代政党演变成宪法性机构是与它的影响范围扩展到社会公共领域分不开的。

另外,政党由一个议会的产物转变为有地区性、全国性机构和组织的政治团体,与人们对国家和民主认识的转变过程是并行的。近代政党的活动长期以来仅限于议会范围,似乎这是唯一的表达人民主权的领域。这种建立在与国家和社会严格区分基础上的观念如今已让位给新的思想,即社会政治化,国家民主化,争取政治基本权利斗争及获得认可的民主化(言论自由,结社自由,集会自由等等)。这种演变在德国首先是通过社会主义和社会民主党(sozialistische und sizialdemokratischer Parteien)的产生而逐步完成的。

政党的次生型产生模式

所谓政党形成的次生型模式,是指现代政党的产生不是以一国政治体制内的变化为动力,而是因受到体制外政治因素的刺激,一些阶级、阶层的先进分子才组织起政党的。比如中国现代意义上政党的出现就是帝国主义、殖民主义侵略引起

第七章 政治党派及其行为

的社会动荡变化的结果。被殖民统治的国家中的一些先进知识分子仿效西方政治生活系统中政党建立和运行的方式组织了自己的政党。次生型政党产生模式一般出现在经济发展比较落后的政治生活系统中。对于这些政治生活系统来说,只有依靠政党领导的民族民主革命,推翻旧政权,才能建立起一个新的独立的、富强的国家共同体。因此,这类政治系统是先有政党组织而后有新的国家共同体。一般说来,这样的政党是革命性政党,特别是掌握武装的政党。因社会基础和组织程度的不同,在这些国家出现的现代政党又有资产阶级革命政党和无产阶级革命政党的区别。由此形成的政党关系则呈现出多样性,有掌握政权的政党一党执政的垄断性政党关系,有革命政党转变为执政党、其他政党参政的政治协商关系,也有各在野政党之间为实现共同目标形成的合作性关系。

中国现代政党的产生与发展比较符合次生型模式。在戊戌变法前后,一些思想开明,了解西方民主的志士仁人,仿效西方,试图集会结社,组织政党。但在清王朝的统治下,政党被视为洪水猛兽,集会结社被严禁。武昌起义成功,封建帝制被推翻后,广大民众特别是社会中上层人士参与政治的要求和激情迅即爆发。"集会结社,犹如疯狂,而政党之名,如春草怒生。"①在1912年上半年内就出现了上百个政党,组党参政,成为时尚。党、会、社等名目繁多,分化组合多变,骤生骤灭,许多政党因"既乏经济背景又无群众基础,故只可谓之政团,不得以政党论也"。② 这一时期政党虽然数量众多,但就政治倾向而言,却只有同盟会和非同盟会之分,其基本政治立场和精神,大体是清末革命派和立宪改良派的延续。政党政治热闹非凡,但徒有其表,因为任何政党都没有触摸到国家政治权力的核心。

"二次革命"失败后,孙中山痛感同盟会的涣散无力,痛感以和平民主的政党组织模式争取不到民主共和,认识到要革命必须要有一个革命党,因此重新采用革命政党的组织模式,在日本组织了中华革命党。但此举并没能改变政党四分五裂的局面,欧事研究会、益友社、丙辰俱乐部与中华革命党并存。1919年10月中华革命党更名为中国国民党。在以后的几年中,孙中山领导国民党,为反对北洋军阀的专制统治,捍卫《中华民国临时约法》这一中华民国的象征而斗争。但孙中山此时仍然没有认识到应该建立由革命政党掌握的武装,也看不到国民党的依靠力量和团结对象应该包括广大工农民众,所以总是采取依靠军阀打军阀的策略,其斗争基本局限于社会上层,因而屡遭失败,一筹莫展。这时的国民党也只是一种"骨干党"。

孙中山渴望有一种新的政党组织模式,以完成建立民主共和国家的使命。在

---

① 参见"民国一年来之政党",《国是》1913(1)。
② 王绍鏊:《蔽帚楼杂忆》,载《民进会史资料选辑》(2),第31页。

苏俄共产党和中国共产党的帮助下,孙中山毅然改组国民党。在1924年1月召开了国民党第一次全国代表大会,重新解释了三民主义,确立联俄联共扶助农工三大政策,同中国共产党实行党内合作,建立了国共两个革命政党的政治联盟。在中华民国的前15年间,中国政党的组织方式十分复杂,有资产阶级革命政党的组织方式,有议会民主型政党的组织方式,还有无产阶级革命政党的组织方式。半殖民地社会被外来强权侵略的地位使中国政党都不可避免地受世界已有的政党模式的影响,议会民主型政党因封建势力的强大而不能生存,半封建社会实业的落后又使得中国资产阶级革命政党软弱无力,资产阶级革命政党同无产阶级革命政党的联盟与合作成为完成中国民主革命任务最好的政党组织模式。但是国民党的这种从少数骨干分子向大众党的转向只是昙花一现,在孙中山逝世后就又转回去了。

南京国民政府建立以后,在统治理念上坚持蒋介石的个人独裁统治,在政党体制上实行"党外无党"的一党训政制度,而在口头上打的是孙中山三民主义和五权宪法的旗号,号称"实施三民主义,依照建国大纲","训练国民使用政权"。蒋介石一手把持的国民党为达到一党专政的目的,极力扩大和加强它所控制的军事力量,把"围剿"消灭共产党作为其首要任务。并从1928年起陆续建立起庞大的特务组织,破坏共产党和民主党派的组织,绑架和暗杀共产党人、民主人士或异己分子。甚至在全民族各党派合作抗日的抗日战争初期,国民党仍高唱"一个政党、一个主义、一个领袖"腔调。蒋介石还把国民党组织制度改为总裁制,实施消除异党的政策。在抗战胜利后的1946年6月蒋介石、国民党又全面发动反共内战,1947年7月实施所谓"戡乱总动员",10月宣布民盟等民主党派为"非法组织",镇压各民主党派。蒋介石的倒行逆施,最终将国民党引向了失败的境地。

在1927年4月国民党南京政府建立以后,一些既对国民党背叛国民革命和疯狂实施屠杀政策不满,又对共产党的土地革命和武装反抗国民党缺乏信心的人士,组建或形成了独立于国共两党之外的政党,并提出了自己独立的政治纲领和政治主张,从而在中国的政治舞台上形成了国民党、共产党和中间党派三种政党模式并存的政治格局。在抗战时期和抗战胜利以后,中间党派和共产党因同处于在野党的地位,同样遭受国民党一党专政体制的压迫而相互接近并开始合作。在共产党的支持帮助下,中间党派的队伍不断扩大,1941年3月在三党(青年党、国社党、第三党)三派(中华职业教育社、救国会和乡村建设派)的基础上成立中国民主政团同盟,在1944年9月又改组为中国民主同盟。抗战胜利前后又有中国民主建国会、中国民主促进会、九三学社、三民主义同志联合会、中国国民党民主促进会等党派先后建立,有中国致公党的改组。到人民解放战争迅猛发展的1947年底1948年初,又有台湾民主自治同盟和中国国民党革命委员会的建立。新中国建立后,这些民主党派都成为参政党。

中国共产党是在20世纪20年代诞生的。原先只是一些处于秘密状态下的共产主义小组,属于"骨干党"。后来获得迅猛发展,成为"大众党"。1927年大革命失败以后,国民党实施屠杀政策,使中共党员数量从大革命高潮时的近六万人急遽减少到一万多人,为了保留革命骨干,党的组织又转入秘密状态。在此危机关头,中国共产党召开了八七会议,举行三大武装起义,开始了土地革命和武装反抗国民党的斗争,由一个没有军队不掌握政权的革命性政党转变成为一个建立了自己的军队、以武装斗争夺取政权的革命政党。在抗战时期共产党深入敌后,实行全面抗战路线,逐步发展成为一个拥有上百万军队和一亿多人民的解放区政权的革命政党。1949年,中国共产党最终战胜了国民党,建立了中华人民共和国,成为新中国的执政党。

从1921年开始,历经90多个春秋,几代中国共产党人始终以实现中华民族伟大复兴为己任,坚持把马克思主义基本原理同中国具体实际相结合,团结带领全国各族人民不懈奋斗,战胜各种艰难险阻,不断取得革命、建设、改革的伟大胜利。中国相继实现了从半殖民地半封建社会到民族独立、人民当家做主的新社会的历史性转变,从新民主主义革命到社会主义革命再到社会主义建设的历史性转变,从高度集中的计划经济体制到充满活力的社会主义市场经济体制、从封闭半封闭到全方位开放的历史性转变。特别是经过30多年的变革,综合国力大幅跃升,人民生活明显改善,国际地位显著提高,中华民族巍然屹立于世界民族之林。这是中国共产党人认识世界、改造世界的伟大创举,是根本改变中华民族命运、深刻影响人类历史进程的伟大变革。实践证明,没有中国共产党就没有新中国,就没有中国特色社会主义。办好中国的事情,关键在执政党。坚持中国特色社会主义道路,推进社会主义现代化,实现中华民族伟大复兴,必须毫不动摇地坚持中国共产党的领导。

二、政治党派的类别

大凡介绍政党知识的读物和教科书都要对政党进行分类,不同的作者所区分出来的政党类别也大不相同。有些政治学教科书为了在介绍政党时力求全面、完备,则机械地列举出一大堆政党的类别。对政党加以分类是认识政党性质所必需的,但是,要使分类科学、合理,既需要确定分类的目的,更需要明确分类的标准。对政党进行分类的目的决不是满足于列举出各种各样的政党类别,弄得人们眼花缭乱,而是为了加深对政党的性质、功能的认识。因此,政党类别的划分究竟要依据何种标准,分类究竟要细化到什么程度,必须以研究的目的为转移。同时,划分政党类别的标准也必须是有依据的,不能随心所欲地凑出一大堆标准就了事。

前面,我们通过分析现代政党的属性或变量明晰了政党的性质,现在我们再尝试通过对政党的分类来进一步加深对政党性质的认识。现代政党的分类标准,只能从现代政党的一些主要的属性或变量中去寻找。对于一个现代政党来说,构成其性质的属性或变量主要有政治选举的组织,政治职位的获取,国家政权的掌控,阶级基础的确认,意识形态的选择,结构与纪律的强化,等等。以这些重要变量为主要标准,可以形成对现代政党类别划分的可靠知识。

第一种是立足于阶级基础的政党类别划分,其目的是为了认识政党与阶级的关联。服从这一目的的政党类别划分的标准是现代政党所具有的特定阶级基础。现代人类经济、文化、社会生活的变化与发展,日益将现实政治生活中的活动主体归并为两大基本阶级,即工人阶级与资产阶级。与此相对应,可以将现代政党划分为工人阶级政党和资产阶级政党两大基本类别。在实际的政治生活中,工人阶级政党有好多名称,如共产党,工人党、劳动党,等等。资产阶级政党的名称也是多种多样的,如英国的保守党,日本的自由民主党,美国的民主党、共和党,等等。此外,由于生产力发展的不平衡,作为经济关系表现的阶级,也不可能是纯粹的。在一些工业化国家中,在工人阶级与资产阶级之间,还存在着若干非基本的阶级。在阶级内外还存在着更多的阶层。以这些非基本的阶级、阶层为划分依据,人们会发现存在着众多的农民阶级的、地主阶级的、小资产阶级的政党。另外,在现代社会中,由于各个政党都力求增加自己的影响力和代表性,因此,它们都会想方设法扩大阶级基础,在政党的成员中,除了吸纳符合本党阶级基础的成员外,还在主流阶级之外,物色其他阶级和阶层中的成员加入本党的行列。这种情况会带来辨识政党阶级属性的困难。这时就必须以其主流阶级基础作为衡量政党阶级类别的依据。

第二种是立足于包括组织政治选举在内的活动功能的政党类别划分,其目的是为了认识政党与政治活动功能的关联。依据现代政党对政治选举的组织方式,可以划分出代表型政党和整合型政党(parties of integration & parties of representation)。代表型政党的目标是赢得民众的支持,其主要功能是在政治竞选中争取更多的选票。这种政党在竞选中会根据民意来设计和承诺实施某些公共政策,为取得民众的信任从而获取更多的选票。代表型政党通常会灵活机动地选择和改变活动的策略与手段。这种类型的政党,其组织的上层所信奉的是实用主义行动原则。整合型政党的目标是试图将整个政治生活系统中的民众的思想、观念、利益追求统一起来,形成一个聚合体。政党需要在其中发挥出凝聚和领导作用。这种类型的政党所开展的选举组织活动,其目的是为了自上而下地开展教育,引导民众朝向特定目标前进,其策略是激励式的,其方式和手段则是动员式的。在

第七章 政治党派及其行为

西方的政治生活系统中,多数政党属于代表型类别。很少有政党能像新加坡的人民行动党那样是整合型的。在一些政治生活系统中,少数政治精英通过人为的方式建造出官方政党,操控这种政党的目的就是想借助于政治动员,整合各种政治力量。这类政党也是整合型的。马来西亚的巫统就属于这种政党类型。对于一个阶级基础非常宽广,又能坚持长期执政的政党来说,其活动的主要目的是想通过政党的领导,将整个政治生活系统内的主体与力量聚合起来,而且,一旦政党的作用范围覆盖到整个政治生活系统,这时政党的行动,特别是制定和实施公共政策的活动,就需要力求反映绝大多数民众的意愿和要求。这种政党既是整合型的,也是代表型的。

第三种是立足于政党内部结构和纪律状况所作的政党类别划分,其目的是为了认识政党与其构成成员的关联。依据现代政党内部成员间结构的严密程度和纪律的严明程度可以划分出干部型政党和群众型政党(cadre parties & mass parties)。干部型政党是组织结构严密、内部纪律严明、成员优秀精干的政党。其显著特征是政党作用的实现与功能的发挥主要不是取决成员的规模,而是取决于少数精英信仰上的坚定和政治上的才干,强调政党的意识形态功能。为了保证少数成员具有较强的战斗力,干部型政党在吸纳新成员时总要设定严格的信仰与政治标准。在政治革命中建立起来的革命党,其成员往往具有坚定的革命信仰和超群的才干,在政党内部实行军事化和半军事化的纪律。但是这种干部型政党一旦成为执政党,许多想加入政党的成员的动机就会改变,他们可能不再有坚定的信仰,而是为了用党员的身份去得到政治职位的升迁和获取更多的特殊利益。

群众型政党是组织不够严密、内部纪律松散但成员规模较大的政党。由于特别重视党员的数量,群众型政党总是想方设法吸纳新的成员。为了争取更多的普通民众能进入政党,只能降低政党的门槛,在信仰、才干上放宽标准,在组织内部放松纪律。某些革命党在取得执政地位后,常常会从干部型政党向群众型政党转变。由于淡化信仰、松弛纪律、意识形态功能减弱,在政党内部,除少数活跃分子外,大部分党员不积极参与活动,只是对党的原则和目标表示支持。在现实的政治生活中,在群众性政党类型中还会产生出囊括型政党即全民型政党(catch-all parties)。与一般性政党不同的是,全民型政党强调对整个政治生活系统的领导权,重视党内的团结。为了将政党成为集聚政治系统内部力量的组织,全民型政党常常有意识地降低意识形态的重要性,降低个别党员的重要性,努力扩大阶级基础,不是依靠特定的社会阶级和团体,而是争取更多的民众,从而形成广泛的支持者联盟。但是全民型政党越是企图囊括整个政治生活系统中的力量,当各种力量都聚集到一个组织之中时,它的代表性和整合性也就消失了,当全民性政党真的包括了全民成员时,政党也就失去了原本的性质和作用。

第四种是立足于意识形态取向所作的政党类别划分,其目的是为了认识政党与意识形态的关系。由于意识形态是一个内容繁杂、取向较多的观念体系,以其作为划分政党类别的标准,产生出来的政党类别就会千差万别。为了把政党的意识形态取向分辨清楚,通常人们采取两种系列的划分。一种系列是传统的分类,即将现行的意识形态取向分为资本主义、民主社会主义、共产主义、民族主义、宗教、生态主义,等等。与此相对应,就有几大类政党。一是资本主义政党。二是民主社会主义政党,如有的国家中信奉民主社会主义的社会民主党或工党。三是共产主义政党。四是民族主义政党,如爱尔兰的芬尼亚党、智利的激进党。五是与宗教信仰有密切联系的党,如意大利天主教民主党,德国的基督教民主联盟。在伊斯兰国家,宗教与政党关系更为密切。六是近来还出现以注意保护环境、维护生态平衡为目标的,冠以绿党名称的生态主义政党,这种政党目前还比较弱小。

另一种系列划分是将意识形态取向依据左和右加以划分,则有左翼政党和右翼政党(left wing parties & right wing parties)。但在现实政治生活中,政党的意识形态取向并不是非左即右的,对于具体政党来说,它们可能是处在从极左与极右之间的某个点上。从左翼到右翼按顺序来划分就会有极左翼、中左翼、中间、中右翼、极右翼几大类。与此相对应,则存在极左政党、中左政党、中间政党、中右政党、极右政党。一般地说,在西方左翼政党的特征是勇于变革,传统的左翼政党注意吸纳穷人和弱势群体的成员,在公共政策设计中考虑他们的利益要求。右翼政党则倾向于保守,注意吸纳富裕的阶层成员,并在公共政策的设计中考虑富人的利益要求,主张维护现有的社会秩序。

如果将上述的两种系列划分结合起来考虑,政党意识形态取向的光谱就不是一根光线,而是一束光线。在这一束光线中,有从左派到右派的光线谱,还有从自由到权威的光线谱,从博爱到秩序的光线谱,从权利到义务的光线谱,从进步到传统的光线谱,另外还有从改革到复古、从国际主义到民族主义的光线谱。当人们将政党意识形态取向这一变量作为区分政党类别的标准时,就应当把各种政治观念排列成一条具有连续性的光谱,并依照政党实际采用的意识形态与其在连续光谱中相对应的位置来观察具体政党的类型。由此排列出来的政党就构成政党类型光谱。

第五种是立足于掌控国家政权的政党类别划分,其目的是为了认识政党与国家政权的关系。从原本意义上来说,建立和运作政党的目的就是为了掌控国家政权,但是,事实上并不是所有的政党都能够实际上掌控国家政权的。依据政党和国家政权的实际关系,也可以做出两个系列的划分,可以划分出执政型政党、参政型政党、在野型政党;宪政型政党和革命型政党(constitutional parties

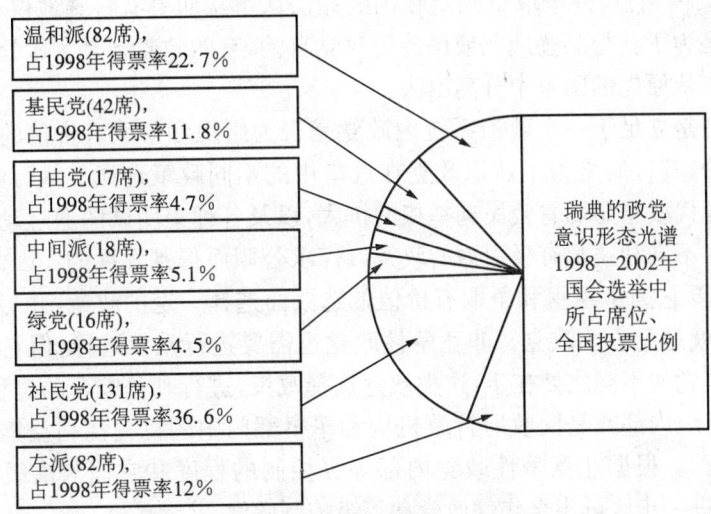

图 7-1 政党的意识形态取向的光束模型

& revolutionary parties）。执政型政党是指单独或联合起来掌握国家政权的政党。在许多国家凡是没有被联合到执政联盟中去的，并且反对执政党政策的政党则为在野党或反对党。在一些国家，取得执政地位的政党与其他政党相互协商，共议治国大事，这些政党是参政党。在中国，中国国民党革命委员会、中国民主同盟、中国民主建国会、中国民主促进会、中国农工民主党、中国致公党、九三学社、台湾民主自治同盟都是参政党，中国的民主党派不参与地方干部与人大代表竞选。

宪政型政党强调在共同的宪政规则约束下活动，接受和遵守选举规则，民众不支持则失势，民众支持则可掌权。宪政型政党认为政党和国家、执政党组织和国家机构之间必须有明确的界线。革命型政党是反体制、反宪政的。其目的是为了推翻既有的宪政结构，夺取国家政权。它们会使用从秘密集结、公然叛乱到群众革命的各种活动策略。革命政党执政以后，常常在初始阶段会实行"党国一体"的机制。宪政性政党又可称合法性政党，反体制的、反既存法律制度的政党又称为非法性政党或地下性政党。

第六种是立足于政党活动范围大小的政党类别划分，其目的是为了认识政党与其活动空间的关系。依据现代政党活动范围的大小，可以划分出国家党、民族党、地方党。国家党以全国范围的全国人民作为其争取对象。地方党是以其所在国内某个地方作为活动范围的政党，如在法国就有在科西嘉岛上活动的民族解放阵线和人民同盟。民族党是在其所在国的某个民族地区活动的政党，如西班牙的巴斯克民族地区的巴斯克民族主义党。这些地方党、民族党都是以代表该地方、该民族的某种利益,并争取得到所在国的宪法认可从而具有特殊地位为目的的。有的政党是为了获得某些地区或民族的政党自治,有的政党则是为了让某些地区或某个民族从原先的国家中分离出去。

第七种是立足于一个政治系统内政党是否为组织和争取有价值的选票的政党类别划分,其目的是为了认识政党在选举中的不同政策选择。从历史上看,相当数量的现代政党是随着公民选举权的扩大,以及各种集团试图通过动员选民去支持那些对不同利益都有吸引力的政策以谋求公职而得到发展的。因此,凡是一个政党,只要它为了组织和争取有价值的选票而选择一定的政策,并与其他政党展开竞争,就是竞争性政党。非竞争性政党也需要进行政策选择,但它们的做法与竞争性政党的不同之处在于,这类政党选择政策,进行利益综合的过程"仅仅在政党各级组织内部或是同政府行政机构和军事部门中的机构性利益集团的交互作用中进行"。根据非竞争性政党内部等级控制的程度和它们与次级集团的关系,又可以进一步区分出合作性政党和等级控制政党。[①]

虽然上面已经提到了各种各样的政党类别,但并没有穷尽政党类别的划分。随着人们对政党及其行为的研究的深入,一定还会有新的政党类别划分被提出来。已经被研究者们划分出来的众多的政党类别,相互间也存在程度不等的关联。比如以活动范围的大小为标准划分出来的政党类别,和以阶级基础的宽窄为标准划分出来的政党类别之间会有某种对应关系。一般地说,国家党的阶级基础较为宽广,而地方党的阶级基础相对来说,则较为狭窄。再如,整合型的政党,不仅阶级基础宽广,而且其活动范围也一定较大。

但是在探讨政党类别间的关系时,也必须遵循客观、公正的原则,依据政党类别间的真实联系做出科学的说明。如果不是这样,只是想当然的,或者夹带某种意识形态观念,牵强附会地将政党类别塞进或套入某种模型,就会导致种种错误的见解。这种情况在西方的政治学教科书中会经常出现。比如有些西方学者就将政党的类别任意加以排列,并由此编造出所谓直线型、马蹄型、双面向的政党类型光谱。

他们所谓的直线型政党类别光谱是指下列的政党类别排列:共产主义政党→社会主义政党→自由主义政党→保守主义政党→法西斯主义政党。所谓的马蹄型政党类别光谱是:共产主义政党→社会主义政党→自由主义政党→保守主义政党→法西斯主义政党→共产主义政党。首尾虽不整合,但有相似性。

另外,一些学者分别以左派-右派为横坐标、以自由-权威为纵向坐标,再把

[①] 参见加布里埃尔·A. 阿尔蒙德、小 G. 宾厄姆·鲍威尔《比较政治学:体系、过程和政策》,东方出版社 2007 年版,第 217、233 页。

不同类别的政党排入不同的象限。从第1象限到第4象限分别是新右派政党、斯大林主义政党、社会民主主义政党、无政府-资本主义政党,从而形成所谓双面向政党类别光谱。这些主观的排列与组合,并没太多的意义。

第三节 政党行为的特点与功能

一、政治党派行为的特点

在微观政治生活层面上,存在着各种各样的政治行为主体。这些不同的行为主体究竟是何时出现的,人们可能无法说清楚,但有一点是无可怀疑的,即它们之所以出现,一定是服从于人类展开政治行动的需要。当普通的政治个体不足以影响政治生活时,在他们之中,就会涌现出杰出的政治个体,即政治精英。政治精英的行动对普通个体起着引导、组织的作用。但个别的政治精英仍然是势孤力单的,要能让其行动发挥出更大的影响,就必须形成个体的聚合。政治群体也因此而出现。至于政治团体的产生,肯定是和人们逐渐获得的下列认识有关,即有一定稳固结构的人群会在政治生活中发挥出更大的作用。这种对组织程度更高、行动更加有力的政治主体的向往和企盼,终于让人们创造出现代政治党派这一种新型的政治主体类型。当然现代政党产生和演变的实际进程,一定要比我们刚刚进行的这种抽象的逻辑推演要复杂得多、曲折得多。

不管现代政党是怎么产生的,名称如何,类别怎样,它们都是政治生活中一定人群的意志和利益的代表。但是,能够代表一定人群的意志或利益的政治行为主体决不止政治党派一种。上面提到的政治精英、政治群体、政治团体、政治集团,还有国家和政府的组织,都可能在一定范围和一定程度上将政治生活系统中人们的利益组合起来、表述出来,并想办法让它们实现出来。问题是政治党派和上述的那些政治行为主体以及掌握公共权力的组织和机构不一样,其行为、行动有着自身的特点。

政党成员个体行为特点

研究和辨识政治党派行为、行动的特点,可以有两条途径。一条途径是将其成员与其他政治主体成员的行为、行动进行比较。另一条途径是通过内在的结构探究,将其与其他政治行为主体整体的行为、行动进行比较。这两者是相辅相成的。个体成员行为、行动上的不同,是由内在的结构特点决定的,而内在的结构的特殊性又决定着外在的整体主体的特点。

我们先来对不同政治行为主体间外在的个体行为、行动进行比较。在一定条件下,社会上的杰出人物有可能转化为活跃在微观政治生活中的政治精英。但是单个的政治精英,如果不和政治群体、政治团体、政治集团、政治党派结合在一起,或者脱离政治群体、政治团体、政治集团和政治党派,政治精英的行为、行动的作用是十分有限的。政治党派成员,特别是其中的骨干成员的行为、行动的特点就在于将政治个体置于一个相对严密的政治组织之中,从而使政党成员特别是领导成员的效能得到放大。而政党组织也正是借助于在其中发挥领导才干的政治精英的作为,来对整个政治生活产生巨大影响的。

政治群体是由政治个体结成的松散的聚合,它并不像政治团体那样具有稳定性,其成员原先都是分散的,只是当出现政治行动时才临时集聚起来。政治群体无论是被突然动员起来的,还是因应对某些政治事件而临时组合起来的,其成员的行为、行动与政治党派成员相比,无论在指向上,还是在影响上,都有较大差异。从行动的指向上考察,虽然群体中的个人的行为会对政治生活产生一定程度的扰动,甚至是较大的触动,但都不是以掌控国家政权为目标的,因而不可能对政治生活系统中的政治国家设施构成威胁。另外,由于政治群体是松散的个体聚合,其中的个体行动总是缺乏组织性、持续性,因而无法产生深远的政治影响。

如果说政治个体、政治群体因为都不是具有内在稳定结构的政治主体,其个体的行为、行动不能和政治党派成员相比的话,那么政治团体,特别是政治利益集团则不同,它们是具有相同利益追求的个体自觉组合起来的政治主体。有些政治利益集团还有相当严密的内部结构以及成员的进入和退出机制,并不是任何一个个体随便就能加入其中的。虽然政治利益集团中的成员,其政治行为、行动具有一定的计划性、组织性、持续性,但是,它们都只是为了实现特定的利益,并不以掌控国家政权为目标。这种行动目标上的差异,也决定了政治利益集团成员的行为、行动不可能对整个政治生活系统的性质和运行产生根本性的影响。

在讨论作为政治行为主体的政治组织的行为及其作用时,许多政治学者还格外关心国家的机构和政府的部门。它们是制度性政治团体,存在于国家机构和政府部门网络之中,属于国家和政府体系的一部分。与这类国家机构和政府部门中个体行为相比,政治党派成员的行为、行动的特点就明显地表现出来。现代政党发挥作用的基础是其成员大体相同或相近的阶级、阶层基础,共同的意识形态取向和信仰。但是导致国家和政府体系中机构型和职业型团体存在并发挥作用的基础则是部门和职业的共同身份和利益。

政党组织整体行为特点

研究政治党派行为、行动特点的另一条途径是通过对政党和其他政治行为主体内在组织结构的考察,来对整体性政治行为、行动进行比较。首先,现代政党派在组织上具有明确而稳定的政治纲领,从而在整体行动上具有目标坚定的显著特点。虽然世界上存在的政党中,有些政党的组织结构较为严密,有些政党的组织结构较为松散,但是与政治团体、政治集团相比,政治党派的内部结构依然是最为严谨的。

政党组织结构的严密性是由多种因素促成的。比如,一个革命党,由于周围存在强大的敌对政治势力,为了对付敌对力量的围攻和压制,会逐步形成了强烈的内聚与凝结机制,促使其结构日趋严密。有时,政党中存在某些既富有经验,又具有人格魅力的成员,其他成员则以他们为核心形成坚强的团队,这也会导致在组织内部形成严密的结构。但是,现代政党组织结构上的严密性主要还是通过政党成员自觉遵守政党内部的行动纲领即党章来实现的。政治党派之所以要在组织上设立明确的党纲,就是要在行动上坚守坚定不移的目标,这一目标,对于任何一个现代政党来说,几乎都是相同的,就是要取得对国家整体公共权力的掌控。也正是在这一点上,政党和所有的政治团体、政治集团在整体行为、行动和活动上产生了根本性的差别。

政治利益集团只是与政府、政党和公众发生联系,通过各种渠道,以影响政府的公共政策产出,提升自己的利益,但并不想自己出来组织政府。政治党派则要通过各种行动,其中包括竞选、革命,以击败竞争对手,问鼎国家政权。成立政党的目的就在于夺取或维持政权,以实现自己的政治纲领。无论政党采取什么样的政策或行动,其目的总是围绕着政权进行的,总希望自己能掌握政权,从而使自己的政治主张转变为国家政策。

在现代政治生活系统中,大凡政党都有自己的党章和纲领。只是有些政党的党章、纲领较为简单,变动较为随便;而有些政党的党章、纲领较为复杂、严密,修改与变动较为严肃。以欧美政治生活系统中的政党为例,一般地说,美国政党的主要功能是组织政治选举,主要的政党在每届总统大选时都要召开党的代表大会。主要的政党在党的大会召开前几个星期中,党内的精英会就党纲和主要政策展开讨论。党的代表大会的主要任务除了提名总统、副总统候选人之外,就是公布已经在内部协议好的党纲,以及相关的重要政策。

欧洲的政党是自下而上的政治组织,一般都有明确的党纲,党纲的修改也较为慎重。其中较有典型性的案例是布莱尔在担任英国工党领袖时对工党党章的修改。1994年7月,工党领袖托尼·布莱尔上台后提出了"新工党,新英国"的口号。他要求党内抛弃关于公有和私有、国家与市场的争论,主张理想的经济模式应是"充满活力的私有经济,而辅之以高质量的公有服务业",市场作用奏效的领域靠市场,市场作用失效的领域靠政府。在他对工党进行大刀阔斧的改革中,最引人注目的一项改革就是修改党章的第4条款。

工党的章程产生于1917年，并在1918年的代表大会上获得通过。其中第4条款集中体现了工党的行动宗旨，即以实现公有制社会为奋斗目标。由于这一条款明确要求实现公有制，所以长期以来它被视为英国工党的社会主义象征，同时它也是工党推行国有化和社会福利政策的理论基础。二战结束后不久，工党曾根据党章第4条款大张旗鼓地推行国有化和社会福利政策，取得了显著成绩。然而，进入20世纪50年代以后，由于工党连续几次在大选中失利，是否取消党章中第4条款规定的问题逐渐成为党内斗争的焦点。

布莱尔一上台便强调工党必须适应英国新的社会、文化和经济现实，从根本上扭转工党游离于英国主流社会之外的态势。通过修改党章第4条款，英国工党不仅在实践上而且在理论上，从一个目标比较狭窄的政党转变为能够有效地管理一个发达社会、促进自由市场经济制度发展的政党。1995年4月29日在工党代表大会上，布莱尔终于挫败了左翼的抵制，以压倒多数通过新党章。新党章取消了原先关于公有制的旧条款，代之以要建立一个"为公众利益服务的充满生机的经济体"，要建立一个"正义的"、"开放的民主的社会"的新条款。因此，英国工党的整体行动又有了新的稳定目标。

在社会主义人民民主的政治生活系统中，由于政党组织特别是执政党组织内部结构规范严密，因此对党纲的要求就更高。党纲被视为一面公开树立起来的旗帜，人们正是依据党纲来判断政党的性质和政策的。政党组织也正是通过党纲来将具有共同意志和共同利益要求的政党成员团结起来的。因此，社会主义人民民主的政治生活系统中的政党特别是执政党都会因时代和政治、经济、社会和文化的变化而对党纲加以科学、合理的修改和完善。

其次，现代政治党派在组织上具有广泛的阶级、阶层基础，从而在整体行动上具有广泛动员的特点。在现代政治系统中，除了国家机构和政府部门即制度性的政治团体外，只有一种非国家、非政府的政治主体即政党，能够具有将影响领域和动员范围渗透和扩展到整个政治生活系统之中的条件和能力。政治党派之所以具有如此强大的能力，其支撑力量是其宽厚的社会阶级、阶层基础。凡是执政党，其阶级、阶层的基础都比较宽广，凭借着深厚的社会阶级、阶层基础，政党的活动范围可以覆盖社会生活的各个领域，可以渗透到社会生活的各个层次，从而可以将政治生活系统内的相当多的政治主体动员起来，支持政党的行为、行动。

政党的这种广泛社会基础并不是自然而然就具有的。许多在当今的政治舞台有着重大影响的政党，在创立和活动的初期阶段，其阶级、阶层基础都不宽厚。支撑一个强大政党的深厚的社会阶级、阶层基础都是政党在自身的演化过程中逐步形成的。纵观一些成功的政党，无论是从竞选中产生出来的制度内部的政党，还是致力于反对旧制度的制度外的革命政党，在最初孕育、创建时，成员类别都较为单一,数量规模也比较小。但是这些政党注意扩大自身的阶级、阶层基础,从弱小到壮大,再到发展、成熟,其成员类别与数量规模,都发生了巨大的变化。伴随社会阶级、阶层基础的不断扩展,也逐步地由最初的精英型或骨干型政党,过渡到大众型或全方位型政党。

由于政党具有一定的社会阶级、阶层基础,它就能超越政治利益集团,将民众广泛地动员和融合起来,达到掌控国家政权的目的。上面已经提到,无论是政治团体,还是政治利益集团,虽然其利益追求十分明确,但是,他们要实现的只是某些个别的、局部的利益,而不是社会整体的利益。正因为如此,政治团体和政治利益集团并不需要将它们的要求诉诸于广大社会民众,当然也无需去发动千百万民众。政党则不同,它要争得对国家政权的控制权,非发动广大民众不可。只有赢得整个政治生活系统中的大多数的民众的支持和赞同,政党掌控国家政权才具有合法性和合理性。而政党在自身发展中努力拓展阶级、阶层基础,正是实现这种广泛社会动员的前提。

第三,现代政治党派在组织上具有较为严密的内部结构,从而在整体行动上具有高度一致性的特点。在现代社会中,虽然存在许多政治团体、政治利益集团,但其内部结构的严密性都无法与政党相比。在内部结构的严密性上能够和政党相比的只有国家机构和政府部门。但是,国家机构和政府部门中公职人员的行为、行动必须透过国家和政府的力量才能发挥其影响力,因此,他们的行为、行动,从整体上来考察则没有自主性和独立性。相反,政党是非国家、非政府政治组织,其行为、行动,从整体来说,具有自主性和独立性。

现代政党内部结构的严密性是通过完整的组织系统来实现的,依靠这套完整的组织系统,形成了政党的中坚力量,以便组织和动员政治生活系统中的各类政治主体,来实现政党力争掌控国家政权的目标。现代政党的内部组织系统,一般由中央组织、地方组织和基层组织构成。现代政党内部结构严密程度的高低往往又是由基层组织的状况来衡量的。许多政党虽有中央组织、地方组织,但基层组织却较为薄弱。

法国学者杜瓦杰曾经将现代政党的基层组织分为三大类:细胞(cell)、俱乐部(cacus)、党支部(branch)。一种是以"细胞"为基层组织的政党结构。"细胞"又称为小组、苏维埃。杜瓦杰认为,以"细胞"为基层组织的政党通常不是以赢得议会选举作为行动的目的,其目标在于推翻现行的政治秩序。这种政党一旦取得执政地位后,就会垄断国家政权,对社会实行彻底统治。政党组织会深入到整个市民社会的所有领域,全社会都会贯彻政党的意志。政党内部则实行民主集中制原则。杜瓦杰认为苏联没有解体之前,苏联共产党就属于这类政党。

一种是以"俱乐部"为基层组织的政党,通常是以赢得各级议会选举、地方政府行政首脑职位选举为行动目的。这种政党的内部结构最为松散,平常也没有规范性和制度化的党内组织生活,政党的干部以志愿工作者为主,主要任务是从事选举募款与政党政纲宣传。杜瓦杰认为美国的民主党、共和党就属于这类政党。[①]

一种是以"党支部"为基层组织的政党,政党活动的情况介于上面所讲的两类政党之间。这种政党的基层组织有较为规范与严谨的结构,政党干部为专职人员,其任务是负责选举募款与政纲宣传。但党支部并不全面渗透到市民社会。杜瓦杰认为日本的自民党和共产党,还有欧洲各资产阶级民主国家的政党,都属于这种类型的政党。杜瓦杰的这种分析有一定的道理,但也不是最为周密的。中国共产党是以"党支部"为党的基层组织的,在党支部之下还有党小组。中国共产党之所以内部结构严密,除了政党的中央组织、地方组织非常严密之外,以党支部为战斗堡垒,全党实行严格的民主集中制,则是保障政党组织结构严密的重要条件。

现代政党之所以内部结构严密,还在于它具有严格的纪律。对于政治利益集团来说,它们在数量上一般是不受限制的。虽然在有些政治生活系统中,由于政治文化倾向于赞同某些重点单位集团存在并活动,但多数政治生活系统中利益集团的数量多如牛毛。现代政党则不同。不同的政治生活系统中存在并运行着的政党数量不相同,有些政治生活系统逢国家大选,大大小小的政党就会出来活动,选举一结束,多数政党处于休眠状态,正常活动的政党数量并不多。因此,总起来看,在严格实行政党登记制度的政治生活系统中,政党的数量还是有限的。

正因为建立一个政党需要履行一定的手续和具备一定的条件,因此,一般的政党在内部都规定和维护着严密的纪律,从而在行动上能够保证整齐一致。多数现代政党有严格的纪律要求,包括政党成员的严密的进入和退出程序。对于政治利益集团来说,对其成员筛选的标准是具有同质性,只要有相似的职业、利益、工作环境、文化习惯,就可以加入利益集团,并不需要有严格的进入程序。政党作为引导和发动公众共同行动的政治主体,必须要有一定的纪律约束,才能保证其成员向一个目标共同前进。当然各个政治生活系统的政治文化不同,各个政党的性质也不相同,从而政党纪律的严明程度也不会完全相同。一般而言,资产阶级政党的纪律较为松弛,无产阶级政党的纪律较为严明。

中国共产党有严密的政党纪律,从它的内容和涉及的范围来说,主要有政治纪律、组织纪律和群众纪律,还包括宣传纪律、经济纪律、保密纪律、人事纪律、外事纪律等。党的政治纪律要求党的各级组织和全体党员必须坚持党的基本路线,在思想上、政治上同党中央保持高度一致,自觉维护中央权威,保证中央政令畅

---

① 参见 Maurice Duverger, *Political Parties: Their Organization and Activities in the Modern State*, 3rd ed. London: Methuen, 1964.

通。党的组织纪律原则是民主集中制,这是党的根本组织制度和领导制度,也是党的根本组织纪律。党的群众工作纪律要求党的成员密切联系群众。党的财经工作纪律要求所有从事财政金融工作的党员、干部都必须严格按照规章制度办事,各级党政领导机关和领导干部都要严格遵守财政金融工作制度,不得超越职权规定插手财政金融工作。另外中国共产党还对各级党组织和党员在宣传、外事、人事、保密等方面活动的纪律做了严格和详细的规定。

二、政治党派行为的功能

对于现代政党行为的作用,西方学者的见解不尽相同。一些学者仅仅将政党行为的功能与选举活动联系起来。比如保罗·赫任森在谈到20世纪80年代的政党竞选时认为,现代政党的功能主要是与竞选活动联系在一起的,包括遴选候选人,筹集竞选款项,动员选民,评估公众意见,等等。[1] 另一些学者则在竞选活动之外又增加了政党活动的其他功能。比如詹姆斯·伯恩斯在列举政党组织和管理竞选活动的作用后,又特别提到政党还有联合各利益集团、充当联系政府与基层群众的纽带的功能。[2] 尽量将西方政党功能扩大化的是阿尔蒙德。他在比较政治学研究中,将政党的功能渗透到政治体系的方方面面,在诸如政治社会化、政治录用、政治交流、利益表达、利益综合、政策制定、政策执行、政治决策之中都能够看到政党作用。[3]

现代政党行为的功能是随着政治生活系统的发展和政党自身的演变、完善而不断变化的。在不同的政治生活系统中,政党能够发挥出来的实际功能也是不一样的。总括起来说,在现代政治生活中,政党能够在下列方面发挥其功能。首先,现代政党通过自身的活动来动员和组织选举。在国内不少论述政党行为功能的论著中,将政党组织和管理政治选举的功能完全归结到资产阶级政党身上,似乎只有资产阶级的政党才组织、管理选举。这种见解是不正确的。在社会主义政治生活系统中,组织和管理政治选举同样是无产阶级政党和其他政党十分重要的功能,而且在社会主义政治生活系统中,政党更加重视选民的广泛参与和选举过程的有序、公正、公平。

组织和管理政治选举与政党掌控国家政权的核心目标是紧密相联的。因为

---

[1] 参见 Paul S. Herrnson, *Party Campaigning in the 1980s*, Cambridge: Harvard University Press, 1988. pp. 8-18.

[2] 参见詹姆斯·M. 伯恩斯等《美国式民主》,中国社会科学出版社1993年版,第367页。

[3] 参见加布里埃尔·A. 阿尔蒙德、小G. 宾厄姆·鲍威尔《比较政治学:体系、过程和政策》,东方出版社2007年版。

要掌控国家政权,就需要获得重要的政治职位和推行重要的公共政策,只有通过公正、有序的选举,政党才能将自己的成员推举出来,进入国家和政府的重要机构和部门。同时,借助于政治选举,政党才能将符合自身的奋斗目标和战略选择的政策向全社会宣传推广,得到民众的认同。政党要发挥好组织和管理政治选举的功能,必须集中精力投入到政治选举活动的各个环节之中。其中包括:宣传选举意义,介绍和遴选候选人,筹集选举费用,引导选民参与政策论辩,动员选民投票,监督和促进公正选举,等等。

其次,现代政党通过自身的活动来联系公众个体和政治团体、政治利益集团。虽然现代政党很重视在组织和管理政治选举上下工夫,但是,政治选举的基础却是公众个体、政治团体、政治利益集团。而且政党无论是已经获得掌控国家政权的资格,或者正在争取取得这种资格,它都需要赢得广大公众个体和政治团体、政治利益集团的支持。因此,现代政党要在组织和管理政治选举中力争主动,要能够争取到或掌控好国家政权,就必须在大量的日常活动中采取多种形式主动联系社会公众个体和其他政治行为主体。

在现代社会中,政治团体会增多,政治利益集团也十分活跃。无论是政治团体还是政治利益集团都不可避免地带有利益代表上和活动范围上的局限性。因此,单个的政治团体、政治利益集团都无法对整个微观政治生活层面发挥有效的影响。要让不同的政治团体、政治利益集团的作用到达整个政治生活系统,就需要借助政党这一纽带。一方面,政治团体和政治利益集团通过与政党的合作,使自己的影响力能够辐射到整个微观政治生活的各个层面。另一方面,政党通过与政治团体、政治利益集团的互动,与政治团体和利益集团结成一定的联盟。

政党要充分发挥联系社会公众个体和政治团体、政治利益集团的功能,就需要在沟通民情、了解民心、表达民愿、综合民意方面多做工作。现代政党必须利用自身阶级、阶层基础广泛的条件,利用多种渠道和基层民众、重要的民间组织、有影响力的利益集团经常沟通。政党还需要运用现代的技术和手段,做好民意调查工作,时刻掌握民意的主要指向和变化的趋势,以便能提出符合民众愿望的政策建议。在现代政治生活系统中,民意不仅分散、多变,而且难以恰当、有效地表达。在这一方面,政党可以大有作为。政党可以通过自身控制的知识资源和舆论平台,汇集、综合各方民意,并且将其有效地表达出来和综合起来。

第三,现代政党通过自身的活动来促进和影响政治社会化。政党要能取得公众个体、政治团体、政治利益集团的合作和支持,除了要做好民意的调查与分析,公众利益的表达与综合工作外,更为基础性的工作是要主动地介入和参与到政治社会化的过程之中。政治社会化是让一个普通的社会个体成长为一个政治行动个体以及政治群团和政治党派成员的过程。只有经过政治社会化,一个个政治行为主体才能产生出来,并由此产生出政治团体、政治利益集团,政党也才会有新生力量和新鲜血液。政党如果能介入和参与政治社会化的过程,就能够提前影响民众的政治价值选择,影响政治团体、政治利益集团的政治利益和价值的偏好。

政党影响政治社会化的重要因素有两个方面:一个方面是政治社会化的内容和渠道,另一个方面是政治社会化的类型。在政治社会化的内容和渠道方面,政党应着力向个体传输该政党所认为的重要的政治知识、政治观念和意识形态,并在政治个体初步的和深度的政治社会化层次上采用不同的方式发挥影响作用。如在个体初步的政治社会化层次上,政党组织要主动利用学校阵地教育、引导年轻一代。在个体深度的政治社会化层次上,政党可利用职场中的工会活动、职业培训等环节来宣传政党的政治观念、政治战略。在政治社会化的类型上,政党应当重视在社会转型时期个体身上出现的再度政治社会化现象。政党应当对社会转型时期出现的新的政治现象、政治事件和政治过程做出科学、合理的解释,引导和帮助政治个体、政治群团成员在政治观念发生新旧矛盾和冲突的情境下,能够及时抛弃旧的政治思想和观念,接受政党提出的新理论、新观念,从而主动掌握政治主体再度政治社会化的方向和结果。

第四,现代政党通过自身的活动来促进和影响政治系统的整合。政党采取了上述的种种行动,就能够引导和控制政治选举,联合政治个体、政治团体和政治利益集团,掌握政治社会化的进程和方向,而所有这些,又都会对整个政治系统的整合产生影响。虽然在以阶级斗争作为解决政治生活中矛盾和冲突的主要手段、存在革命阶级及其政党需要通过暴力革命来夺取国家政权的政治生活系统中,政治生活会呈现出分裂的态势,但是,当革命阶级及其政党取得了国家政权,社会处于平稳发展时期,或者处在变革性转型时期,这时政治生活系统的整合则是最为重要的。政治个体、政治团体、政治利益集团在政治生活系统发展中虽然都能发挥作用,但是,能对整个政治生活系统的整合产生决定性影响的仍然是现代政党。

政党要能够对整个政治生活系统的整合产生决定性影响,也需要在两个方面做好工作。一个方面是要尽量扩大政党自身的社会阶级、阶层基础。虽然政党不同于政治团体和政治利益集团,后者所代表的政治行为主体是多样的,其活动范围也是广泛的,但是,不同的政党在其成员的组成上和活动的范围上,差异性还是很大的。有抱负的、有作为的政党,只有不断吸纳不同的阶级、阶层的成员,不断地扩充自身的阶级、阶层基础,才能更为有效地促进政治生活系统的整合。

另一方面可做的工作是,政党要进行有效的公共政策设计,使公共政策具有更大的包容性,能够反映更多的政治行为主体的利益诉求。现代政党虽然可以扩充自身的阶级、阶层基础,但其成员必须有一定的数量限制。在成员数量有限的情况下,只有在公共政策设计上充分考虑更多的政治个体、政治团体、政治利益集团,甚至其他的政党的利益要求,才能结成更为广泛的政治联盟,并以此来促进整个政治生活系统的整合。

第五,现代政党最为重要的功能是组织或控制政府。对于所有的政党来说,其功能中没有一项是比力争掌控国家政权更为根本的。如果一个政党,它还未取得执掌政治生活系统中国家政权的资格,其活动的主要作用就是通过正常的政治选举的方式,或通过政治革命的方式,努力争取独自执掌或接纳别的政党联合掌控国家政权。如果一个政党已经成为掌控国家政权的执政党,其活动的目的就是要继续保持已经获得的执政地位,防止其他政党从自己手中夺走国家政权的掌控权。

一个政党只有通过其他方面的职能的发挥,并将这些职能都汇集到力争掌控国家政权这一核心职能上来,政党所坚持的纲领、理论、战略才能在整个政治生活系统的范围内发挥出实质性的、有效的影响。当一个政党处于在野党的位置上时,它可以通过对执政党执政理念和执政实践的批评,从反面对国家政权的掌控和运行发挥影响作用。当一个政党处在参政党的位置上时,它可以与执政党协商、合作,使自己的执政理念也发挥出作用,并且将某些理念转化为执政实践。当一个政党处在独自执掌国家政权的位置上时,它就可以将党纲中写就的理论、策略完全转化为执政实践,对政治系统的运行、发展产生决定性影响。

对于独自执政和参与执政的政党来说,要掌管好国家政权,关键是两个。一个关键是要制定和实施能够反映整个政治生活系统中民众利益诉求的公共政策,将在谋取执政地位过程中承诺过的公共政策真正付诸落实,并不断地调整、完善,以此来提升政党和政府的公信力,从而取信于民。另一个关键是选择本党的或党外的优秀人才,进入国家机构和政府的重要部门,将宣传的执政理念和已经承诺过的公共政策转变为出色的治理绩效,以此来提升政党和政府的执行力,让民众认同。

中国共产党在领导全中国人民,推翻了统治旧中国的帝国主义、封建主义、官僚资本主义三座大山以后,从1949年开始,就成为中国唯一的执政党。在一党执政、多党参政的条件下,处于执政地位的中国共产党,除了发挥一般政党的功能外,还在国家的治理中发挥领导作用。中国共产党对国家的领导主要是政治、思想和组织的领导,主要体现在:确立社会发展的战略,组织和领导国家的立法和执法活动;加强对人民军队的领导;领导和管理干部工作;组织和动员社会资源;重视思想政治工作。

第四节 政党政治与政党的建设

一、政党政治及其发展

在现代政治生活系统中,影响人们政治生活的行为主体是多方面的,有普通政治个体、政治精英、政治群体、政治团体、政治利益集团、阶级阶层、民族种族,等等。如果以某个影响因素为观察角度,或以某种影响因素为分析对象,人们就会发现存在某种类型的政治现象,如精英政治、集团政治、阶级政治、民族政治,等等。同样,如果以政治党派作为分析单元或研究对象,人们就会接触到政党政治。政党政治作为现代政治生活中的重要现象和特征,是指政党通过自身行动以控制和参与国家政权的方式来领导、控制、协调和推动整体政治生活运行和发展的所有活动与过程。

政党政治的实质与发展

政治党派的政治行为、行动和活动及其结果就构成了现代政党政治。人们可以从多种角度来理解政党政治。首先,政党政治可以理解为现代政治生活的一种特征或属性。在不同时代,政治生活具有不同的基本特征和显著属性,比如在欧洲的中世纪,政治生活的主要方面都带有浓厚的宗教色彩,这一时期的政治可以称为宗教政治。政党政治则是工业化时代和后工业化时代出现的政治生活的特征和属性。从某种意义上可以讲,现代政治是以政党的普遍存在和积极活动为标志的。

其次,政党政治可以理解为政治生活系统的一种以政党活动为轴心的运行和发展状态。在不同时代,人们的政治生活、政治关系以及由此形成的政治过程总是围绕某种轴心转动的。在中国漫长的封建主义制度下,绝大部分的重要政治生活是围绕着封建帝王的更替与宫廷的权力斗争展开的,这种政治生活和过程是以帝王政治、宫廷政治为轴心的。在现代绝大多数政治生活系统中,重大的政治关系和政治过程都是围绕着政党的活动展开的。正是政党的活动推动着政治生活的变革和发展。

第三,政党政治可以理解为政治生活系统通过政党组织和掌控的公共权力机构来实现治理的一种方式。任何政治生活系统都需要通过治理才能正常地运行和发展。而政治生活系统的治理又是通过掌控政治生活系统中的国家政权和政府机构来进行的。在现代政治生活中,对于绝大多数的政治系统来说,都是通过政党控制国家政权和政府机构来实现对政治生活系统的有效治理。

现代政党首先是从西方政治生活系统中产生和发展起来的。与之相对应,政党政治的实践也在西方政治生活系统中最早出现。但是从全球范围来审视,政党政治的发展则需要有一定的历史时代和空间范围作为前提。通常认为,全球范围的政党政治的发展是在20世纪50年代末。因为在这一历史时代,全球的民主化出现了第三次浪潮,一大批民族国家走上了独立、民主、自由的发展道路。在全球80%的政治生活系统中,国家和政府都是通过政党活动来治理的。在这些政治生活系统中,政治生活的绝大多数领域和过程,都带有浓厚的政党政治的色彩。

到20世纪六七十年代,在发展中国家普遍出现军人专政的现象。掌控了国家政权的军事精英认为,政党动员民众,建立联系政治利益集团的联盟,是导致社会分裂的原因,对推行军人专制是巨大的障碍,因此严禁政党活动,政党数量锐减。从全球政治的发展来审视,这段时间是政党政治的低潮期。至20世纪八九十年代,在世界范围内又出现了新的一轮民主化浪潮。在发展中国家风行了一时的军人政治开始衰落。一些控制严格的军事政权开始松绑,而相当多的军事政权因人民的反对而垮台。被取缔的政党恢复了组织活动,一些新的政党建立起来,发展中国家的政党活动又悄然转热。到20世纪末,全球的政党政治再次得到了复兴。

在现今的世界上,人们很难给出一个全球究竟有多少个政党的准确的数字。因为政党的变化太快,一些政党会突然出现,而另一些政党又会突然消失;有些政党虽然在活动,但从未登记在册;还有一些政党,其名称和活动内容都十分古怪,比如在俄罗斯就有"爱情党"、"啤酒党"、"人身安全党"等等,人们不知道该不该把它们算作政党。

因此,对全世界政党的总数,只能给出一个大概的数字。据粗略统计,在全世界的200多个国家共同体和地区中,目前大约只有20来个国家共同体和地区仍然没有政党组织。主要集中在卡达尔、科威特、阿拉伯联合酋长国、阿曼、沙特阿拉伯等国家共同体。在这些国家中,所有的政党组织和活动都被严格禁止。在其余的国家共同体和地区中,大约有5000多个政党在活动,其中约有35%的政党是在冷战结束后建立起来的。

现代政党在全球的分布极不均匀。有的国家共同体只有一个政党,有的国家共同体却同时存在300多个政党,如波兰1997年登记在册的合法政党就有362个。再如印尼,1999年瓦希德出任总统后,宣布解除党禁,允许不同政见的党派合法存在,结果在短短的一年内,就冒出了48个合法政党。在整个非洲,到20世纪80年代末,总共才有130个政党。而到了90年代中期,政党数目就大幅度增加,一度膨胀到1800多个。在非洲53个国家共同体中就有49个国家宣布实行多党制,政党林立,群雄角逐,争权夺利,政局动荡,则成为非洲政坛的一大特色。

政党外部的政党政治

政党政治作为一种政治现象和过程,很值得人们去研究。为了分析的方便,可以将政党的活动范围和政党发挥的功能作为思考的依据,把作为一个整体的政党政治区分为两个方面来分析。一个方面是政党内部的政党政治,或称之为政党组织中的政党政治。它是具体的政党组织从其存在与运行的生态环境和纲领目标出发,为加强自身建设而展开的内部政治行为、行动和活动。这种政党政治所涉及的范围比较小,也可以称为狭义的政党政治。另一方面则是政党在其外部展开的政党政治,是具体的政党努力争取对国家和政府的掌控,并对整个政治生活系统实行治理的行为、行动和活动。这是政党对外的、体现其外部功能的政党政治。由于这种政党政治涉及的范围较大,也可以称为广义的政党政治。这两类政党政治是有机结合在一起的。只有政党内部的政治活动是民主的、合法的、合理的,体现政党功能的外部政党政治才会具有民主性、合法性和合理性。

我们先来考察政党外部的政党政治,亦即广义的政党政治。这一方面的政党政治主要表现在两个方面:一个方面是政党行为与政府治理的关系,另一个方面是政党行为与社会民主的关系。这两个方面又是相辅相成的。

政党外部的政党政治首先体现在政党行为与政府治理的关系上。一般地说,政党的主要目标和功能就是力争掌控政治生活系统中的国家政权,实现对整个国家的治理。要实现这一目标,政党需要采取各种途径和手段。首先要获得对政府组建和管理的权力,然后再借助于政府对整个国家加以治理。比如在美国,政党政治就强烈地表现在政党和政府的关系上。从19世纪50年代开始,美国的两个大党即共和党和民主党就一直主导着总统、国会、州长和州立法机构的选举。自1852年以来,美国历届总统皆由两个大党轮流坐庄。在第二次世界大战后的岁月里,每次大选两大党总统候选人得到的选民票加起来平均为94.8%。2002年国会和地方选举后,美国参议院百名议员中只有孤零零一名非党派的独立议员,而在众议院435名议员中也仅有两名非党派的独立议员。在州政府层面上,50个州长非共和党人即民主党人。7300多名州议员中仅有21人(0.003%)既非以共和党人又非以民主党人当选。在联邦和州的层面上,是两大党组织和支配着政府。

在世界范围内,政党对政府组建和管理的类型大体上有三种模式:一种是一党执掌政权,组建和管理政府的模式;另一种是两党或多党共同掌握政权,组建和管理政府的模式;还有一种是一党执政,多党参政,组建、管理政府的模式。

二、政党内部组织建设

前面我们着重研究了广义的、政党外部的政党政治,现在我们再来研究狭义的、政党内部的政党政治。它是和政党自身的组织建设联系在一起的。任何一个现代政党,要想获得对政治生活系统内的国家政权掌控的资格和能力,就必须加强自身的组织建设。政党的组织建设包括诸多因素,其中对政党政治影响较大的是政党自身的组织结构方式与自身的组织运行方式。对现代政党来说,其外部的政党政治的功能发挥是由其内部的组织结构方式和组织运行方式决定的。

政党内部的组织结构方式

政党自身的组织结构方式是指政党内部权力的配置方式以及政党的全国总部与其地方分部的联结方式。与其他的群体性、团体性、集团性的政治行为主体相比,现代政党的组织结构是最为紧密的。政党自身的组织结构方式首先表现在政党内部权力的分配和配置上。在通常情况下,一个政党的党务总是由其资历较老、经验较多、威望较高的领袖们来主持和领导的。对于这一点,许多研究政党的政治学者早就做过分析。1902年奥斯特格斯基在其著作《民主与政党组织》中指出,社会中存在一种趋势,个别集团的利益交由政党来整合和表达,而政党内部的控制权则由内部资深干部来掌管。[①] 1911年米歇尔斯在其著作《政党》中也提出了政党组织控制的"寡头铁律"(iron law of oligarchy)。他认为虽然政党在形式上是民主的,但事实上政党的权力控制和集中在少数的政党领袖手中。[②]

1955年迈肯尼兹在其著作《英国政党》中指出,许多研究英国政党的著作似乎都认为,英国保守党内部是精英导向的,而工党内部则是民主的,两者的内部权力分配完全不同。但是,迈肯尼兹却认为,英国这两个政党虽然在组织结构和价值上有差别,但内部的权力分配大致相同,都是由领袖网络来支配的。[③]

现代政党自身的组织结构方式还体现在政党的全国总部与其地方分部之间的联结上。任何一个具体的政治生活系统内部的国家设施和政府机构都有其总体的部分,也有其地方分支的部分。在现代的政党政治中,一个政党,想要具备在整个政治生活系统中具有掌控国家政权、组建和管理政府的能力,就需要建立全

---

① Mosei Ostrogorski, *Democracy and the Organization of Political Parties*, London: MaCmillan, 1902.

② 参见 Robert Michels, *Political Parties: A Sociological Study of the Oligarchic Tendencies of Modern Democracy*, New York: Collier.

③ 参见 Robert Mckenzie, *British Political Parties*, London: Heinemann, 1955。

国性的总部,同时设立若干地方分部。对于一个全国性的政党来说,政党的全国性总部只能由为数不多的党内精英来掌管。其党员和分支机构则会分散在各个地方。这样就会产生政党的全国性总部和地方分部之间的联结。

美国联邦体制和分权制度使得美国两党无法成为组织严密的政党。依据宪法规定的联邦主义原则,美国确立了由联邦、州和地方政府组成的多层级的政府体系。按照这一原则,在各级政府的层面上又建立起数千个有各自民选官员的选区。同时,美国的分权制度也使得立法、行政和司法部门之间相互独立,有着不同的选举体系,各个部门的重要人员是以不同的程序竞选出来的,任期也各不相同。以竞选总统和议员为主要功能的美国政党,特别是作为大党的共和党与民主党,其自身的组织结构方式和组织运行方式就必然会受到由联邦体制和分权制度所决定的选举体系的影响。

美国政党组织内部具有高度的分权性。无论是共和党还是民主党,党的全国代表大会和全国委员会既不是全国的领导机构,也不是决策机构,它对州和地方的党组织几乎没有控制,实际上各州也有各自的民主党和共和党。在每一次竞选众议院和参议院议席时,各政党都要新建地方组织。在上一次和下一次的竞选期间,政党并不活动,基本处于休眠状态。两党在国会中也有各自的组织,它们独立行事,并不从属于全国委员会。

政党内部的组织运行方式

现代政党自身的组织建设的另一个重要的方面就是政党内部的组织运行方式。政党自身的组织结构方式只是从静态的角度反映了政党自身的组织建设,或政党内部的政党政治的状态,但是政党的组织结构方式是服务于其组织运行的。政党的组织运行方式则是从动态的角度反映了政党的组织建设,或政党内部的政党政治的状态。所谓政党的组织运行方式,主要是指政党组织对进入政府机构的党员和政党承诺的政策的控制和协调方式,其中包括政党组织对政治竞选的候选人或重要政府职位人选的推举和选择方式,政党组织对进入政权机构的党员的立场观念的约束方式,政党组织对公共政策立场的认同方式。

现代政党要组建和管理政府,就必须在政治竞选中推举有能力赢得选举的候选人,或者是向政府机构推荐能够担任政府重要职务的人选。不同的政党会采取不同的方式来推举或选择政治竞选候选人或政府重要职位人选。从目前大多数全国性的政党的组织运行来看,主要有两种方式:一种是集中地推举或选择政治竞选候选人或政府重要职位人选,另一种则是分散地推举或选择政治竞选候选人或政府重要职位人选。

政党组织对政治竞选候选人或政府重要职位人选的推举和选择方式又决定

着政党组织对进入政府机构的党员的政治立场和治理理念的控制与约束方式。如果政党组织是采用分散的方式推举和选择政治竞选候选人或政府重要职位人选的,当候选人赢得选举或推荐的人选被任用担任了议会中和政府中的重要职务后,他们在政策立场和治理理念上不一定接受政党组织的控制和约束。而那些以集中的方式推举和选择政治竞选候选人或政府重要职位人选的政党,它们能够对进入政府重要部门的党员加以约束和控制,让他们在政策立场和治理理念上与政党组织保持一致。

多数的现代政党,其组织运行方式都是较为集中的。在以色列这一政治生活系统中,各个政党都有高度集中化的候选人选择体系。国会要求各政党提出一份全国性的提名人名单。由于以色列的选举体制是比例代表制,一共可以提出120名候选人,只有排在名单靠前位置上的候选人才有希望赢得席位。各政党的领袖就会把有经验的、可依赖的提名人摆在名单的靠前位置上,一般资历深的人排在前面,新人则排在后面。这有助于确保政党在竞选中获胜。

德国也采用由政党领袖提出候选人名单的方法,但由于全国划分成16个邦,各邦的政党和政党地方分部都有支配性的发言权,这就导致政党候选人选择体系控制的分散化。在英国,各政党则是通过政党总部和地方选区分部的协商、交涉来选择和确定该政党的候选人。通常政党的全国总部也会提名一位并非由行政区地方分部提名的候选人,地方政党分部就会对这位提名人进行审查,或赞成,或反对。在全国总部和地方分部协商、交涉后,才将提名人名单确定下来,政党的地方分部就开始经营自己的候选人。

在公共政策制定方面,无论是在以色列、德国,还是在英国,当民众投票给某个政党提出的候选人,他一旦获选,民众一定会知道他在政策上的立场。因为这些当选者不能依照自己喜欢的立场和方式而只能根据所在政党的决定来确定对公共政策的同意或反对。

在美国这一政治系统中,无论是民主党,还是共和党,因为党组织的资金来源有限,并在提供资金上经常受到法律的严格限制,因此,政党的全国委员会并没有太多资源分配给各自的候选人。被提名的候选人必须自我筹措资金并采用个人策略来参加竞选。在候选人通过电视和其他大众媒体向选民陈述其政策观念时,这些媒体越来越淡化甚至不再提及候选人与党派之间的关系。采用预选来提名候选人的制度安排也使政党无法控制本党候选人的提名,因为政党中的政治精英只有首先在预选中胜出,然后才能在大选中当选。在这种制度鼓励各候选人创建自己的竞选组织和助选团体时,从而也就大大削弱了政党组织运行中的集中化程度。

在美国,候选人会告诉政党的全国委员会,我并没有得到政党本身太多的帮助,我也没有必要对政党尽多少义务。就是当选了,我也不会服从政党的意愿。假若一个政党的候选人赢得大选,当上了联邦总统,他也不能认为国会中的本党议员就一定会忠诚地支持他的方案。国会的政党领袖也不能期待本党议员投票时会按党的路线、战略统一行动。在政党组织内,共和党和民主党在众参两院的竞选委员会(由现任议员组成)不受以竞选总统为目标的各自政党的全国委员会的约束,而是自主行动。美国当选的议员和官员,更多的是考虑下一次选民会不会继续投他的票,他如果要再参加连任的竞选,竞选的经费由谁来资助。美国议会围绕政策的辩论基本上都是公开的,选民都能从各种渠道知道每个议员在政策制定中的立场。正因为候选人的竞选经费是由各种各样的政治行动委员会来补助的,因此,在制定公共政策时,议员和官员们不会完全站在政党的立场上发言,他们只是凭着自己的良心,替投票给他的选民和向他提供竞选经费补助的政治行动委员会讲话。

政党内部的民主化与集中化

政党自身的组织结构方式与组织运行方式的核心问题,即政党内部的政党政治的根本问题是政党组织建设中民主与集中之间的冲突与矛盾。政党是政治生活系统中所有的政治主体中组织结构和组织运行的集中化程度最高的政治主体,也是所有非政府的政治组织中组织结构与组织运行的集中化程度较高的政治组织。对于具体的政党来说,其内部组织结构和组织运行的方式和状况并不是完全一样的。可以用政党集中化这一概念来描述和衡量一个政党内部组织结构和组织运行的松散和紧密的程度。

所谓政党组织结构的集中化,是指在政党内部,政党成员服从政党领袖,地方分部组织服从全国总部或中央组织。政党内部组织结构的集中化表现在两个方面:一个方面是整个政党内部,党务工作的控制权掌握在为数不多的政党领袖手中;另一个方面是对于一个全国性的政党来说,全国性的总部对地方分部具有统摄作用,地方分部服从全国总部。

所谓政党组织运行的集中化,是指政党中参加政治竞选的政党候选人,担任政府重要职位的政党成员,已经在立法、司法、行政等政府部门中担任职务的政党成员,他们都由政党组织统一推举、选派,其政治行为也受政党组织统一约束、控制,从而确保政党在纲领战略的贯彻、执政地位的获取和维护、公共政策的制定和贯彻等方面具有统一性、连贯性。与政党内部的政党政治集中化相反的方式与状态则是政党组织结构和组织运行的松散化、分立化。

在政党内部的政党政治中,导致组织结构和组织运行松散化和分立化的原因是多种多样的,其中政党内部派系是值得研究的问题。政党内部的派系通常是指活动在党政组织内部的团体或群体。如果这种政党组织内部的团体或群体是紧密型的非正式群体，则可称为党内的"小圈子"(tendencies)。如果这种政党内部的团体或群体有正式的组织和成员，能够稳定而持续地存在，并且其设定的目标就是要与其他派系共存，这种政党内部的团体或群体则被称为政党派系。如果政党派系的目标从与其他派系的并存进一步发展为分裂政党，企图建立新的政党，这类派系在一定条件下就有可能演变为党内之党(party within a party)。在这方面日本的自民党是一个典型。1955年由自由党和民主党合并而成的日本自民党，党内历来派系林立，被称为"派阀联合政党"。该党是党中有党，派中有派，而且活动十分活跃。建党的第二年，党内便已形成八大派系：自由党系统的池田、佐藤、石井、大野等4派，民主党系统的岸信介、河野、石桥3派，以及并入民主党的原改进党系统的松村-三木派。随着党内主流派和反主流派、官僚派与党人派、鸽派与鹰派的斗争，党内各派系不断分化和重新组合。到1998年12月自民党党内的主要派系有加藤派，小渊派，森喜朗派，原中曾根、山崎和河本派。

在美国，尽管政党内部不存在像日本自民党中那类的"小圈子"或"派系"，但是两大政党的活动都建立在州和地方的党霸(party boss)基础之上。他们是政党中权力的掮客，特别在政党提名大会上发挥着巨大作用。

在西方政党内部的政党政治中，政党不断地在组织结构和组织运行的分散化与集中化之间进行变革，从而出现了政党再造运动(party renewal)。美国两大主要政党的再造运动是围绕总统候选人的提名方式而展开的，但反映出的却是政党组织在民主化与集中化之间的艰难选择。美国从1796年开始，属于各个政党的国会议员，采用非正式会议形式提出本党的总统和副总统候选人。这种被称为"君主会议"("King Caucus")的候选人遴选体制延续了将近30年。到1824年，这一体制随着美国向西部扩展导致政党内部权力分散而解体。取代"君主会议"的是全国提名代表大会。1831年，一个很小的少数党——反共济党（Anti-Masons）——在马里兰州巴尔迪摩市的一家酒吧开会，由各州代表来确定候选人和竞选纲领（即政党或候选人确定的政治原则和政策性宣言）。1932年，民主党人也在同一家酒吧开会选举候选人。自那以后，主要政党和大多数小党都举行由各州派代表参加的全国提名会议，决定本党的总统和副总统候选人，并商定政策立场。

在整个19世纪及20世纪初期，这些代表大会都由州内的政党领袖来控制，他们利用自己的影响力精心挑选本州的代表，以确保这些代表在提名大会上"正确"投票。政党领袖实施的这种左右投票的控制最终造成党内问题。不喜欢由盘踞领导地位的上司钦定总统候选人提名的党员则支持民主改革，要求州内的党员能够在大选前的"预选"中选出大家认可的参加全国代表大会的代表。到1916年，半数以上的州都制定了这类预选制度。然而，这种鼓励有党派倾向的人参与选拔其政党候选人的运动为时很短。第一次世界大战结束以后,那些认为预选会威胁到自己的影响力的各州政党领袖说服州议会废除预选制,理由是预选费用大,并且参加人数相对很少。到 1936 年,只有 12 个州继续举行这种预选。

第二次世界大战以后,随着通讯技术的发展,美国社会再次出现民主化的压力。此外,电视的出现提供了新的交流媒介,人们可以在自家的起居室里看到和听到竞选情况。候选人可利用在电视上露面的机会,展示自己的魅力、声望和当选资格。但是从 20 世纪 60 年代开始一直持续到 70 年代的越南战争,在民主党内引起分歧,转而产生了要求进一步改革的压力。1968 年民主党的提名程序成为引发改革的催化剂。反战运动使民主党内部发生分裂,在举办民主党代表大会的芝加哥市发生了暴力的街头反战示威活动。尽管代表大会争斗激烈,民主党还是提名事先没有参加任何党内预选的副总统休伯特·汉弗莱(Hubert Humphrey)为总统候选人,汉弗莱因而成为反战示威的目标。

为了将分裂的党统一起来,1968 年的民主党代表大会在提名汉弗莱以后,同意指定一个委员会来重新审议党的总统候选人提名程序,以期达到双重目的:既鼓励更多党员参与遴选本党提名人,又使提名代表大会具有更公平的代表性。这些改革措施成为推动两大政党总统和副总统候选人提名程序民主化的开端。

对总统候选人提名程序的改革显然扩大了公众参与的基础。1968 年,也就是在改革之前,只有 1200 万人参加预选投票,约占适龄选民的 11%。2000 年,有大约 3500 万人参加预选投票,约占选民人口的 15%。在 2000 年总统大选的预选阶段,有 2000 多万人参加了在乔治·W. 布什和他的共和党竞争对手之间的预选投票,有 1500 万人参加了在副总统阿尔·戈尔(Al Gore)与他的主要竞争对手、前参议员比尔·布拉德利(Bill Bradley)之间的预选投票。

提名程序的改革削弱了州政党领袖的权力,促使那些希望获得党内提名的人不是依赖地方党霸而是更广泛地争取公众的支持。这种做法加强了候选人与其核心支持力量之间的联系,有助于那些当选人履行其竞选诺言。乔治·W. 布什在上任后的第一年内,就致力于实现他在竞选期间提出的主要政策目标,如减税、教育改革和加强军备等。

提名程序的诸项改革促使政党内遴选候选人的过程更加民主化,但是由此又引发了有关集中化的问题。参加预选的人往往比普通的共和党或民主党选民受教育程度高,收入多,年龄大。公开和竞争激烈的提名过程必然会在党内造成分裂。争取提名的竞争越激烈,政党内部的分裂越严重。而一个政党要想使自己的提名人竞选总统成功恰恰需要政党内部的团结一致,集中行动。因此在每次预选之后,政党就需要迅速化解由此而造成的党内分裂局面。

英国的政党也经历过再造运动。英国工党在 1979 年选举失败后于 1980 年进行党内民主改革。通过建立选举人团制度,即由选举人负责挑选政党领袖、选区领导人或公职职位的人选。然而党内民主的加强却加大了政党内部的裂缝,最终导致社会民主党于1981年另立门户。

此后,工党于1989年重新采取"由上而下"的政党组织的权威运作方式。1993年采取"一个党员,一张选票"(one member, one vote, OMOV)的措施,借以削弱工会力量。1995年布莱尔又成功地删除了原先工党党纲中的"第4条款"(clause 4)即规定政党致力于实现公有制的目标,将党内控制权交由政党精英来掌控,最终强化了政党组织结构和组织运行的集中化。

现代政党自身的组织建设即政党内部的政党政治实质上是民主化和集中化的关系问题。政党的民主化必须正确处理党内的公开的、分散的不同意见与政党行动集中统一的关系。一些政党采取民主集中制原则,努力在自由行动与严密团结之间保持平衡。政党民主有两种方式:一是在党内广泛而且平均地分配权力,主要是加重政党会议和全国代表大会在党内决策中的作用;另一种是将决策权力掌握在由党员选出的党代表手中,这些党的代表必须对党组织公开负责。

第五节　中国共产党的自身建设

一、认识执政党自身建设的重要性

世界的大发展大变革大调整,使长久处在执政地位上的中国共产党面临着新的机遇与挑战。一方面,世界多极化、经济全球化深入发展,科技进步日新月异,国际金融危机影响深远,世界经济格局发生新变化,国际力量对比出现新态势,全球思想文化交流交融交锋呈现新特点,发达国家在经济、科技等方面仍占优势,综合国力竞争和各种力量较量更趋激烈,不稳定不确定因素增多。另一方面,经济建设、政治建设、文化建设、社会建设以及生态文明建设全面推进,工业化、信息化、城镇化、市场化、国际化深入发展,又使中国正处在进一步发展的重要战略机遇期,在新的历史起点上向前迈进。总的来看,中国仍处于并将长期处于社会主义初级阶段的基本国情没有变,人民日益增长的物质文化需要同落后的社会生产之间的矛盾这一社会主要矛盾没有变,同时中国发展呈现一系列新的阶段性特征,出现一系列新情况新问题。在一个有着十几亿人口的发展中大国,执政党在推进改革开放和社会主义现代化建设中肩负任务的艰巨性、复杂性、繁重性世所罕见。执政党要适应这样的新形势,统筹国内国际两个大局,更好带领全国各族人民聚精会神搞建设、一心一意谋发展,实现已经描绘的宏伟蓝图,就必须进一步加强和改进自身建设。

执政党的建设是政党领导的伟大事业不断取得胜利的重要法宝。新中国成立以来特别是改革开放以来,中国共产党根据自身历史方位和中心任务的变化,不断提高领导水平和执政水平,提高拒腐防变和抵御风险能力,取得巨大成就。当前,执政党的领导水平和执政水平、执政党的建设状况、执政党党员队伍素质总体上同党肩负的历史使命是适应的。同时,执政党内也存在不少不适应新形势新任务要求、不符合执政党的性质和宗旨的问题,主要是:一些党员、干部忽视理论学习,学用脱节,理想信念动摇,对马克思主义信仰不坚定,对中国特色社会主义缺乏信心;一些党组织贯彻民主集中制不力,有的对中央决策部署执行不认真,有的对党员民主权利保障落实不到位,一些党员干部法治意识、纪律观念淡薄;一些领导班子整体作用发挥不够,推动科学发展、处理复杂问题能力不够,一些地方和部门选人用人公信度不高,跑官要官、买官卖官等问题屡禁不止;一些基层党组织战斗堡垒作用不强,有的软弱涣散,有的领域党组织覆盖面不广,部分党员党性意识淡化、先锋模范作用不明显;有些领导干部宗旨意识淡薄,脱离群众、脱离实际,不讲原则、不负责任,言行不一、弄虚作假,铺张浪费、奢靡享乐,个人主义突出,形式主义、官僚主义严重;一些领导干部特别是高级干部中发生的腐败案件影响恶劣,一些领域腐败现象易发多发。这些问题严重削弱党的创造力、凝聚力、战斗力,严重损害党同人民群众的血肉联系,严重影响党的执政地位巩固和执政使命实现,必须引起全党警醒,抓紧加以解决。

许多经验和教训告诉我们,执政党的先进性和党的执政地位都不是一劳永逸、一成不变的,过去先进不等于现在先进,现在先进不等于永远先进;过去拥有不等于现在拥有,现在拥有不等于永远拥有。世情、国情、党情的深刻变化对党的建设提出了新的要求,党面临的执政考验、改革开放考验、市场经济考验、外部环境考验是长期的、复杂的、严峻的,落实党要管党、从严治党的任务比过去任何时候都更为繁重和紧迫。全党必须居安思危,增强忧患意识,常怀忧党之心,恪尽兴党之责,勇于变革、勇于创新,永不僵化、永不停滞,继续推进党的建设新的伟大工程,确保党在世界形势深刻变化的历史进程中始终走在时代前列,在应对国内外各种风险和考验的历史进程中始终成为全国人民的主心骨,在发展中国特色社会主义的历史进程中始终成为坚强的领导核心。

二、总结执政的基本经验

一个执政党只有在执政的实践中,不断围绕建设什么样的党、怎样建设党这个重大课题,不断总结和运用自身建设正反两方面经验,借鉴世界上一些执政党兴衰成败的经验教训，探索形成加强自身建设的基本经验，才能自觉、有效地促进自身的建设。

中国共产党执政 60 多年，积累了多方面的基本经验。其一是坚持把思想理论建设放在首位，提高全党马克思主义水平。始终以思想理论建设为根本建设，坚持党的思想路线，解放思想、实事求是、与时俱进，坚持真理、修正错误，不断推进马克思主义中国化、时代化、大众化，坚持以马克思列宁主义、毛泽东思想、邓小平理论和"三个代表"重要思想为指导，深入贯彻落实科学发展观，提高运用科学理论改造主观世界和客观世界能力，使党的理论和实践始终体现时代性、把握规律性、富于创造性。

其二是坚持把推进执政党的建设伟大工程同推进党领导的伟大事业紧密结合起来，保证党始终成为社会主义事业的坚强领导核心。党的建设必须紧紧围绕和服务党领导的伟大事业，按照党的政治路线来进行，围绕党的中心任务来展开，朝着党的建设总目标来加强，着力提高党的创造力、凝聚力、战斗力，为抓好发展这个党执政兴国的第一要务、建设富强民主文明和谐的社会主义现代化国家、坚持和发展中国特色社会主义提供根本保证。

其三是坚持以执政能力建设和先进性建设为主线，保证党始终走在时代前列。把执政能力建设和先进性建设作为执政党建设的根本任务，坚持科学执政、民主执政、依法执政，着力提高党总揽全局、协调各方能力和水平，建设高素质干部队伍，凝聚各方面人才和力量，充分发挥党委领导核心作用、基层党组织战斗堡垒作用、共产党员先锋模范作用，使党始终代表中国先进生产力发展要求、中国先进文化前进方向、中国最广大人民根本利益。

其四是坚持立党为公、执政为民，保持党同人民群众的血肉联系。坚持全心全意为人民服务根本宗旨，坚持以人为本，贯彻马克思主义群众观点和党的群众路线，实现好、维护好、发展好最广大人民根本利益，做到权为民所用、情为民所系、利为民所谋，不断增强党的阶级基础、扩大党的群众基础，使党始终得到人民群众的支持和拥护。

其五是坚持改革创新，增强党的生机活力。坚持继承和创新相结合，坚持用时代发展要求审视自己、以改革创新精神提高和完善自己，不断推进党的建设实践创新、理论创新、制度创新，建立健全以党章为根本、以民主集中制为核心的制度体系，推进党的建设科学化、制度化、规范化，发展党内民主，保障党的团结统一，增强党的创造活力。

其六是坚持党要管党、从严治党，提高管党治党水平。治国必先治党，治党务必从严，实行党建工作责任制，坚持严格要求、严格教育、严格管理、严格监督，开展批评和自我批评，严肃党的纪律，从关系人心向背和党的生死存亡的战略高度加强党风廉政建设,坚持不懈开展反腐败斗争,坚决纠正损害群众利益的不正之风,不断解决党内存在的问题,始终保持党的先进性和纯洁性。

这些基本经验,体现和深化了对共产党执政规律、社会主义建设规律、人类社会发展规律的认识,必须倍加重视、倍加珍惜,必须作为加强和改进新形势下党的建设的重要指导原则长期坚持,并在实践中不断丰富发展。

三、建设学习型政党

一个政党要能坚持长期执政,就需要适应政治系统内外情况的变化,主动学习,成为学习型政党。要建设一个学习型政党,一是要推进马克思主义中国化、时代化、大众化。坚持把马克思主义作为立党立国的根本指导思想,紧密结合我国国情和时代特征大力推进理论创新,在实践中检验真理、发展真理,用发展着的马克思主义指导新的实践,是建设马克思主义学习型政党的首要任务。坚持运用马克思主义立场、观点、方法,准确把握当今世界发展大势,准确把握社会主义初级阶段基本国情,准确把握改革发展实际,及时总结党领导人民创造的新鲜经验,围绕什么是马克思主义、怎样对待马克思主义,什么是社会主义、怎样建设社会主义,建设什么样的党、怎样建设党,实现什么样的发展、怎样发展等重大问题,不断作出新的理论概括,增强理论说服力和感召力,丰富发展中国特色社会主义理论体系,为进一步认识世界和改造世界、推动党和国家事业发展提供强有力的理论指导。深入实施马克思主义理论研究和建设工程,建设充分反映马克思主义中国化最新成果的学科体系和教材体系,培养造就一大批马克思主义理论家特别是中青年理论家,推动中国特色社会主义理论体系进教材、进课堂、进头脑,增强科学理论教育引导群众的作用。

要建设一个学习型政党,还是要用中国特色社会主义理论体系武装全党。组织党员、干部深入学习马克思列宁主义、毛泽东思想、邓小平理论、"三个代表"重要思想以及科学发展观,牢固树立辩证唯物主义和历史唯物主义世界观和方法论,系统掌握中国特色社会主义理论体系。认真总结深入学习实践科学发展观活动成功经验,形成有利于学习研究和贯彻落实科学发展观的政策导向、舆论导向、用人导向和体制机制,不断推动学习实践向深度和广度发展。党员领导干部要作真学真懂真信真用的表率,着力提高理论素养和解决实际问题能力。中央委员和省部级领导干部要认真研读马克思主义特别是中国特色社会主义理论体系基本著作,切实提高战略思维、创新思维、辩证思维能力,带头探索回答重大理论和实践问题。大力弘扬理论联系实际的学风,引导党员、干部把学习理论同研究解决人民最关心最直接最现实的利益问题、本地区本部门改革发展稳定的重大问题、党的建设突出问题结合起来,增强工作的原则性、系统性、预见性、创造性。

要建设一个学习型政党,重要的是要开展社会主义核心价值体系的学习教育。党员、干部模范学习践行社会主义核心价值体系,是建设马克思主义学习型政党的重要任务。把理想信念教育作为全党学习践行社会主义核心价值体系的重中之重,教育引导党员着力增强贯彻党的基本理论、基本路线、基本纲领、基本经验的自觉性和坚定性,增强走中国特色社会主义道路、为党和人民事业不懈奋斗的自觉性和坚定性,做共产主义远大理想和中国特色社会主义共同理想的坚定信仰者。引导党员、干部增强党的意识、宗旨意识、执政意识、大局意识、责任意识,做到为党分忧、为国尽责、为民奉献。加强党的意识形态工作和思想政治工作,引导党员、干部增强政治敏锐性和政治鉴别力,筑牢思想防线,自觉划清马克思主义同反马克思主义的界限,社会主义公有制为主体、多种所有制经济共同发展的基本经济制度同私有化和单一公有制的界限,中国特色社会主义民主同西方资本主义民主的界限,社会主义思想文化同封建主义、资本主义腐朽思想文化的界限,坚决抵制各种错误思想影响,始终保持立场坚定、头脑清醒。加强思想道德建设,加强党的优良传统教育,加强中华优秀文化传统教育,引导党员、干部带头弘扬以爱国主义为核心的民族精神和以改革创新为核心的时代精神,自觉践行社会主义荣辱观,培养高尚道德情操和健康生活情趣,保持昂扬奋发的精神状态。

要建设一个学习型政党,需要建设学习型党组织。要在整个政党营造崇尚学习的浓厚氛围,积极向书本学习、向实践学习、向群众学习,优化知识结构,提高综合素质,增强创新能力,使各级党组织成为学习型党组织、各级领导班子成为学习型领导班子。组织党员、干部重点学习马克思主义理论,学习党的路线方针政策和国家法律法规,学习党的历史,同时广泛学习现代化建设所需要的经济、政治、文化、科技、社会和国际等各方面知识。加强对全党学习的指导和服务,加强理论宣讲队伍建设,完善和落实党委(党组)中心组学习制度。把理论素养、学习能力作为选拔任用领导干部的重要依据。充分发挥党校、行政学院、干部学院和国民教育体系在建设马克思主义学习型政党中的重要作用。

四、积极发展党内民主

执政党的党内民主是政党的生命,集中统一是政党的力量保证。只有坚持民主基础上的集中和集中指导下的民主相结合,才能保障党员民主权利为根本,加强党内基层民主建设为基础,切实推进党内民主,广泛凝聚全党意愿和主张,充分发挥各级党组织和广大党员的积极性、主动性、创造性,坚决维护党的集中统一。坚持以党内民主带动人民民主,以党的坚强团结保证全国各族人民的大团结。

发展党内民主首先要坚持和完善党的领导制度。科学的领导制度是党有效治国理政的根本保证。坚持党总揽全局、协调各方的领导核心作用,坚持党的领导、人民当家作主、依法治国有机统一,改革和完善党的领导方式和执政方式,提高党的领导水平和执政水平。党委既要支持人大、政府、政协、司法机关和人民团体依照法律和各自章程独立负责、协调一致地开展工作,又要发挥这些组织中党组的领导核心作用,保证党的路线方针政策和党委决策部署贯彻落实。坚持和完善人民代表大会制度,支持人大及其常委会依法履行职能,善于通过国家政权组织实施党对国家和社会的领导。加强和改进党的群众工作,充分发挥工会、共青团、妇联等人民团体联系和服务群众的作用。以明确权责为重点,完善地方党委领导体制和工作机制,健全部门党组(党委)工作机制,健全党对国有企业和事业单位领导的体制机制。坚持党对军队绝对领导的根本原则和制度,在全面建设小康社会进程中实现富国和强军的统一。

要坚持和完善中国共产党领导的多党合作和政治协商制度,坚持长期共存、互相监督、肝胆相照、荣辱与共的方针,完善党同民主党派合作共事机制,支持民主党派加强自身建设和更好履行参政议政、民主监督职能,真诚接受民主党派和无党派人士监督,鼓励党外人士做我们党的挚友和诤友。加强对统一战线的领导,促进政党关系、民族关系、宗教关系、阶层关系、海内外同胞关系的和谐。

发展党内民主就需要保障党员主体地位和民主权利。以落实党员知情权、参与权、选举权、监督权为重点,进一步提高党员对党内事务的参与度,充分发挥党员在党内生活中的主体作用。推进党务公开,健全党内情况通报制度,及时公布党内信息,畅通党内信息上下互通渠道。建立党委新闻发言人制度,办好党报党刊和党建网站。拓宽党员意见表达渠道,建立健全党内事务听证咨询、党员定期评议基层党组织领导班子成员等制度。鼓励和保护党员讲真话、讲心里话,营造党内民主讨论、民主监督环境。扩大党内基层民主,发挥党的基层组织在保障党员民主权利方面的作用。加强民主集中制教育,提高党员民主素质,引导党员正确行使权利,认真履行义务。

发展党内民主就需要完善党代表大会制度和党内选举制度。改善党代表大会代表结构,提高基层一线代表比例,增强代表广泛性。扩大党代表大会代表对提名推荐候选人的参与,改进候选人提名方式。建立各级党代表大会代表提案制度。落实和完善党代表大会代表任期制,建立健全代表参与重大决策、参加重要干部推荐和民主评议、列席党委有关会议、联系党员群众等制度和办法,做好代表联络工作,保障代表充分行使各项权利,充分反映党员意见和建议。继续选择一些县(市、区)试行党代表大会常任制。完善党内选举办法,改进和规范选举程序和投票方式,改进候选人介绍办法。推广基层党组织领导班子成员由党员和群众公开推荐与上级党组织推荐相结合的办法,逐步扩大基层党组织领导班子直接选举范围。党的任何组织和个人不得以任何方式妨碍选举人依照规定自主行使选举权。严格控制选任制领导干部任期内职务变动,维护选举结果的严肃性。

发展党内民主就需要完善党内民主决策机制。党的各级委员会按照集体领导、民主集中、个别酝酿、会议决定的原则决定重大事项。发挥全委会对重大问题的决策作用,完善常委会议事规则和决策程序,推行和完善地方党委讨论决定重大问题和任用重要干部票决制,健全和规范党委常委会向全委会定期报告工作并接受监督制度。提高科学决策、民主决策、依法决策水平,加强党委决策咨询工作,做好重大问题前瞻性、对策性研究,广泛听取党员、群众、基层干部的意见和建议,发挥咨询研究机构、专家学者、社会听证在决策过程中的作用。落实重大决策报告制度,健全决策失误纠错改正机制和责任追究制度。完善集体领导与个人分工负责相结合的制度,提高运用民主方法达成共识、开展工作本领,注意听取不同意见,防止个人或少数人说了算。

发展党内民主就需要维护党的集中统一。政党成员必须时刻把政党和人民放在心中最高位置,坚持党员个人服从党的组织、少数服从多数、下级组织服从上级组织、全党各个组织和全体党员服从党的全国代表大会和中央委员会,其中最重要的是坚持全党服从中央。始终同党中央在思想上政治上行动上保持高度一致,坚持把发挥地方积极性同维护中央权威结合起来,把局部利益同全局利益统一起来,严守党的纪律特别是政治纪律,保证中央政令畅通。健全对中央重大决策部署执行情况定期检查和专项督查制度、纪律保障机制,坚决纠正有令不行、有禁不止现象。党员对党的决议和政策如有不同意见,在坚决执行的前提下可以向上级组织直至中央提出,但不得公开发表和散布同中央决定相反的意见。对违反党的政治纪律的行为,必须严肃处理。

五、惩治和预防党内腐败

坚决反对腐败是执政党自身建设中必须始终抓好的重大政治任务。必须充分认识反腐败斗争的长期性、复杂性、艰巨性,把反腐倡廉建设放在更加突出的位置,坚持标本兼治、综合治理、惩防并举、注重预防的方针,严格执行党风廉政建设责任制,在坚决惩治腐败的同时加大教育、监督、改革、制度创新力度,更有效地预防腐败,不断取得反腐败斗争新成效。

要惩治和预防党内腐败,就要加强廉洁从政教育和领导干部廉洁自律。贯彻为民、务实、清廉的要求,在全党深入开展党性党风党纪教育,把廉政教育列入干部教育培训规划,有针对性地开展示范教育、警示教育、岗位廉政教育,改进教育方式,提高教育实效。加强廉政文化建设。领导干部要严格遵守廉洁自律各项规定,严格要求自己和配偶子女、身边工作人员。依纪依法查处和整治领导干部利用职务便利为本人或特定关系人谋取不正当利益等问题。完善党员领导干部报告个人有关事项制度,把住房、投资、配偶子女从业等情况列入报告内容。加强对配偶子女均已移居国(境)外的公职人员管理。进一步规范离退休领导干部在企业和各类学会、协会、基金会任职行为。按照节俭、高效、廉洁的原则,继续推进公务消费和公务接待制度改革。

要惩治和预防党内腐败,就要加大查办违纪违法案件工作力度。保持惩治腐败高压态势,坚决遏制一些领域腐败现象易发多发势头,决不让任何腐败分子逃脱党纪国法惩处。严肃查办发生在领导机关和领导干部中滥用职权、贪污贿赂、腐化堕落、失职渎职案件,严肃查办商业贿赂案件和严重侵害群众利益案件,严肃查办群体性事件和重大责任事故背后的腐败案件。加强工程建设、房地产开发、土地管理和矿产资源开发、国有资产管理、金融、司法等领域专项治理。健全反腐败协调工作机制,加强查办大案要案组织协调,形成整体合力。健全反腐倡廉网络举报和受理机制、网络信息收集和处置机制。坚持依纪依法办案,完善举报人和证人保护制度,保障被调查人合法权益,依法追究诬告陷害行为。

要惩治和预防党内腐败,就要健全权力运行制约和监督机制。以加强领导干部特别是主要领导干部监督为重点,建立健全决策权、执行权、监督权既相互制约又相互协调的权力结构和运行机制,推进权力运行程序化和公开透明。凡涉及群众切身利益的重大决策都要向社会公开,接受群众监督。严格执行和不断完善领导干部述职述廉、诫勉谈话、函询、质询、罢免或撤换等制度,地方党委常委会要把廉政勤政、选人用人等方面工作作为向全委会报告的重要内容。推行党政领导干部问责制、廉政承诺制、行政执法责任制。加强和改进巡视工作,健全巡视工作领导机制,选好配强巡视干部,完善巡视程序和方式,提高巡视成效。完善纪检监察机关派驻机构统一管理,健全对驻在部门领导班子及其成员监督的制度。完善党政主要领导干部和国有企业领导人员经济责任审计,加强对财政资金和重大投资项目审计。坚持党内监督与党外监督、专门机关监督与群众监督相结合,发挥好舆论监督作用,增强监督合力。

要惩治和预防党内腐败,就要推进反腐倡廉制度创新。坚持用制度管权、管事、管人,深化重要领域和关键环节改革,最大限度减少体制障碍和制度漏洞,完善防治腐败体制机制,提高反腐倡廉制度化、法制化水平。深化行政管理体制改革,加快推进政企分开、政资分开、政事分开、政府与市场中介组织分开,进一步减少和规范行政审批。深化司法体制和工作机制改革,加强对司法活动的监督,健全执法过错、违纪违法责任追究等制度,保证公正司法。深化预算管理制度改革,完善和规范财政转移支付制度,加强财政性资金和社会公共资金管理,彻底清理"小金库"。健全金融市场机制,加强金融监管和内控机制建设,完善金融账户实名制,有效防止和严厉惩处利用证券市场和资本运作等手段进行腐败活动。完善政府重大投资项目公示制和责任追究制。按照加快形成统一开放竞争有序现代市场体系要求推进相关改革,建立健全防止利益冲突制度,完善公共资源配置、公共资产交易、公共产品生产领域市场运行机制。完善国有企业权力运行制衡机制、薪酬激励和约束机制。加强反腐倡廉制度执行情况监督检查,提高制度执行力,维护制度权威性。[①]

本章小结

在微观政治生活层面上,政治党派是其内部组织结构与运行最为集中化的政治行为主体,也是事实上对政治生活系统中的国家政权和政府机构加以掌控的重要政治力量。现代政治党派本身所包含的多种属性成为人们对其加以理解的变量。不同的政治学家对这些政党变量的理解是不一样的。马克思主义政治学尤其重视政党的阶级、阶层基础和意识形态取向。

政治党派并不是和人类政治生活共存亡的。这种在政治生活系统中属于非国家的、非政府的政治组织,有其孕育和产生的过程。作为现代政党,其产生大体上有原生型和次生型两种模式。依据不同的标准和研究的需要,可以将现代政党区分为:代表型政党、整合型政党;干部型政党、群众型政党;执政型政党、参政型政党、在野型政党;宪政型政党、革命型政党;竞争性政党、非竞争性政党。

现代政党自身的组织结构与组织运行方式和状态,以及它对国家、政府的作用和对社会公众的影响共同构成了政党政治的主要内容。政党外部的政党政治是通过政党与政治生活系统中的作为国家政权实际载体的政府的关系,以及与作为社会民主重要内容的公众的关系体现出来的。政党内部的政党政治则是以政党自身的组织结构方式与组织运行方式体现出来的。政党内部的政党政治中最为核心的问题是政治组织的集中化与民主化的矛盾。许多政党为了政党组织的集中化,展开了政党再造运动。解决政党组织结构与组织运行中集中化与民主化矛盾的关键是实行民主集中制原则。

中国共产党已经执政 60 多年,为了保持先进性,保持执政地位,全党正在自觉地加强自身建设。在总结执政的基本经验的同时,坚定不移地加强学习,提升党内民主,预防和反对党内腐败。

---

① 参见《中共中央关于加强和改进新形势下党的建设若干重大问题的决定》,人民出版社 2009 年版。

关键概念

政党　政党中的派系　原生型政党产生模式　次生型政党产生模式　代表型政党　整合型政党　干部型政党　群众型政党　执政型政党　参政型政党　在野型政党　宪政型政党　革命型政党　竞争性政党　非竞争性政党　政党政治　政党外政党政治　政党内政党政治　政党再造运动　政党的集中化　民主集中制　学习型政党

研究与思考

有哪些重要变量可以帮助人们认识现代政党？
为什么将现代政党属性只归结为组织与参加政治竞选是片面的？
为什么许多西方政治学家不太关心甚至回避政党的阶级、阶层基础？
你认为现代政党与意识形态有什么关联？
如何理解现代政党的实质？
何为原生型政党产生模式？
何为次生型政党产生模式？
代表型政党与整合型政党的特征各是什么？
何为干部型政党？何为群众型政党？
什么是执政型政党、参政型政党、在野型政党？
竞争性政党和非竞争性政党的区别何在？
宪政型政党与革命型政党的区别在哪里？
何为政党政治？20世纪全球政党政治的发展有什么特点？
现代政党在政府的组建与管理中起何种作用？
什么是政党组织结构的集中化？它与党内民主有何关系？
什么是政治组织运行的集中化？它与党内民主有何关系？
什么是政党组织建设的民主集中制原则？
中国共产党执政的基本经验是什么？
如何把执政党建设成学习型政党？
如何提升执政党的党内民主？
在新形势下，执政党如何建立预防和反对腐败的体系？

相关知识

1. 现代政党的类型演变

法国政治学家杜瓦杰(Maurice Duverger)20世纪60年代在研究现代政党时,曾经提出了现代国家中政党组织和活动的三种类型。一种是骨干政党(cadre party),这是一种由少数政治精英组成的政党。一种是群众政党(mass party),这是一种尽可能地争取更多支持者的政党。还有一种是奉献政党(devotee party),这是一种围绕个别人建立的政党。杜瓦杰提出的政党活动和组织的类型是并立的。

研究政党的著名政治学家潘尼比昂科(A. Panebianco)在20世纪80年代后期写作的有关政党的组织和权力的著作中,提出了政党发展的"遗传学"观点。他认为研究政党内部组织是政党研究中的关键课题。政党内部权力是如何配置的?政党领袖、普通党员以及党的议会成员之间的关系是怎样的?对这些问题的解答必须回溯政党的历史。一个政党在创建时内部的权力构成,会以多种方式延续下来,甚至制约政党几十年以后的组织生活。

政治学家凯兹和梅尔(Katz、Mair)在20世纪90年代中期讨论西方变化着的政党组织模式时,认为政党为了适应改变的生态环境会改变自身的组织模式,他们提出了三种有代表性的现代政党的组织模式类型。在西方,作为现代政党最早的组织模式类型的是精英政党,又称骨干政党。它是"由内部创建的"。代表议会中的不同集团的精英们聚焦在一起的目的是为了体现对相同利益的共同关切,在不断扩大的选民中开展有效的竞选组织活动。具有这种组织模式类型特征的代表性政党是19世纪出现的北欧和英国的保守党。第一批美国政党,即联邦党人和杰斐逊派也属于这种松散性的精英政党。

第二种组织模式类型是大众政党。这类政党起源于议会之外。政党以集团的方式选送自己的代表进入立法机关以维护自己的利益和目标。20世纪初遍布整个欧洲的工人阶级的社会主义政党,比如德国社会民主党就是这类由议会外部创建的政党的最初典型。这类政党不仅建立起庞大的党员队伍,还能对选派至议会中的代表加以控制。这种状况对20世纪的欧洲其他政党产生了巨大影响,刺激着精英政党也逐渐采用这种组织模式。

第三种组织模式类型是全方位政党。一些精英政党和大众政党,为回应1945年以后社会条件的变化,也改变了自身的组织模式。全方位政党强调他们不是以某个单一社会集团代表的身份来执掌国家政权的。对全方位型政党来说,寻求的是选民的普遍支持,而不论选民身在何处,人属何方;与选民沟通的途径是媒体而不是面对面的说教,居于支配地位的政党领袖是通过电视,而不是借助数量庞大而行动积极的党员来和选民交流的;政党行动的目标不是代表某些利益群体,而只是取得政治系统的治理权。一些大众政党为适应社会经济变革的需要,也筹划从大众政党向全方位政党转型。

表7-1 政党组织模式类型

	精英政党 Elite party	大众政党 Mass party	全方位政党 Catch-all party
出现时间	19世纪	1880—1960年	1945年以后
产生	代表机构内部	代表机构外部	由精英、大众政党发展而来
支持诉求	领导者的传统地位	代表某个社会群体	治理的技能
组成成员	小规模、精英化	大数量、党证登记	数量下降,领导者具有支配性
收入来源	个人性接触	个人党费	多种来源,包括国家补贴
典型代表	19世纪的自由党	社会主义政党	欧洲许多现代天主教民主党和社会民主党

资料来源:罗德·黑格、马丁·哈罗普:《比较政府与政治导论》,中国人民大学出版社2007年版,第270页,略有修改。

2. 美国政党政治的状况

美国政党政治无处不在

美国政党在若干方面与其他国家的政党有很大的不同。历史上,它们的发展是美国社会民主扩展的结果。1787年美利坚合众国的开国元勋们起草《合众国宪法》时,没有预设政党在政府管理制度中的作用。实际上,他们通过三权分立、制约与平衡、联邦主义以及选举人团间接选举总统等各项宪法规定,力图将政党及政治派别排除在新生的共和国之外。尽管开国元勋们用心良苦,美国于1800年仍开将政党发展为全国性组织,并通过选举将行政权力自一个党派转移给另一个党派之先河。

在美国,政党身影无所不在。政党的发展与选举权的扩展密切相关,由于19世纪初选民必须有一定财产的规定被取消,在选民人数激增的情况下,需要一种动员广大选民的手段。政党为完成此项至关重要的任务而制度化。因而,美国的政党作为民主扩展的一个组成部分而问世。到了19世纪30年代,政党已经牢牢地植根于美国的政治领域。

共和党和民主党完全渗透在美国的政治进程中。约60%的美国人自认为共和党人或民主党人，即使那些自称为中间选民的人通常也具有政党倾向，并表现出高度的政党忠诚。譬如，在1980年至1996年的5次总统选举中，75%倾向共和党或民主党的选民都投了他们所"倾向"的政党总统候选人的票。在2000年，79%倾向共和党的中间选民投票支持共和党的布什，而72%倾向民主党的中间选民投票支持民主党的戈尔。

虽然美国的政党往往在意识形态凝聚力和政治纲领鲜明性上不如其他国家的政党强，但它们确实在制定公共政策上起到主要和经常是决定性的作用。自1944年中期选举以来，美国国会中的共和党人和民主党人在政策上显露出截然不同的立场。与以往相比，党内也出现非同寻常的高度团结。在政策上存在分歧的两党着眼于两年一次的有可能改变由哪个党控制两院的议员改选。政策分歧和对两院控制权的激烈争夺近年来在两院都形成党派冲突白热化的紧张氛围。

美国维持两党竞争的原因

两党竞争是美国政治制度最显著和最持久的特点之一。自19世纪60年代以来，共和党和民主党便一直主导着选举政治。两党持续垄断一个国家选举政治的状况，既反映了美国政治制度的结构，也体现了美国政党的特点。

美国选举联邦和州议员的普遍做法是"一人当选"选区制。这就意味着获得相对多数票者（即在任何选区中得票最多）即能当选。与比例制不同，"一人当选"选区制规定在任何选区只能有一个政党获胜。因而，"一人当选"选区制就是在鼓励形成两个基础广泛、能赢得选区多数票的政党，同时这种选区制还注定小党和第三党几乎永远无法获胜，除非它们与一个大党联合，否则便无法长期生存下去。但对大多数小党而言，与大党联合也不是个办法，因为除了少数州，其他州都禁止所谓的"联合选票"，即一名候选人被不止一个政党提名参加竞选。

总统由选举人团选举的制度进一步在体制上推动了两党制。根据该制度，美国人实际上不是直接由选民选举总统，在总统选举中起决定作用的是各州保证选这个或那个总统候选人的"选举人"。当选总统必须获得50个州的538张选举人票的绝对多数。这项规定使第三党问鼎总统宝座难于上青天，因为各州的选举人票是按"胜者全得"的原则分配的，即任何获得州内直选简单多数票的候选人，哪怕只是微弱多数，即可赢得该州的全部选举人票。选举人团与"一人当选"选区一样，也是对第三党不利。第三党获得任何州选举人票的机会微乎其微，更不用说在足够多的州获胜而赢得总统职位了。

由于民主党和共和党掌控着政府机器，它们制定了其他有利于两大党的选举规定也就不足为奇了。仅仅在州内将一个新党的名字添加在选票上就得付出九牛二虎之力，而且费用极高。譬如，北卡罗来纳州规定，将一个新党的总统候选人添加到 2004 年大选的州选票上,必须要递交一份有 58842 人签名的请愿书。此外,《联邦选举法》给予两大党特别的优惠,其中包括能够获得比一般小党,甚至比那些在上届选举中达到直选 5% 选票竞选资格门槛的小党也要高得多的总统竞选公共资金。

与众不同的提名程序是第三党发展的另外一个结构性障碍。在全世界的民主选举国家中,只有美国依赖预选提名各政党的国会和州议员候选人,依靠州的预选来选择总统候选人。在这种提名制度下,参加预选的普通选民选出他们政党的大选候选人。在大多数国家,政党候选人提名受党组织及其领袖的控制。但在美国,选民最终确定谁将是共和党和民主党的候选人。

这种参与式提名程序有利于 150 年来两党主宰选举政治。党内的反抗者可通过公开预选的胜利赢得党的大选提名,而无须组织第三党来增加赢得大选胜利的机会。因此,预选程序往往将不同政见纳入两大党的政策体系中,使持不同政见者一般无须再费力去组建第三党。当然,预选提名候选人的制度还使两党具有高度可渗选性,有时会被多种多样的"边缘"社会运动和"局外人"之类的候选人渗入。

美国政党政治中的中间派立场日益明显。美国两大政党都获得社会中所有主要社会经济政治群体的支持——非洲裔选民除外,他们中间的 90% 在 2000 年大选中支持民主党总统候选人。譬如,尽管普遍认为工会会员及其家庭成员是民主党人,但共和党在大多数选举中可以指望获得至少 1/3 工会会员的选票。1984 年,46% 的工会会员将票投给了共和党。2000 年的比例则为 37%。与此相似,虽然对民主党的支持通常随收入水平的提高而下降,该党的总统候选人通常仍可指望来自中上层选民的大力支持。以 2000 年为例,民主党总统候选人戈尔赢得 43% 年家庭收入 10 万美元以上的选民的支持。

相对而言,美国的政党内部较为松散,缺乏对一种意识形态严格的忠诚或完整的政策目标。相反,它们一直最为关注的是赢得竞选和控制政府的人事。鉴于选民的广泛社会经济基础和需要在一个中间意识形态占上风的社会中运作,美国政党实质上采取了中间路线的政策立场。而且在政策选择和宣传上还有高度的灵活性。这种非教条的方式使共和党和民主党得以在党内容忍多元化,这有助于增强它们吸收第三党和其他抗议组织的能力。

美国政党内部权力高度分散。无论怎样强调美国政党权力分散结构的特点都不过分。从历史上看,在执政党内,总统也不能认为国会中的本党议员会忠诚地支持他的方案。国会的政党领袖也不能期待本党议员投票时会按党的路线统一行动。在党组织内,共和党和民主党在众参两院的竞选委员会(由现任议员组成)不受以竞选总统为目标的各自党的全国委员会的约束,而是自主行动的。

此外,全国性政党组织除了在推选全国提名代表大会的程序上行使权力外,极少插手各州的地方性政党组织的党务。这种在组织上各行其是的做法,部分反映了美国分权制度的结果:立法、行政和司法部门的分权,导致它们的人选是以不同的程序选出的,任期不同,部门间相互独立。三权分立制度对议员与本党领袖保持团结没有起多少促进作用,因为他们有着不同的选举体系。

美国宪法的联邦主义原则,在美国确立了联邦、州和地方的多层级政府结构,这一原则在各级政府的层面上建立起数千个有各自民选官员的选区,进一步使政党非集权化。同时,采用预选来提名候选人也使政党无法控制提名,从而削弱了政党组织的控制力。这种制度鼓励各候选人创建自己的竞选组织和助选团体,首先在预选中胜出,然后在大选中当选。甚至连竞选筹资也主要由各候选人自负其责,因为党组织的资金来源有限,并在提供资金上经常受到法律的严格限制。

美国人对两大主要政党的不信任

尽管美国政治制度长期以来有着明显的党派色彩,但对政党的不信任感在美国公民文化中根深蒂固。20世纪初采用的预选直接提名国会和州议会候选人的做法,以及更近期的总统预选的扩大——预选已成为总统提名的决定因素——是公众反政党情绪的佐证。美国人对政党领袖,对政府行使权力深感不安。民意调查一再表明,大部分选民认为,政党不是澄清而是混淆问题,选票上如果没有政党标签将会更好。

美国的政党不仅要在相对冷淡的文化氛围中运作,而且还要面对相当数量的选民贬低其政党身份认同。选民政治党派意识淡化的一个表现是"分散选票",即在同一次选举中投票给不同政党的候选人。因此,在2000年,20%的选民将票分散投给不同政党的总统候选人和美国众议院议员候选人。结果,民主党众议院候选人在共和党的布什总统取胜的40个选区中同时胜出。

许多美国人的政治党派归属意识较弱,美国政治是以候选人而不是以政党为中心。这意味政府行政部门和立法部门的两党分治已经成为各级政府的普遍特点。因此,自1980年以来,除4年以外,总统和至少国会两院中的一院由不同的政党控制。2002年选举过后,29个州(58%)是两党分治。

另外,尽管有重重障碍,第三党和独立候选人仍然在美国政坛上周期性地出现,这也从一个侧面反映美国人对老是霸占选举政治的两大主要政党的不信任。因为不时出现的第三党经常将两大党未能正视的议题带到公共论坛和政府的议程上。但是,大多数第三党往往在一次选举中出了风头,随后便中止活动、逐渐消失,或是被两大党之一所吸收。

在某些时候,第三党对选举结果可以产生重大影响。譬如,1912年罗斯福作为第三党的候选人,分散了通常属于共和党的票,使民主党的威尔逊能在没有取得半数以上的大选选票的情况下入主白宫。1992年,独立总统候选人佩罗夺走了80年代主要支持共和党的选票,导致当时执政的共和党总统布什落选。在2000年共和党的布什和民主党的戈尔难解难分的竞选中,如果绿党候选人纳德没有在佛罗里达州参选,戈尔有可能获得该州的选举人票,从而赢得当选总统所需的选举人团的多数票。

20世纪90年代以来的民意调查一直表明,公众高度支持第三党的理念。在2000年竞选中,一项盖洛普调查显示,67%的美国人主张有个可以参选总统、国会议员和州政府官员的强大的第三党,以抗衡民主党和共和党。正是这种情绪,加上竞选的庞大开支,使得克萨斯州的亿万富翁佩罗在1992年的总统选举中赢得了19%的选民票,这是自1912年罗斯福(属于进步党)获得27%选民票以来,一个非大党候选人所获得的最高百分比。

3. 德国《政党法》的背景与内容

德国政党法制定的历史背景

德国是世界上第一个就政党进行单独立法的国家。德国为政党的建立和运行立法是有其历史和现实原因的。首先,历史的教训使德国人特别是德国联邦政府认识到,政党政治只有在法律的限制下,才能沿着健康轨道发展。魏玛共和国和希特勒时期不稳定政党体制的教训成为创立新型政治体制的基础。魏玛共和国被称为民主体制的典型代表,但是它缺乏有效的约束,无法组成统一的、稳定的政党联盟,进而建立强有力的政府。这一时期德国有大小100多个政党,能经常进入议会的政党有20多个。许多德国人认为这种政府既弱小也缺乏明确性,没有统一的目标将德国人凝聚起来。希特勒时期的政党体制则走向另一个极端——以纳粹党为核心的高度垄断的政党体制,缺乏起码的民主机制,希特勒统治期间于1933年7月14日颁布禁止建立政党的法律,规定"民族社会主义德国工人党"(纳粹党)是德国唯一合法的政党,建立了纳粹党"一党专政"。如何建立一种恰当的政党制度,既能加强德国人的凝聚力,再次唤醒他们的公民责任感,又能保证德国不会因政党的作怪而随意膨胀自己的欲望,从联邦德国成立之日起,这个问题就被提上了重要的议事日程。

其次,战后初期联邦德国政党体制和政党局势混乱,联邦政府希望通过立法来尽早建立稳定的政党制度。二战中德国纳粹投降,禁党令也随之宣告解除。战后,德国政党开始重建,德国西部涌现出建党热潮,先后出现了500多个组织要求建立政党,最终有150多个获得了政党身份。比较有影响的政党包括基民盟、基社盟、社民党、自民党、共产党、联邦联盟党、巴伐利亚党以及汉诺威党等。这一时期,由于历史、政治、经济等各种因素的作用,自然形成了两大政党阵营,即以联盟党(基民盟/基社盟)为一方的右翼阵营和以社民党为另一方的左翼阵营。这种左右对立的局面,使得刚组建的联邦政府不能更有效地发挥作用。

1949年5月23日联邦德国通过了《基本法》,在第21条中对政党作出规定:"政党应参与国民政治愿望的形成。政党可以自由成立,它们的内部组织必须遵循民主原则。它们必须公布经费的来源。凡是政党的目标或其成员的行为意在损害或推翻根本的民主秩序,或对德意志联邦共和国的存在有不利的影响,都将被视为违反宪法。联邦宪法法院有权对违反宪法的行为进行裁决。"《基本法》保证了政党的合法存在以及组建政党的自由,同时也规定了其责任,表明政党成为国家政治生活中极为重要的组成部分。但这毕竟只是原则性的规定,而政党政治中的许多具体问题,却难以找到明确而又统一的解释。联邦议院中的各个政党为了更加明确政党的地位及政党的职能,开始讨论制定一部具体的有关政党的部门法。

第三,联邦德国当时处于东西方对抗的前线,联邦政府仍需要继续加强法律上的控制,来抵制共产党的影响。从1947年下半年起,随着两大阵营冷战的爆发和不断加剧,联邦德国也同欧美发达资本主义国家一起掀起了反共浪潮。1956年,联邦德国第一任总理阿登纳采取异常反共的政策,联邦政府要求联邦法院,以不遵守《基本法》为由取缔了德国共产党(德国共产党根本就不同意签署《基本法》)。联邦政府的反共政策使共产党的活动受到很大打击,党员数量急剧减少,党的影响急剧降低。但由于联邦德国处于两种社会制度对抗的前线,共产党在联邦德国仍有一定的影响,联邦政府也不敢对共产党掉以轻心,因此需要通过立法来进一步限制和打击境内的共产党。尤其是1966年社民党加入到政权中来,由于历史原因,社民党的思想体系同共产党是对立的,所以制订具体约束政党活动的《政党法》来限制共产党的发展也就成为必然。

制定《政党法》之时德国政党政治正处于由乱到治的时期,议会也在长达18年的讨论中才对《政党法》基本达成一致。1949年至1966年期间,联邦德国的政党政治格局由初期的政党林立逐渐演变为三元政党政治格局。即1961年和1965年进入第三、第四届联邦议院的政党均为3个,社民党、联盟党和自民党,政党政治逐步趋于稳定化、规范化。1966年爆发的经济危机及自民党的倒戈,还有极右翼政党的挑战与社民党显示出新活力,第五届联邦政府总理路德维希·艾哈德辞职,接替他的是库特·格奥尔特·基辛格。由于联盟党在联邦议院中已不占绝对优势,它只能希望在与社民党合作的范围内重整旗鼓。这样,在新领导人的带领下,一个前所未有的大联合政府成立了。这标志着联邦德国政党体制发生了历史性转折:经过17年的反复较量,联盟党终于承认了社民党的平等政治地位和执政能力,确立了两大政党轮流执政的二元体制;社民党参与执政,为它宣传和推动自己的政治主张以及未来的联邦议院的选举取得了有利地位,为该党在大联合政府结束后长达13年的时间里执政奠定了基础。社民党与联盟党组成的大联合政府,使得联邦议会在政府执政问题和法律通过问题上形成前所未有的一致,为长期酝酿的《政党法》的最终出台作好了程序上的准备。

德国《政党法》的基本内容

德国《政党法》自1967年7月24日颁布实施以来,根据国内政治活动的新变化,经过了多次修改,最后一次修改是在2002年6月28日。与最初颁布的文本相比照,现行的《政党法》也是41条,但增设了一章"对不真实报告采取的程序及处罚措施",补充规定了第31a条和第31b条,并插入作为第六章。虽然总的条数不变,但最新的文本在关于政党的财务报告、资金捐赠、财务检查以及相应的处罚方面作了相当详细的补充,构成了《政党法》内容最多的一部分。

德国《政党法》大致包括四个方面的主要内容:

一是关于政党的一般规定。《政党法》的第一章是关于政党定义宗旨等方面的抽象性规定,主要包括以下几个方面的内容:(1)规定政党在宪法中的地位,政党在公共生活中应当起到的作用,政党的目标以及政党的职责。(2)规定政党是一种公民的结合,他们持续地或者在较长时间内影响着整个联邦或者一个州的政治意志的形成,并且在德国联邦议院代表人民,根据其事实关系的全貌,根据其组织的规模和稳定性,通过其成员的人数和在公共场合的展示,树立并保证其目标的严肃性。(3)规定政党享有诉讼权。(4)有关政党命名的一般规定。(5)规定政党的平等对待原则。

二是关于政党内部秩序的规定。在内部程序方面,政党法规定:(1)关于党的章程纲领以及党的基本信息的报告、公开制度。规定任何人都可以在联邦选举委员会查阅政党的有关信息并免费获得复印件。(2)关于政党划分为区域性组织的规定。(3)关于政党内部机构组成的规定。包括党员大会、党员代表大会、党的执行委员会和履行特殊职责的党的一般委员会。(4)规定政党的选举制度。明确规定了代表和委员会成员由选举产生,任期最多2年(没有关于连任的规定),除法律和党章另有规定外,党的投票一律以简单多数方式通过;规定了秘密投票原则。(5)关于党内仲裁制度的规定。包括可以通过仲裁解决的争议的范围、仲裁委员会的组成及成员的任期、回避等。(6)关于对党员和党的区域性组织的处分以及党员权利的规定。

三是关于政党财务的规定。主要内容有:(1)关于国家资助的原则和数额。

(2)关于党内资金平衡的规定。(3)关于党的财务报告和检查制度的规定。这部分规定相当详尽、细致,包括报告的义务、报告书的内容、收支项目的计算、资料和账簿的保管、检查方式及检查人员资格和对违规行为的处罚等。(4)关于接受捐赠的规定。明确规定了合法捐赠的范围、处理违法捐赠的方式和对违法捐赠的处罚。

德国是西方第一个用《政党法》来规范政党活动的政治系统。在1967年通过的这部法律中对补贴政党参加竞选的费用作出了规定,国家对联邦或地方选举中所获得的第二票(投给参选政党的票)按全联邦统计超过有效选票的5%,或者在本选区所得的第一票(直接投给候选人的票)超过有效选票的10%的政党,有权领取选举补贴,补贴的标准是每张选票2.5马克,1974年提高到每张3.5马克,1987年提高到每张5马克。每个政党对所获得的竞选补贴费用必须公开账目。前总理科尔就是因为被揭发在1993年至1998年接受150万—200万马克的秘密捐款而使基民盟大受损失。

四是关于禁令执行的规定。其中包括禁令的执行机关和如何处理一个被禁止的政党的替补组织等问题。另外《政党法》还明确规定了政党及其最高级的区域性组织可以作为原告或被告进入法律诉讼程序,这实际上是赋予了政党的法人地位,明确了政党与其他社会组织一样,也是民事、刑事和行政法律关系中的平等主体。

建议进一步阅读的文献

要对现代政党组织、政党的社会基础作进一步的批判性研究,可阅读罗德·黑格、马丁·哈罗普的《比较政府与政治导论》(中国人民大学出版社2007年版)中"第11章 政党"中"政党组织"、"政党的社会基础"、"威权国家的政党"、"新兴民主国家的政党"部分的内容。

要对现代政党体制与类型作进一步的批判性研究,可阅读乔·萨托利的《政党与政党体制》(商务印书馆2006年版)中"第二编政党体制"中"第六章竞争性体制"、"第七章非竞争性体制"和"第八章不稳定的政体和伪政党"部分的内容。还可阅读加布里埃尔·A.阿尔蒙德、小G.宾厄姆·鲍威尔的《比较政治学:体系、过程和政策》(东方出版社2007年版)中"第八章利益综合"中"竞争性政党制度"和"非竞争性政党:合作性的和等级制的"部分的内容。

要对现代政党内部组织结构和运行的集中化和分散化问题作进一步的批判性研究,可阅读斯坦因·U.拉尔森主编的《政治学理论与方法》(上海世纪出版集团2006年版)中"第二十章 寡头统治铁律:关于组织中的民主问题"中"背景"、"普遍性与可验证性批评"、"经验评估——结论"部分的内容。还可阅读乔·萨托利的《政党与政党体制》(商务印书馆2006年版)中"第四章从内部看政党"部分的内容。